本书的出版得到

国家重点文物保护专项补助经费资助

溧阳青龙头墓地

南 京 博 物 院
江苏省文物考古研究院　编著
溧 阳 市 博 物 馆

文物出版社
北京 · 2023

图书在版编目（CIP）数据

溧阳青龙头墓地 / 南京博物院, 江苏省文物考古研究院, 溧阳市博物馆编著. -- 北京 ：文物出版社, 2023.12

　　ISBN 978-7-5010-8274-2

　　Ⅰ.①溧… Ⅱ.①南… ②江… ③溧… Ⅲ.①墓葬（考古）—发掘报告—溧阳 Ⅳ.①K878.85

中国版本图书馆CIP数据核字（2023）第227897号

溧阳青龙头墓地

编　　著：南京博物院　江苏省文物考古研究院　溧阳市博物馆

封面设计：王文娴
责任编辑：谷艳雪　崔叶舟
责任印制：王　芳

出版发行：文物出版社
社　　址：北京市东城区东直门内北小街2号楼
邮　　编：100007
网　　址：http://www.wenwu.com
经　　销：新华书店
印　　刷：天津裕同印刷有限公司
开　　本：889mm×1194mm　1/16
印　　张：23.75
版　　次：2023年12月第1版
印　　次：2023年12月第1次印刷
书　　号：ISBN 978-7-5010-8274-2
定　　价：380.00元

Liyang Qinglongtou Cemetery

(With an English Abstract)

by

Nanjing Museum

Jiangsu Provincial Institute of Cultural Relics and Archaeology

Liyang Museum

Cultural Relics Press

Beijing · 2023

目　录

插图目录

彩版目录

第一章　地理环境与历史沿革

第一节　地理环境

溧阳地处江苏省南部，苏、浙、皖三省交界处，位于北纬31°09′~31°41′，东经119°08′~119°36′之间。东邻宜兴，西与高淳、溧水毗邻，南与安徽广德、郎溪接壤，北接句容、金坛，南北长59.06千米，东西宽45.14千米，总面积1535.87平方千米。

溧阳属北亚热带季风气候，四季分明，雨量丰沛，日照充足，无霜期长，温和湿润。年平均气温15.5℃，月平均气温一月份2.7℃，七月份28.1℃。平均降水量1152.1毫米，日照时间1992.5小时，常年主导风向为东风。

溧阳境南、西、北三面属低山丘陵区，全市绝对高程50米以上的山岭有380余座。西南一隅为高平原圩区；南部低山区系天目山脉延伸地带，最高的山峰集中在南隅，最高山峰锅底山，海拔541米；西北部丘陵区系茅山余脉，冈峦起伏，最高峰丫髻山海拔412米。南、西、北分别向腹部递降并向东倾斜，形似簸箕，是南北群山延降形成的鸡爪形丘陵和平原圩区，由高到低，交错相接，有蜿蜒起伏的丘陵冈峦和广阔肥沃的田野，河网纵横，库塘星罗棋布。东部及中部为太湖湖西洮湖（又名长荡湖）平原圩区。

溧阳受大地构造影响，形成溧阳盆地，属长江流域太湖水系，位于太湖湖西水网区，胥溪河横贯腹地。境内河道众多，干河主要有南河（即胥溪河，古中江）、中河、北河、丹金溧漕河、溧戴河、竹箦河、赵村河等，库容量在1亿立方米以上的大型水库有2座，分别是沙河水库和大溪水库。其中，南河旧称胥溪，即古中江水道，水道在高淳境内多称胥河，溧阳境内多称南河，宜兴境内多称荆溪河，溧阳、宜兴境内有时又合称南溪河，全线又称胥溪河，沟通了太湖、水阳江两大水系，芜湖中江之水，遂可东下溧阳，注入太湖。（图1-0）古县河（茶亭河）是溧阳稠密水网的一条支小河道，发源自茶亭西南岗丘，向东汇入南河。古县遗址即位于古县河北侧，其下游1千米为大山下唐代窑址，再向北为青龙头墓地。

第二节　历史沿革

溧阳之名，一说因位于溧水之北，另说地处溧山之阳，古人以"山南水北为阳"，故名。溧水，即"濑水"，吴语"濑""溧"音近，"溧水"即为"濑水"之音讹。濑水或即中江，《汉书·

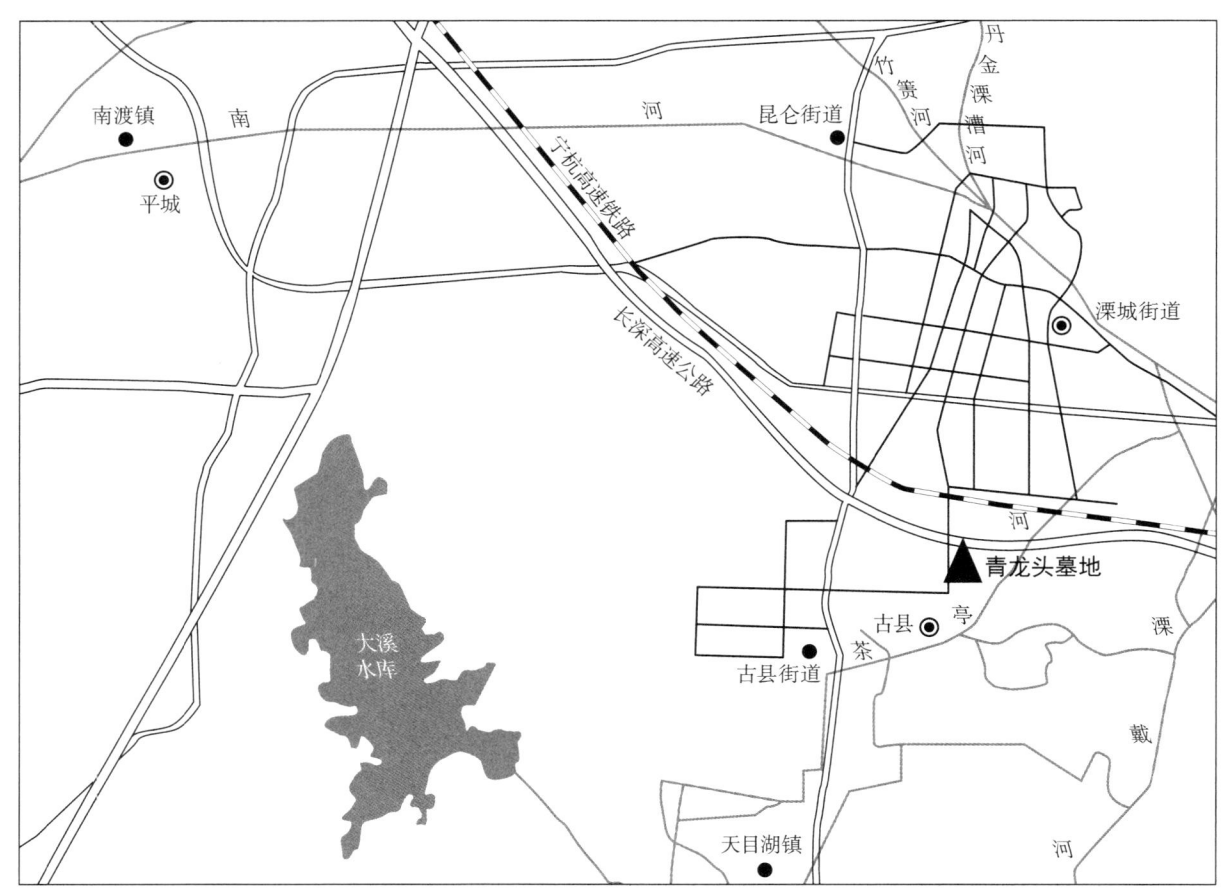

图 1-0　青龙头墓地位置示意图

地理志》载"……中江出西南，东至阳羡入海，扬州川。黟，渐江水出南蛮夷中，东入海。成帝鸿嘉二年为广德王国。莽曰愬虏。溧阳，歙，都尉治。宣城。"[1]溧山，即宜溧山地。濑水汤汤，承载了千年的峥嵘岁月；溧山苍苍，见证了历史的风云际会。

　　4500 万年前，溧阳上黄水母山生活着中华曙猿。自 1987 年至 1992 年，中国科学院古脊椎动物与古人类研究所等对上黄水母山先后发掘采集 12 个目 36 科 38 属 60 余种动物骨骼化石达 1000 余块，种类之多世所罕见。其中的中华曙猿化石更是迄今为止所知的最古老的高级灵长类的始祖，对于人类起源的研究具有十分重大的意义。[2]

　　新石器时代，社渚镇孔村发现的神墩遗址、[3]上兴镇发掘的秦堂山遗址、[4]溧城镇发现的

［1］班固：《汉书》卷二十八上《地理志上》，中华书局，1962 年，第 1592 页。
［2］王则任：《江苏溧阳上黄高级灵长类及哺乳动物化石的发现》，《江苏地质》1996 年第 1 期。狄富宝：《江苏溧阳上黄发现的高级灵长类动物化石》，《南方文物》1997 年第 3 期。
［3］南京博物院、常州博物馆、溧阳市文化局：《江苏溧阳神墩遗址发掘简报》，《东南文化》2009 年第 5 期。
［4］南京博物院：《"江苏省溧阳市秦堂山遗址考古成果专家论证会"会议纪要》，《东南文化》2016 年第 3 期。

东滩头遗址以及竹箦镇发现的东王村遗址[1]等，丰富的文化遗存揭示出这片太湖西北部土地的频繁人类活动。

春秋时期，溧阳处在吴、楚、越三国交界之地，吴在"吴头楚尾"的濑水之滨设置濑渚邑，后陆续为楚越所占。竹箦镇的店上村遗址[2]采集到较多的陶器、印文硬陶器和原始瓷器残片，遗址周边还发现有近百座凸起的土墩，其地望及时代内涵或与濑渚邑相关。

至秦一统，"仍置溧阳县，县治未详，属鄣郡郡治，今长同县。"[3]

两汉时期，仍置溧阳县。"两汉并置溧阳县，西汉治未详，东汉盖治今高淳固城。又案西汉初县所属国，先为韩信楚、继为刘贾荆、后为刘濞吴、又后为刘非江都，然其所属之郡皆鄣郡也，至武帝元封（元狩）二年，废鄣郡置丹阳郡，县始改属焉，丹阳郡治今宁国府。"[4]

汉建安初，吴省溧阳县为溧阳屯田都尉，另置永平县，县治在今溧阳城南 7.5 千米古县村，俱属丹阳郡，郡治仍旧。

晋武帝太康元年（280 年），司马炎灭吴，改永平县为永世县，县治仍在古县。同时，废溧阳屯田都尉，复置溧阳县，县治仍在固城。永世、溧阳仍属丹阳郡。晋惠帝永兴元年（304 年），分永世县部分地区置平陵县，县治在平陵城（今南渡镇古城村）。永世、平陵俱属义兴郡，郡治在阳羡（今宜兴）。永世县治仍旧。

南北朝时，宋文帝元嘉九年（432 年），废平陵县，其地分属溧阳、永世二县，俱属丹阳尹。尹治建康（南京）。溧阳、永世治所仍旧。南齐、梁、陈时，溧阳、永世二县，仍属丹阳郡。郡治、县治仍旧。

隋文帝开皇九年（589 年），灭陈，废永世县，其地并入溧阳县，属蒋州。州治在石头城（今南京市清凉山），县治仍旧（固城）。十一年（591 年），析溧阳之西为溧水县。十二年（592 年），复置永世县。溧阳、永世属宣州，州治在宛陵，永世县治仍旧。十八年（598 年），并溧阳入溧水县，属蒋州。

唐高祖武德三年（620 年），再废永世县，并划溧水县东部之地复置溧阳县，县治在今旧县村，属扬州。九年（626 年），州废，溧阳属宣州。唐肃宗上元元年（760 年），改属升州，二年，州废，还属宣州。僖宗光启三年（887 年），复属升州。唐昭宗天复三年（903 年），县治迁至今溧城镇，此后溧阳县治治所再无大的变化。扬州、蒋州、升州，治所都在今南京市。宣州治所在宣城。

五代十国时，溧阳先属杨吴，仍隶属升州。杨隆演武义二年（920 年），改升州为金陵府，溧阳隶之，府置上元（今南京市）。后属南唐。南唐升元元年（937 年），改金陵府为江宁府，溧阳隶之，府治、县治仍旧（今溧城镇）。

宋初，溧阳县仍属江宁府。太祖开宝八年（975 年），府改升州。真宗天禧二年（1018 年）复旧。

［1］2018 年，南京博物院在溧城镇东滩头村一处建筑工地发现大量马家浜文化陶器、石器，随即对工程建设进行叫停，并上报国家文物局，对遗址进行了抢救性发掘工作。揭露出马家浜文化时期房址、墓葬、灰坑、灰沟等诸多重要遗迹现象，出土大量的陶器、石器、玉器等物。同年，在竹箦镇东王村的考古调查中，发现大量蚬壳堆积，并在随后的勘探工作中采集到大量马家浜文化石器陶器、石器等物，初步划定了遗址范围。
［2］2018 年，南京博物院在竹箦镇进行考古调查时发现，遗址地势较高，周边河道通畅。经初步勘探，店上村遗址或存在城墙。
［3］《中国地方志集成·江苏府县志辑㉜》，江苏古籍出版社，1991 年，第 23 页。
［4］《中国地方志集成·江苏府县志辑㉜》，江苏古籍出版社，1991 年，第 23 页。

南宋高宗建炎三年（1129 年），改为建康府，县亦随时转属，州府治均在今南京市。

元世祖至元十四年（1277 年），改溧阳县为溧洲。十五年（1278 年），改为溧阳府。十六年（1279 年），改为溧阳路。二十八年（1291 年），革路存县。元贞二年（1296 年），又改为溧阳州，先属建康路。明宗天历二年（1329 年），建康路改名集庆路，溧阳属之。溧阳县、州、府、路治所都在今溧城镇。集庆路治所在今南京市。元惠宗至正十五年（1355 年），朱元璋攻占溧阳，仍沿元旧制，为溧阳州。十六年（1356 年），朱元璋攻克南京，改集庆路为应天府，府治在南京，溧阳州属之，州治仍旧。

明太祖洪武二年（1369 年），改溧阳州为溧阳县，仍隶应天府。县治、府治仍旧。

清世祖顺治二年（1645 年），清兵南下攻南明，占南京，改应天府为江宁府，溧阳属之，府治在今南京市。世宗雍正八年（1730 年），改属镇江府，府治在今镇江市。

民国初期，溧阳直属江苏省行政公署。后又隶属金陵道，江苏省江南行署、苏南行政专员公署、江苏省政府。

1949 年 4 月 25 日，溧阳解放，溧阳县人民政府属苏南行政公署武进行政分区，11 月，属常州专署。1951 年 1 月，属江苏省人民政府镇江专署管辖。1958 年专署迁至常州，属常州专署管辖。1960 年，专署迁回镇江。1983 年 3 月实行市管县体制，溧阳县属常州市管辖。1990 年 8 月，经国务院批准，撤销溧阳县，设立溧阳市（县级），由江苏省直辖，实行计划单列，但仍暂由常州市代管。

第二章　发掘与整理

第一节　墓地发现与发掘概况

青龙头墓地于 2018 年 6 月发现，其时，南京博物院正在溧阳市上兴镇进行抢救性考古发掘工作。在此期间，考古队接到天目湖镇群众举报，称南京航空航天大学天目湖校区的建设工地上挖出了文物，考古队随即抽派人员前去调查。经调查确认，此处建设工地上存在一处窑址和一处墓地，初以"南京航空航天大学天目湖校区窑址与墓地"名之。南京博物院联合溧阳市文化广电体育局和溧阳市博物馆及时叫停了遗存所涉区域的工程建设，安排高伟和杭涛分别担任墓地和窑址的项目领队，向国家文物局申报考古发掘执照，及时开展抢救性发掘工作。

经国家文物局考执字（2019）第 054 号批准，2018 年 8 月，南京博物院联合溧阳市博物馆等单位组成联合考古队正式对墓地进行发掘工作。墓地北倚乌龟山、周家山，西靠丁家山、屏峰山，东南宜溧山地环绕、古县河道蜿蜒，处在南京航空航天大学溧阳校区西北处的一片山坡上，中心地理坐标为北纬 31°22′31.80″，东经 119°28′31.50″，海拔高程约 5.1 米。（图 2-0；彩版一，1）

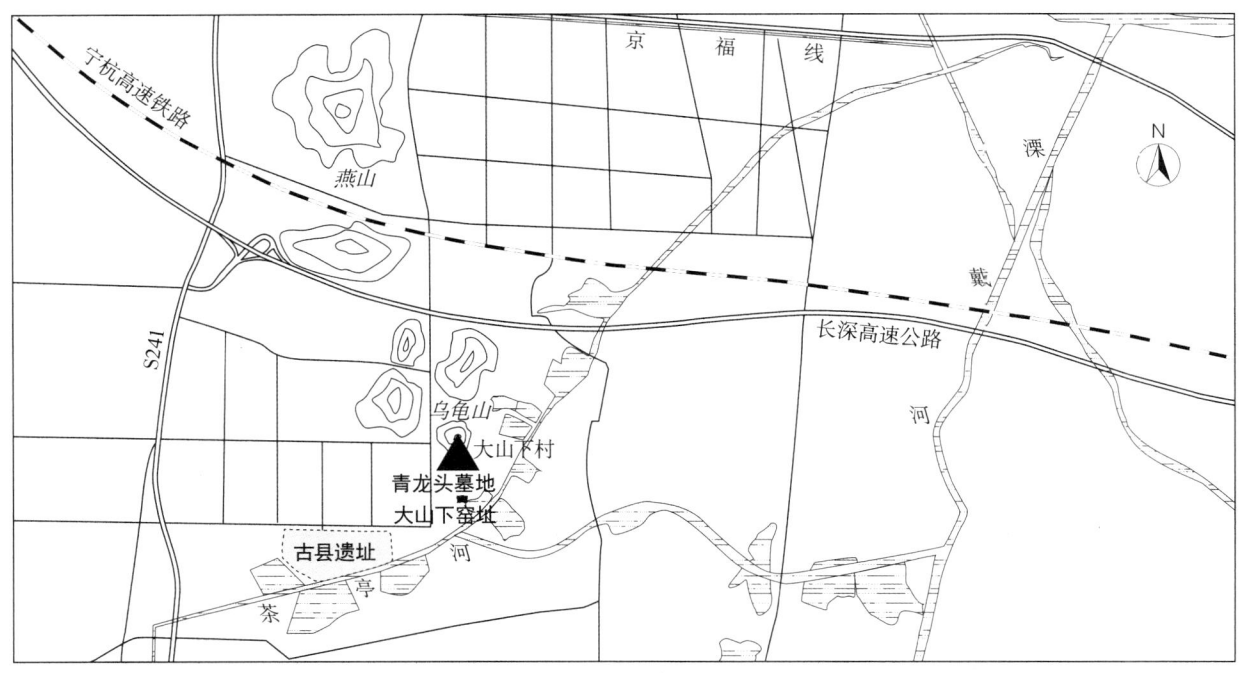

图 2-0　青龙头墓地、大山下窑址及古县遗址分布示意图

因墓地西、北两侧山丘连绵，东、南方向较为平坦，地处山坡东侧凸出位置，为青龙方位，更名为青龙头墓地。

青龙头墓地北距现溧阳市区 6 千米，西距古县遗址 1 千米。[1] 墓地南侧 300 米为茶亭河（又名古县河），河北岸即为窑址所在。墓地东侧原为大山下村，村中居民在山坡上种植了较多绿植树木，一定程度上避免了盗扰情况的发生。然而，拆迁工作开始后，机械工程设备较大程度上破坏了墓地地表，局部山体已被凿至岩层，埋藏较浅的墓葬遭到严重的破坏。（彩版一，2）鉴于发掘工地的现状，考古队首先对墓葬所涉范围进行了围挡保护，同时对乌龟山及其周边区域进行全面的勘探工作，进一步明确了墓地范围和墓葬数量。（图 2-1、2-2；彩版二，1）青龙头墓地现存范围东西长 70 米，南北宽 60 米，总面积约 4200 平方米，最高处海拔高程 5.1 米。墓地地表已被削平，墓葬封土不存，少量墓葬已然暴露在外。为便于墓葬清理，更好把握墓葬的排列分布

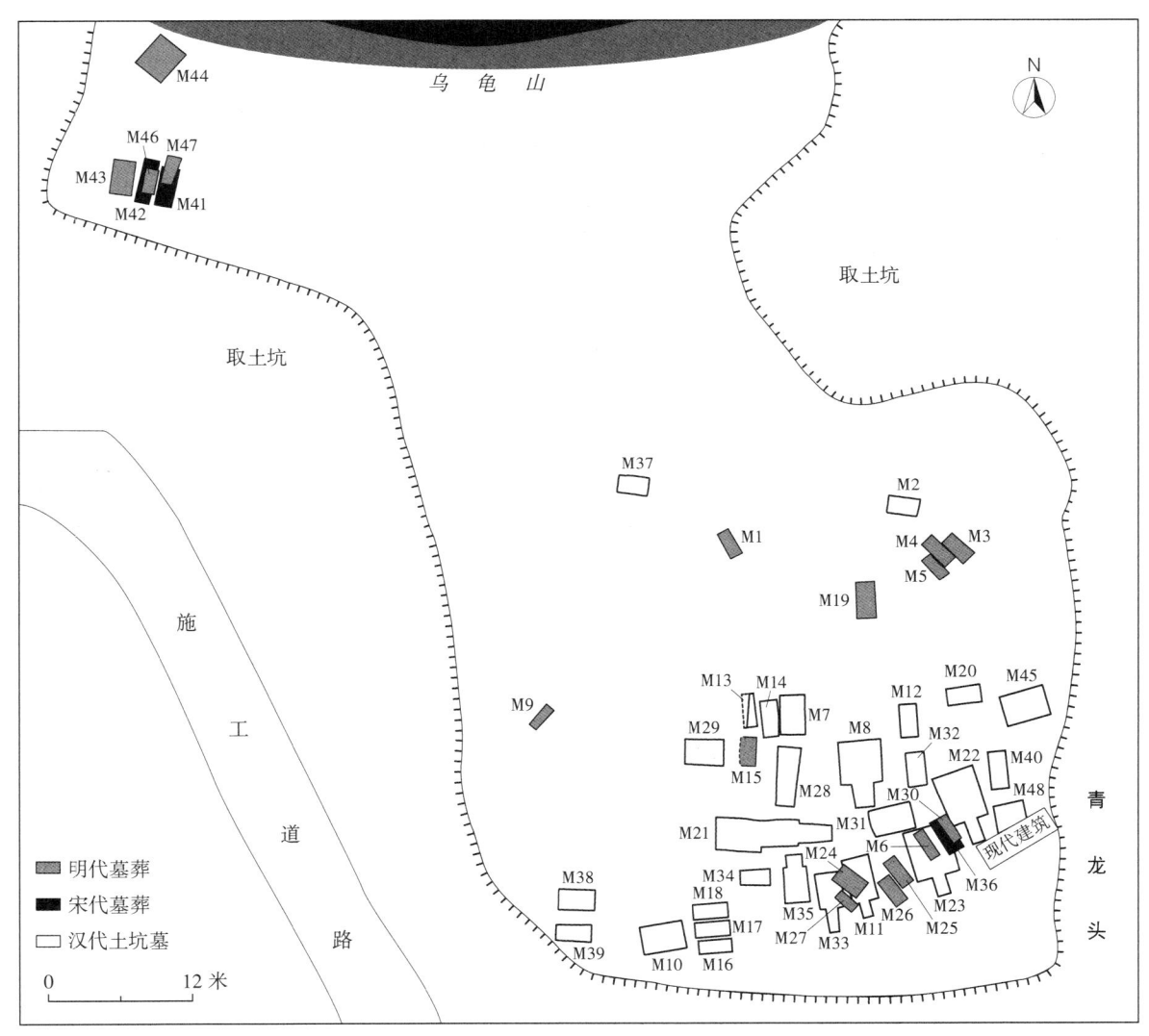

图 2-1　青龙头墓地墓葬平面分布图

［1］古县遗址位于江苏省溧阳市古县村，经南京博物院勘探发掘，确认为三国魏晋南北朝时期"永平""永世"县治所在。参见高伟、董珊珊：《溧阳古县遗址考古揭示"永平""永世"县治——全国首度发现三国南朝时期相对完整的县城遗址》，《文化月刊》2021 年 5 月。

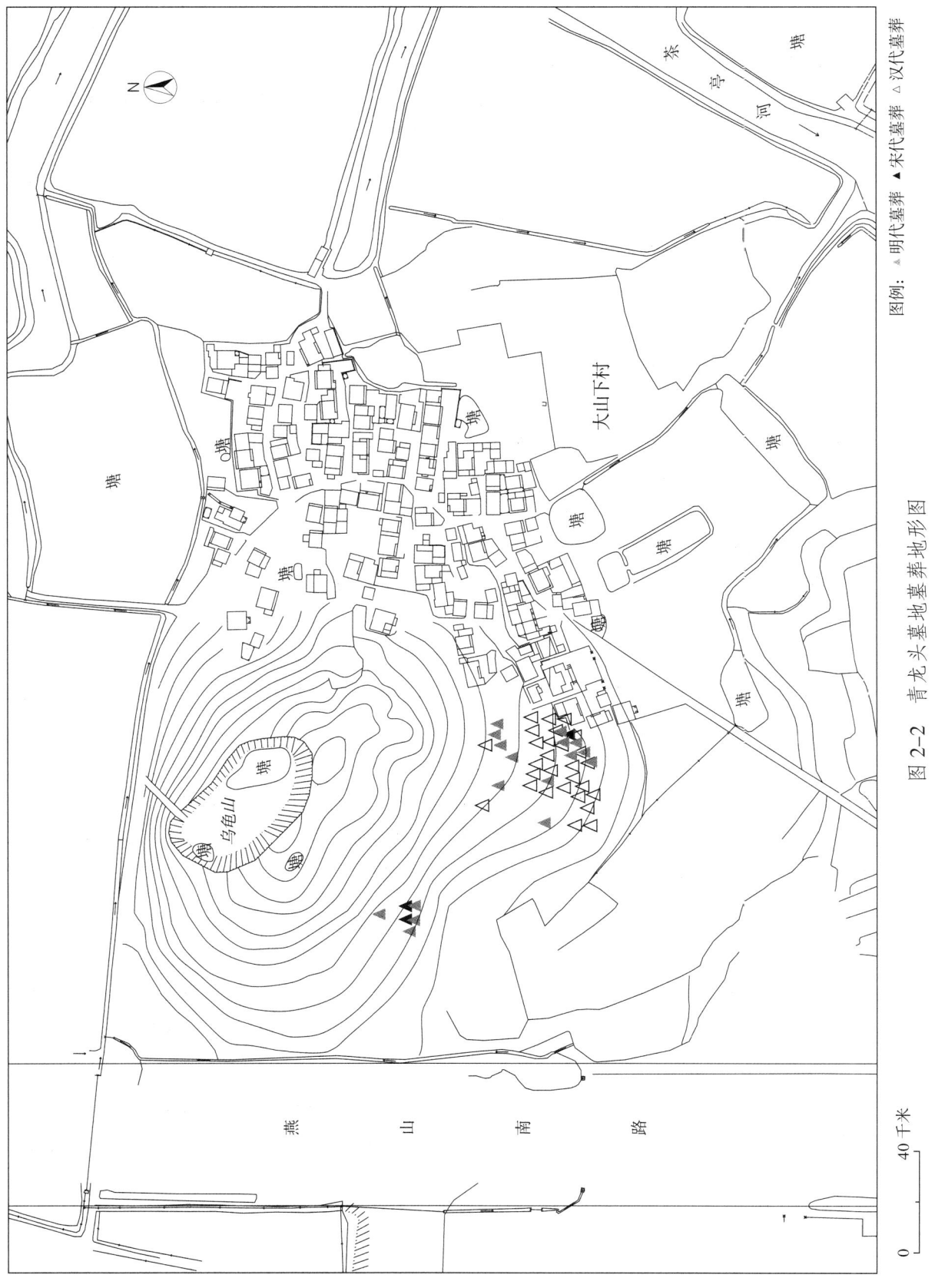

图例：▲明代墓葬 ▲宋代墓葬 △汉代墓葬

图 2-2 青龙头墓地墓葬地形图

情况，发掘工作采用开放式布方进行，即在墓地范围内根据山坡地势统一揭露清理（彩版二，2）。

经过抢救发掘，共发现并清理墓葬48座，墓葬编号依清理顺序编排，编号为2018LQM1~2018LQM48（以下省去2018LQ）。其中，汉代墓葬28座，有土坑墓17座，编号依次为M2、M8、M13、M14、M16、M17、M18、M20、M21、M28、M29、M32、M34、M35、M37、M38和M39；砖室墓11座，编号为M7、M10、M11、M12、M22、M23、M31、M33、M40、M45、M48。南宋墓3座，编号依次为M36、M41、M42。明代墓葬17座，其中土坑墓14座，编号依次为M1、M3、M5、M6、M9、M15、M19、M24、M25、M26、M27、M30、M46和M47；砖石墓2座，编号为M4和M43；石椁墓1座，编号为M44。（图2-1、2-2）出土陶、硬陶、釉陶、瓷、金、铜、铁、银、琉璃等各种质地文物463件（组）。

第二节　参与人员和报告编写

青龙头墓地的发掘领队是高伟。参加发掘人员先后有南京博物院的高伟、田长有、周恒明，山东大学的硕士生吴登弟和韦超，技工有朱文博、朱寿荣等，后期山西大学的范甯彬、朱思奇参与了部分墓葬的清理工作。2018年10月，在墓地发掘中期，中央电视台科教频道《探索·发现》栏目组聚焦古墓群发掘现场，组织拍摄了《溧阳大墓》纪录片，后在CCTV-10《探索·发现》的《2019考古进行时》第一季进行了播出。（彩版三，1）2018年11月，发掘工作结束后，为配合在溧阳举办的江苏省考古学会2018年年会，由高伟策展《濑水汤汤——江苏溧阳考古新发现成果展》，（彩版三，2）通过博物馆展陈向社会公众宣传展示了青龙头墓地出土文物。

青龙头墓地的资料整理工作主要是在南京博物院江南工作站进行。2019年3月，青龙头墓地报告整理工作按计划进行：墓地出土文物的陶器修复工作由王艳成完成，青铜器和铁器的修复保护工作由南京博物院文保所的余伟和李家金完成，高伟、仪张敏、许鑫涛完成了器物绘图工作，山西大学的范甯彬、朱思奇对出土器物进行文字描述和线图描绘，器物照由高伟、范甯彬和朱思奇拍摄完成，山东大学王全玉老师携团队对青龙头汉墓出土的铜器和铁器进行了取样分析和研究。至2021年3月，青龙头墓地基础资料的整理工作已全部完成，并形成了报告初稿。根据相关规定，在报告整理完成后，考古队向江苏省文物局提交了青龙头墓地出土文物分配方案，原始发掘资料提交至南京博物院江南工作站资料室保管。

本报告由高伟执笔、统稿完成。报告整理期间，由高伟、史骏、余伟执笔编写了《江苏溧阳青龙头汉墓M22、M35发掘简报》，发表在《东南文化》2021年第6期。其中凡与本报告冲突的，均以本报告为准。

青龙头墓地考古报告按照发掘单位对墓葬资料进行了详细整理，并结合类形式分析、金属器物科技分析和文献资料整理形成了初步认识。囿于知识局限，疏漏不足之处敬请专家学者批评指正。

第三章　汉代墓葬与出土遗物

第一节　汉墓概况

汉代墓葬集中分布于乌龟山南侧坡地上，共发现并清理汉墓 28 座，墓葬排列有序，仅见 M7 打破 M14 东南一角，其余未见打破关系。墓向有东西向和南北向两种。墓葬编号依次为 M2、M7、M8、M10、M11、M12、M13、M14、M16、M17、M18、M20、M21、M22、M23、M28、M29、M31、M32、M33、M34、M35、M37、M38、M39、M40、M45、M48。（图 3-0；彩版四）

墓葬地面封土保存较差，后期取土对部分墓葬造成较严重的破坏。墓葬均开口于熟土层，墓坑平面呈长方形、"凸"字形、刀把形或梯形，多口大底小，四壁内收，墓底为生土或山体基岩；以 M21 规格最大，墓室长 3.94 米，宽 3.04 米，墓室前还有阶梯状墓道；以 M2 规格最小，墓坑长宽分别为 2.8 米和 1.6 米。墓坑最深的为 M21，墓深 2.8 米，墓底进入山体基岩；最浅的墓葬仅残存墓底部分，为生土面；打破山体基岩的墓葬深度不一，如 M2 和 M8，墓深分别为 0.5 米和 2.55 米。

墓内葬具保存较差，人骨皆不存；仅有 M8、M21 可见棺椁，M21 墓底有垫木，M28、M35 残存棺椁板灰痕迹，可辨 M8、M28 为双棺墓，余皆为单棺墓。设墓道者 7 座，其中土坑墓 3 座，分别是 M8、M31 和 M35，砖室墓 4 座，分别是 M11、M22、M23 和 M33。M38 和 M39 墓坑相邻，墓向一致，时代接近，推测为异穴合葬墓。

墓内随葬器物多寡不一，最多的为 M21，共 41 件（组），最少的为 M20，仅 2 件，被盗扰的 M12 和 M45 也是分别 2 件。随葬器物多集中摆放于棺椁一侧或墓内一端，以鼎、盒、瓿、壶、罐、罍、灶、釜、甑、仓、井、盒、陶钱等陶瓷器为主，漆器大多数已朽烂，可辨漆痕，多与陶瓷器放置在一起，棺内多随葬铜镜、剑、刀、琉璃璧和料珠等器物。

第二节　汉墓

根据汉墓结构和墓内棺椁情况可将墓葬分为土坑墓和砖室墓等两大类。其中，土坑墓数量最多，有 17 座，墓葬编号依次为 M2、M8、M13、M14、M16、M17、M18、M20、M21、M28、M29、M32、M34、M35、M37、M38 和 M39。砖室墓有 11 座，编号有 M7、M10、M11、M12、M22、M23、M31、M33、M40、M45 和 M48。

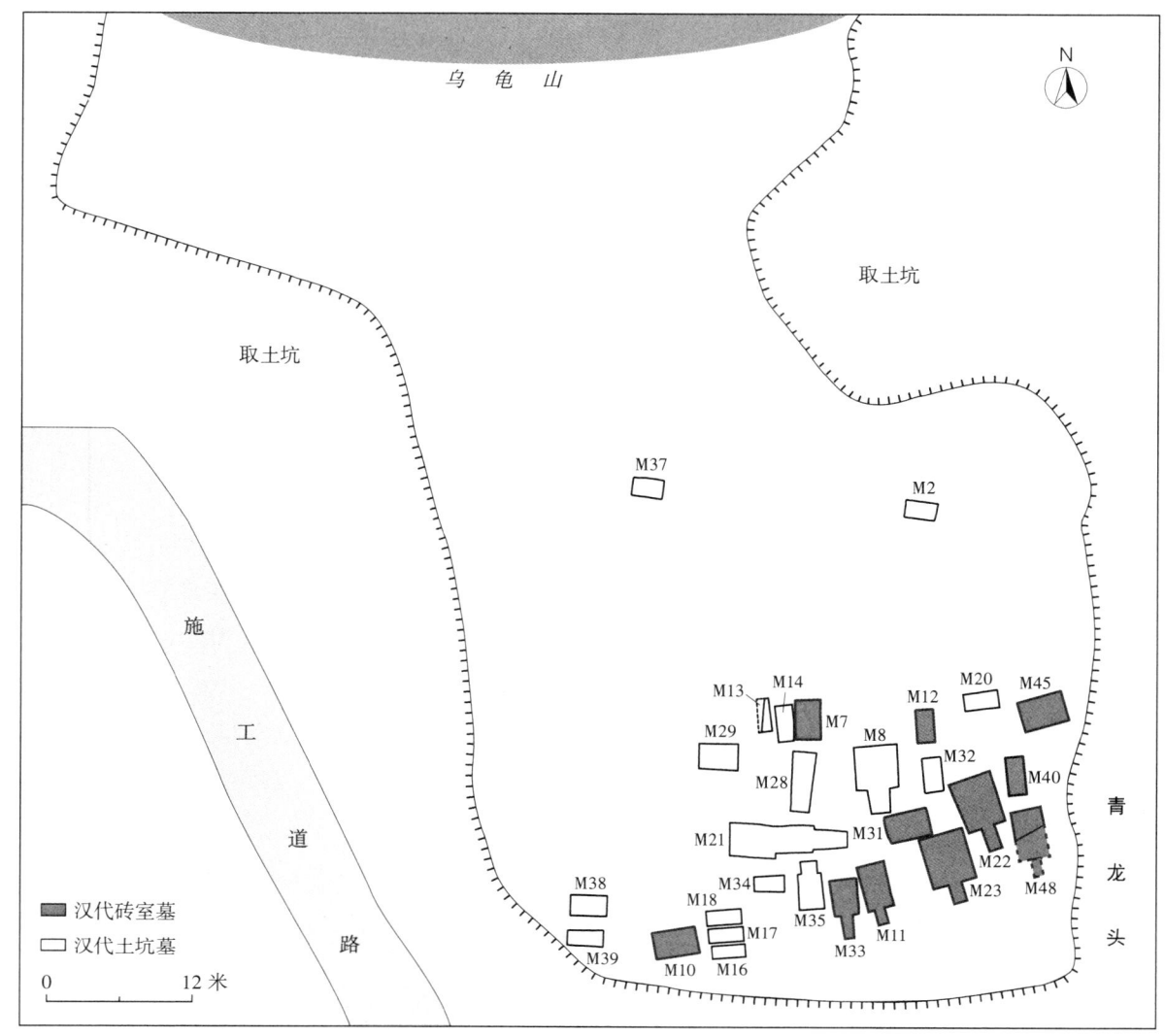

图 3-0　青龙头墓地汉墓分布图

一、土坑墓

17 座。有带墓道和不带墓道两类。

（一）带墓道的墓

分作刀把形和"凸"字形两种。其中刀把形墓 1 座，编号 M21；"凸"字形墓 2 座，编号为 M8、M35。

M21

位于墓地南部，M28 南侧，M35 北侧。墓向 93°。带墓道竖穴土坑木椁墓，墓坑平面呈刀把形，由墓道和墓室两部分组成。墓道在墓室东侧，为斜坡式台阶墓道，东西长 5.9、南北宽 1.38~2.48 米。台阶共四级，第一级阶梯东西长 0.8、南北宽 1.4、距墓口深 0.64 米，第二级阶梯东西长 0.96、南北宽 1.6、距墓口深 1 米，第三级阶梯东西长 0.8、南北宽 1.76、距墓口深 1.4 米，第四级阶梯东西长 0.7、南北宽 1.8、距墓口深 1.68 米。再向下墓道坡度略缓，宽度加大。墓室平面呈长方形，东西长 3.84~3.94、南北宽 2.76~3.04、深 2.8 米。墓底有两条枕木，长 2.68、宽 0.14、厚 0.14 米。其上为东西并置的六块椁室底板，长 3.1~3.3、宽 0.3~0.44、厚 0.24~0.26 米。椁室平面呈长方形，长 3.2、宽 2.36、残高 0.61 米。椁室盖板已不存，椁室分为棺厢、头厢和边厢三部分，随葬器物大多置放于边厢和头厢内。木棺在椁室北侧，由整木挖凿而成，顶部裂成两半，向棺内坍塌，木棺外侧涂髹黑漆，残长 2.33、宽 0.73、高 0.54 米，木棺板厚 0.04~0.08 米。边厢在棺厢南侧，随葬器物大多放置于此，东西长 3、南北宽 1.4 米。头厢在木棺东侧，头厢部侧板已朽烂，东西长 1、南北宽 2 米。墓内填土分三层：上为黄褐色土，夹杂有少量碎小石子，土质较密实，分布于全部墓葬，最厚处 1.2 米；其下为红褐色花土，较为密实，分布于全墓，最厚处 1.3 米；墓室底部填充一层厚 0.3 米的白膏泥。共出土随葬器物 41 件（组）。其中木棺内陶五铢 1 组（置于木棺底部），铜盆、铜带钩、石黛板及漆盘各 1 件。头厢有釉陶罐 4 件、釉陶壶 3 件、釉陶瓿 2 件、硬陶罍 1 件；边厢有釉陶壶、釉陶瓿各 3 件，釉陶鼎、釉陶盒、釉陶钫、釉陶罐和釉陶器盖各 2 件，硬陶罍 3 件，陶罐 3 件、陶釜 1 件，铜镜、铜盆、铜钱各 1 件。（图 3-1A；彩版五，1、2）

釉陶鼎 2 件。

M21：15，轮制。子母口，子口内敛，立耳，深弧腹，下腹弧收，平底内凹，蹄足。口外侧贴附对称长方形立耳一对，中间有长方形孔，耳面饰变形几何纹，底部贴塑三个蹄足，足面饰叶脉纹。灰褐胎，器身上部有青黄釉，釉层脱落严重。口径 25.2、最大腹径 26.4、底径 18.8、高 20 厘米。（图 3-1B；彩版二二，3）

M21：41，带盖陶鼎，轮制。覆钵形盖，盖顶较平。器身为子母口，子口内敛，深斜腹，平底。口沿外侧对称附两长方形立耳，中间有长方形孔，耳上饰竖线纹。盖和器身均为红胎，盖顶及鼎耳部有釉痕。盖径 19.2 厘米，鼎身口径 20、底径 11.6 厘米，通高 16.4 厘米。（图 3-1B；彩版二三，1）

釉陶盒 2 件。

M21：26，带盖陶盒，轮制。覆钵形盖，弧腹，盖顶近平，饰弦纹。器身子母口，子口内敛，尖圆唇，深弧腹，平底。红胎，局部呈灰色。盖径 19.7 厘米，盒身口径 19.4、底径 11.1 厘米，通高 16 厘米。（图 3-1B；彩版二四，1）

M21：40，轮制。子母口，子口微敛，深斜腹，平底。腹部满饰弦纹。灰褐胎，器身上部有釉，釉层已脱落。口径 21.5、底径 12.9、高 13.8 厘米。（图 3-1B；彩版二四，2）

釉陶壶 6 件。

M21：2，轮制。喇叭口，圆唇、高颈，溜肩，鼓腹弧收，腹部最大径靠近中部，平底，矮圈足。口沿下饰一周弦纹，颈下部饰两组弦纹，肩部附贴两叶脉纹器耳，肩部及上腹部饰三周弦纹。灰褐胎，器身上部有青黄釉。口径 14.4、最大腹径 28.2、圈足径 12.9、高 36.6 厘米。（图 3-1C；参见彩版二七，1）

M21：4，轮制。喇叭口、高颈，溜肩，圆鼓腹，下腹弧收，腹最大径位于中腹部偏下，平底，圈足。口沿饰两周弦纹，一周水波纹，颈部饰两周弦纹，一周水波纹，肩腹部饰一组弦纹，附贴

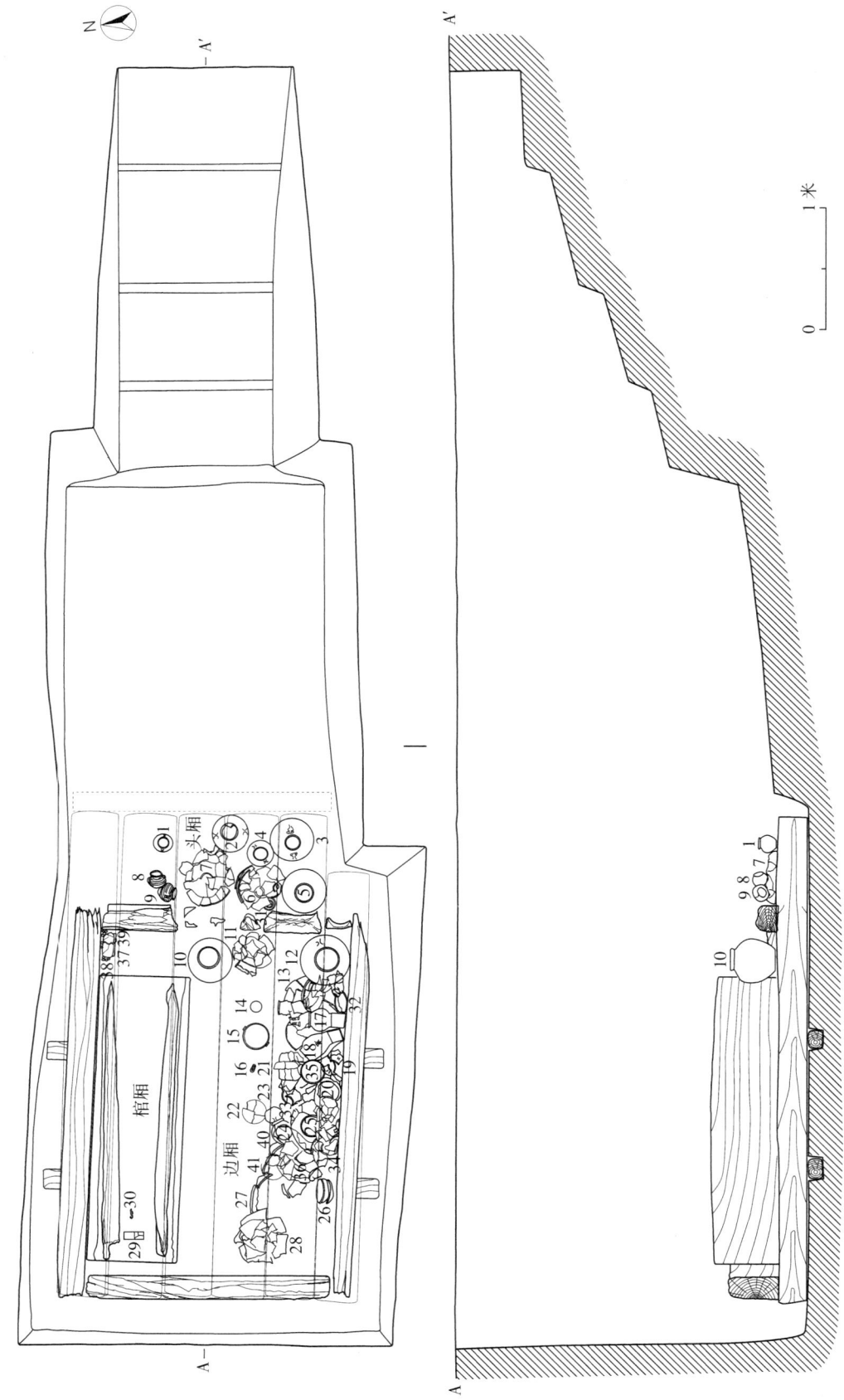

图 3-1A M21 平面、剖视图

1、8、9、19、23、31、33、34. 釉陶罐　2、4、7、12、21、32. 釉陶壶　3、6、11、13、36. 釉陶瓿　5、10、25、28. 硬陶罍　14. 铜镜　15、41. 釉陶鼎　16. 铜钱　17、18. 釉陶纺
20、22. 釉陶器盖　24. 陶罐　26、40. 釉陶罐　27. 陶瓿　29. 石黛板　30. 铜带钩　35、37. 铜盆　38. 陶五铢　39. 漆盘

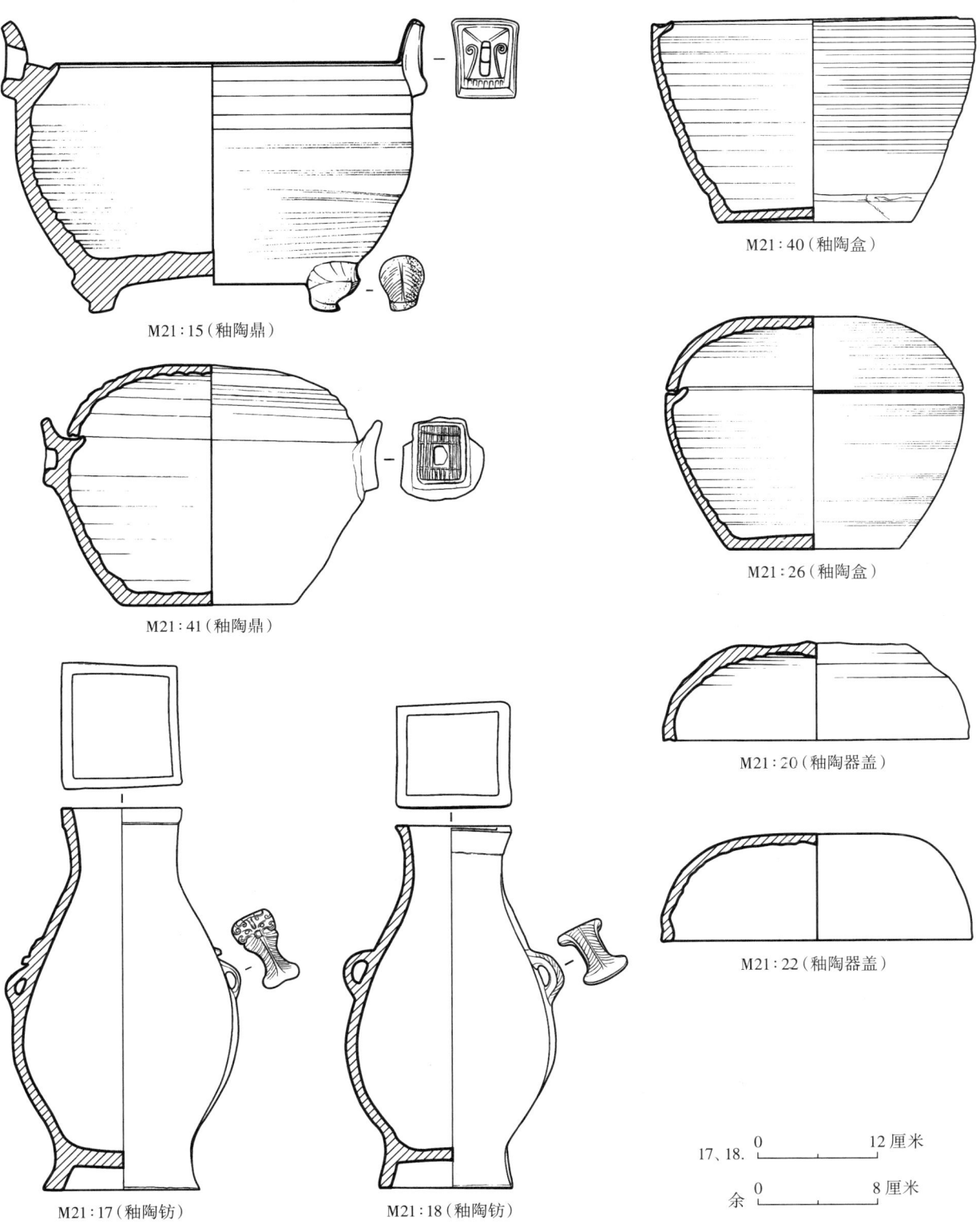

M21：15（釉陶鼎）

M21：41（釉陶鼎）

M21：17（釉陶钫）

M21：18（釉陶钫）

M21：40（釉陶盒）

M21：26（釉陶盒）

M21：20（釉陶器盖）

M21：22（釉陶器盖）

17、18. 0　　　　　12 厘米

余 0　　　　　8 厘米

图 3-1B　M21 出土釉陶鼎、盒、钫、器盖

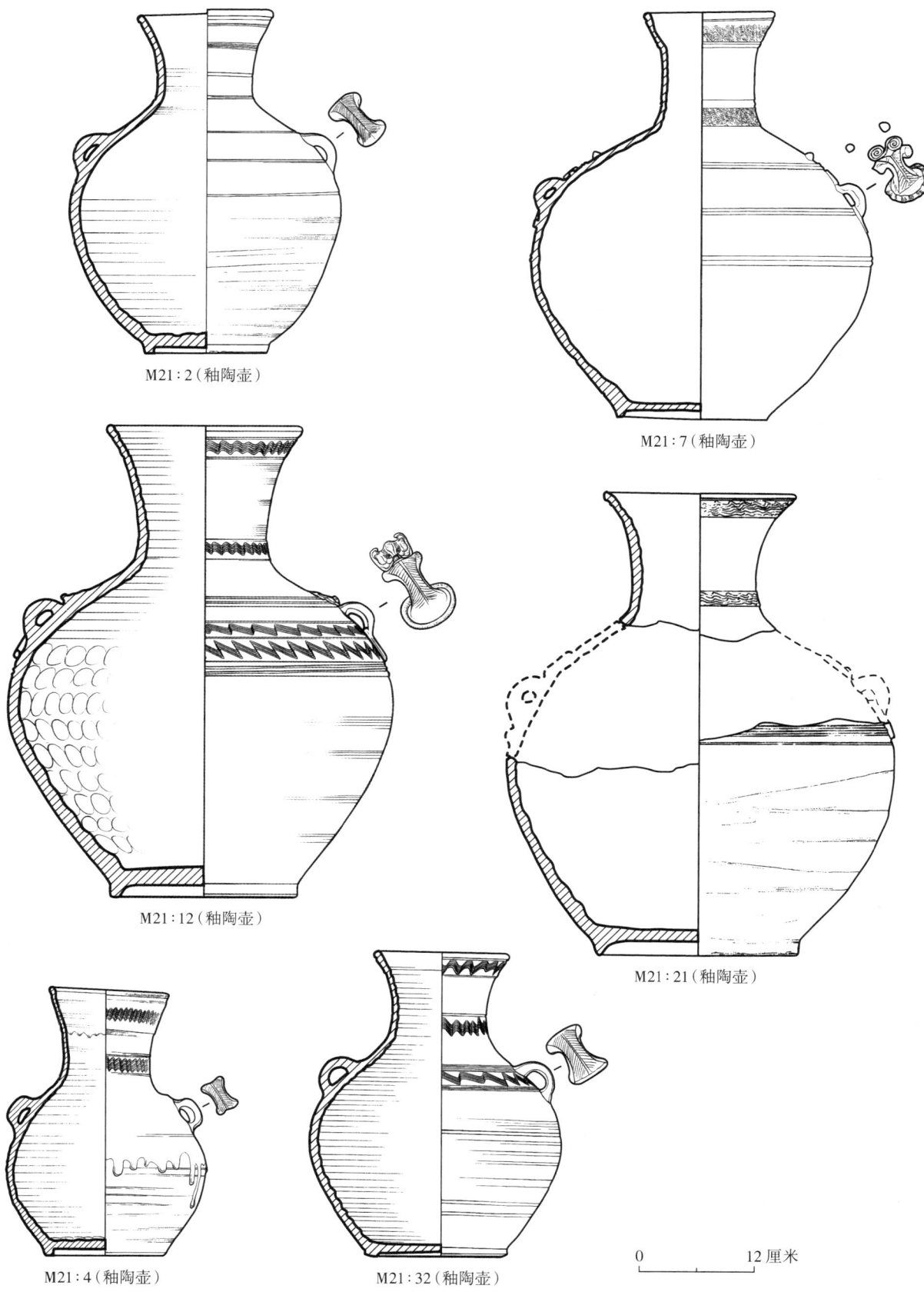

M21：2（釉陶壶）

M21：7（釉陶壶）

M21：12（釉陶壶）

M21：21（釉陶壶）

M21：4（釉陶壶）

M21：32（釉陶壶）

0　　　　　　　12厘米

图 3-1C　M21 出土釉陶壶

两叶脉纹器耳，下腹部满饰弦纹。灰褐胎，器身上部、口沿内侧及内底处有釉，釉层厚重且有流釉现象，釉色青黄。口径 12.6、最大腹径 21、底径 12.6、高 28 厘米。（图 3-1C；彩版二七，2）

M21：7，轮制。喇叭口，微盘口，平沿，细高颈，弧肩，圆鼓腹，下腹斜收，腹最大径位于中腹部偏下，平底，矮圈足。口沿饰两组弦纹，一周水波纹，颈部饰两组弦纹，一周水波纹，肩部两侧各附贴两个乳丁，其下附贴"⌣"形纹饰，对置两铺首衔环，其上饰叶脉纹，下接衔环，衔环上压印绳纹，肩腹部有三组凸弦纹。灰褐胎，器身上部原有釉，釉色青黄，釉层脱落严重。口径 13.8、最大腹径 35.4、底径 15.6、高 43.2 厘米。（图 3-1C；彩版三五，2）

M21：12，轮制。侈口，圆唇、高束颈，溜肩，圆鼓腹，下腹斜收，腹部最大径偏上，平底，矮圈足。口沿下方和颈下部各饰两周弦纹和一组水波纹，肩部对置两铺首衔环，其上饰叶脉纹，上端贴塑模印兽面纹铺首，下接衔环，肩部饰三道凸弦纹和两组水波纹，上腹部饰三道凸弦纹。灰褐胎，器身上部、口沿内侧及内底处有釉，釉层厚重且有流釉现象，釉色青黄。口径 20.4、最大腹径 40.2、圈足径 19.8、高 50.4 厘米。（图 3-1C；彩版二七，3）

M21：21，残。轮制。喇叭口，圆唇、高束颈，弧肩，圆鼓腹，腹部最大径位于中腹部，下腹弧收，平底，矮圈足。口沿处及颈下部各饰一组水波纹，肩部对置两铺首衔环，残存衔环部，腹部偏上饰一组弦纹。器身上部、口沿内侧及内底处有釉，釉层厚重且有流釉现象，釉色青黄。口径 20.1、最大腹径 40.2、圈足径 21、高 49.5 厘米。（图 3-1C；彩版二八，1）

M21：32，轮制。侈口，圆唇、高束颈，溜肩，圆鼓腹，腹部最大径位于中部，平底，矮圈足。口沿及颈下部各饰一组水波纹，肩部附贴两叶脉纹器耳，肩部饰两组弦纹，弦纹中间饰一组水波纹。灰胎，器身上部有青釉，釉层脱落严重。口径 13.8、最大腹径 25.8、圈足径 15、高 32.4 厘米。（图 3-1C；彩版二八，2）

釉陶钫 2 件。

M21：17，模制。方口，方唇，束颈，溜肩，鼓腹，口沿外侧有一周凸棱，腹部最大径偏下，平底、高圈足外撇。肩腹部附贴两对称铺首，其上饰叶脉纹，上端贴塑模印兽面纹铺首。灰胎，器身上部有青黄釉，釉层脱落严重。口径 12.4、最大腹径 23.2、圈足径 15.6、高 38.9 厘米。（图 3-1B；彩版四五，1）

M21：18，模制。方口，尖唇、高颈，溜肩，弧腹，腹最大径位于中腹部偏下，平底、高圈足，圈足外撇。颈部饰一周弦纹，肩腹部附贴两叶脉纹器耳。灰胎，器身上部有青黄釉，釉层脱落严重。口径 11.4、最大腹径 21、底径 13.8、高 36.6 厘米。（图 3-1B；彩版四五，2）

釉陶瓿 5 件。

M21：3，轮制。敛口，平沿，矮颈，弧肩，圆鼓腹，下腹弧收，腹最大径位于中腹部偏下，平底略内凹。肩部对置两铺首，其上附贴模印人面纹，上端贴塑兽面纹铺首，肩腹部饰三组凸弦纹。灰褐胎，器身上部有青黄釉，积釉严重。口径 10.2、最大腹径 33.5、底径 15.3、高 28.8 厘米。（图 3-1D；彩版四七，3）

M21：6，轮制。敛口，斜沿，矮颈，弧肩，鼓腹，腹部最大径近中部，下腹斜收，平底。肩部对置两铺首，其上附贴模印人面纹，上端贴塑兽面纹铺首。肩部及上腹部饰三组凸弦纹。灰胎，下腹部偏红。口径 12、最大腹径 36、底径 18.3、高 33.9 厘米。（图 3-1D；彩版四八，1）

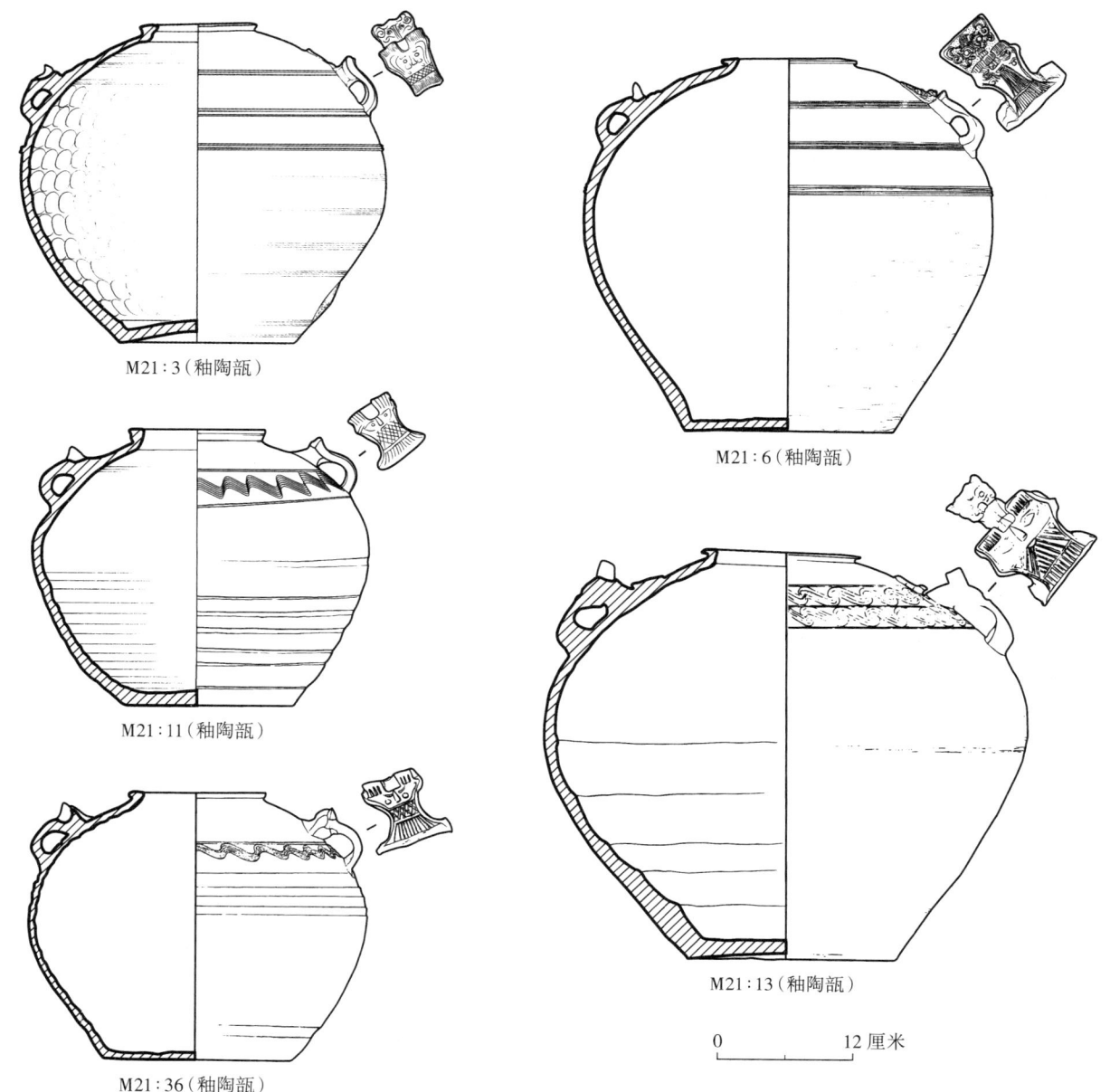

M21：3（釉陶瓿）

M21：6（釉陶瓿）

M21：11（釉陶瓿）

M21：36（釉陶瓿）

M21：13（釉陶瓿）

0   12 厘米

图 3-1D　M21 出土釉陶瓿

M21：11，轮制。敛口，方唇，弧肩，圆鼓腹，下腹弧收，腹最大径位于中腹部，平底。肩部饰两周弦纹，一周水波纹，肩部附贴两对称铺首，其上附贴模印人面纹，下腹部满饰弦纹。红色胎。口径 12、最大腹径 29.7、底径 15.1、高 25.2 厘米。（图 3-1D；彩版四八，2）

M21：13，轮制。敛口，方唇，弧肩，圆鼓腹，腹最大径位于中腹，下腹斜收，平底。肩部饰两组水波纹，肩部附贴两对称铺首，其上附贴模印人面纹，上端贴塑兽面纹铺首。器身上部有青黄釉，有流釉痕，釉层脱落严重。口径 14.1、最大腹径 42.3、底径 18.3、高 37.2 厘米。（图 3-1D；彩版四八，3）

M21：36，硬陶，敛口，平沿，圆唇，矮颈，弧肩，鼓腹弧收，平底。肩部饰一组水波纹，肩部附贴两对称铺首，其上贴塑模印人面纹，腹部饰弦纹。口径 12、最大腹径 29.7、底径 16.8、

高 24.3 厘米。（图 3-1D；彩版四九，1）

釉陶罐　8 件。

M21：1，轮制。侈口，圆唇，矮颈，溜肩，鼓腹弧收，腹部最大径靠近中部，平底。肩部对置两叶脉纹器耳，肩部及腹部饰弦纹，内底轮制痕迹明显。灰褐胎，器身上部有青黄釉，釉层脱落严重。口径 9.2、最大腹径 14.6、底径 9.2、高 10.6 厘米。（图 3-1E；彩版六〇，1）

M21：8，轮制。敛口，方唇，溜肩，鼓腹，下腹弧收，腹最大径位于中腹部，平底。肩部附贴器耳一对，耳饰叶脉纹，下腹以上满饰弦纹。红褐胎，器身上部及口沿部有青绿釉。口径 8.8、最大腹径 13.6、底径 8.6、高 10 厘米。（图 3-1E；参见彩版六〇，2）

M21：9，轮制。侈口，圆唇，束颈，弧肩，圆鼓腹，下腹弧收，腹最大径位于中腹部，平底。通体满饰弦纹，肩部附贴器耳一对，耳面饰叶脉纹。灰褐胎，器身上部及口沿部有青绿釉。口径 8.8、最大腹径 13.6、底径 8.6、高 10.6 厘米。（图 3-1E；参见彩版六〇，3）

M21：19，硬陶，直口，方唇，弧肩，鼓腹，腹部最大径偏上，下腹斜收，底部内凹。肩

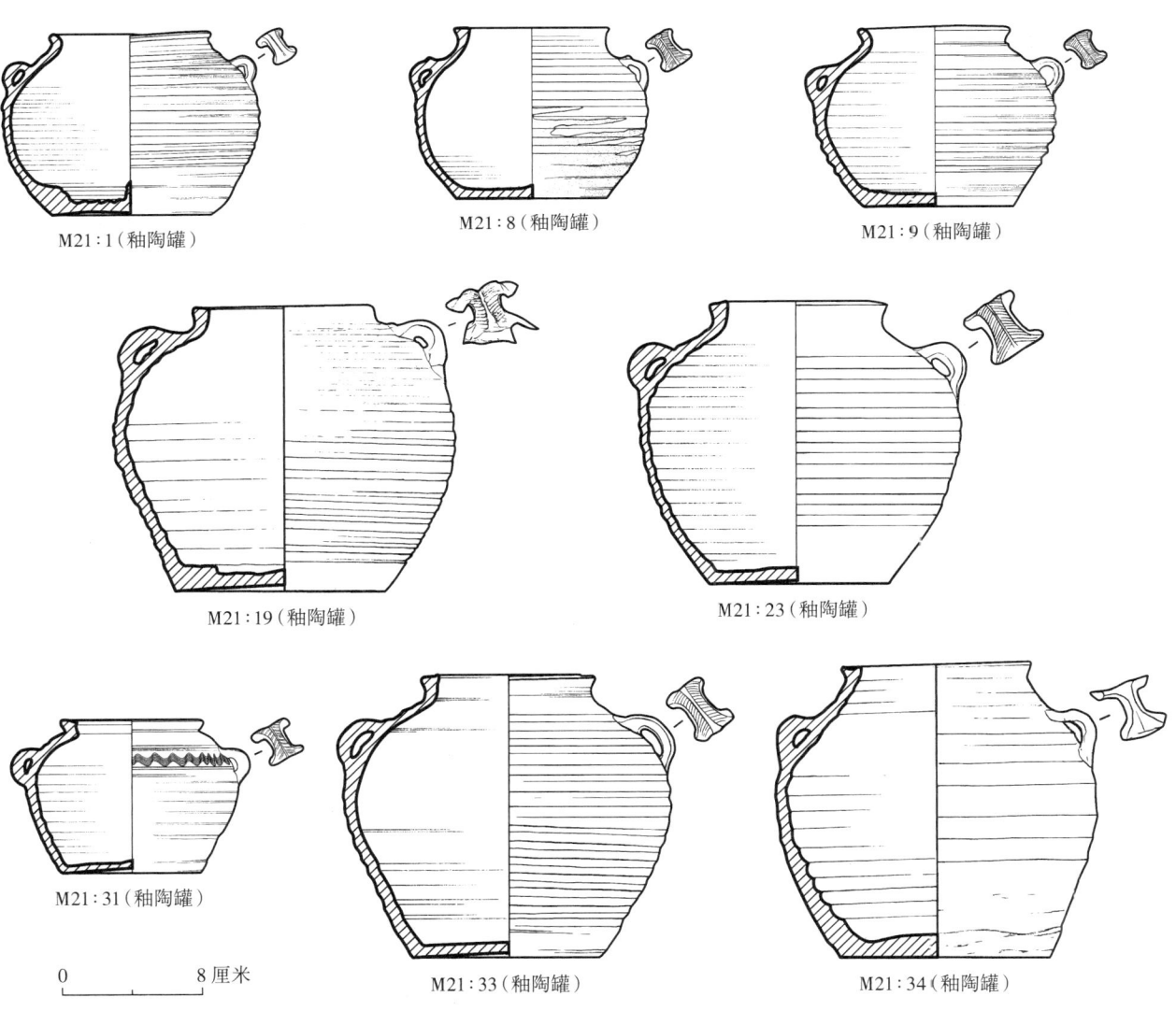

M21：1（釉陶罐）　　M21：8（釉陶罐）　　M21：9（釉陶罐）

M21：19（釉陶罐）　　M21：23（釉陶罐）

M21：31（釉陶罐）　　M21：33（釉陶罐）　　M21：34（釉陶罐）

0　　　8 厘米

图 3-1E　M21 出土釉陶罐

部对置两器耳，耳上饰叶脉纹，腹部满饰弦纹。器身上部有青灰釉残留。口径 10.4、最大腹径 19.4、底径 11.8、高 16.6 厘米。（图 3-1E；彩版六一，3）

M21：23，轮制。直口，方唇，溜肩，圆鼓腹，下部弧收，腹最大径位于约中腹部，平底。通体饰弦纹，肩部附贴器耳一对，耳饰叶脉纹。灰褐胎，器身上部有青黄釉残留。口径 10.2、最大腹径 18.4、底径 10.2、高 16.6 厘米。（图 3-1E；彩版六〇，4）

M21：31，轮制。直口，方圆唇，矮颈，弧肩，鼓腹，下腹斜收，腹最大径位于中腹偏上，平底。肩部饰一圈水波纹，附贴器耳一对，耳饰叶脉纹，腹部饰弦纹。灰胎，器身上部有青黄釉残留。口径 8.2、最大腹径 12.2、底径 8、高 9 厘米。（图 3-1E；彩版六〇，5）

M21：33，轮制。直口，方唇，弧肩，圆鼓腹，下腹斜收，腹最大径位于中腹部偏上，平底。通体满饰弦纹，肩部附贴器耳一对，耳饰叶脉纹。红胎。器身上部有青灰釉残留。口径 9.6、最大腹径 18.6、底径 10.8、高 16.4 厘米。（图 3-1E；彩版六一，4）

M21：34，轮制。敛口，凹沿，溜肩，鼓腹弧收，腹部最大径位于中部偏上，平底。通体饰弦纹，肩部附器耳一对。器身上部有青黄釉残留。口径 10.8、最大腹径 18.4、底径 12、高 17 厘米。（图 3-1E；彩版六一，5）

釉陶器盖 2 件。

M21：20，轮制。覆钵形盖，顶平，敛口，子母唇。顶部有青釉。盖径 20.4、高 6.8 厘米。（图 3-1B；彩版六七，3）

M21：22，轮制。覆钵形盖，平顶，敛口，唇部微凹。灰胎，内壁偏红，盖顶有青黄釉。盖径 20.8、高 7.2 厘米。（图 3-1B；彩版六七，4）

硬陶罍 4 件。

M21：5，泥条盘筑，轮修。侈口，方唇，广肩，圆鼓腹，下腹斜收，腹最大径位于中腹部偏上，平底略内凹。肩腹部满饰拍印席纹。灰胎，局部泛红。口径 15.3、最大腹径 35.4、底径 17.7、高 27.6 厘米。（图 3-1F；彩版六九）

M21：10，泥条盘筑。直口，平沿，矮颈，弧肩，鼓腹，腹部最大径偏上，下腹斜收，平底。肩部及腹部满饰拍印席纹。灰胎，局部偏红。口径 17.4、最大腹径 35.4、底径 16.8、高 30.6 厘米。（图 3-1F；彩版六八，3）

M21：25，泥条盘筑。敞口，方唇，矮束颈，弧肩，鼓腹，腹部最大径偏上，下腹斜收，平底。肩部及腹部拍印席纹。红胎。口径 16.8、最大腹径 35.4、底径 16.5、高 31.2 厘米。（图 3-1F；彩版六八，4）

M21：28，泥条盘筑，轮修。敞口，方唇，矮颈，鼓肩，圆鼓腹，腹部位于中腹部，下腹弧收，底部内凹。通体拍印席纹。口径 16.2、最大腹径 37.2、底径 17.7、高 31.5 厘米。（图 3-1F；彩版七〇，1）

陶罐 1 件。

M21：24，泥质红陶，轮制。敛口，方唇，溜肩，圆鼓腹，腹最大径位于中腹部，下腹弧收，平底。通体满饰弦纹，肩部附贴器耳一对，耳面饰叶脉纹。口径 11、腹径 20、底径 13、高 16.8 厘米。（图 3-1G；彩版七四，3）

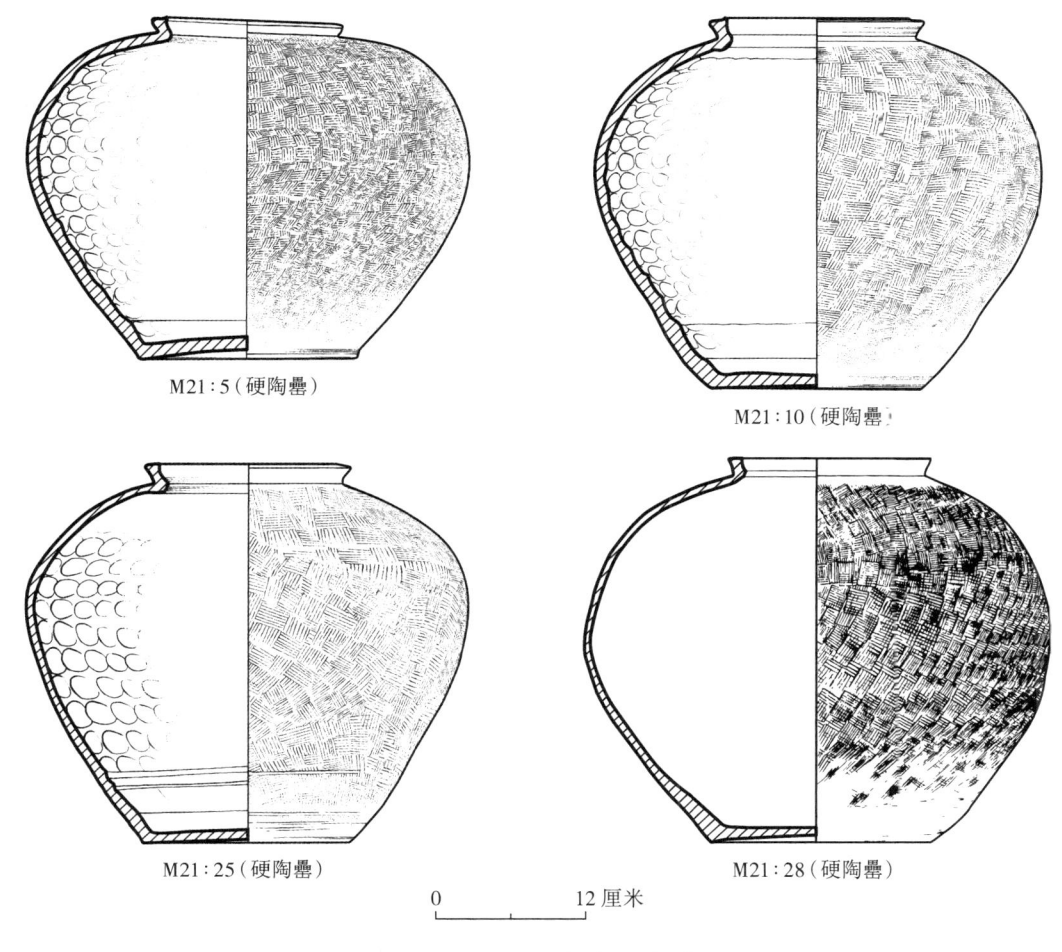

M21：5（硬陶罍）　　　　　　　　M21：10（硬陶罍）

M21：25（硬陶罍）　　　　　　　　M21：28（硬陶罍）

0　　　　　　12 厘米

图 3-1F　M21 出土硬陶罍

陶甑　1件。

M21：27，残碎严重。泥质灰陶，轮制。侈口、宽平沿，弧腹，腹部饰弦纹。下残，无法修复，可辨平底，底部可辨有圆形箅孔。口径 36.8、残高 6.8 厘米。（图 3-1G；彩版八八，3）

陶五铢　1组。

M21：38，较为完整者5枚，均为圆形方孔，上书"五铢"。直径 2.3~2.5、孔径 0.9~1、厚 0.8 厘米。（图 3-1G；彩版九六，2）

铜镜　1件。

M21：14，星云镜。博山纽，圆纽座，纽座饰短线纹，一周弦纹。内区座外两周凸弦纹，外为星云纹带，四枚并蒂联珠座大乳丁对称分布，其间饰四组七乳丁，乳丁间以细曲线相连。外一周弦纹，镜缘素面向内连弧状。直径 9.3、纽高 0.7、厚 0.2 厘米。（图 3-1H；彩版九八，2）

铜盆　2件。

M21：35，壁极薄，残损严重。侈口，折沿，弧腹，底残。素面。口径 18.2、残高 9 厘米。（图 3-1H；参见彩版一〇三，4）

M21：37，壁薄，残损严重。侈口，折沿，弧腹，底残。口径 19.2、残高 8.4 厘米。（图 3-1H；参见彩版一〇三，2）

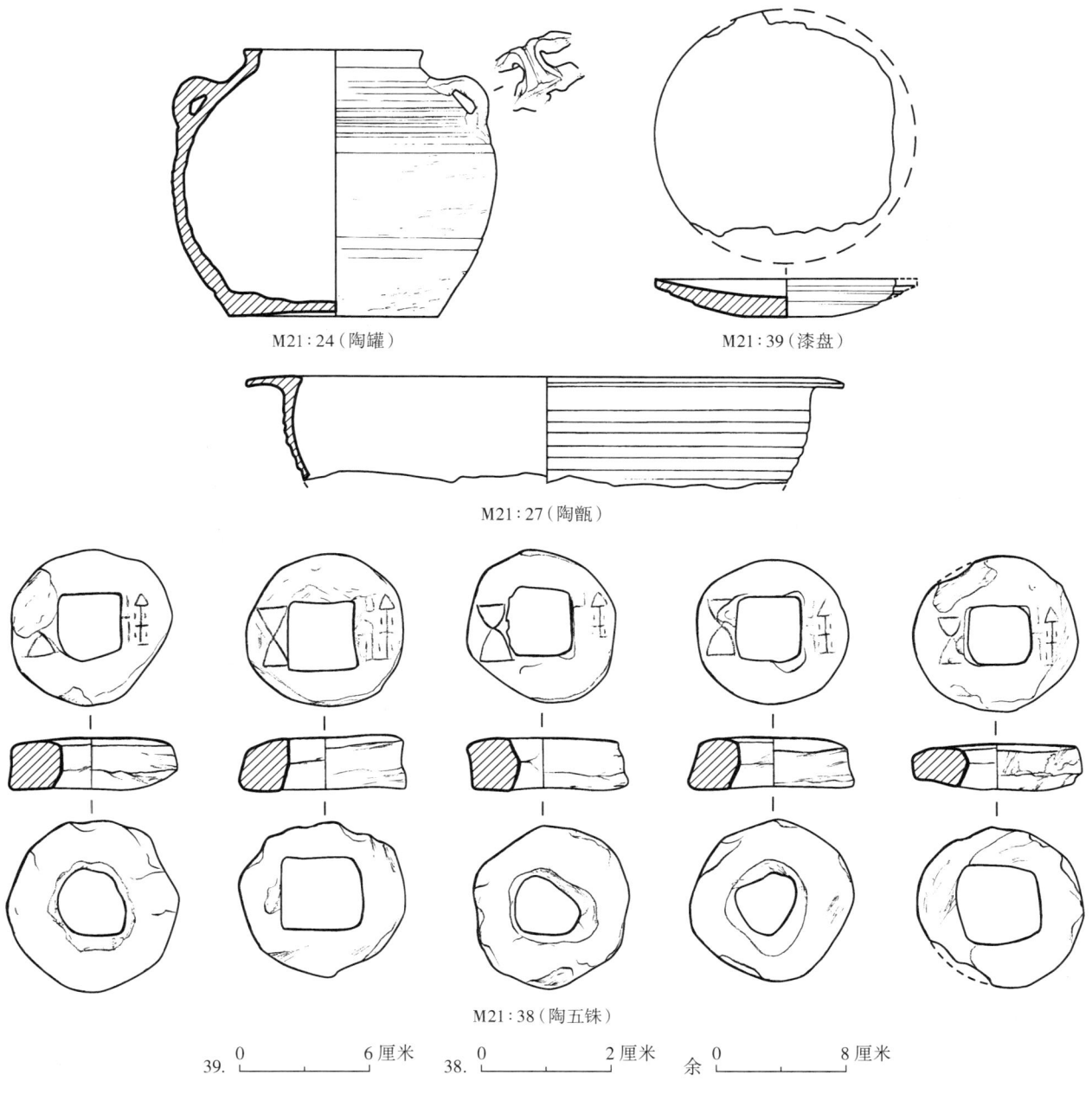

M21：24（陶罐）   M21：39（漆盘）

M21：27（陶甑）

M21：38（陶五铢）

39. 0 —— 6厘米   38. 0 —— 2厘米   余 0 —— 8厘米

图 3-1G　M21 出土陶罐、甑、五铢及漆盘

铜带钩　1件。

M21：30，铜锡铅合金。纽面磨光，圆形，圆柱形纽柱，钩体细长，呈水禽形，素面。长7.3、高1.7厘米。（图3-1H；彩版一〇四，8）

铜钱　1组。

M21：16，共15枚，均较完整，数枚粘连，3枚钱文清晰。较轻薄，正面穿外无郭，背面穿外有郭，正面穿外左右有篆文"五铢"，钱文修长，"五"字交笔较直，"铢"的金字旁略低于朱字，金字头为三角形状，"朱"字头方折。M21：16-1，钱径2.5、穿径1、厚0.1厘米。（图3-1H；彩版一〇七，2）

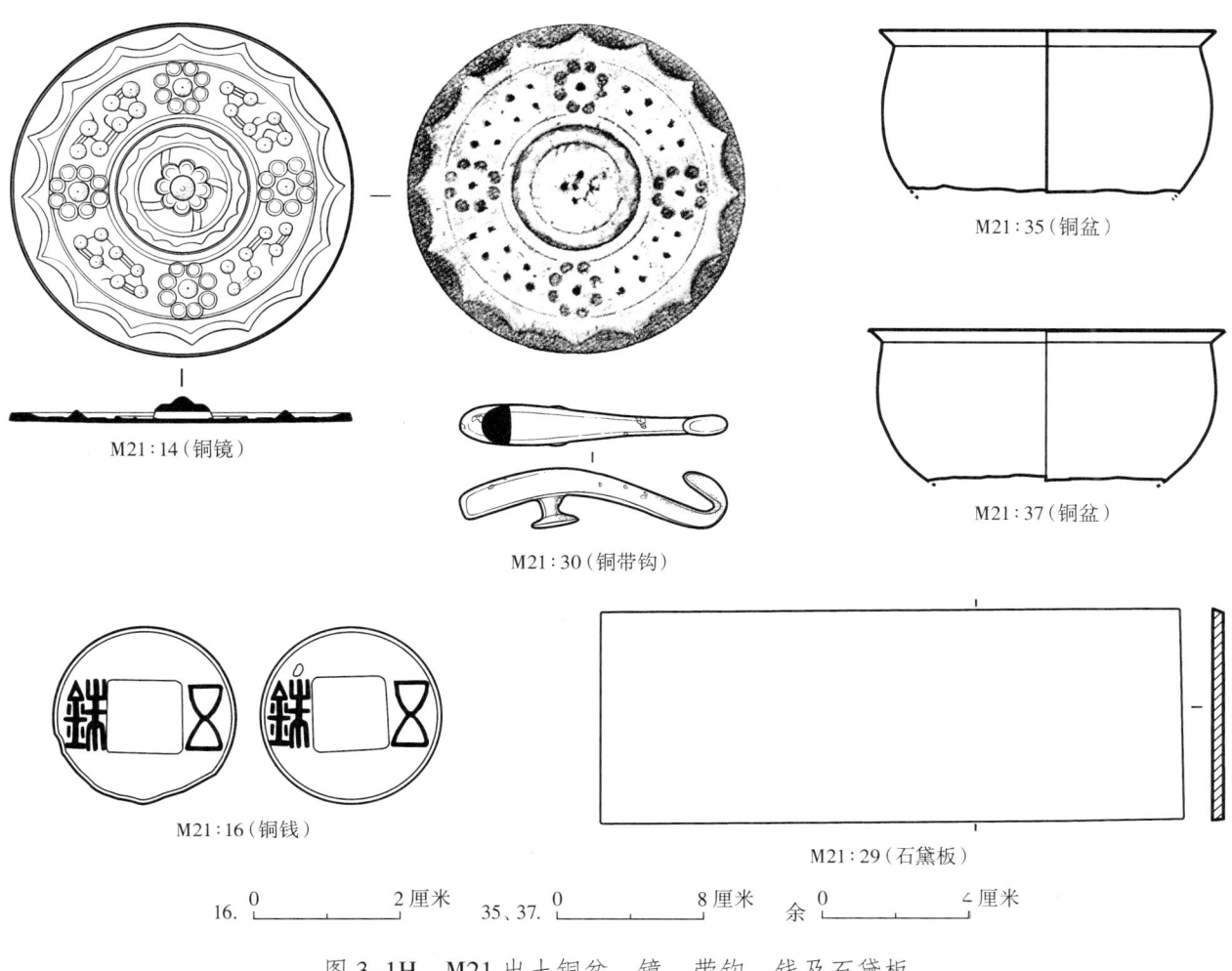

M21:14（铜镜）

M21:30（铜带钩）

M21:35（铜盆）

M21:37（铜盆）

M21:16（铜钱）

M21:29（石黛板）

16. 0 ⎣2 厘米 35、37. 0 ⎣8 厘米 余 0 ⎣ 厘米

图 3-1H　M21 出土铜盆、镜、带钩、钱及石黛板

石黛板　1 件。

M21:29，灰色页岩。长方形，修治规整，正面磨光，背面粗糙。长 15.8、宽 5.9、厚 0.3 厘米。（图 3-1H；彩版一二二，2）

漆盘　1 件。

M21:39，残存底部。圜底，内底残存红色漆皮，未见图案。木胎。残径 11.2、高 1.8 厘米。（图 3-1G；彩版一二二，6）

M8

位于墓地中部，M28 东侧。墓向 187°。短斜坡墓道竖穴土坑墓，墓坑平面呈"凸"字形，由墓道、墓室组成。墓道位于墓室南壁正中，为浅斜坡墓道，墓道南北长 2.2、东西宽 1.7~2、最深 0.5 米，墓道结束处距墓底 2 米。墓坑长 4、宽 3.8、深 2.55 米，四壁内侧设有宽 0.2~0.3、高 0.8 米的生土二层台。墓内填土为黄褐色花土，夹杂有少量碎小石子，土质较密实，近墓底处 0.2 米填充有白膏泥层。墓底残存部分木椁底板和木棺，椁底板残长 2.78、宽 2.71、厚 0.06 米。木棺可辨有两件，为独木挖凿而成，放置在墓室正中的木椁之上，皆为南北向放置，东侧木棺残长 2.78、宽 0.64

米，西侧木棺残长 2.6、宽 0.3 米。随葬器物 29 件，分置于木椁东西两侧的边厢内。东侧边厢放置有随葬器物 22 件，器形有釉陶喇叭口壶 4 件，釉陶瓿、硬陶罍各 2 件，釉陶罐 9 件，陶罐 1 件，陶灶、陶釜、陶甑和陶纺轮各 1 件；西侧边厢放置有随葬器物 7 件，器形有釉陶喇叭口壶 2 件、釉陶盘口壶 1 件、釉陶瓿 2 件、陶罐 1 件以及铜镜 1 件。（图 3-2A；彩版六）

釉陶壶 7 件。

M8：1，轮制。喇叭口，折口，平沿，细高颈，弧肩，弧腹，下腹弧收，腹最大径位于中腹部，平底，矮圈足。口沿饰一周水波纹，一周弦纹，颈部饰两周弦纹，一周水波纹，肩部两侧附贴 "⌒" 形纹饰，下部贴塑两叶脉纹器耳，肩腹部有三组凸弦纹。灰褐胎，器身上部、口沿内侧及内底处有青黄釉。口径 17.4、最大腹径 31.2、底径 10、高 43.2 厘米。（图 3-2B；彩版二五，1）

M8：2，轮制。喇叭口，平沿，略内凹，细高颈，溜肩，圆鼓腹，下腹斜收，腹最大径位于

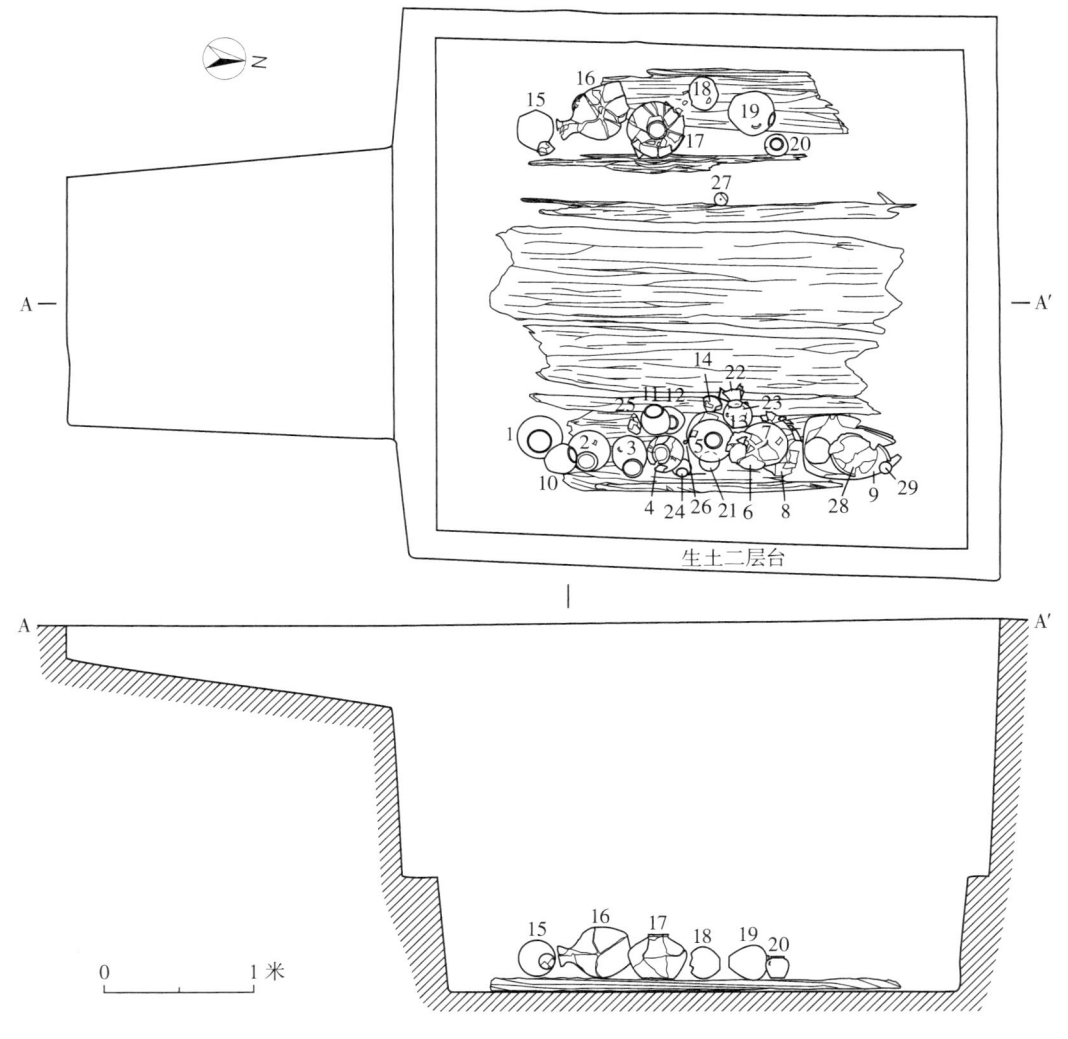

图 3-2A　M8 平面、剖视图

1~3、15、16、18、24. 釉陶壶　4、6、10~12、21~23、25. 釉陶罐　5、7、17、19. 釉陶瓿　8、14. 硬陶罍　9. 陶灶　13、20. 陶罐　26. 陶纺轮　27. 铜镜　28. 陶甑　29. 陶釜

M8：1（釉陶壶）

M8：2（釉陶壶）

M8：3（釉陶壶）

M8：16（釉陶壶）

M8：15（釉陶壶）

M8：18（釉陶壶）

M8：24（釉陶壶）

0　　　　　　12厘米

图 3-2B　M8 出土釉陶壶

约中腹部，平底。口沿饰一周水波纹，口沿下部饰一周弦纹，颈部饰一周弦纹，一周水波纹。肩部饰两周弦纹，两侧附贴"⌒"形纹饰，下部贴塑两叶脉纹器耳，腹部饰弦纹。灰褐胎，器身上部、口沿内侧及内底处有青黄釉。口径 14.4、最大腹径 27.6、底径 14.7、高 35.1 厘米。（图 3-2B；彩版二五，2）

M8：3，轮制。喇叭口、平沿、高束颈，溜肩，微鼓腹弧收，腹部最大径近中部，平底，矮圈足。口沿下饰一周凸弦纹，颈下部饰一组弦纹和一组水波纹，肩部两侧附贴卷云纹装饰，下部贴塑两叶脉纹器耳，肩部及上腹部饰三组凸弦纹，下腹部饰弦纹。黄褐胎，器身上部、口沿内侧及内底处有青黄釉。口径 14.1、最大腹径 23.4、圈足径 12.6、高 33 厘米。（图 3-2B；彩版二五，3）

M8：15，轮制。喇叭口、平沿、高颈，溜肩，鼓腹弧收，腹部最大径近中部，平底，矮圈足。颈下部饰两周弦纹和一组水波纹，肩部对置两贴塑器耳，耳饰叶脉纹，肩部饰弦纹，上腹部饰弦纹。褐胎，器身上部、口沿内侧及内底处有青黄釉。口径 14.4、最大腹径 26.4、圈足径 13.2、高 33 厘米。（图 3-2B；彩版二六，1）

M8：16，轮制，喇叭口、平沿、细高颈，弧肩，圆鼓腹，腹最大径位于中腹部，平底，矮圈足。口沿饰一周水波纹，颈部饰两周弦纹，一周水波纹，肩部两侧附贴"⌒"形纹饰，下部贴塑两叶脉纹器耳，肩腹部饰三组凸弦纹。灰褐胎，器身上部、口沿内侧及内底处有青黄釉。口径 17.1、最大腹径 31.2、底径 15.6、高 41.4 厘米。（图 3-2B；彩版二六，2）

M8：18，轮制。盘口微侈，圆唇，细高颈，弧肩，圆鼓腹，下腹弧收，腹最大径位于中腹部，平底，矮圈足，圈足外侈。口沿饰一周弦纹，一周水波纹，颈部饰两周弦纹，一周水波纹，肩部附贴器耳一对，耳面饰叶脉纹，肩腹部饰三组弦纹。灰胎，器身上部、口沿内侧及内底处有青黄釉，脱釉现象严重。口径 11.4、最大腹径 21.6、底径 11.1、高 28.5 厘米。（图 3-2B；彩版三五，1）

M8：24，轮制。折口、平沿、高颈，溜肩，弧腹，平底，矮圈足。颈上部饰一周凸弦纹，颈下部饰两周弦纹和一组水波纹，肩部两侧附贴卷云纹装饰，下部贴塑两叶脉纹器耳，肩部至上腹部饰三组凸弦纹，下腹部饰弦纹。灰黄胎，器身上部、口沿内侧及内底处有釉，釉色青黄。口径 14.4、最大腹径 23.7、圈足径 12.9、高 33.6 厘米。（图 3-2B；彩版二六，3）

釉陶瓿 4 件。

M8：5，轮制。敛口，斜沿，矮颈，弧肩，圆鼓腹，下腹弧收，腹最大径位于中腹部偏上，平底。肩部两侧附贴"⌒"形纹饰，下部贴塑模印兽面纹铺首，肩腹部饰三组凸弦纹。灰褐胎，器身上部近内底有青黄釉。口径 12.3、最大腹径 32.4、底径 16.2、高 29.1 厘米。（图 3-2C；彩版四六，2）

M8：7，轮制。敛口，斜沿，矮颈，弧肩，圆鼓腹，下腹弧收，腹最大径位于中腹部，平底。肩部两侧附贴"⌒"形纹饰，下部贴塑模印兽面纹铺首，肩腹部饰三组凸弦纹。灰褐胎，器身上部近内底有青黄釉。口径 12、最大腹径 30.9、底径 15、高 29.1 厘米。（图 3-2C；彩版四六，3）

M8：17，轮制。敛口，斜沿，尖唇，矮颈，弧肩，圆鼓腹，腹最大径位于中腹部，下腹弧收，平底。肩部饰两周弦纹，两侧附贴卷云纹装饰，下部贴塑模印人面纹铺首，腹部满饰弦纹。灰褐

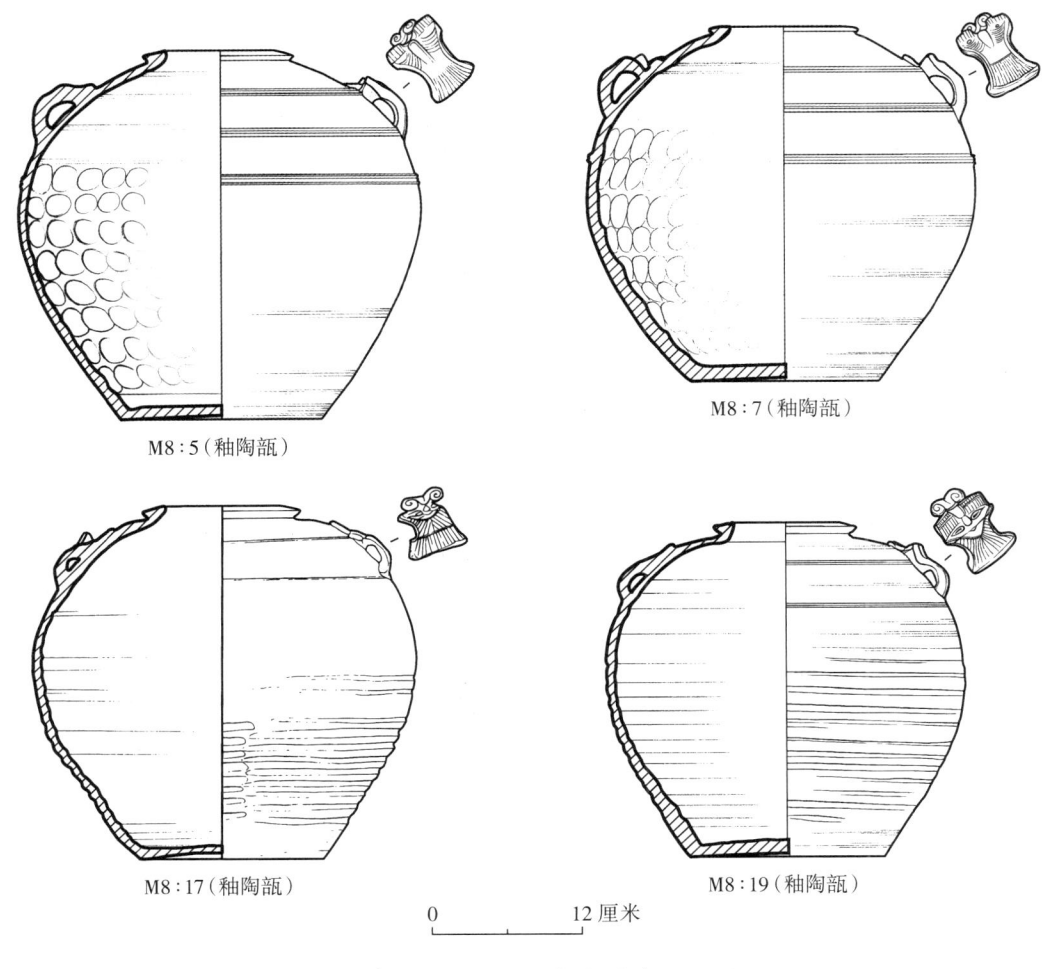

M8：5（釉陶瓿）

M8：7（釉陶瓿）

M8：17（釉陶瓿）

M8：19（釉陶瓿）

0　　　　　　12 厘米

图 3-2C　M8 出土釉陶瓿

胎，器身上部有青釉痕，釉层脱落严重。口径 12.6、最大腹径 30.6、底径 14.7、高 28.8 厘米。（图3-2C；彩版四七，1）

M8：19，轮制。敛口，斜沿，矮颈，鼓肩，圆鼓腹，下腹斜收，腹最大径位于中腹部，平底。肩部饰两组弦纹，两侧附贴卷云纹装饰，下部贴塑模印人面纹铺首，腹部满饰弦纹。灰褐胎，器身上部有青釉痕，釉层脱落严重。口径 11.4、最大腹径 28.5、底径 15.6、高 27.6 厘米。（图3-2C；彩版四七，2）

釉陶罐　9 件。

M8：4，轮制。侈口，尖圆唇，矮束颈，弧肩，鼓腹，腹部最大径偏上，下腹斜收，平底。肩部对称贴塑一对器耳，耳上饰绳纹，肩部及腹部饰弦纹。灰胎，器身上部有青釉痕，釉层脱落严重。口径 12.8、最大腹径 20.8、底径 10.8、高 20 厘米。（图 3-2D；彩版六三，1）

M8：6，轮制。侈口，圆唇，矮颈，弧肩，圆鼓腹，下腹弧收，腹最大径位于中腹部，平底。肩部饰两组弦纹，附贴器耳一对，耳面饰叶脉纹。灰胎，器身上部有青釉痕，釉层脱落严重。口径 13.6、最大腹径 21.6、底径 11.6、高 19.6 厘米。（图 3-2D；彩版六三，2）

M8：10，轮制。侈口，圆唇，矮束颈，溜肩，鼓腹，腹部最大径略偏上，下腹斜收，平底。

M8：4（釉陶罐）

M8：6（釉陶罐）

M8：10（釉陶罐）

M8：11（釉陶罐）

M8：12（釉陶罐）

M8：22（釉陶罐）

M8：21（釉陶罐）

M8：23（釉陶罐）

M8：25（釉陶罐）

0　　　　　　8厘米

图 3-2D　M8 出土釉陶罐

肩部饰一组水波纹和一组弦纹，对称贴塑两叶脉纹器耳，腹部饰弦纹。灰胎，器身上部有青釉痕，釉层脱落严重。口径11.6、最大腹径20、底径10.8、高19.2厘米。（图3-2D；彩版六三，3）

M8：11，轮制。侈口，圆唇，矮颈，弧肩，圆鼓腹，下腹斜收，腹最大径位于中腹部偏上，平底。肩部饰一组弦纹，附贴器耳一对，耳面饰叶脉纹。肩腹部满饰弦纹。灰胎，器身上部有青釉痕，釉层脱落严重。口径13.6、最大腹径20.6、底径9.8、高18.4厘米。（图3-2D；彩版六三，4）

M8：12，轮制。侈口，圆唇，溜肩，圆鼓腹，下腹弧收，腹最大径位于中腹部，平底。通体满饰弦纹，肩部附贴器耳一对，耳面饰叶脉纹，环耳上部贴塑"〜"型纹饰一对。灰褐胎，器身上部及口沿部有青绿釉，有流釉现象。口径10、最大腹径16.8、底径10、高14.8厘米。（图3-2D；彩版五九，1）

M8：21，轮制。侈口，圆唇，矮颈，溜肩，鼓腹，腹部最大径靠近中部，下腹斜收，平底。肩部对置两器耳，耳上饰叶脉纹，肩部和腹部满饰弦纹。灰胎，器身上部有青釉痕，釉层脱落严重。口径8.2、最大腹径12.4、底径7、高10厘米。（图3-2D；彩版五九，2）

M8：22，轮制。敛口近直，方唇，溜肩，圆鼓腹，腹最大径位于中腹部，下腹弧收，平底。通体满饰弦纹，肩部附贴器耳一对，耳面饰叶脉纹。红胎，器身上部有青釉痕，釉层脱落严重。口径9.2、最大腹径16、底径10.6、高14.4厘米。（图3-2D；彩版五九，3）

M8：23，轮制。侈口，方唇，溜肩，圆鼓腹，腹最大径位于中腹部，下腹弧收，平底。通体满饰弦纹，肩部附贴器耳一对，耳面饰叶脉纹。红胎，局部泛灰。口径9.6、最大腹径15.2、底径9、高11.4厘米。（图3-2D；彩版五九，4）

M8：25，残。轮制。侈口，圆唇，矮束颈，溜肩，鼓腹弧收，平底。肩部对称置两器耳，耳饰叶脉纹，肩部及腹部饰弦纹。灰红胎，器身上部有青釉痕，釉层脱落严重。口径10.6、底径10.2、最大腹径17.6、高14.6厘米。（图3-2D；彩版五九，5）

硬陶罍　2件。

M8：8，泥条盘筑。侈口，斜沿，束颈，弧肩，圆鼓腹，腹最大径位于中腹部偏上，下腹斜收，平底。通体拍印栉齿纹。灰胎，局部泛红。口径20.7、最大腹径37.2、底径16.2、高30厘米。（图

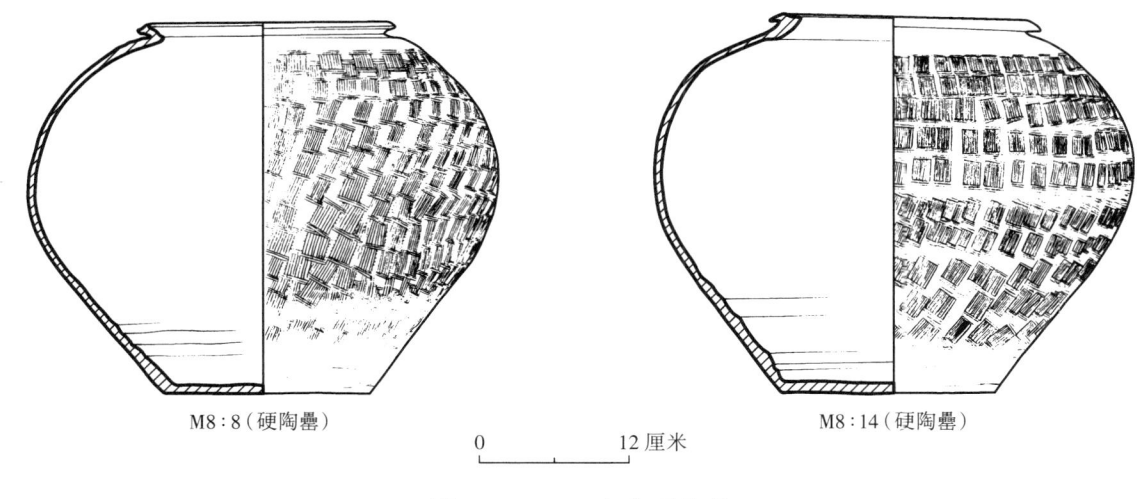

M8：8（硬陶罍）　　0 ⊢———⊣ 12厘米　　M8：14（硬陶罍）

图3-2E　M8出土硬陶罍

3-2E；彩版六八，1）

M8：14，泥条盘筑。敛口，斜沿，束颈，弧肩，圆鼓腹，腹最大径位于中腹部偏上，下腹斜收，平底。通体满饰栉齿纹。灰胎，局部泛红。口径21.6、最大腹径38.7、底径17.1、高30.9厘米。（图3-2E；彩版六八，2）

陶罐　2件。

M8：13，泥质红陶，轮制，烧制火候较低。敛口，平沿，矮束颈，斜肩，鼓腹弧收，腹部最大径近中部，平底。肩部对称贴塑两叶脉纹器耳，肩部及腹部饰弦纹。红胎。口径10.2、最大腹径18、底径10.8、高15.4厘米。（图3-2F；彩版七四，1）

M8：20，泥质灰陶，轮制。侈口，圆唇，溜肩，圆鼓腹，下部弧收，腹最大径位于中腹部，平底。通体饰弦纹，肩部附贴器耳一对，耳饰叶脉纹。黄灰胎。口径10.4、最大腹径16.8、底径

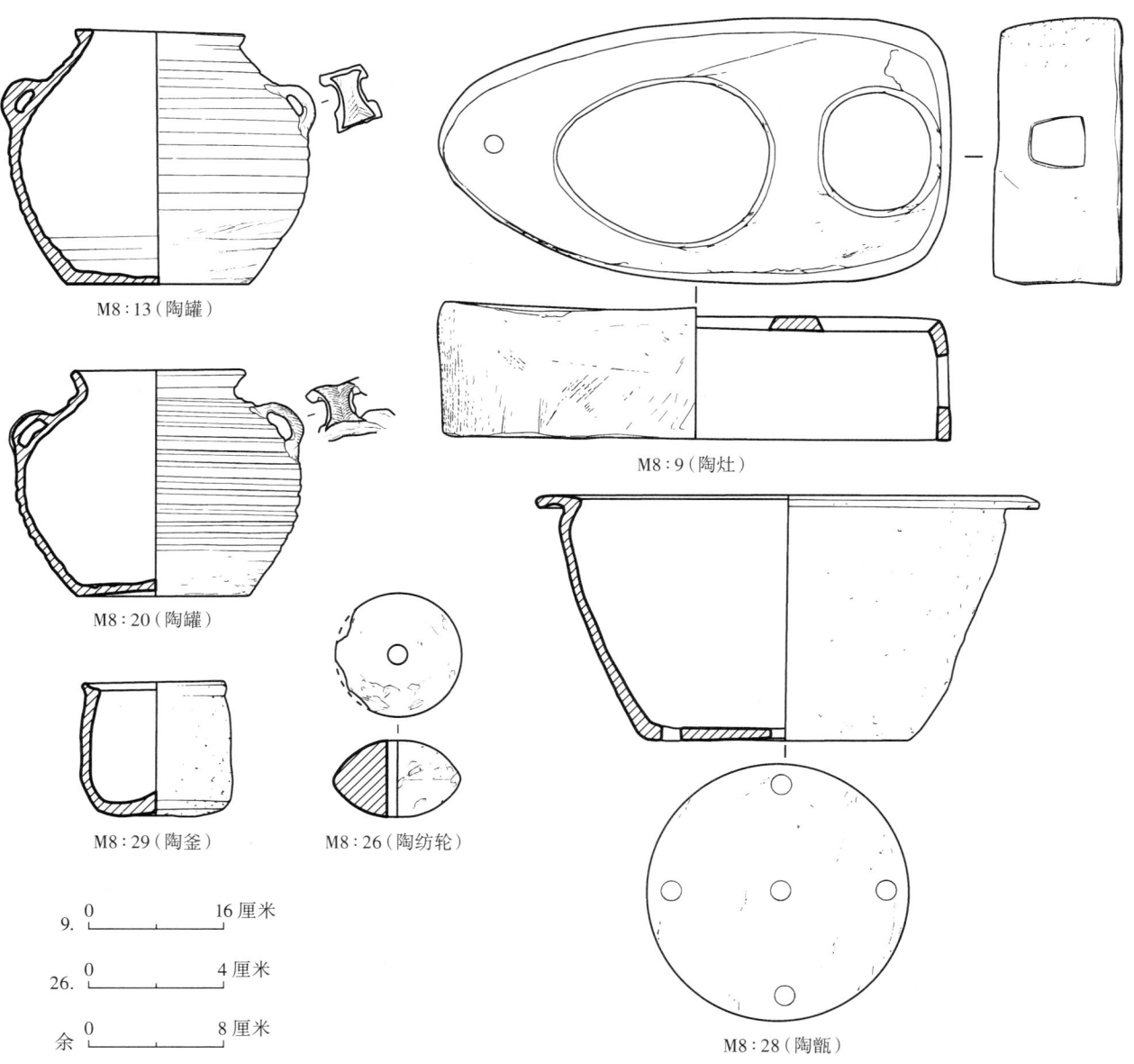

M8：13（陶罐）

M8：9（陶灶）

M8：20（陶罐）

M8：29（陶釜）　　M8：26（陶纺轮）

M8：28（陶甑）

9.　0 ⊢────── 16厘米

26.　0 ⊢────── 4厘米

余　0 ⊢────── 8厘米

图 3-2F　M8 出土陶罐、釜、甑、灶、纺轮

10.2、高 13.8 厘米。（图 3-2F；彩版七四，2）

陶釜　1 件。

M8：29，夹砂红陶，敛口，双唇，束颈，深弧腹，腹部最大径偏下，底部内凹。口径 8.4、最大腹径 9、底径 4.7、高 8.1 厘米。（图 3-2F；彩版八四，1）

陶甑　1 件。

M8：28，夹砂红陶，方唇，卷沿，腹部斜收，平底。底部有箅孔五个，呈"十"字形。口径 29.6、底径 15.4、高 14.8 厘米。（图 3-2F；彩版八八，1）

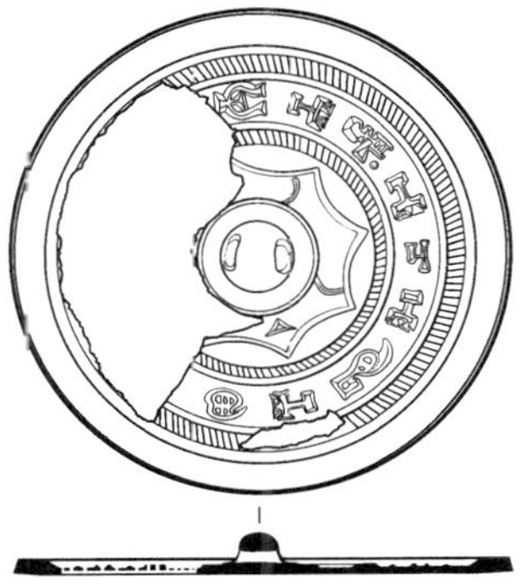

陶灶　1 件。

M8：9，夹砂灰陶，手制，器壁较厚。近船形，灶面设两火眼，前有出火口，后有火门。长 60、宽 32.4、高 16 厘米。（图 3-2F；彩版九一，2）

陶纺轮　1 件。

M8：26，泥质灰陶，手制。纵剖面呈菱形，侧面中部折棱，面中部有穿孔，直径 3.7、孔径 0.5、厚 2.3 厘米。（图 3-2F；彩版九五，6）

铜镜　1 件。

M8：27，残。圆形纽，圆纽座、宽素平缘。座外一周短弧线纹，外一周内向连弧纹，一周栉齿纹，一周凸弦纹，外为一周铭文带，残存部分铭"内清以昭（明）"，外一周凸弦纹，一周栉齿纹。直径 7.8、纽高 0.6、厚 0.2 厘米。（图 3-2G；彩版九八，4）

M8：27

0　　　　4 厘米

图 3-2G　M8 出土铜镜

M35

位于墓地中南部。墓向 355°。短斜坡墓道竖穴土坑墓，墓坑平面呈"凸"字形，由墓道和墓室两部分组成。墓道位于墓室北侧，短而平直，北宽南窄，未及墓底。墓道长 1、北端宽 1.47、南端宽 1.42、深 0.5 米。墓坑四壁陡直，底部平整。墓坑长 3.45、北壁宽 2.12，南壁宽 2.26、深 1.9 米。墓内填黄褐色花土，土质较密实，底部填充白膏泥。墓底现灰白色条状棺椁痕迹，可辨西侧为木棺所在，东侧为边厢。随葬器物共 24 件（组），器形有釉陶鼎、釉陶甑和釉陶盒各 2 件、釉陶壶 4 件、釉陶罐 3 件、陶釜 3 件、陶罐 2 件、陶灶 1 件、陶甑 1 件、陶五铢钱 1 组，青铜弩机、铁环首刀和琉璃璧各 1 件。器物大多放置在边厢处，排放颇为整齐，环首刀等置于棺内，琉璃璧在棺内北端。墓主头向应朝北。（图 3-3A；彩版七）

釉陶鼎　2 件。

M35：12，轮制。有盖，覆钵形盖，盖顶弧形近平，子母口，子口内敛，弧腹略外鼓，下腹斜收，平底，无足。口下附贴对称长方形立耳一对，中部有长方形穿孔，耳面饰乳丁纹，鼎身满饰弦纹。红胎，盖顶有青釉痕，脱釉严重。口径 17.4、腹径 18.8、底径 9.2、通高 13.8、盖径 17.6、盖高 4.4 厘米。（图 3-3B；彩版二三，2）

M35：18，轮制。带盖，盖顶微弧。子母口，子口内敛，深弧腹，小平底，内凹，无足。通体满饰弦纹。对称长方形立耳一对，耳中间有方形孔，耳面饰两对称乳丁纹。红胎，盖顶有青釉痕，

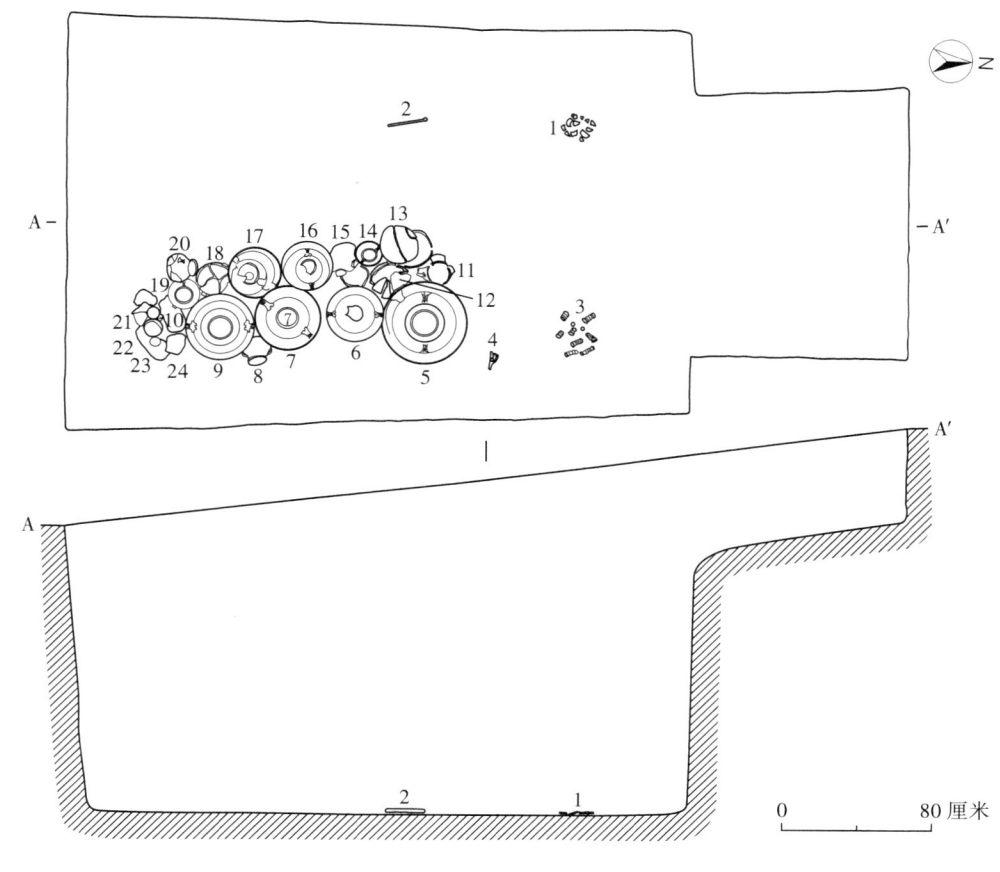

图 3-3A　M35 平面、剖视图

1. 琉璃璧　2. 铁刀　3. 陶五铢　4. 铜弩机　5、6、16、17. 釉陶壶　7、9. 釉陶瓿　8、14、19. 釉陶罐　10. 陶灶　11、20. 陶罐　12、18. 釉陶鼎　13、15. 釉陶盒　21、23、24. 陶釜　22. 陶甑

脱釉严重。盖径 17.2、口径 16.8、最大腹径 18、底径 9.6、通高 14 厘米。（图 3-3B；彩版二三，3）

釉陶盒　2 件。

M35：13，轮制。带盖，盖顶微弧。子母口，深弧腹，小平底。通体满饰弦纹。红胎，器身上部有青釉痕，釉层脱落严重。盖径 17、口径 17.2、底径 9.6、通高 14.6 厘米。（图 3-3B；彩版二四，4）

M35：15，轮制。覆钵形盖，盖顶略凹，弧腹，盖面有轮制弦纹。盖为灰胎。器身为子母口，微敛，斜腹，底部内凹。腹部饰弦纹。灰胎，器身上部有青釉痕，釉层脱落严重。盖径 17.4，口径 17.6、底径 9.2、通高 12.8 厘米。（图 3-3B；彩版二四，5）

釉陶壶　4 件。

M35：5，轮制。喇叭口，方唇、高颈，溜肩，鼓腹弧收，腹部最大径近中部，平底，矮圈足。口沿上部饰一组水波纹，口沿下饰一道凸弦纹，颈下部饰两周弦纹和一组水波纹。肩部两侧各附贴两个乳丁，对置两铺首衔环，上端贴塑模印兽面纹铺首，其上饰叶脉纹，下接衔环，衔环上压印绳纹。肩部及上腹部饰三组凸弦纹。灰胎，器身上部、口沿内侧及内底处有青黄釉，釉层较厚。口径 15.6、最大腹径 37.2、圈足径 17.4、高 46.7 厘米。（图 3-3C；彩版二八，3）

M35：6，轮制。喇叭口，细高颈，弧肩，圆鼓腹，下腹弧收，腹最大径位于中腹部，平底，

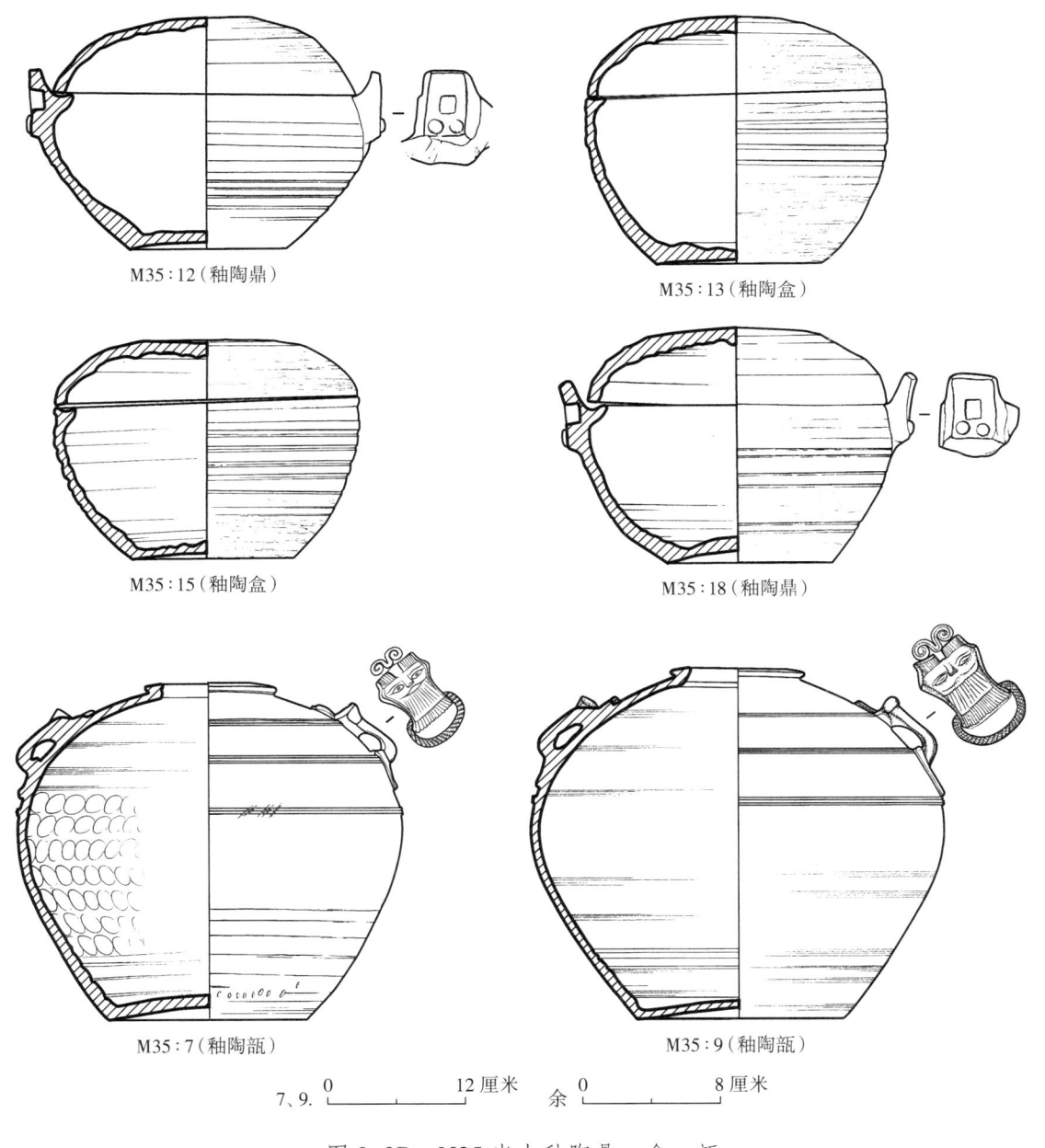

M35：12（釉陶鼎）　　　　　　　M35：13（釉陶盒）

M35：15（釉陶盒）　　　　　　　M35：18（釉陶鼎）

M35：7（釉陶瓿）　　　　　　　M35：9（釉陶瓿）

7、9. 0　　　　　12 厘米　　　余　0　　　　8 厘米

图 3-3B　M35 出土釉陶鼎、盒、瓿

矮圈足。口颈部饰两组弦纹与水波纹组合纹饰，肩部对置两铺首衔环，上端附贴卷云纹装饰，其上饰叶脉纹，下接衔环，衔环上压印绳纹，肩腹部饰三组凸弦纹。灰褐胎，器身上部、口沿内侧及内底处有青黄釉，釉层较厚。口径 16、最大腹径 36、底径 17.7、高 45.3 厘米。（图 3-3C；彩版二九，1）

M35：16，轮制。喇叭口，方唇、高颈，溜肩，鼓腹弧收，腹部最大径靠近中部，平底。口部饰一周凸弦纹和一组水波纹，颈中部饰两组弦纹和一组水波纹，颈下部至上腹部饰三组弦纹，肩部对置两铺首衔环，上端附贴卷云纹装饰，其上饰叶脉纹，下接衔环，衔环上压印绳纹，下腹部满饰弦纹。褐胎，器身上部、口沿内侧及内底处有青黄釉，釉层脱落较严重。口径 13.5、最大腹径 26.7、底径 15.9、高 35 厘米。（图 3-3C；彩版二九，2）

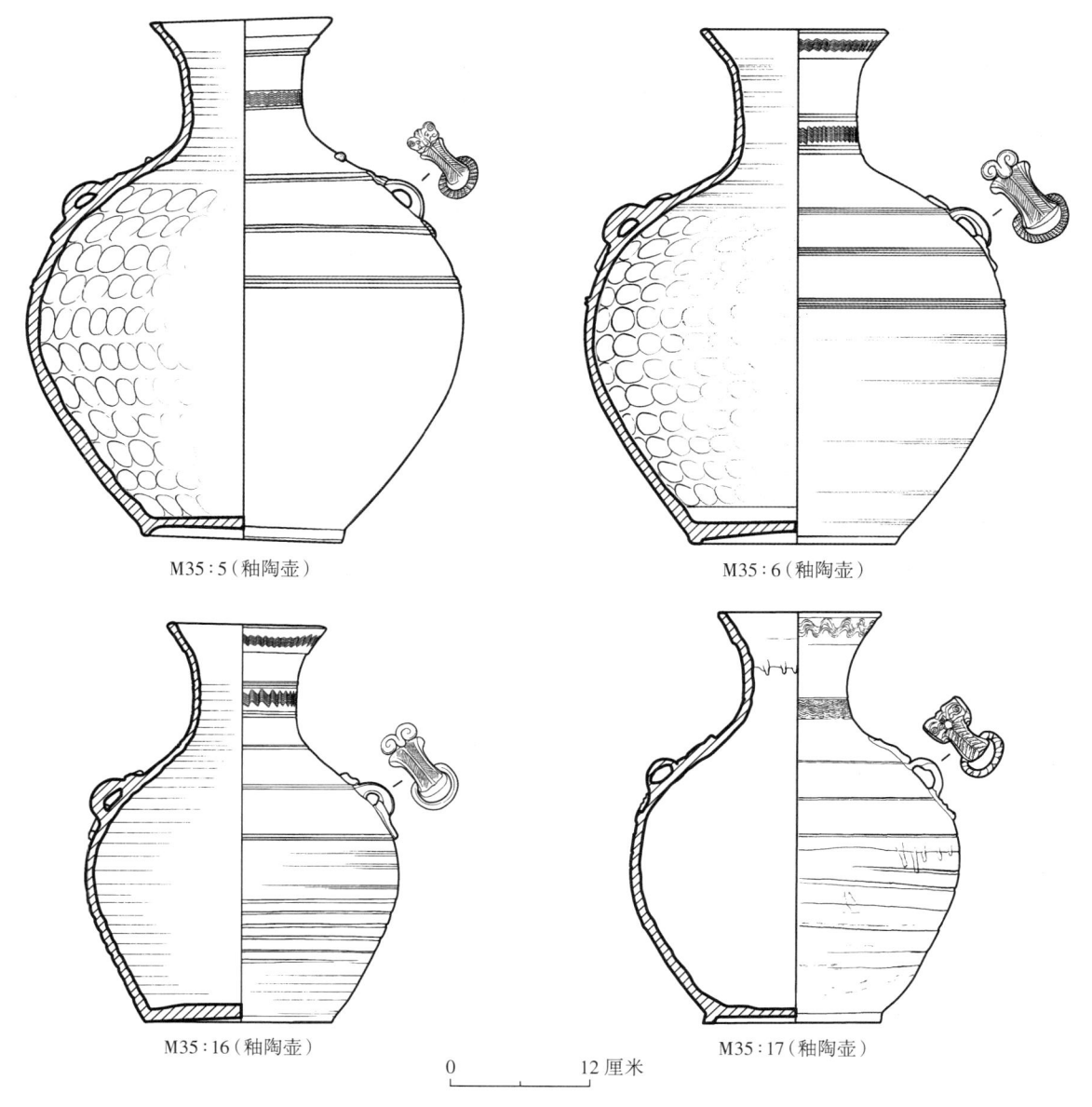

M35：5（釉陶壶）　　　　　　　　　M35：6（釉陶壶）

M35：16（釉陶壶）　　　　　　　　　M35：17（釉陶壶）

0　　　　　　12 厘米

图 3-3C　M35 出土釉陶壶

　　M35：17，轮制。折口，平沿、高颈，溜肩，鼓腹弧收，腹部最大径靠近中部，平底，矮圈足。口沿饰一组水波纹和一周弦纹，颈下部饰两周弦纹和一组水波纹，肩部对置两铺首衔环，上端贴塑模印兽面纹铺首，其上饰叶脉纹，下接衔环，衔环上有指压痕迹，肩部及上腹部饰三周弦纹，下腹部饰弦纹。灰褐胎，器身上部、口沿内侧及内底处有青黄釉，釉层较厚。口径 13.8、最大腹径 28.2、圈足径 15、高 36.3 厘米。（图 3-3C；彩版三六，2）

　　釉陶瓿　2 件。

　　M35：7，轮制。敛口，平沿，弧肩，鼓腹弧收，腹部最大径偏上，平底。肩部对置两铺首衔环，上端附贴卷云纹装饰，贴塑模印人面纹，下接衔环，衔环上压印绳纹，肩部及上腹部饰三组凸弦纹。灰褐胎，器身上部、口沿部及内底处有青黄釉，釉层较厚。口径 11.7、最大腹径 33.3、底径 17.1、高 30.3 厘米。（图 3-3B；彩版五一，2）

　　M35：9，轮制。敛口，沿微斜，矮颈，弧肩，圆鼓腹，下腹斜收，腹最大径位于中腹部，平底。肩部对置两铺首衔环，上端附贴卷云纹装饰，贴塑模印人面纹铺首，下接衔环，衔环上压印绳纹，肩腹部饰三组凸弦纹。灰褐胎，器身上部、口沿部及内底处有青黄釉，釉层较厚。口径11.7、最大腹径35.7、底径17.7、高31.2厘米。（图3-3B；彩版五一，3）

　　釉陶罐　3件。

　　M35：8，轮制。直口，方唇，束颈，溜肩，鼓腹，下腹弧收，腹最大径位于中腹部，平底。通体满饰弦纹，肩部附贴器耳一对，耳面饰叶脉纹。红褐胎，器身上部有青釉痕，釉层脱落严重。口径10、最大腹径14、底径8.6、高10.8厘米。（图3-3D；彩版六一，1）

　　M35：14，轮制。直口，平沿，矮颈，溜肩，鼓腹，腹部最大径偏上，下腹斜收，平底。肩部对置两叶脉纹器耳，肩部和腹部饰弦纹。灰胎，器身上部有青釉痕，釉层脱落严重。口19.8、最大腹径28.4、底径18.2、高21.2厘米。（图3-3D；彩版六一，2）

　　M35：19，轮制。直口，方唇，微束颈，溜肩，鼓腹弧收，腹部最大径近中部，平底。肩部对称贴塑两叶脉纹器耳，肩部及上腹部饰弦纹。红褐胎，器身上部有青釉痕，釉层脱落严重。口

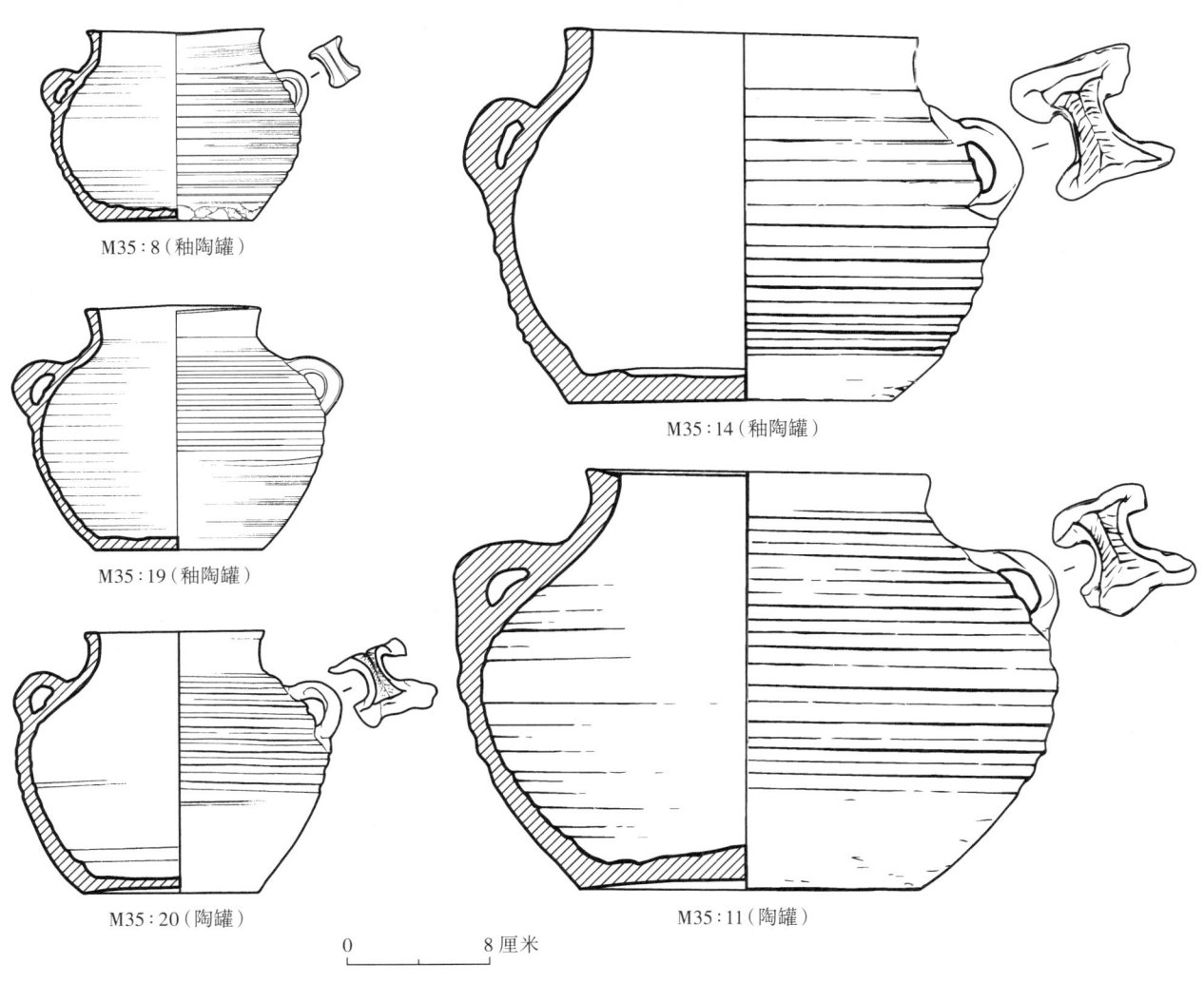

M35：8（釉陶罐）

M35：14（釉陶罐）

M35：19（釉陶罐）

M35：20（陶罐）

M35：11（陶罐）

0　　　　　8厘米

图3-3D　M35出土釉陶罐、陶罐

径 9.8、最大腹径 16.6、底径 9.4、高 14 厘米。（图 3-3D；彩版六二，6）

陶罐 2 件。

M35：11，泥质灰陶，轮制。敛口，方唇，弧肩，圆鼓腹，下腹弧收，腹最大径位于中腹部，平底。通体满饰弦纹，肩部附贴器耳一对，耳面饰叶脉纹。灰胎。口径 19.2、最大腹径 33.6、底径 19.2、高 23.8 厘米。（图 3-3D；彩版七四，6）

M35：20，泥质红陶，轮制。直口，方唇，弧肩，圆鼓腹，下腹弧收，腹最大径位于中腹部，平底。通体满饰弦纹，肩部附贴器耳一对，耳面饰叶脉纹。红胎，局部泛灰。口径 10、最大腹径 17.6、底径 9.8、高 15 厘米。（图 3-3D；彩版七五，1）

陶釜 3 件。

M35：21，泥质灰陶。敛口，方圆唇，弧腹，腹最大径位于下腹部，平底，口径 7.8、腹径 12.8、底径 6.4、高 7.2 厘米。（图 3-3E；彩版八五，2）

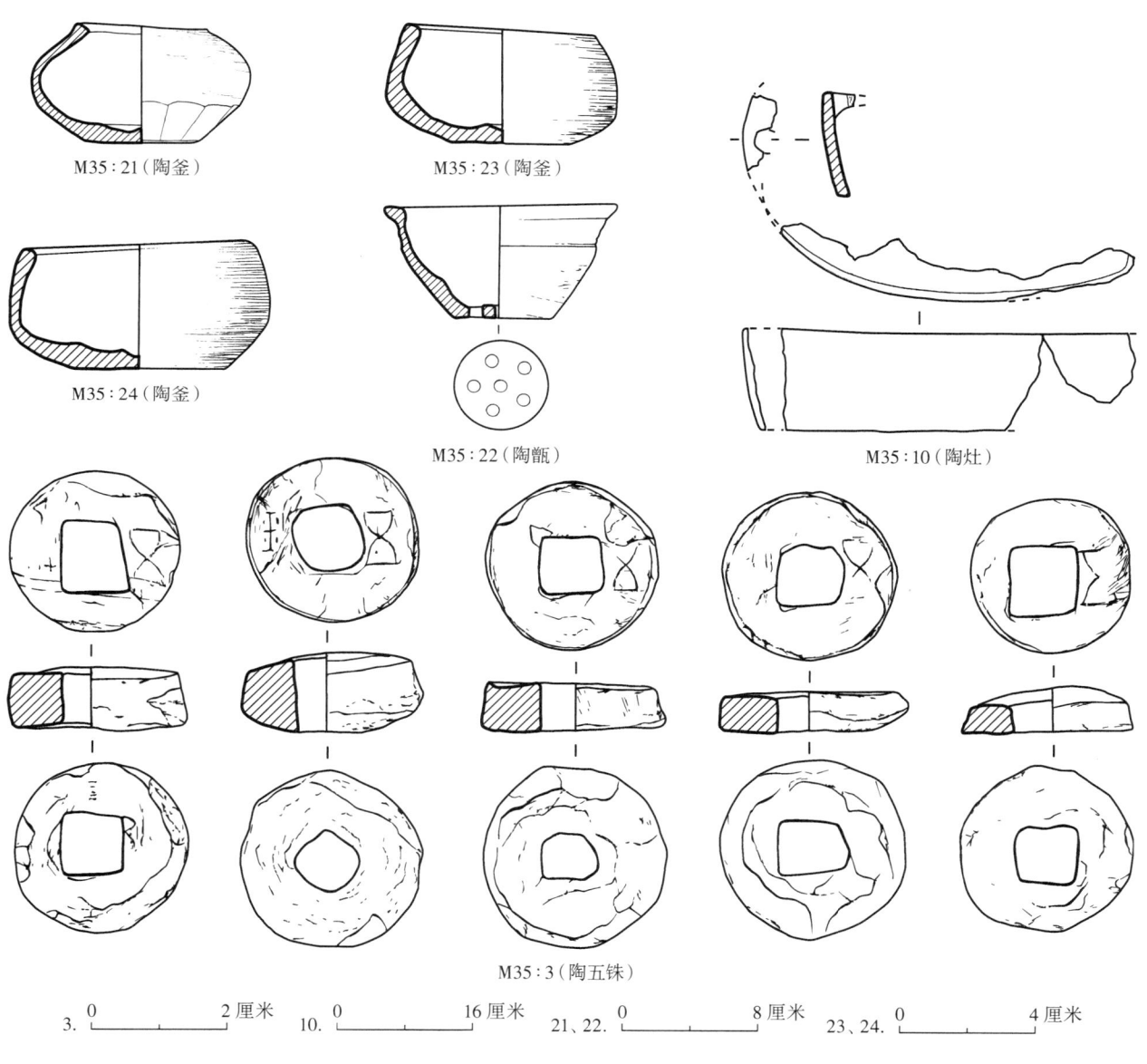

M35:21（陶釜）　　M35:23（陶釜）

M35:24（陶釜）　　M35:22（陶甑）　　M35:10（陶灶）

M35:3（陶五铢）

3. ├─── 2 厘米　　10. ├─── 16 厘米　　21、22. ├─── 8 厘米　　23、24. ├─── 4 厘米

图 3-3E　M35 出土陶釜、甑、灶、五铢

M35：23，泥质灰陶。敛口，圆唇，弧腹，腹最大径位于下腹部，平底。口径 5.6、腹径 6.8、底径 3.5、高 3.4 厘米。（图 3-3E；彩版八四，5）

M35：24，泥质灰陶。敛口，方圆唇，鼓腹，平底。口径 6.6、腹径 7.6、底径 4.4、高 3.7 厘米。（图 3-3E；彩版八四，6）

陶甑 1 件。

M35：22，泥质灰陶。侈口，平沿，弧腹，底部有 5 个箅孔，口径 13.6、底径 5.6、高 6.7 厘米。（图 3-3E；彩版八九，2）

陶灶 1 件。

M35：10，夹砂灰陶。残损严重，无法修复。可辨半环形灶身，灶面设有个火眼，残长 46.4、宽 6.8、高 12 厘米。（图 3-3E；彩版九三，3）

陶五铢 1 组。

M35：3，泥质黑陶，模制。多数残碎，较完整者有 40 枚。圆形，方孔，部分为圆形钻孔，一面平素无纹，一面有钱文"五铢"二字，边缘有郭。钱径 2.3~2.5、孔宽 0.9~1、厚 0.8 厘米。（图 3-3E；彩版九七，2）

铜弩机 1 件。

M35：4，望山锈蚀，机面有凹槽，木质部分已朽。机身长 10.8、宽 6.1、厚 2 厘米。（图 3-3F；彩版一〇五，3）

铁刀 1 件。

M35：2，残损严重，仅存一段刀身，刀身平直，上部向一端弯折，单面刃，断面呈三角形，刀身残存有木质包裹物，其上见少许金箔片。残长 10、宽 2.3、厚 1.1 厘米。（图 3-3F；彩版一一

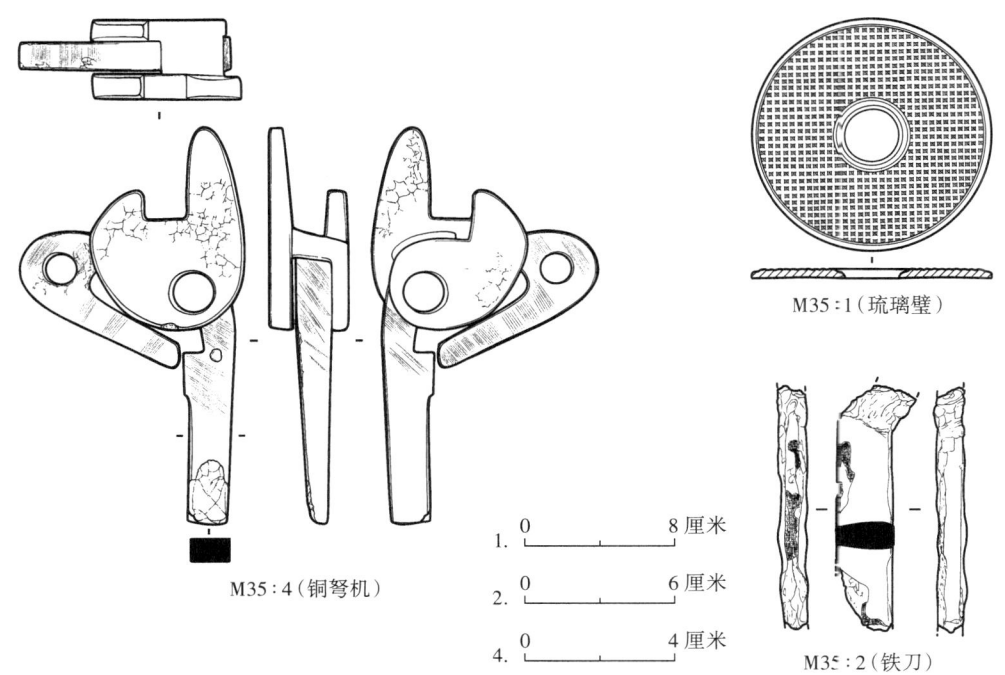

1. 0 ____ 8 厘米
2. 0 ____ 6 厘米
4. 0 ____ 4 厘米

M35：4（铜弩机）　　　M35：1（琉璃璧）　　　M35：2（铁刀）

图 3-3F　M35 出土铜弩机、铁刀、琉璃璧

二，6）

琉璃璧 1 件。

M35：1，青绿琉璃质地，透明，圆形，单面雕蒲纹，反面抛光，中有一孔，单面钻制。直径12.8、内孔径 2.8、厚 0.5 厘米。（图 3-3F；彩版一二〇，1）

（二）不带墓道的墓

分作梯形和长方形两种。其中梯形墓 1 座，编号为 M28；长方形墓 13 座，编号为 M2、M13、M14、M16、M17、M18、M20、M29、M32、M34、M37、M38 和 M39，东西向墓葬 10 座，南北向墓葬 3 座。

M28

位于墓地中部，墓向 185°。（图 3-4A；彩版八，1）墓坑平面呈梯形，南北长 5.46、东西宽1.6~2.1、深 1.3~1.8 米。北侧为墓室，长 3.42~3.54、宽 1.68~2.1 米，墓底可辨有灰白色条状葬具痕迹，应是 2 个东西并置的木棺残留。墓内四壁设有宽 0.05~1.6、高 0.2 米的生土二层台。南侧为厢室，厢室底部即是预留的生土台，长 1.92、宽 1.6 米，墓内随葬器物多放置于此。墓内填黄灰色花土，

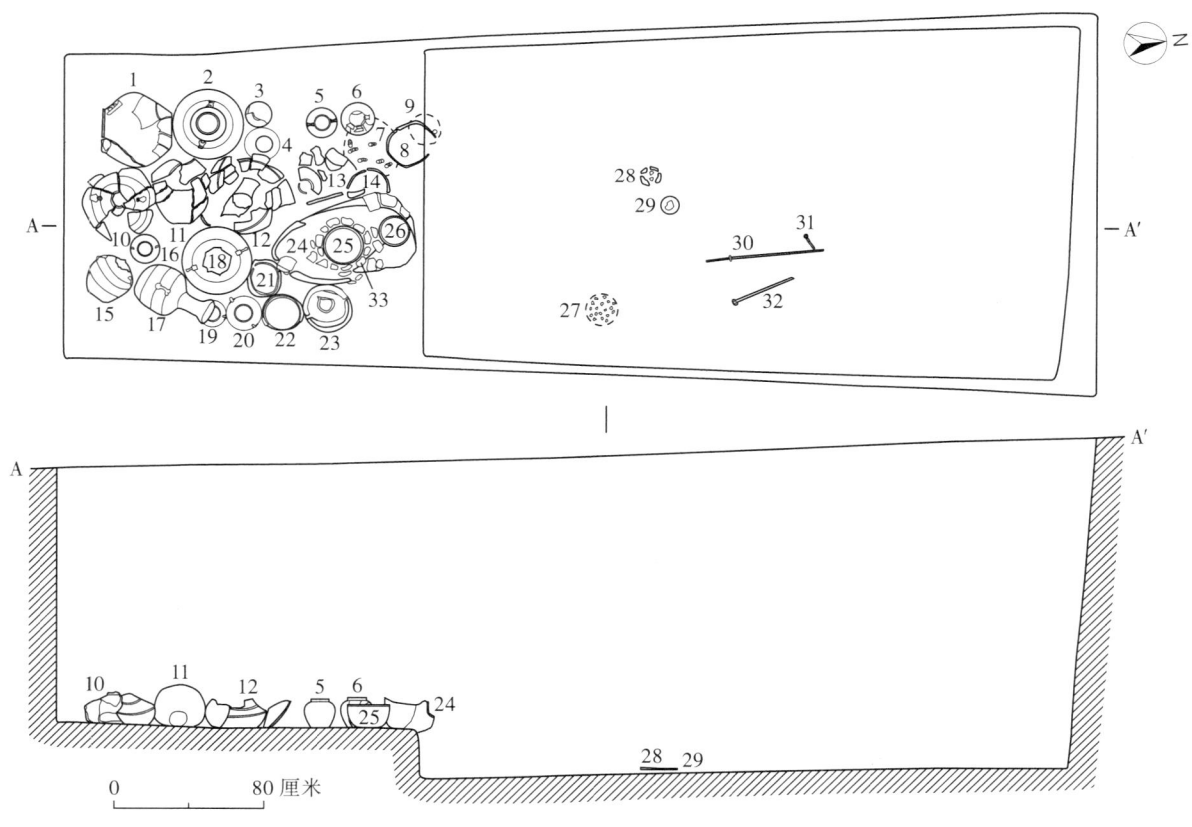

图 3-4A　M28 平面、剖视图

1. 硬陶罍　2、8、10、11. 釉陶瓿　3、13. 陶罐　4~6、16、19、20. 釉陶罐　7. 陶五铢　9. 陶麟趾金　12、15、17、18、23. 釉陶壶
14. 釉陶盒　21、22. 釉陶鼎　24. 陶灶　25、26. 铁釜　27. 琉璃璧　28、29. 铜镜　30. 铁剑　31. 铜钱　32. 铁刀　33. 陶甑

间有青膏泥填充，土质密实。随葬器物 33 件（组），其中，放置在厢室的随葬器物 27 件（组），器形有釉陶瓿 4 件、釉陶壶 5 件、釉陶鼎 2 件、陶罐 8 件、硬陶罍、硬陶盒、陶甑和陶灶各 1 件，另有陶麟趾金和陶五铢钱各 1 组，铁釜 2 件，置放于陶灶之上。墓室中南部放置有随葬器物 6 件（组），器形有铜镜 2 件，五铢钱 1 组，琉璃壁、铁剑和环首刀各 1 件。根据铜镜、琉璃壁摆放位置（在墓室南端）和铁剑剑柄及环首刀环首指向（南），推测为墓主随身器物，墓主头向应为南。

釉陶鼎　2 件。

M28：21，残。轮制。覆钵形盖，盖顶较平，灰胎，顶部有青黄釉。盖径 17.2、高 5 厘米。器身子母口，子口内敛，深弧腹，平底。口沿外侧附一对长方形立耳，中间有长方形孔，腹部有一道凸棱。灰胎，上部有釉，釉层脱落。口径 17.8、底径 10.8、通高 15.5 厘米。（图 3-4B；彩版二三，4）

M28：22，盖和器身均为轮制。覆钵形盖，盖顶内凹，弧腹。灰褐胎，顶部有釉。器身为子母口内敛，深弧腹，平底，无足。口沿处侧附长方形立耳，耳中有长方形孔，耳面饰兽面纹，上腹部有一周凸棱，腹部饰弦纹，底部接缝处留有一周凹弦。灰褐胎。盖径 17.6 厘米，口径 17.4、底径 10.8、通高 16.2 厘米。（图 3-4B）

釉陶盒　1 件。

M28：14，轮制。未见盖部。子母口，子口内敛，深斜腹，平底。下腹近底部有两周弦纹。灰胎。口径 17.6、底径 12、高 10.2 厘米。（图 3-4C；彩版二四，3）

釉陶壶　5 件。

M28：12，轮制。盘口微敛，圆唇、高颈，溜肩，圆鼓腹弧收，腹部最大径近中部，平底，圈足。口沿饰两组弦纹和一组水波纹，颈下部饰一道弦纹和一组水波纹。肩部对置两铺首衔环，上端贴塑模印兽面纹铺首，其上饰叶脉纹，下接衔环，肩部及上腹部饰三组凸弦纹。灰黄胎，盘口及颈下上腹部有青黄釉。口径 16.5、最大腹径 35.4、圈足径 16.8、高 45.3 厘米。（图 3-4C；彩版三五，3）

M28：15，轮制。口残、高颈，溜肩，圆鼓腹，腹部最大径位于中部，平底，圈足。颈下部饰一组水波纹，肩部对置两铺首衔环，上端贴塑模印兽面纹铺首，其上饰叶脉纹，下接衔环，肩部及上腹部饰三组凸弦纹。灰黄胎，盘口部、颈下上腹部及器内底有青黄釉。最大腹径 26.6、圈足径 14.1、残高 31.2 厘米。（图 3-4C；彩版四四，1）

M28：17，轮制。喇叭口，平沿，细高颈，溜肩，圆鼓腹，下腹弧收，腹最大径位于中腹部，平底，圈足外撇。颈部饰一周弦纹，一周水波纹，肩部对置两铺首衔环，上端贴塑模印兽面纹铺首，其上饰叶脉纹，下接衔环，肩腹部饰三组凸弦纹。灰褐胎，盘口部、颈下上腹部及器内底有青黄釉。口径 14.4、最大腹径 26.4、底径 13.8、高 36.9 厘米。（图 3-4C；彩版三六，1）

M28：18，轮制。口残、高颈，丰肩，圆鼓腹，下腹弧收，腹最大径位于中腹部，小平底、高圈足略外撇，圈足一周凸棱。颈部饰两周弦纹，一周水波纹，肩部对置两铺首衔环，上端贴塑模印兽面纹铺首，其上饰叶脉纹，下接衔环，肩腹部饰三组凸弦纹。灰褐胎，盘口部、颈下上腹部及器内底有青黄釉。最大腹径 37.2、圈足径 16.2、残高 40 厘米。（图 3-4C；彩版四四，2）

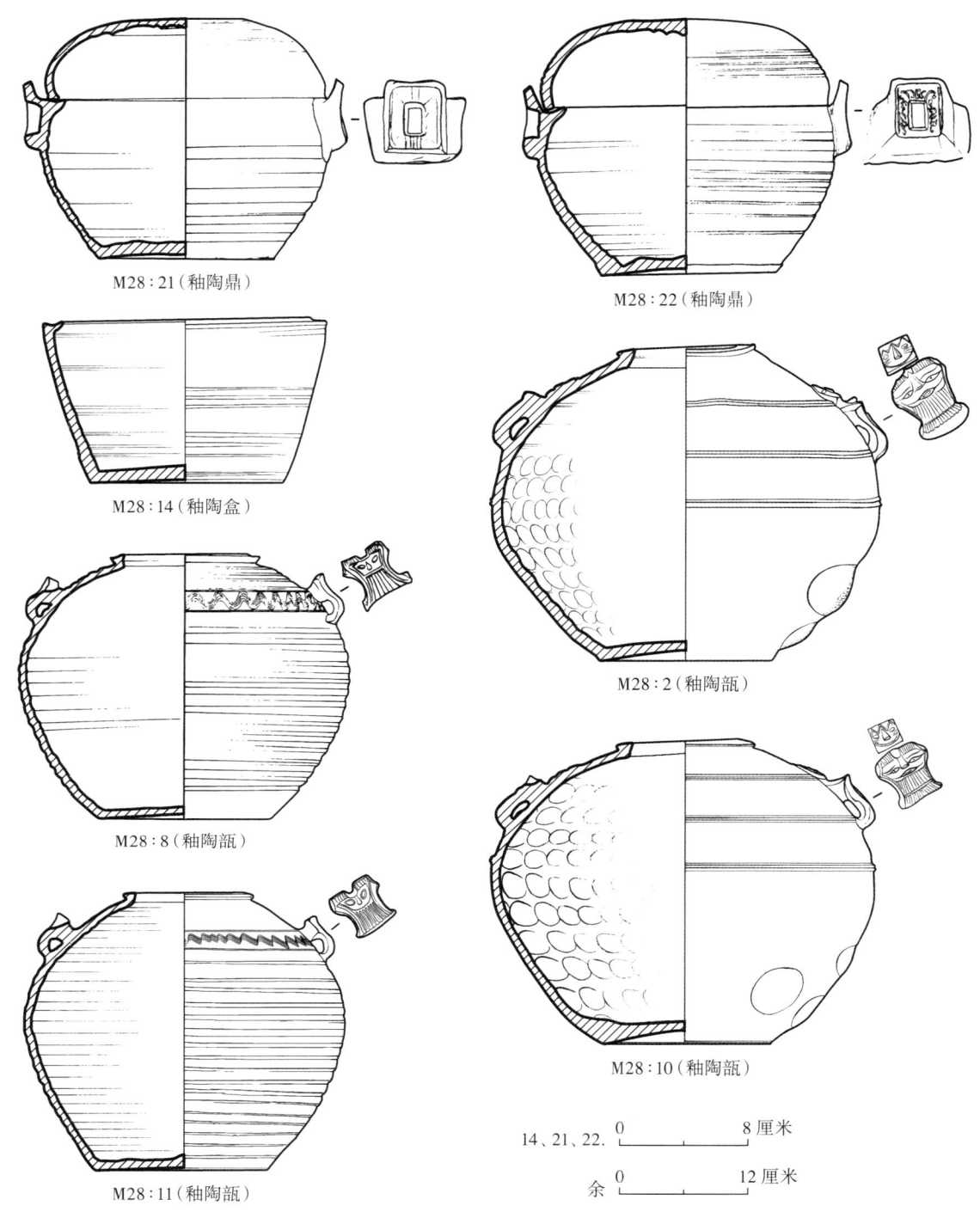

M28：21（釉陶鼎）

M28：22（釉陶鼎）

M28：14（釉陶盒）

M28：2（釉陶瓿）

M28：8（釉陶瓿）

M28：10（釉陶瓿）

M28：11（釉陶瓿）

14、21、22.　0 ——————— 8 厘米

余　0 ——————— 12 厘米

图 3-4B　M28 出土釉陶鼎、盒、瓿

　　M28：23，轮制。溜肩，圆鼓腹，下腹弧收，腹最大径位于中腹部，平底，圈足外撇。颈部饰两周弦纹，一周水波纹，肩部附贴器耳一对，耳饰叶脉纹，饰两周凸弦纹，腹部满饰弦纹。灰褐胎，颈下上腹部有青黄釉。最大腹径 24、底径 12.9、残高 24.6 厘米。（图 3-4C；彩版四四，3）

　　釉陶瓿　4 件。

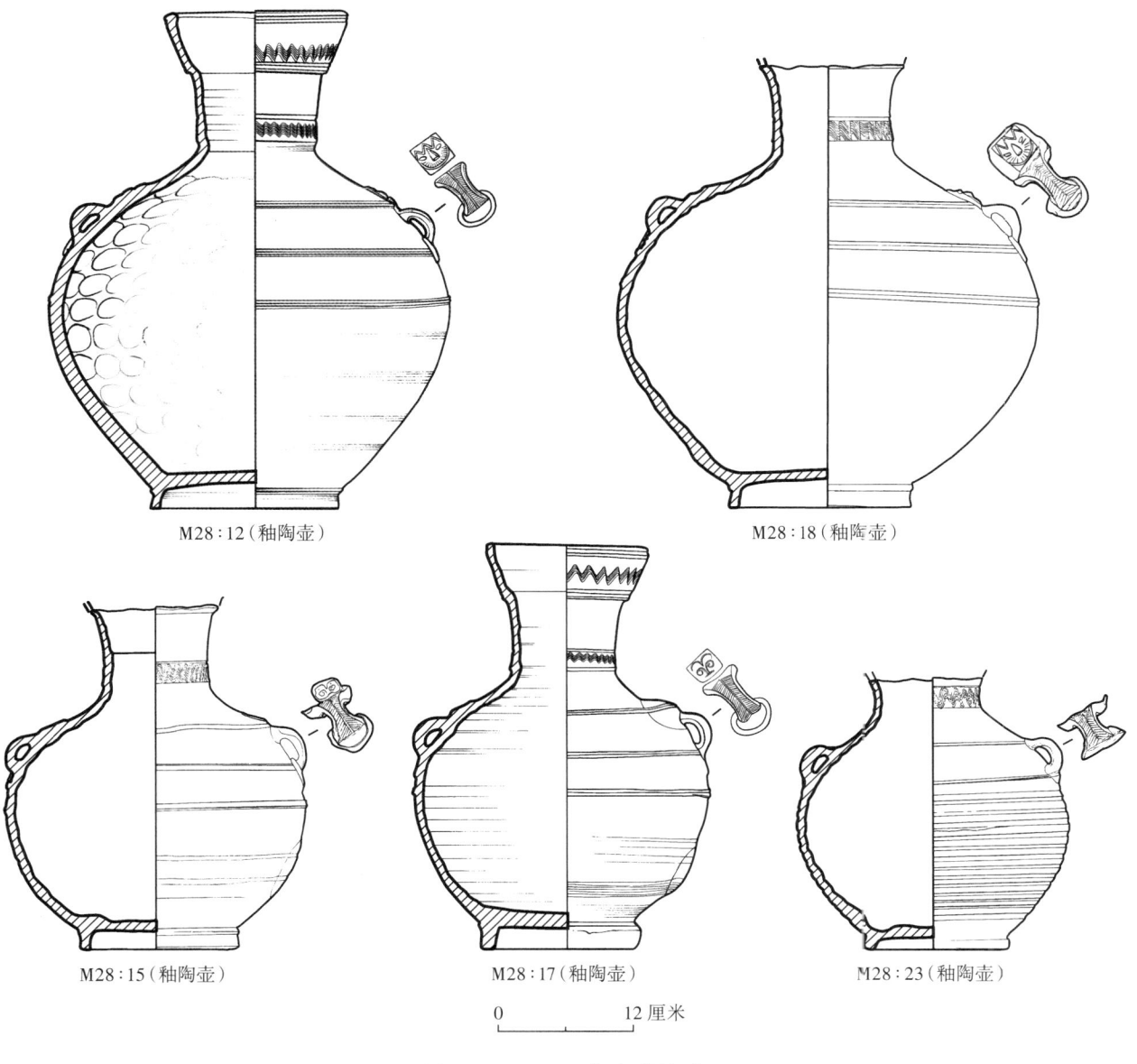

M28:12（釉陶壶）　　M28:18（釉陶壶）

M28:15（釉陶壶）　　M28:17（釉陶壶）　　M28:23（釉陶壶）

0　　　12 厘米

图 3-4C　M28 出土釉陶壶

　　M28：2，轮制。敛口，弧肩，圆鼓腹，下腹斜收，腹最大径位于中腹部偏下，平底略内凹。肩部对置两铺首，其上附贴模印人面纹，上端贴塑兽面纹铺首，肩腹部饰三组凸弦纹。灰褐胎，口沿至上腹部有青绿釉。口径 12.9、最大腹径 36.3、底径 16.2、高 30 厘米。（图 3-4B；彩版四九，2）

　　M28：8，轮制。敛口，方唇，沿内凹，弧肩，圆鼓腹，下腹弧收，腹最大径位于中腹部，平底。肩部饰两周弦纹，一周水波纹，贴塑人面纹铺首一对，腹部满饰弦纹。灰褐胎，器身上部有青黄釉，釉层脱落严重。口径 13.8、最大腹径 30.6、底径 15.9、高 25.2 厘米。（图 3-4B；彩版四九，3）

　　M28：10，轮制。敛口，弧肩，圆鼓腹，下腹弧收，腹最大径位于中腹部，平底。肩部对置两铺首，其上附贴模印人面纹，上端贴塑兽面纹铺首，肩腹部饰三组凸弦纹。灰褐胎，口

沿至上腹部有青绿釉。口径 12.9、最大腹径 35.7、底径 15.6、高 29.1 厘米。（图 3-4B；彩版
五〇，1）

M28：11，轮制。敛口，斜沿，沿较窄，弧肩，耳上翘，圆鼓腹，下腹斜收，腹最大径位于中腹部，
平底。口沿下方饰一组弦纹，肩部饰两周弦纹，一周水波纹，贴塑模印人面纹铺首一对，腹部满
饰弦纹。灰褐胎，器身上部有青黄釉，釉层脱落严重。口径 12.3、最大腹径 30、底径 16.2、高
26.4 厘米。（图 3-4B；彩版五〇，2）

釉陶罐 6 件。

M28：4，轮制。直口，方唇，矮颈，弧肩，鼓腹弧收，腹部最大径偏上，平底。肩部对称贴
塑两叶脉纹器耳，器身外壁满饰弦纹。器身上部有落灰釉。口径 9.6、最大腹径 17、底径 9.6、高
14 厘米。（图 3-4D；彩版六一，6）

M28：5，轮制。直口，方唇，束颈、溜肩，鼓腹，下腹斜收，腹最大径位于中腹部，平底。
通体满饰弦纹，肩部附贴器耳一对，耳面各饰一对卷云纹。灰褐胎，内壁偏红。器身上部有落灰釉。
口径 11.2、最大腹径 17.2、底径 9.6、高 16 厘米。（图 3-4D；彩版六二，1）

M28：6，残。轮制。直口，方唇，矮颈，溜肩，鼓腹，下腹斜收，平底。肩部附贴一对器
耳，耳饰叶脉纹，肩部及上腹部饰弦纹。红胎，器身上部有落灰釉。口径 10、最大腹径 18、底
径 11.2、高 17 厘米。（图 3-4D；彩版六二，2）

M28：16，轮制。敛口，方唇，溜肩，鼓腹，下腹弧收，腹最大径位于中腹部偏下，平底。

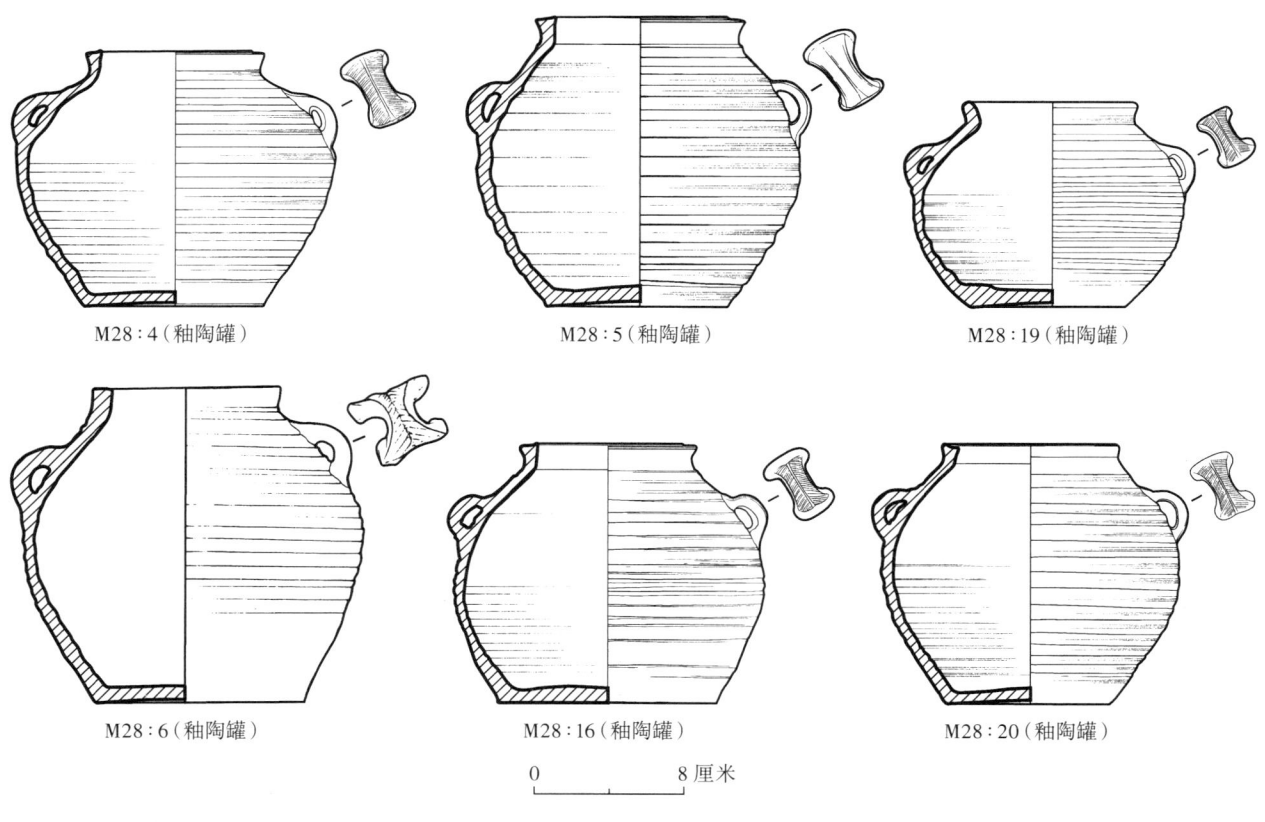

M28：4（釉陶罐）　　　　M28：5（釉陶罐）　　　　M28：19（釉陶罐）

M28：6（釉陶罐）　　　　M28：16（釉陶罐）　　　　M28：20（釉陶罐）

0　　　　　　8 厘米

图 3-4D　M28 出土釉陶罐

肩部附贴器耳一对,耳饰叶脉纹及竖纹,下腹以上满饰弦纹。灰褐胎,器身上部有落灰釉。口径9.4、最大腹径16.6、底径11.6、高14厘米。(图3-4D;彩版六二,3)

M28:19,轮制。侈口,圆唇,矮颈,弧肩,圆鼓腹,下腹斜收,腹最大径位于中腹部,平底。通体饰弦纹,肩部附贴器耳一对,耳饰叶脉纹。灰褐胎,器身上部有青黄釉。口径9.4、最大腹径14.4、底径8.2、高11.2厘米。(图3-4D;彩版六二,4)

M28:20,轮制。敛口,方唇,溜肩,圆鼓腹,下腹斜收,腹最大径位于中腹部,平底。通体饰弦纹,肩部附贴器耳一对,耳面饰叶脉纹。红胎,器身上部有落灰釉。口径9.6、最大腹径16、底径8.8、高14厘米。(图3-4D;彩版六二,5)

硬陶罍　1件。

M28:1,泥条盘筑。侈口,方唇,平沿,束颈,弧肩,圆鼓腹,腹最大径位于中腹部偏上,下腹弧收,平底。通体拍印席纹。红胎,局部泛灰。口径18.6、最大腹径39.6、底径15.6、高32.1厘米。(图3-4E;彩版七〇,2)

陶罐　2件。

M28:3,泥质红陶,轮制。直口,方唇,矮颈,溜肩,鼓腹,平底。肩部及腹部饰弦纹。口径9.5、最大腹径15.4、底径8.8、高12.2厘米。(图3-4F;彩版七四,4)

M28:13,泥质红陶,轮制。敛口,方唇,矮颈,溜肩,鼓腹,平底。肩部对称置两器耳,耳饰叶脉纹,肩部及腹部饰弦纹。口径10.8、最大腹径19.2、底径11.8、高17.4厘米。(图3-4F;彩版七四,5)

陶甑　1件。

M28:33,泥质灰陶。残碎严重,无法修复。可辨弧直腹,圆形箅孔,腹部饰弦纹。(彩版九〇,4)

陶灶　1件。

M28:24,泥质灰陶。平面呈船形,前端开近方形灶门,台面设前小后大两个灶眼,尾部有一排烟孔。长68.8、宽41.2、高23.6厘米。(图3-4F;彩版九一,1)

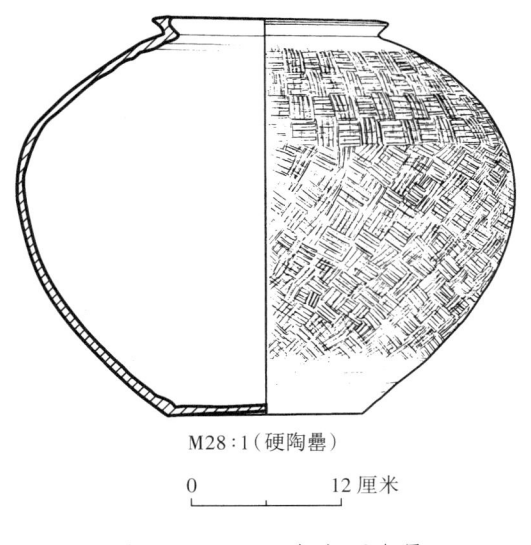

M28:1(硬陶罍)

0　　　　　12厘米

图3-4E　M28出土硬陶罍

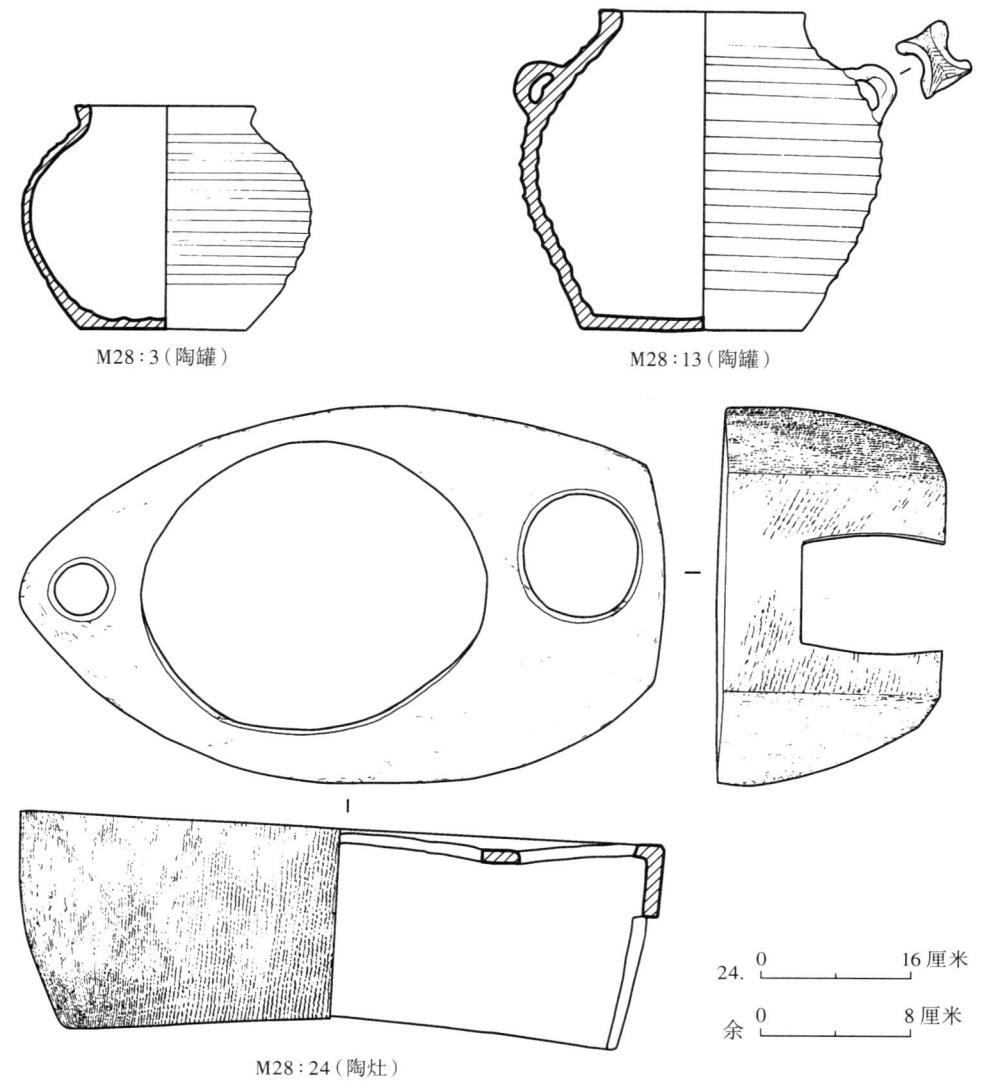

M28:3（陶罐）　　　　　　　　　　M28:13（陶罐）

M28:24（陶灶）

24. 0　　　　16 厘米

余 0　　　　8 厘米

图 3-4F　M28 出土陶罐、灶

陶麟趾金　1 组。

M28:9，一组共 13 个。泥质黄褐陶。呈圆饼状，平底或略内凹。顶部饰重环排列的乳丁，边缘饰一周栉齿纹。M28:9-1，较完整，平底，直径 5、高 2.3 厘米；M28:9-2，略残，平底，直径 4.9、高 2.4 厘米；M28:9-3，较完整，直径 4.8、高 2.5 厘米；M28:9-4，较完整，直径 5、高 2.5 厘米；M28:9-5，残存半块，直径 5、高 2.3 厘米；M28:9-6，残，直径 5、高 2.5 厘米；M28:9-7，较完整，直径 5、高 2.5 厘米；M28:9-8，残，直径 5.1、高 2.3 厘米；M28:9-9，略残，直径 4.9、高 2 厘米；M28:9-10，略残，直径 4.9、高 2.5 厘米；M28:9-11，较完整，直径 4.85、高 2.3 厘米；M28:9-12，残，凹底，直径 4.9、高 2.3 厘米。M28:9-13，残，凹底，直径 4.75、高 2.2 厘米。（图 3-4G；彩版九六，1）

陶五铢　1 组。

M28:7，泥质灰陶。可辨完整者 12 枚。圆形，正面方形穿，背面圆形穿，可辨"五铢"文字。

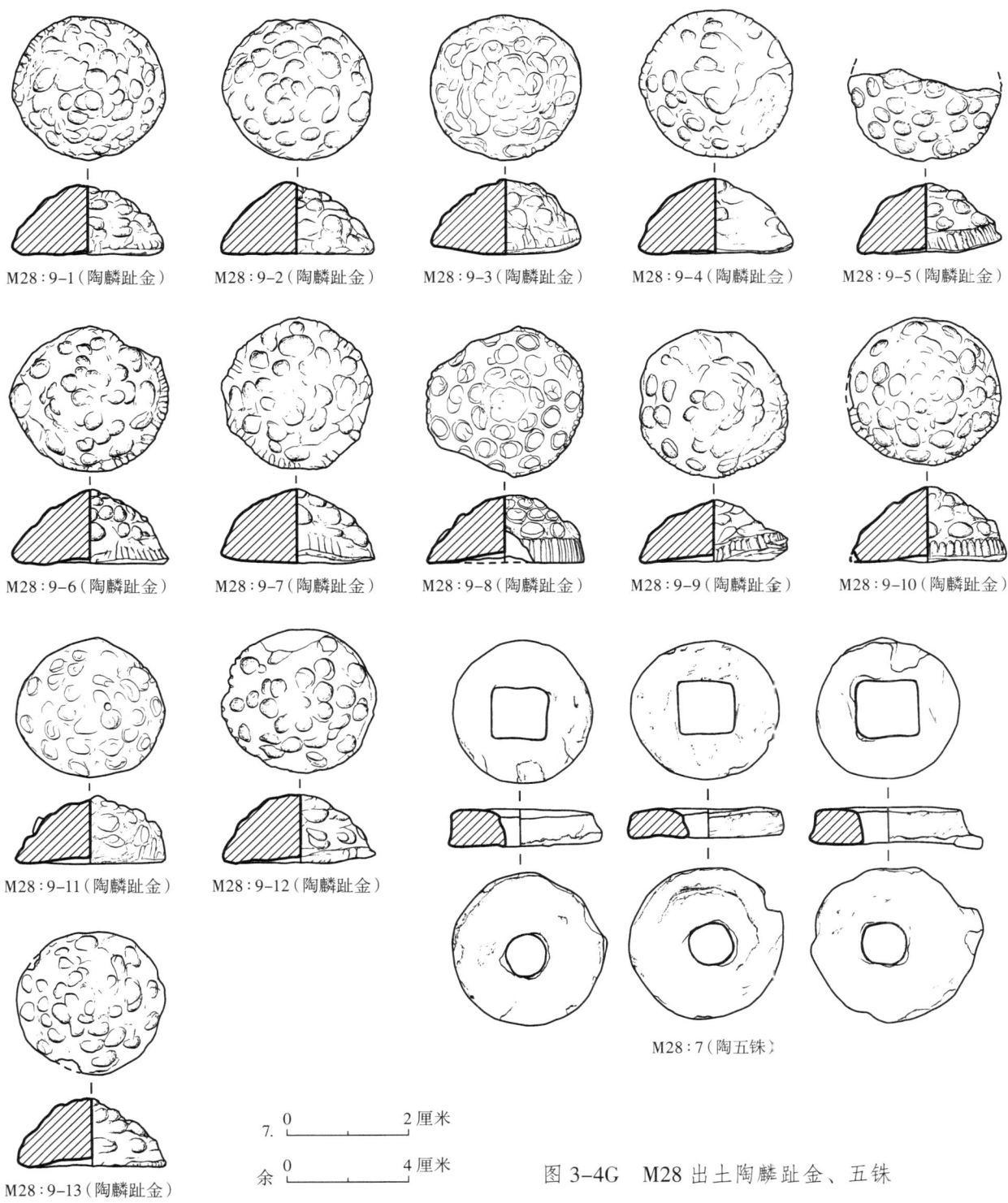

M28：9-1（陶麟趾金）　M28：9-2（陶麟趾金）　M28：9-3（陶麟趾金）　M28：9-4（陶麟趾金）　M28：9-5（陶麟趾金）

M28：9-6（陶麟趾金）　M28：9-7（陶麟趾金）　M28：9-8（陶麟趾金）　M28：9-9（陶麟趾金）　M28：9-10（陶麟趾金）

M28：9-11（陶麟趾金）　M28：9-12（陶麟趾金）

M28：7（陶五铢）

M28：9-13（陶麟趾金）

7. 0 ⊢——————⊣ 2 厘米

余 0 ⊢——————⊣ 4 厘米

图 3-4G　M28 出土陶麟趾金、五铢

钱径 2.4~2.5、正面穿径 0.9~1、背面穿径 0.65~0.75、厚 0.5~0.6 厘米。（图 3-4G；彩版九七，1）

　　铜镜　2 件。

　　M28：28，简易日光镜，残缺。镜面较平，圆纽，圆纽座。镜背饰两周弦纹，弦纹之间饰菱形纹，未见铭文，外缘为宽弦纹带。直径 9.1、厚 0.2、纽高 0.5 厘米。（图 3-4H；参见彩版九九，1）

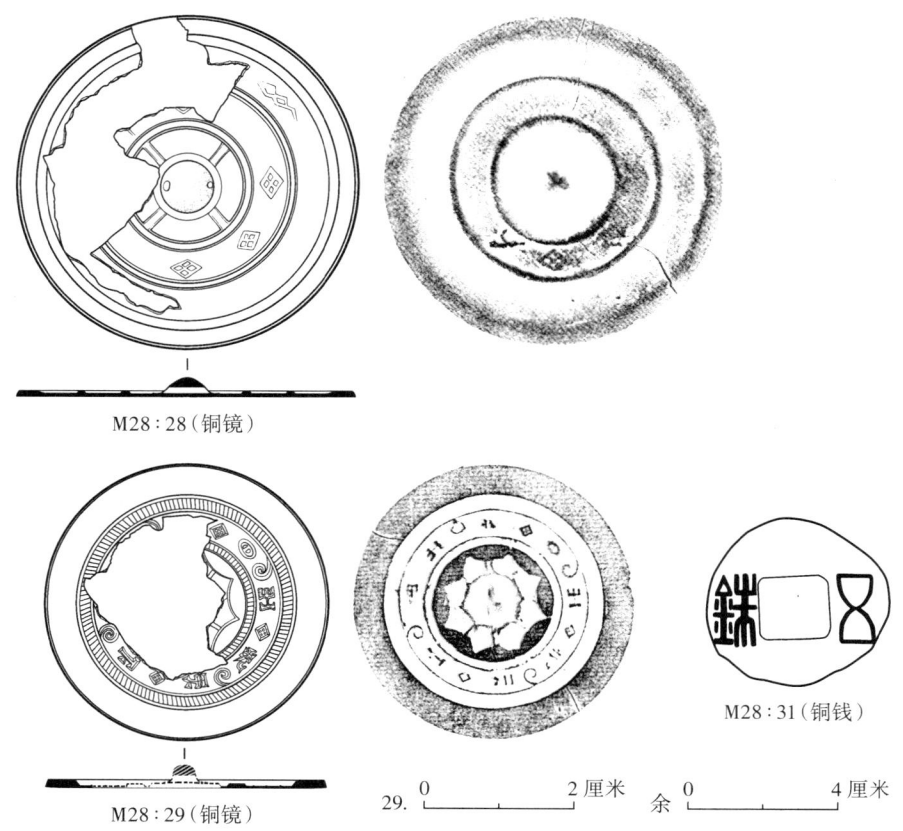

M28：28（铜镜）

M28：29（铜镜）

M28：31（铜钱）

29. 0   2 厘米   余 0   4 厘米

图 3-4H　M28 出土铜镜、钱

M28：29，日光镜，残。宽平缘素面。纽座外一周竖短线纹，外一周内向连弧纹，一周栉齿纹，一周凸弦纹，外为一周铭文带，残存部分铭"日之光，天下"，每个字之间以"の"形及"◇"形纹饰间隔。外一周凸弦纹，一周栉齿纹。直径 7.6、厚 0.2 厘米。（图 3-4H；彩版九九，2）

铜钱　1 组。

M28：31，共 47 枚，锈蚀严重，钱文可辨为"五铢"。钱文修长，"五"字中间两笔斜交，钱径 2.4、穿宽 0.9 厘米。（图 3-4H；彩版一○八，2）

铁刀　1 件。

M28：32，铁质，锈蚀严重。扁圆形环首，刀身细长而直，单面刃，断面呈三角形。长 53.7、环首宽 8.7、刀身宽 4.2 厘米。（图 3-4I；彩版一一一，2）

铁剑　1 件。

M28：30，锈蚀。剑茎扁平而细，断面近椭圆形。茎与剑身相接处有铜格，铜格中间隆起成脊，一端中间稍向前突出，另一端向内微凹，素面无纹。剑身中部有脊，断面呈菱形，外套木鞘，木鞘外一层粗织物，其上又一层黑色漆皮。剑柄残长 10.9、剑身长 47.1 厘米，铜格宽 4.95、剑身宽 3.45、厚 1.65 厘米。（图 3-4I；彩版一一三，2）

铁釜　2 件。

M28：25，锈蚀严重。敞口，圆唇，弧腹，圆脐。口沿外附两方形立耳，耳上有孔。口径

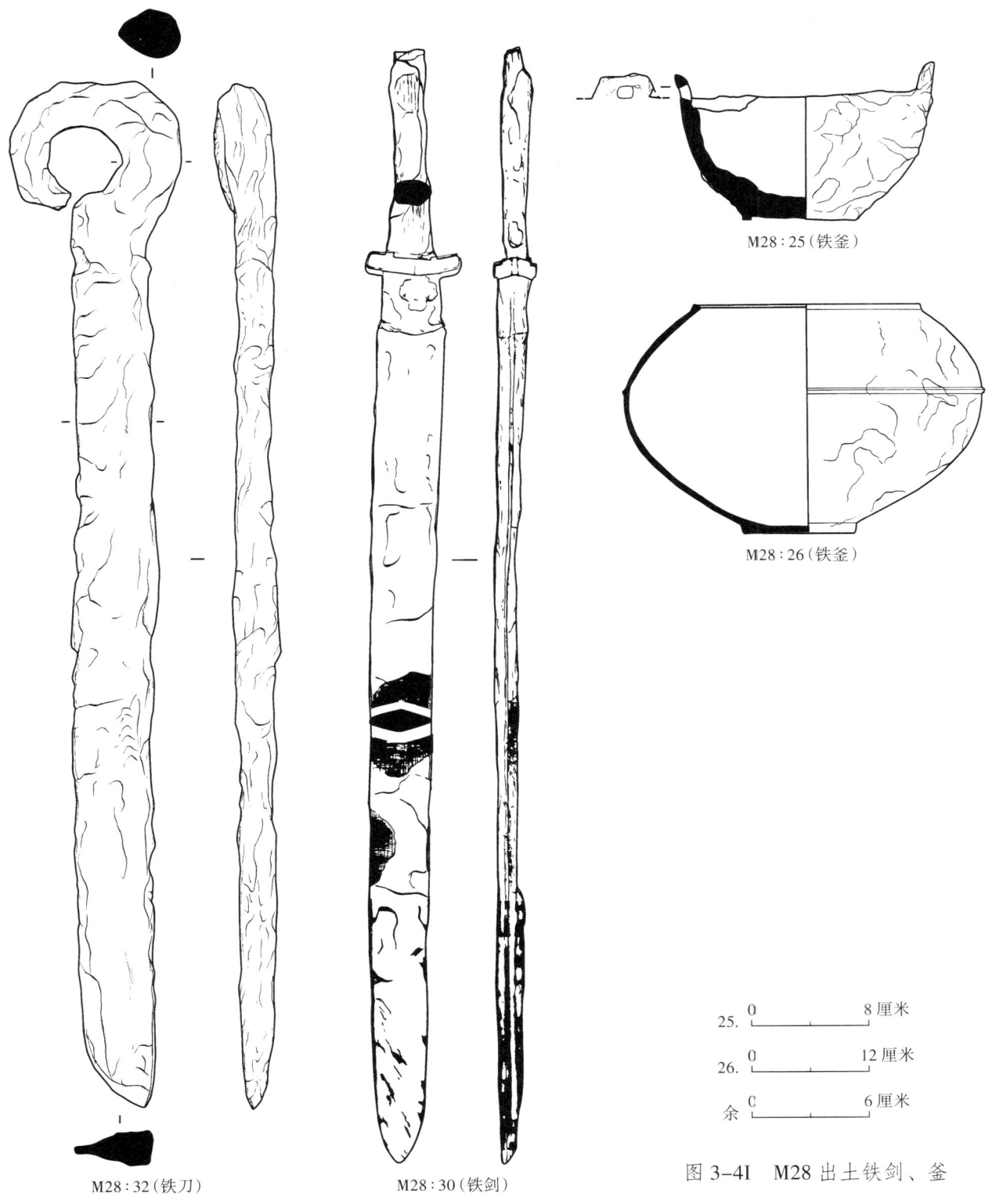

M28：25（铁釜）

M28：26（铁釜）

25. 0 _____ 8 厘米

26. 0 _____ 12 厘米

余 0 _____ 6 厘米

图 3-4I　M28 出土铁剑、釜

M28：32（铁刀）　　　　　　　M28：30（铁剑）

17.6、底径 7.8、高 11 厘米。（图 3-4I；彩版一一八，2）

　　M28：26，锈蚀严重。敛口，方唇，圆鼓腹。上置一陶甑。口径 23.1、最大腹径 36.9、底径 11.4、高 24 厘米。（图 3-4I；彩版一一九，2）

琉璃璧 1件。

M28：27，酥碎成一堆小碎片，无法拼合。可辨琉璃质。（彩版一二○，5）

M2

位于墓地东北部。墓向280°。墓坑平面呈长方形，墓壁较直，墓底平整。墓坑长2.8、宽1.6、深0.4~0.5米。墓内填灰褐色土，土质较致密。随葬器物6件，器形有釉陶罐1件、陶罐4件、铜镜1件，放置于墓底西南侧，呈"一"字形排列，铜镜位于墓底中西部，或指示墓主头向朝西。（图3-5A；彩版九，1）

釉陶罐 1件。

M2：6，轮制。直口，方唇，微束颈，广肩，腹弧收、最大腹径位于中上部，平底。肩部附贴器耳一对，耳面饰叶脉纹。灰褐胎，口沿至上腹部有青绿釉。口径11.4、最大腹径21.6、底径12.2、高15.6厘米。（图3-5B；彩版五八，1）

陶罐 4件。

M2：2，泥质灰陶。直口，圆唇，束颈，鼓肩，弧腹，底部内凹。素面。口径11.4、最大腹径19.6、底径7.6、高22.2厘米。（图3-5B；彩版八○，1）

M2：3，泥质灰陶。残碎，直口，溜肩，弧腹，平底略内凹，素面。口径15.4、底径16、残高18厘米。（图3-5B；彩版八一，1）

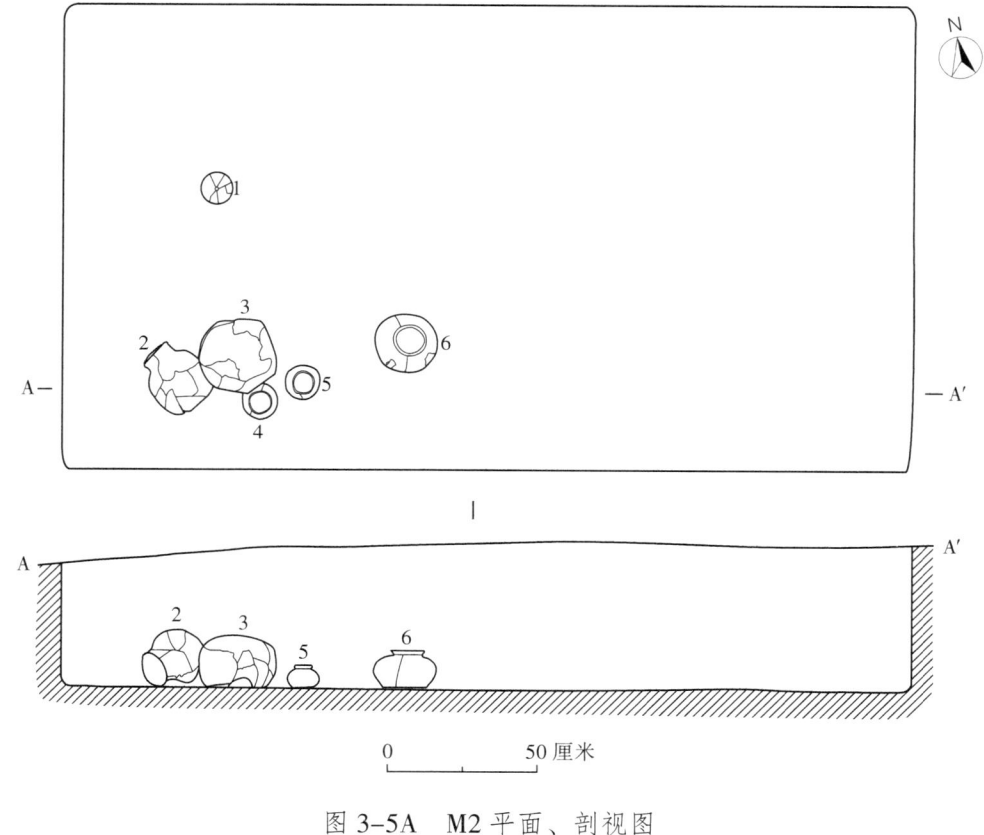

图3-5A M2平面、剖视图

1.铜镜 2~5.陶罐 6.釉陶罐

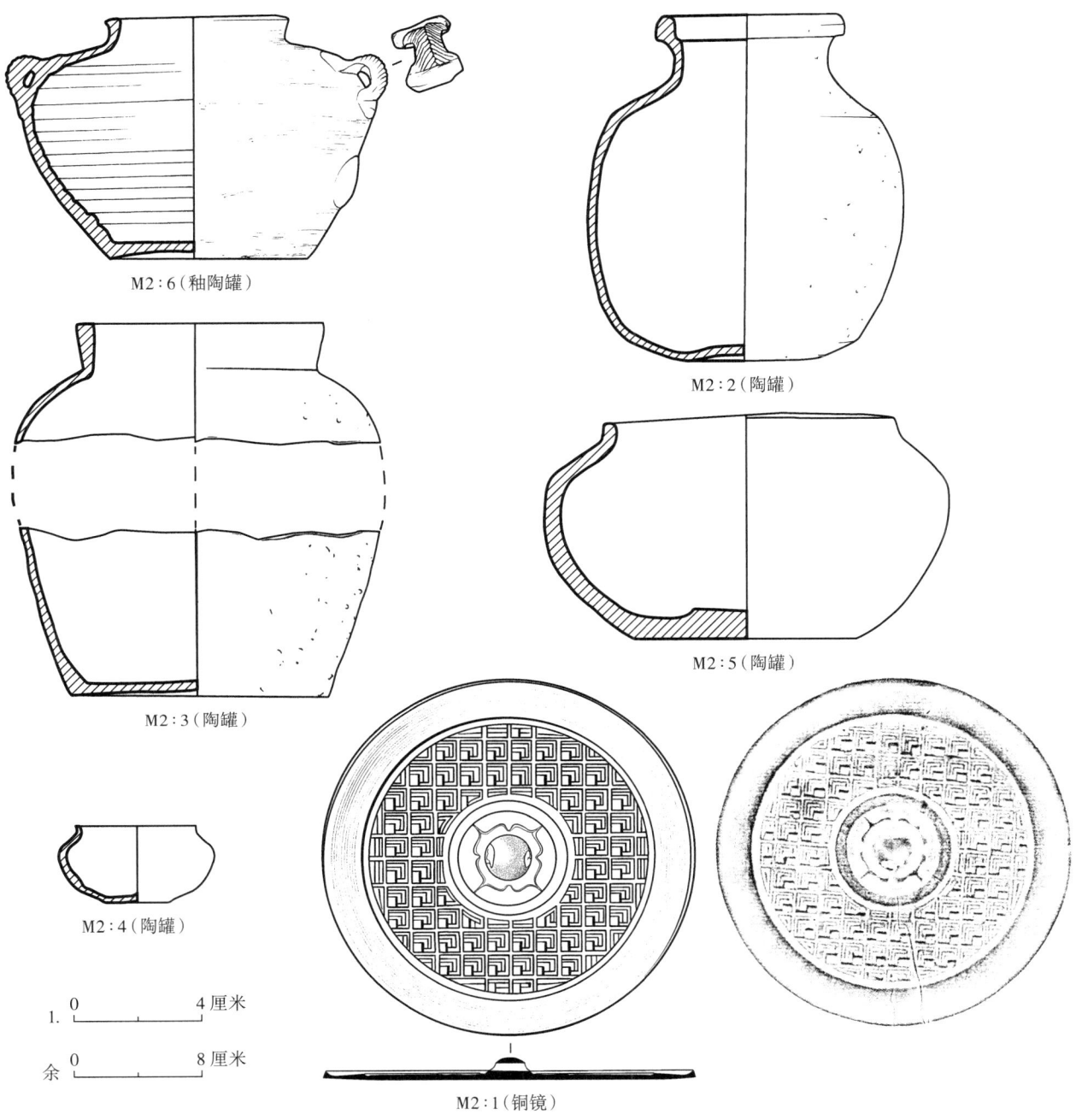

M2：6（釉陶罐）

M2：2（陶罐）

M2：3（陶罐）

M2：5（陶罐）

M2：4（陶罐）

1. 0————4 厘米

余 0————8 厘米

M2：1（铜镜）

图 3-5B　M2 出土陶罐、铜镜

　　M2：4，泥质灰陶。酥碎，可辨直口，弧折腹，平底，素面。口径 7.6、底径 4、高 4.8 厘米。（图 3-5B；彩版七九，5）

　　M2：5，泥质灰陶。手制。直口，圆唇，圆鼓腹，下腹弧收，平底。素面。口径 18、最大腹径 25.2、底径 13.8、高 14.4 厘米。（图 3-5B；彩版七九，1）

　　铜镜　1 件。

　　M2：1，折角纹铜镜。圆形纽，四叶柿蒂纹纽座。纽座外饰一周凸弦纹，外一周纹饰带，满饰方形折角纹，镜缘素低卷边。直径 11.6、纽高 0.7、厚 0.2 厘米。（图 3-5C；彩版九八，1）

M13

位于墓地中部，M14 西侧。墓向 176°。墓葬大部分被破坏，仅保存有东半部墓坑。墓坑残存部分平面呈梯形，直壁，墓底平整。墓坑长 3、北壁残宽 0.35、南壁残宽 0.98、深 0.1~0.3 米。墓内填灰褐色花土，土质较疏松。随葬器物一字排列，摆放于墓室东侧，残留 5 件，器形有釉陶瓿 4 件、釉陶罐 1 件。（图 3-6A；彩版九，2）

釉陶瓿 4 件。

M13：1，轮制。敛口，斜沿，矮颈，弧肩，圆鼓腹，下腹斜收，腹最大径位于中腹部偏上，平底。肩部对置两铺首，其上贴塑模印兽面纹，肩腹部饰三组凸弦纹，腹部满饰弦纹。灰胎，器身上部有落灰釉。口径 10.8、最大腹径 22.2、底径 10.8、高 20.7 厘米。（图 3-6B；彩版五二，1）

M13：3，轮制。敛口，斜沿，矮颈，弧肩，圆鼓腹，下腹斜收，腹最大径位于上腹部，平底。肩部对置两铺首，其上贴塑模印兽面纹，肩腹部饰三组凸弦纹，腹部满饰弦纹。灰褐胎，器身上部有落灰釉。口径 10.8、最大腹径 22.8、底径 11.1、高 21.6 厘米。（图 3-6B；彩版五二，2）

M13：4，轮制。敛口，斜沿，弧肩，鼓腹，腹部最大径偏上，下腹斜收，平底。肩部对置两铺首，其上贴塑模印兽面纹，肩部及上腹部饰三组弦纹，下腹部满饰弦纹。灰胎，器身上部有落灰釉。口径 9.9、最大腹径 21.6、底径 10.8、高 21 厘米。（图 3-6B；彩版五二，3）

M13：5，轮制。敛口，斜沿，矮颈，弧肩，圆鼓腹，下腹斜收，腹最大径位于上腹部，平底。肩部对置两铺首，其上贴塑模印兽面纹，肩腹部饰三组凸弦纹，中腹部满饰弦纹。灰褐胎，器身上部有落灰釉。口径 10.2、最大腹径 21.9、底径 11.4、高 21.3 厘米。（图 3-6B；彩版五三，1）

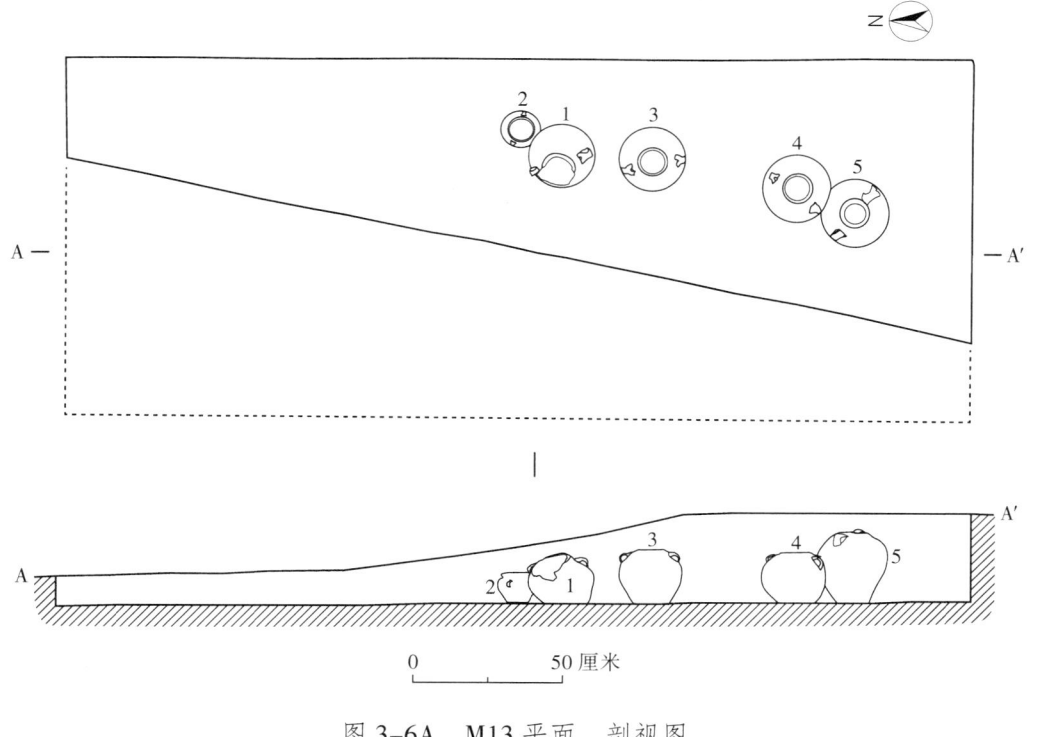

图 3-6A M13 平面、剖视图

1、3~5. 釉陶瓿 2. 釉陶罐

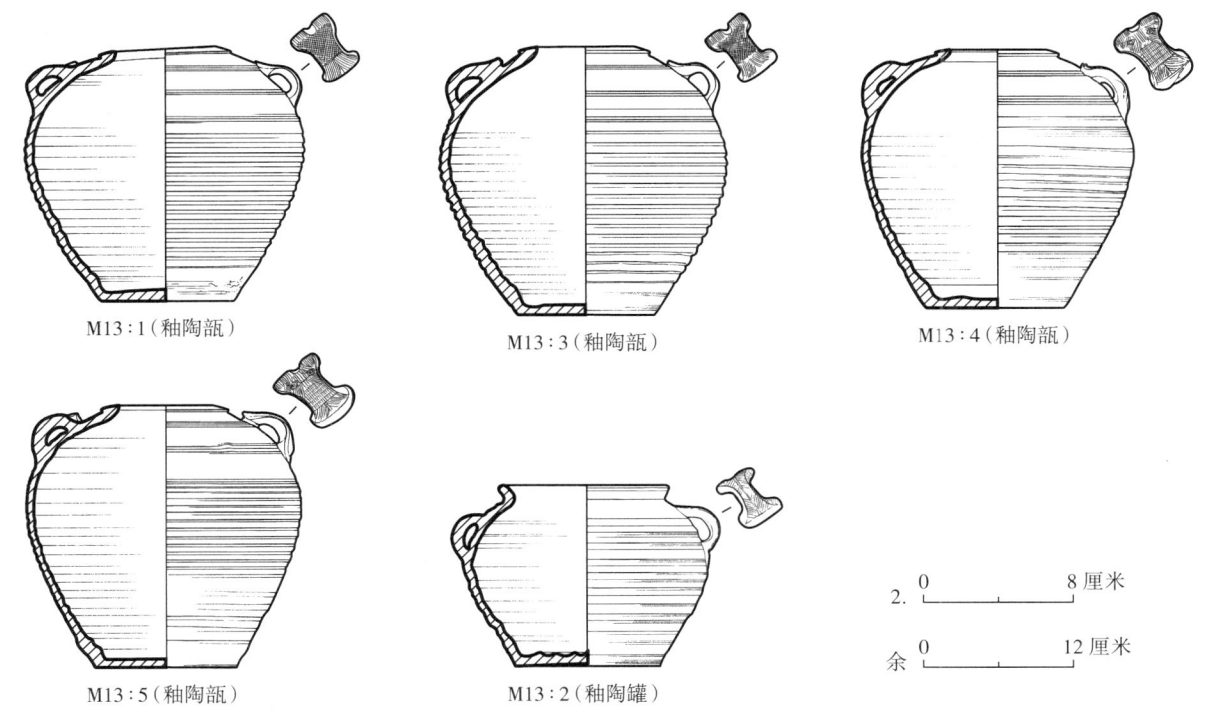

M13：1（釉陶瓿）　　M13：3（釉陶瓿）　　M13：4（釉陶瓿）

M13：5（釉陶瓿）　　M13：2（釉陶罐）

2. 0　　　　8 厘米

余 0　　　　12 厘米

图 3-6B　M13 出土釉陶瓿、罐

釉陶罐　1 件。

M13：2，轮制。侈口，圆唇，矮颈，弧肩，鼓腹，下腹斜收，腹最大径位于中腹偏上，平底。通体饰弦纹，肩部附贴器耳一对，耳饰叶脉纹。内底有明显轮制漩涡状痕迹。灰胎，器身上部有落灰釉。口径 9.2、最大腹径 13、底径 7.8、高 10 厘米。（图 3-6B；彩版六三，5）

M14

位于墓地中部，东南角被 M7 打破，墓向 174°。位于 M13 东侧，与 M13 平行排列。墓室被破坏严重，残存底部。墓坑平面呈长方形，长 3.3、宽 1.79、深 0.33 米。墓底为灰白色花土，土质较松，夹杂有黑色颗粒。未见葬具和人骨。随葬器物 11 件（组），器形有釉陶瓿 1 件、釉陶壶 1 件、陶罐 4 件、陶釜 1 件、料珠 2 串、铁钩 1 件、环首刀 1 件，集中放置在墓室东侧。其中环首刀置于墓室中部，环首朝南，可推测墓主头向为南向。（图 3-7A；彩版一〇，1）

釉陶瓿　1 件。

M14：5，轮制。敛口，斜沿，矮颈，弧肩，圆鼓腹，下腹弧收，腹最大径位于中腹部，平底略内凹。肩部饰一周弦纹，两侧附贴卷云纹装饰，下部贴塑模印兽面纹铺首，肩腹部饰三组凸弦纹。黄褐胎，口沿至上腹部有青黄釉。口径 11.7、最大腹径 28.2、底径 13.8、高 28.5 厘米。（图 3-7B；彩版五三，2）

釉陶壶　1 件。

M14：10，残存底部。轮制。弧腹，平底，矮圈足。腹部饰弦纹。灰胎，器内底有落釉痕。底径 10.8、残高 12 厘米。（图 3-7B；彩版四三，3）

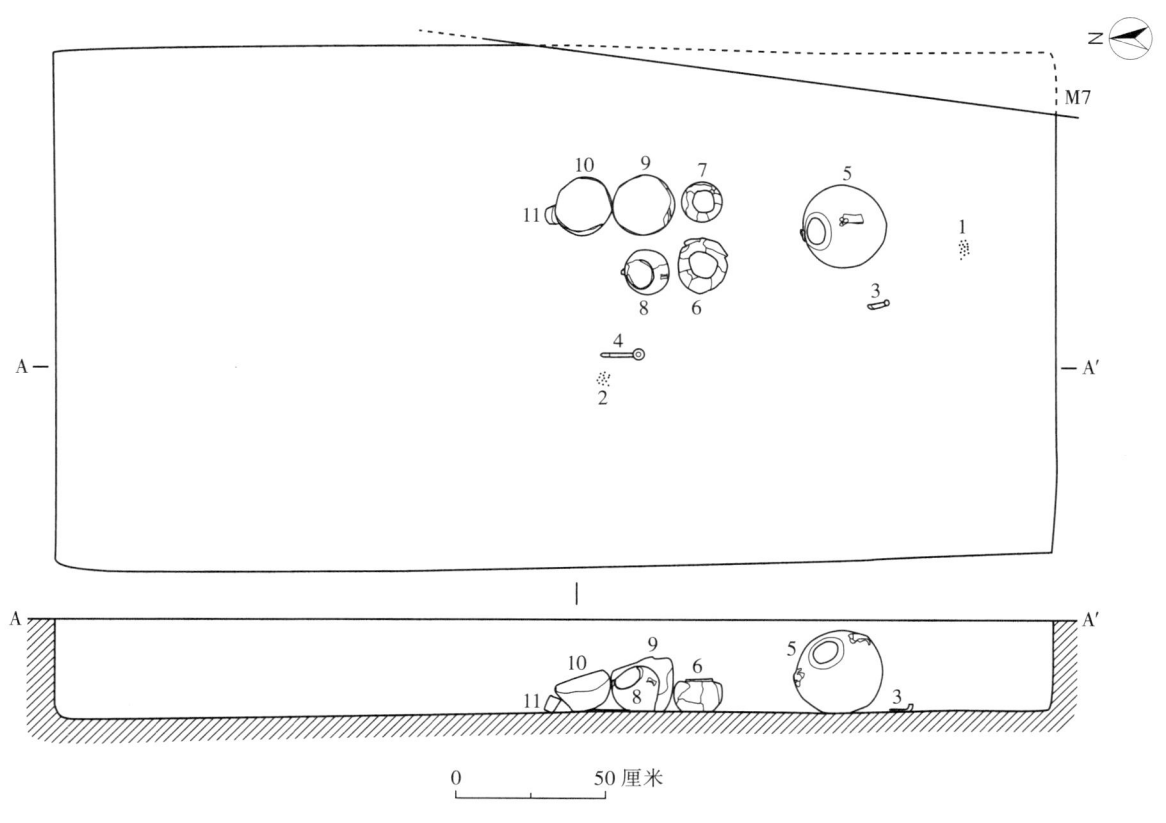

图 3-7A M14 平面、剖视图

1、2. 料珠 3. 铁钩 4. 铁刀 5. 釉陶瓿 6~8. 陶罐 9. 釉陶罐 10. 釉陶壶 11. 陶釜

釉陶罐 1件。

M14:9，轮制。侈口，圆唇，束颈，弧肩，鼓腹，下腹斜收，平底。肩部残存一耳，耳饰绳纹，肩部及腹部满饰弦纹。灰胎，器身上部有青黄釉。口径11.8、最大腹径21.2、底径11、高19.5厘米。（图3-7B；彩版六三，6）

陶罐 3件。

M14:6，泥质红陶，轮制。酥碎严重，无法修复。可辨敛口，圆唇，弧肩，圆鼓腹，腹最大径偏上，下腹斜收，平底。通体满饰弦纹，耳面饰叶脉纹。口径9.8、底径6.8、高10.6厘米。（图3-7B；彩版七八，5）

M14:7，泥质红陶，轮制。酥碎严重，无法修复。可辨敛口，圆唇，弧肩，肩部附贴器耳一对，圆鼓腹，腹最大径偏上，下腹斜收，平底。通体满饰弦纹，耳面饰叶脉纹。口径10.4、底径7.4、高11.6厘米。（图3-7B；彩版七八，6）

M14:8，泥质黄陶，轮制。侈口，圆唇，束颈，弧肩，鼓腹，腹部最大径偏上，下腹斜收，平底。肩部对称置两器耳，肩部及腹部满饰弦纹。口径10.4、最大腹径16.3、底径8.5、高12.8厘米。（图3-7B；彩版七六，3）

陶釜 1件。

M14:11，夹砂红陶，手制。筒状，直口，斜直腹，平底。口径10.8、底径8.2、高11.6厘米。

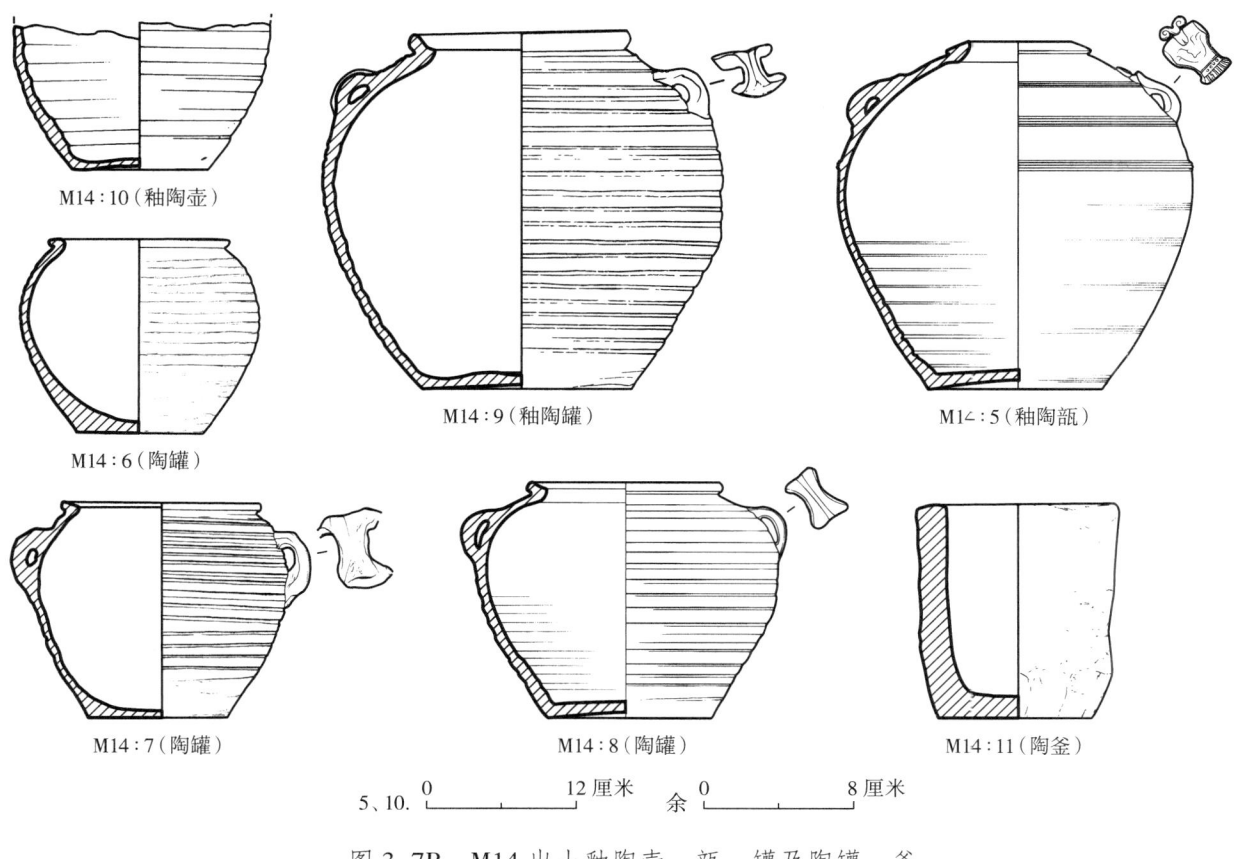

M14:10（釉陶壶）

M14:6（陶罐）

M14:9（釉陶罐）

M1∠:5（釉陶瓿）

M14:7（陶罐）

M14:8（陶罐）

M14:11（陶釜）

5、10. ├─0──────12 厘米┤　余├─0──────8 厘米┤

图 3-7B　M14 出土釉陶壶、瓿、罐及陶罐、釜

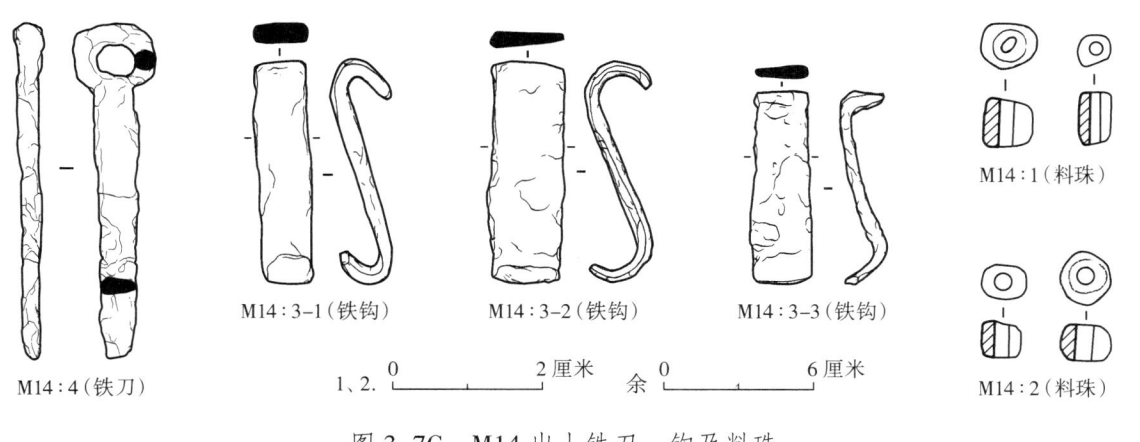

M14:4（铁刀）

M14:3-1（铁钩）

M14:3-2（铁钩）

M14:3-3（铁钩）

M14:1（料珠）

M14:2（料珠）

1、2. ├─0────2 厘米┤　余├─0────6 厘米┤

图 3-7C　M14 出土铁刀、钩及料珠

（图 3-7B；彩版八四，2）

铁刀　1 件。

M14:4，铁质，锈蚀严重。扁圆形环首，断面呈三角形，刀身渐窄。长 13.8、环首宽 3.4、刀身宽 1.8 厘米。（图 3-7C；彩版一一一，1）

铁钩　1 组。

M14:3，共 3 件。锈蚀严重，扁平长条状，两端反向弯曲成"S"形，断面为长条状。

M14:3-1，长9、宽2、厚0.7厘米；M14:3-2，长8.9、宽3、厚0.6厘米；M14:3-3，长7.8、宽2.4、厚0.4厘米。（图3-7C；彩版一一六，7）

料珠 2组。

M14:1，一串27颗。蓝色琉璃质，大小不一，有的呈筒状，有的呈扁圆状，中间穿孔。直径0.4~0.7、孔径0.13~0.15、厚0.6~0.7厘米。（图3-7C；彩版一二一，1）

M14:2，一组共23件。蓝色琉璃，分透光与不透光两种。大小不一，形状为扁圆形或管状，中间对钻圆孔。直径0.35~0.7、孔径0.1~0.2、高0.3~0.7厘米。（图3-7C；彩版一二一，2）

M16

位于墓地西南部。墓向84°。墓葬被破坏严重，残存墓底部分，长3.15、宽1.82、深0.1米。随葬器物集中放置于墓底北侧，东西呈"一"字形排列。随葬器物7件，其中釉陶壶1件、陶罐2件、五铢钱1枚、铁刀1件、琉璃璧1件、鎏金铜泡残片1件（置于琉璃璧之上）。（图3-8A；彩版一〇，2）

釉陶壶 1件。

M16:1，轮制。口部残，高颈，溜肩，微鼓腹，腹部最大径偏上，下腹弧收，平底，矮圈足。颈下部至肩部饰三组弦纹，肩部附贴卷云纹装饰，下贴塑两叶脉纹器耳，腹部饰弦纹。灰胎，颈下至上腹部有青黄釉。最大腹径21.3、圈足径11.4、残高25.2厘米。（图3-8B；彩版四三，4）

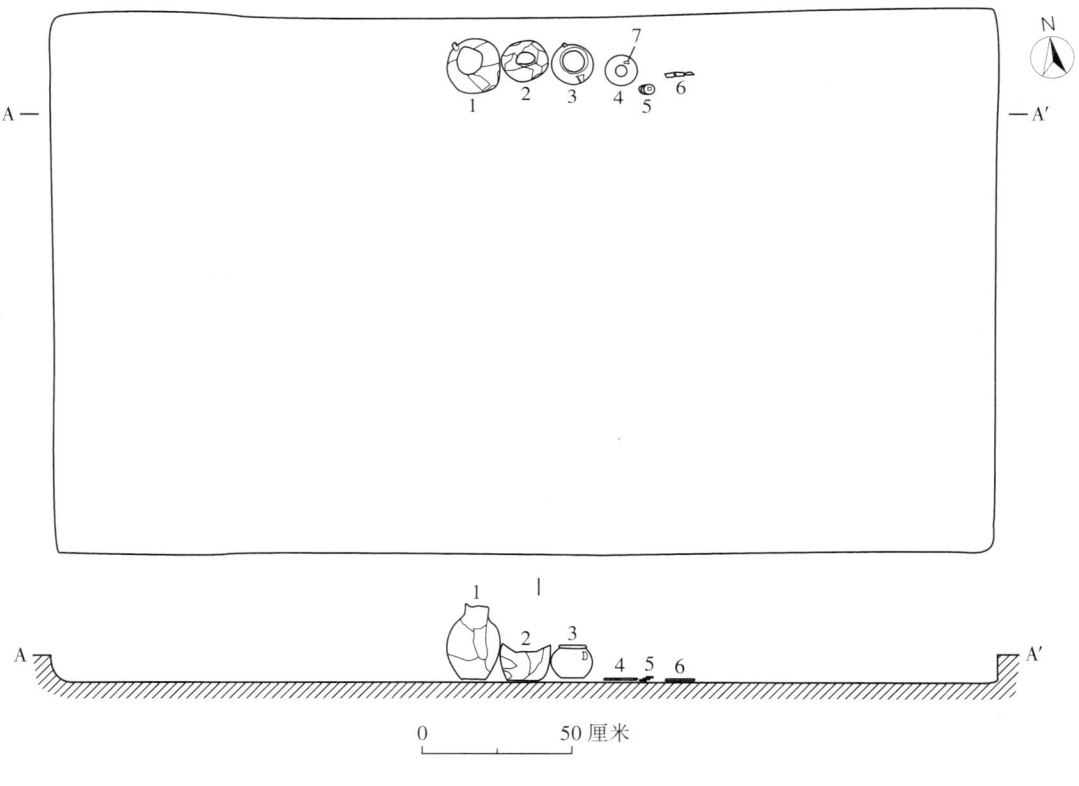

图3-8A M16平面、剖视图

1.釉陶壶 2.陶罐 3.釉陶罐 4.琉璃璧 5.铜钱 6.铁刀 7.鎏金铜泡

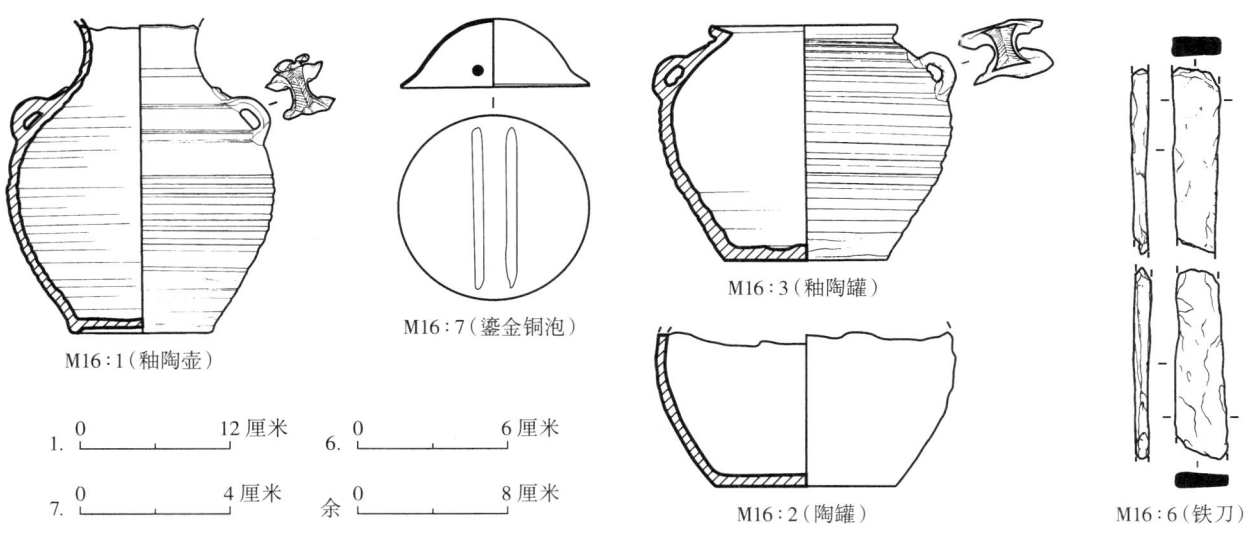

M16：7（鎏金铜泡）

M16：1（釉陶壶）

M16：3（釉陶罐）

M16：2（陶罐）

M16：6（铁刀）

1. 0　　　　　12厘米
6. 0　　　　　6厘米
7. 0　　　　4厘米
余 0　　　　　8厘米

图 3-8B　M16 出土釉陶壶、罐及陶罐、鎏金铜泡、铁刀

釉陶罐　1件。

M16：3，轮制。侈口，圆唇，束颈，弧肩，鼓腹，腹部最大径偏上，下腹斜收，平底。肩部对称贴塑两叶脉纹器耳，肩部及腹部满饰弦纹。灰胎偏红，器身上部有落灰釉。口径10、最大腹径15.4、底径8.6、高12.9厘米。（图3-8B；彩版六四，2）

陶罐　1件。

M16：2，泥质灰陶。残存底部。弧腹，平底。底径9.6、残高8厘米。（图3-8B；彩版八三，1）

鎏金铜泡　1件。

M16：7，青铜质，鎏金。半圆形球面状，边缘有折棱，表面鎏金，背有二梁。长5、高1.8厘米、壁厚0.12厘米。（图3-8B；彩版一〇四，4）

铜钱　1组。

M16：5，一组共19枚，其中13枚较完整，7枚钱文清晰，均五铢钱。制作规整，大多锈蚀严重，少数钱文较清晰，钱文型制不一，偶见有磨郭钱。根据钱文可分为四型：一型钱文矮胖，"五"字交笔较直，"铢"字金字头形如带翼之矢，朱字上面方折，下面圆折，边缘有郭，穿上有横郭一道，如标本M16：5-1，钱径2.5、穿宽0.95、厚0.15厘米；二型钱文较小，笔画略细，"五"字交笔弯曲，"铢"字金字头为三角形，朱字上下或方折，或圆折，边缘有郭，穿上有郭，如标本M16：5-2，钱径2.4~2.5、穿宽1、厚0.15厘米；三型钱文大而修长，"五"字交笔弯曲，"铢"字金字头呈三角形，朱字上下方折、高于金字，边缘有郭，穿背有郭，如标本M16：5-3，钱径2.35、穿宽0.9、厚0.15厘米；四型钱文修长，"五"字交笔弯曲，"铢"字金字头呈三角形，朱字上下方折，边缘有郭，穿背有郭，如标本M16：5-4，钱径2.5、穿宽1、厚0.15厘米。（图3-8C；彩版一〇七，1）

铁刀　1件。

M16：6，锈蚀严重，刀身平直，单面刃，刃部锈钝，残长15.9、宽2、厚0.6厘米。（图3-8B；彩版一一二，4）

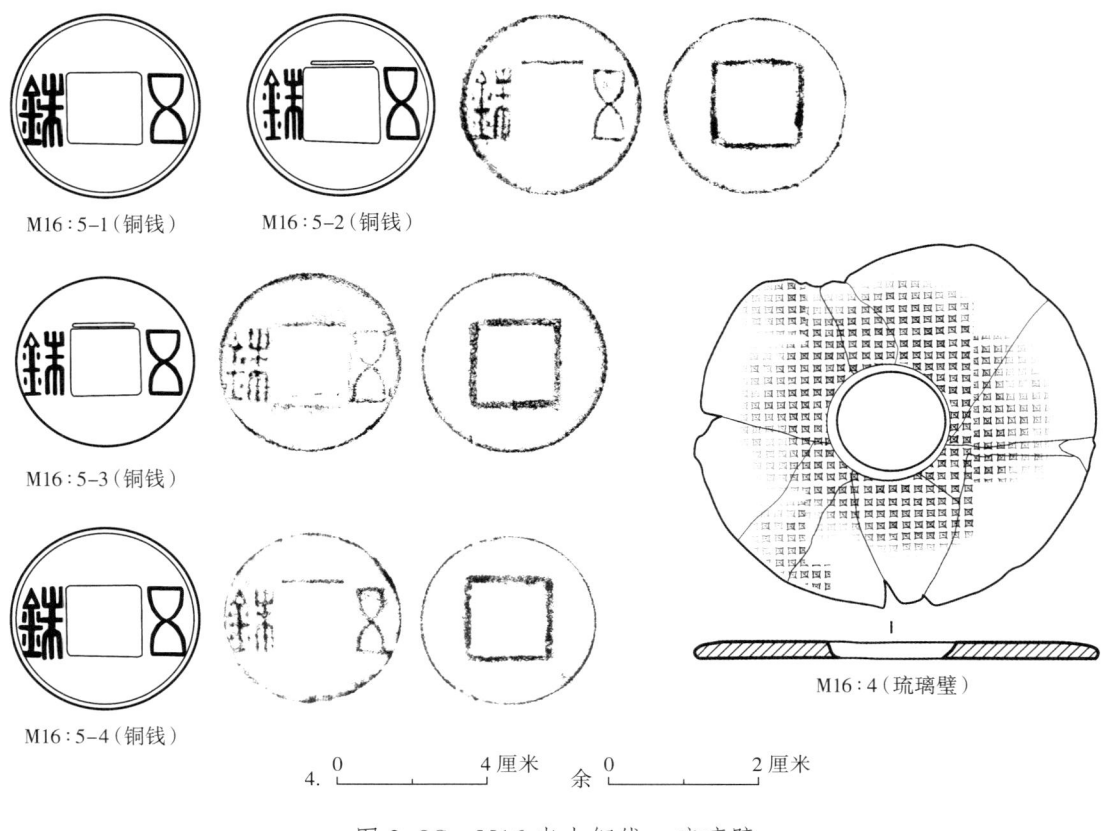

M16:5-1（铜钱）　M16:5-2（铜钱）

M16:5-3（铜钱）

M16:5-4（铜钱）

M16:4（琉璃璧）

4. 0　4厘米　余 0　2厘米

图 3-8C　M16 出土铜钱、琉璃璧

琉璃璧　1件。

M16:4，残碎，风化严重。琉璃质，圆饼状，中有一孔，单面钻。直径 10.6、孔径 2.8、厚 0.4 厘米。（图 3-8C；彩版一二〇，2）

M17

位于墓地西南部，墓向 86°。墓葬被破坏严重，仅剩墓底部分。墓底长 3.18、宽 1.8、深 0.1 米。随葬器物放置于墓底南侧，呈"一"字形排列，大多残碎。随葬器物共 8 件，器形有釉 陶壶 2 件、釉陶瓿 2 件、釉陶罐 1 件、陶罐 2 件、陶灶 1 组。（图 3-9A；彩版一〇，3）

釉陶壶　2件。

M17:3，轮制。盘口，圆唇、高颈，弧肩，鼓腹，腹部最大径位于中腹部，下腹斜收，平底， 矮圈足。口沿饰一周弦纹，盘口下部饰两周凹弦纹，颈部饰一组水波纹，肩部饰弦纹，腹部饰弦纹。 肩部对置两叶脉纹器耳。灰胎，口沿部及颈下至上腹部有青黄釉。口径 11.4、最大腹径 20.4、圈 足径 10.2、高 28.8 厘米。（图 3-9B；彩版四〇，2）

M17:4，轮制。盘口，圆唇、高颈，弧肩，圆鼓腹，腹最大径位于中腹部偏下，下腹弧收， 平底，矮圈足。口沿饰一组弦纹，颈部饰两周弦纹，肩部饰两组凸弦纹，两侧附贴卷云纹装饰， 下贴塑两叶脉纹器耳，腹部满饰弦纹。灰胎，口沿部及颈下至上腹部有青黄釉。口径 13.2、最大 腹径 23.1、圈足径 12.3、高 30.3 厘米。（图 3-9B；彩版四〇，3）

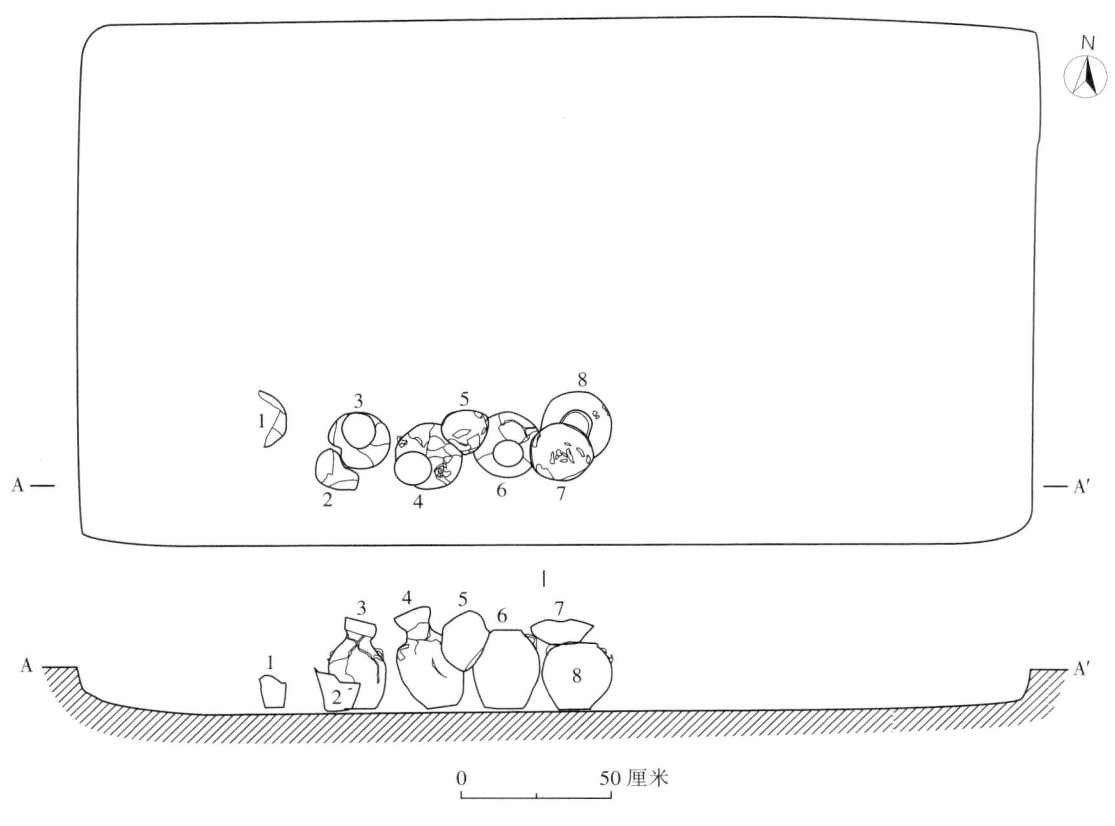

0   50 厘米

图 3-9A　M17 平面、剖视图

1. 陶灶　2、7. 陶罐　3、4. 釉陶壶　5. 釉陶罐　6、8. 釉陶瓿

釉陶瓿 2 件。

M17：6，轮制。敛口，斜沿，弧肩，鼓腹，腹部最大径偏上，下腹斜收，底部内凹。肩部对置两铺首，其上附贴"◡"形纹饰，下部贴塑兽面纹铺首，肩部及上腹部饰三组弦纹，下腹部饰弦纹。灰胎，器身上部有青黄釉。口径 10.8、最大腹径 24.3、底径 12.9、高 23.1 厘米。（图 3-9B；彩版五六，2）

M17：8，轮制。敛口，斜沿，弧肩，鼓腹弧收，腹部最大径偏上，底部内凹。肩部对置两铺首，其上附贴"◡"形纹饰，下部贴塑兽面纹铺首，肩部及上腹部饰三组弦纹，下腹部满饰弦纹。灰胎，器身上部及内底有青黄釉。口径 10.5、最大腹径 23.4、底径 11.7、高 21.9 厘米。（图 3-9B；彩版五六，3）

釉陶罐 1 件。

M17：5，轮制。侈口，方圆唇，弧肩，圆鼓腹，下腹弧收，腹最大径位于中腹部，平底。通体满饰弦纹，肩部附贴器耳一对，耳面饰叶脉纹。红胎，器身上部有青黄釉。口径 11.2、最大腹径 15.6、底径 9、高 11.7 厘米。（图 3-9B；彩版六四，3）

陶罐 2 件。

M17：2，夹砂红陶，手制。残存器底。弧腹，平底。底径 8.8、残高 5.6 厘米。（图 3-9B；彩版八三，2）

M17：7，残碎。泥质黄陶，轮制。可辨侈口，方圆唇，弧腹，平底。肩部附贴两对称器耳。

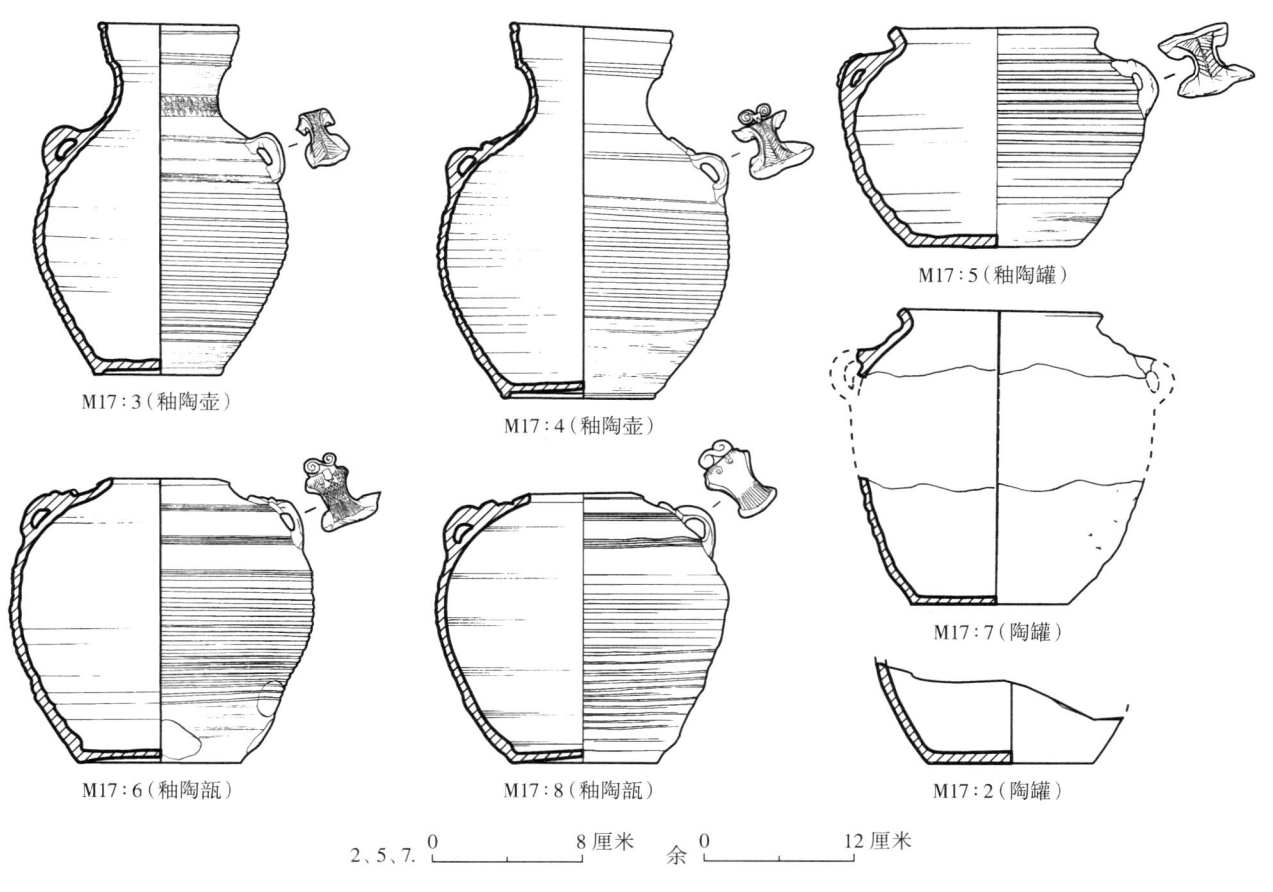

M17：5（釉陶罐）

M17：3（釉陶壶）

M17：4（釉陶壶）

M17：7（陶罐）

M17：6（釉陶瓿）

M17：8（釉陶瓿）

M17：2（陶罐）

2、5、7. 0   8厘米   余 0   12厘米

图 3-9B　M17 出土釉陶壶、瓿、罐及陶罐

口径 10.8、底径 8.4、残高 10 厘米。（图 3-9B；彩版八三，3）

陶灶　1 件。

M17：1，酥碎严重，无法修复。可辨夹砂红陶，手制。（彩版九三，4）

M18

位于墓地西南部，墓向 83°。在 M17、M16 北侧，三座墓葬南北纵向排列。墓葬被破坏严重，仅剩墓底部分。墓底长 3.13、宽 1.84、深 0.14 米。随葬器物共 9 件，集中放置于墓底南侧，东西向呈"一"字形排列，均为陶器，器形有陶罐 3 件（其中 1 件置于井中）、井 1 件、釜 3 件、瓿 1 件、灶 1 件。（图 3-10A；彩版一〇，4）

陶罐　3 件。

M18：1，泥质红陶，轮制。侈口，尖唇，矮颈，弧肩，圆鼓腹，下腹斜收，最大径位于中腹部偏上，平底。肩部附贴器耳一对，耳饰叶脉纹。口径 9.2、最大腹径 14.8、底径 7.8、通高 10.8 厘米。（图 3-10B；彩版七六，4）

M18：2，泥质红陶，轮制。侈口，尖唇，矮颈，弧肩，圆鼓腹，下腹斜收，腹最大径位于中腹部偏上，平底。通体饰弦纹，肩部附贴器耳一对，耳饰叶脉纹。口径 9.4、最大腹径 14、底径 7.6、高 10.8 厘米。（图 3-10B；彩版七六，5）

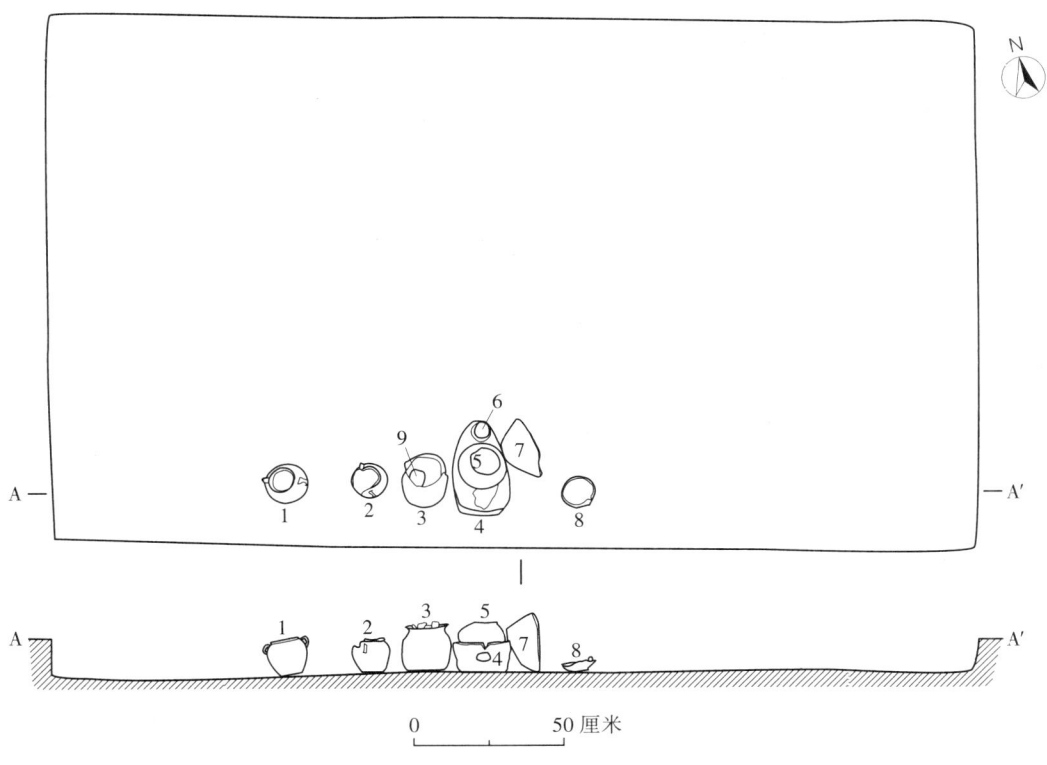

图 3-10A M18 平面、剖视图

1、2、9.陶罐 3.陶井 4.陶灶 5、6、8.陶釜 7.陶甑

M18：9，泥质灰陶，手制。侈口，圆唇，束颈，溜肩，鼓腹弧收，平底。口径 3.8、最大腹径 6.4、底径 4、高 5.3 厘米。（图 3-10B；彩版八二，2）

陶釜 3 件。

M18：5，夹砂灰陶，手制。敛口，方唇，溜肩，鼓腹，腹部最大径偏下，平底。口径 10.6、腹部最大径 17.6、底径 10.2、高 11.2 厘米。（图 3-10B；彩版八五，1）

M18：6，泥质灰陶，手制。出土时置于灶上。直口微敛，圆唇，深腹弧收，小平底。口径 6.2、底径 3.2、高 7.2 厘米。（图 3-10B；彩版八四，3）

M18：8，夹砂灰陶，手制。直口，弧腹，浅盘，圜底近平。口径 12.4、高 4 厘米。（图 3-10B；彩版八七，2）

陶甑 1 件。

M18：7，泥质灰陶。侈口，尖圆唇，折沿，弧腹，平底，底部有五个箅孔。口径 17.2、底径 8、高 8.8 厘米。（图 3-10B；彩版八八，2）

陶灶 1 件。

M18：4，夹砂灰陶，泥条盘筑。整体呈船形，灶面设大小两个火眼，放置一釜一甑，侧面置一圆拱形不落地灶门。长 36、宽 22、高 10.4 厘米。（图 3-10B；彩版九二，1）

陶井 1 件。

M18：3，夹砂灰陶，手制。敞口，平沿，束颈，深弧腹，底部内凹。内有一汲水罐。口径

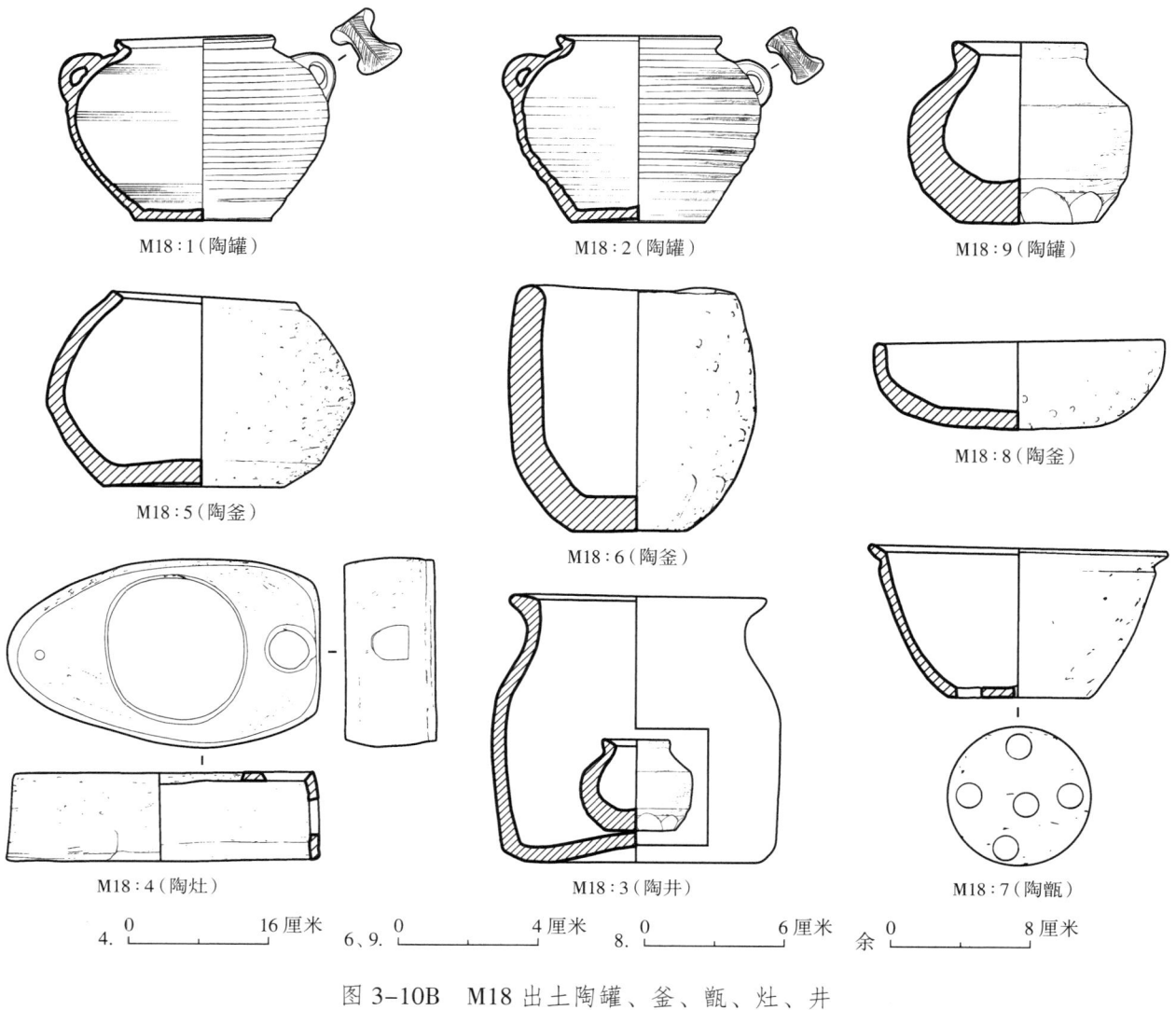

M18:1（陶罐）　　　　　M18:2（陶罐）　　　　　M18:9（陶罐）

M18:5（陶釜）　　　　　M18:6（陶釜）　　　　　M18:8（陶釜）

M18:4（陶灶）　　　　　M18:3（陶井）　　　　　M18:7（陶甗）

4. ├─0─────16厘米┤　　6、9. ├─0────4厘米┤　　8. ├─0────6厘米┤　　余├─0────8厘米┤

图 3-10B　M18 出土陶罐、釜、甗、灶、井

14.6、底径 13.2、高 15.4 厘米。（图 3-10B；彩版九五，2）

M20

位于墓地东部。墓向 84°。墓坑平面近长方形，墓壁略向内收，口大底小，墓口长 3.1、宽 1.5~1.6 米，墓底长 2.9、宽 1.2~1.3 米，墓坑深 1.35~1.45 米。墓内上层填土为黄褐色花土，土质较密实，厚 0.5 米，下层为红褐色花土，土质较疏松，厚 0.9 米。木质葬具已朽，未见人骨。随葬器物共有 2 件陶罐，放置于墓室中部偏北侧位置。（图 3-11A；彩版一一，1）

陶罐　2 件。

M20:1，残。泥质黄陶，轮制。直口，圆唇，矮颈，溜肩，鼓腹弧收，平底内凹。口径 20.6、最大腹径 28.4、底径 17.6、高 19 厘米。（图 3-11B；彩版七九，2）

M20:2，酥碎。可辨手制，轮修。子母口，弧腹，圜底。下腹拍印绳纹。口径 15.2、最大腹径 25.2、高 20.4 厘米。（图 3-11B；彩版八一，2）

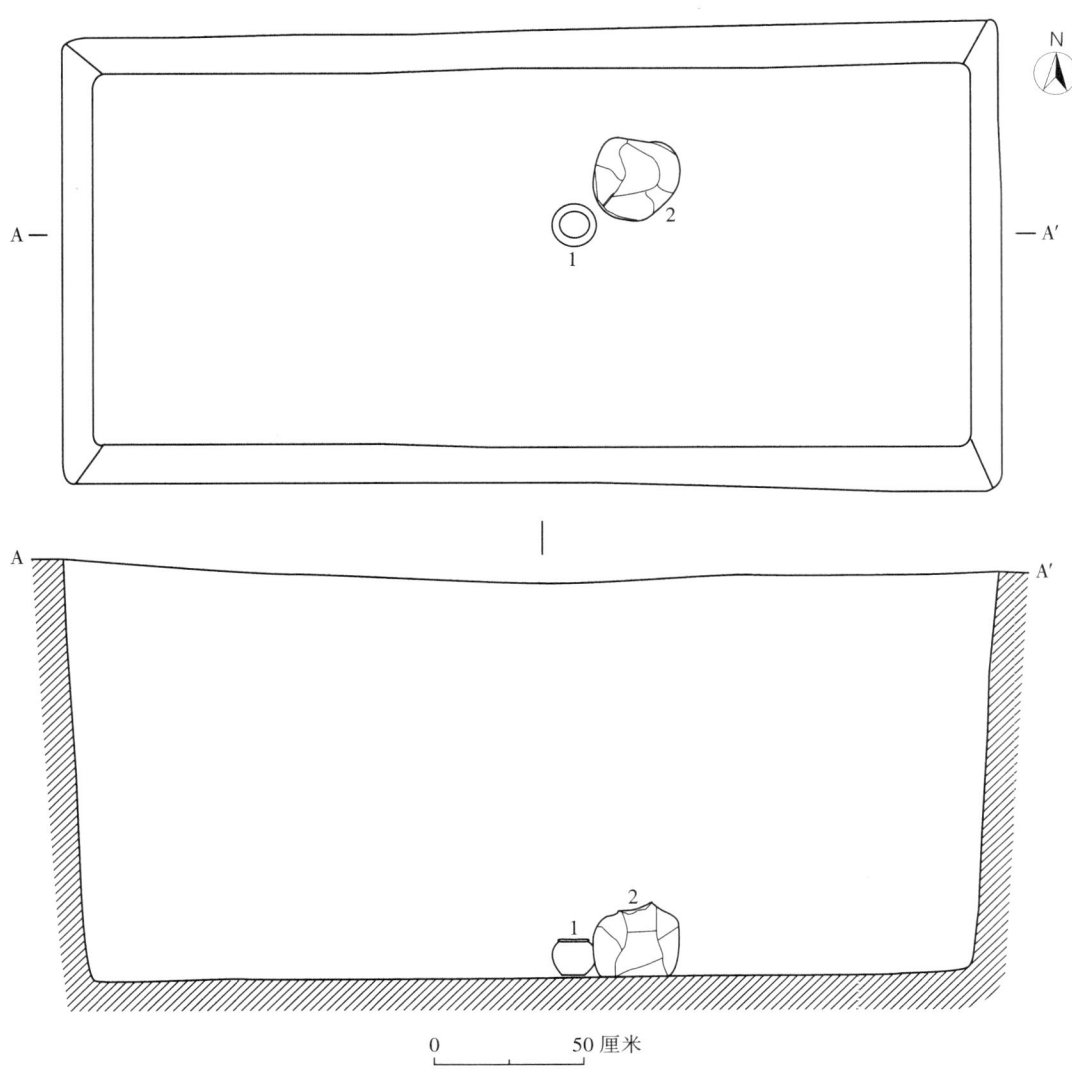

图 3-11A　M20 平面、剖视图

1、2. 陶罐

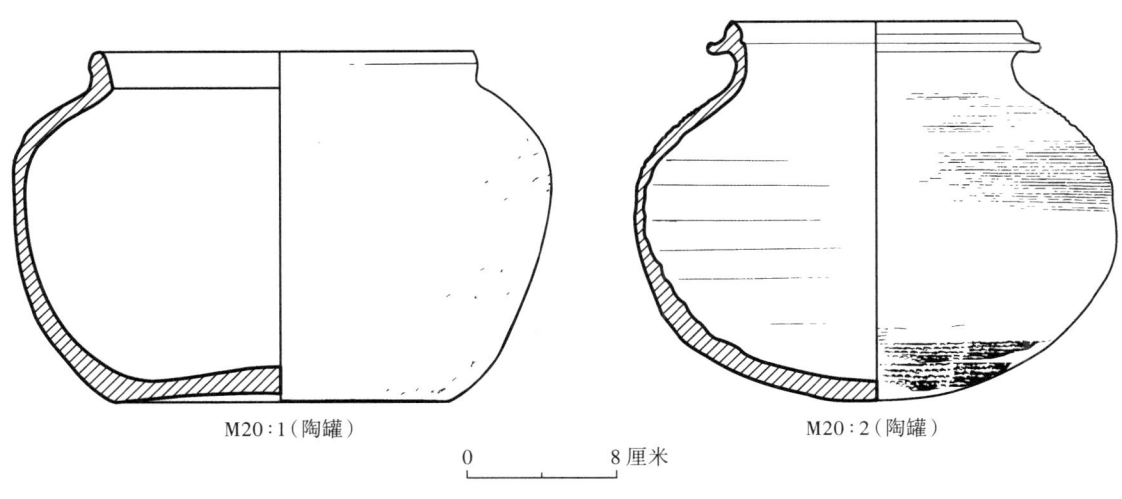

M20：1（陶罐）　　　　　　　　　　　M20：2（陶罐）

图 3-11B　M20 出土陶罐

M29

位于墓地中部偏西。墓向93°。墓坑平面近长方形，四壁陡直，底部平整。墓坑长3.5、东壁宽2.45，西壁宽2.3、深0.63米。墓内填黄褐色花土，土质较密实。随葬器物共29件，集中位于墓底东侧，呈"一"字排列。器形有釉陶瓿、釉陶罐各6件，釉陶壶3件，陶釜2件，陶灶、陶仓、陶甑各1件，铜钱2组，铁钩3件、铁刀2件、铁釜1件，石黛板1件。其中，环首铁刀东西向放置于墓底中部南侧，环首向东，铜钱、黛板置于环首刀旁侧，据此可推定墓主人头向应为东向。（图3-12A；彩版一三）

釉陶壶 3件。

M29：22，轮制。喇叭口，口残，细高颈，溜肩，弧腹，平底，矮圈足。颈下部饰一组弦纹和一组水波纹，肩部两侧附贴卷云纹装饰，下贴塑两叶脉纹器耳，肩部和上腹部饰三组凸弦纹，下腹部饰弦纹。红褐胎，口沿内侧、颈下至上腹部及器内底有青黄釉。最大腹径23.1、圈足径12.9、残高33厘米。（图3-12B；彩版三二，2）

M29：25，轮制。喇叭口，方唇，高颈，溜肩，鼓腹弧收，腹部最大径近中部，平底，矮圈足。口沿下饰一周凸弦纹，颈下部饰两周弦纹和一组水波纹，肩部两侧附贴卷云纹装饰，其间有三个乳丁，下贴塑两叶脉纹器耳，肩部和上腹部饰三组弦纹。灰褐胎，口沿内侧、颈下至上腹部及器内底有青黄釉。口径15.3、最大腹径25.8、圈足径13.8、高32.7厘米。（图3-12B；彩版三二，3）

M29：28，轮制。喇叭口，细高颈，溜肩，圆鼓腹，下腹斜收，腹最大径位于中腹部，平底。口沿下部饰一周弦纹，颈部饰两周弦纹，一周水波纹，肩部两侧附贴卷云纹装饰，下贴塑两叶脉纹器耳，肩腹部饰三组弦纹，腹部满饰弦纹。灰褐胎，口沿内侧、颈下至上腹部及器内底有青黄釉。口径13.8、最大腹径23.4、底径12、高34.2厘米。（图3-12B；彩版三三，1）

釉陶瓿 6件。

M29：1，轮制。敛口，斜沿，矮颈，弧肩，圆鼓腹，下腹弧收，腹最大径位于中腹部偏上，平底。肩部对置两铺首，两侧附贴卷云纹装饰，下贴塑兽面纹铺首，肩腹部饰三组凸弦纹，下腹部满饰弦纹。灰褐胎，口部至上腹部有青黄釉。口径10.5、最大腹径24、底径13.2、高23.4厘米。（图3-12C；彩版五三，3）

M29：10，轮制。敛口，斜沿，弧肩，鼓腹，腹部最大径偏上，下腹斜收，底部内凹。肩部对置两铺首，两侧附贴卷云纹装饰，下贴塑兽面纹铺首，肩部及上腹部饰三组凸弦纹，下腹部饰弦纹。灰胎，口部至上腹部有青黄釉。口径10.2、最大腹径24.6、底径12.9、高23.1厘米。（图3-12C；彩版五四，1）

M29：14，轮制。敛口，弧肩，鼓腹，下腹弧收，腹最大径位于中部，平底。肩部对置两铺首，两侧附贴卷云纹装饰，下贴塑兽面纹铺首，肩腹部饰三组凸弦纹，腹部饰弦纹。灰褐胎，口部至上腹部有青黄釉。口径10.2、最大腹径23.7、底径12.9、高23.4厘米。（图3-12C；彩版五二，4）

M29：16，轮制。敛口，弧肩，鼓腹，下腹弧收，腹最大径位于中上部，平底。肩部对置两铺首，两侧附贴卷云纹装饰，下贴塑兽面纹铺首，肩腹部饰三组凸弦纹，腹部饰弦纹。灰褐胎，口部至上腹部有青黄釉。口径10.2、最大腹径23.7、底径12.9、高23.4厘米。（图3-12C；彩版

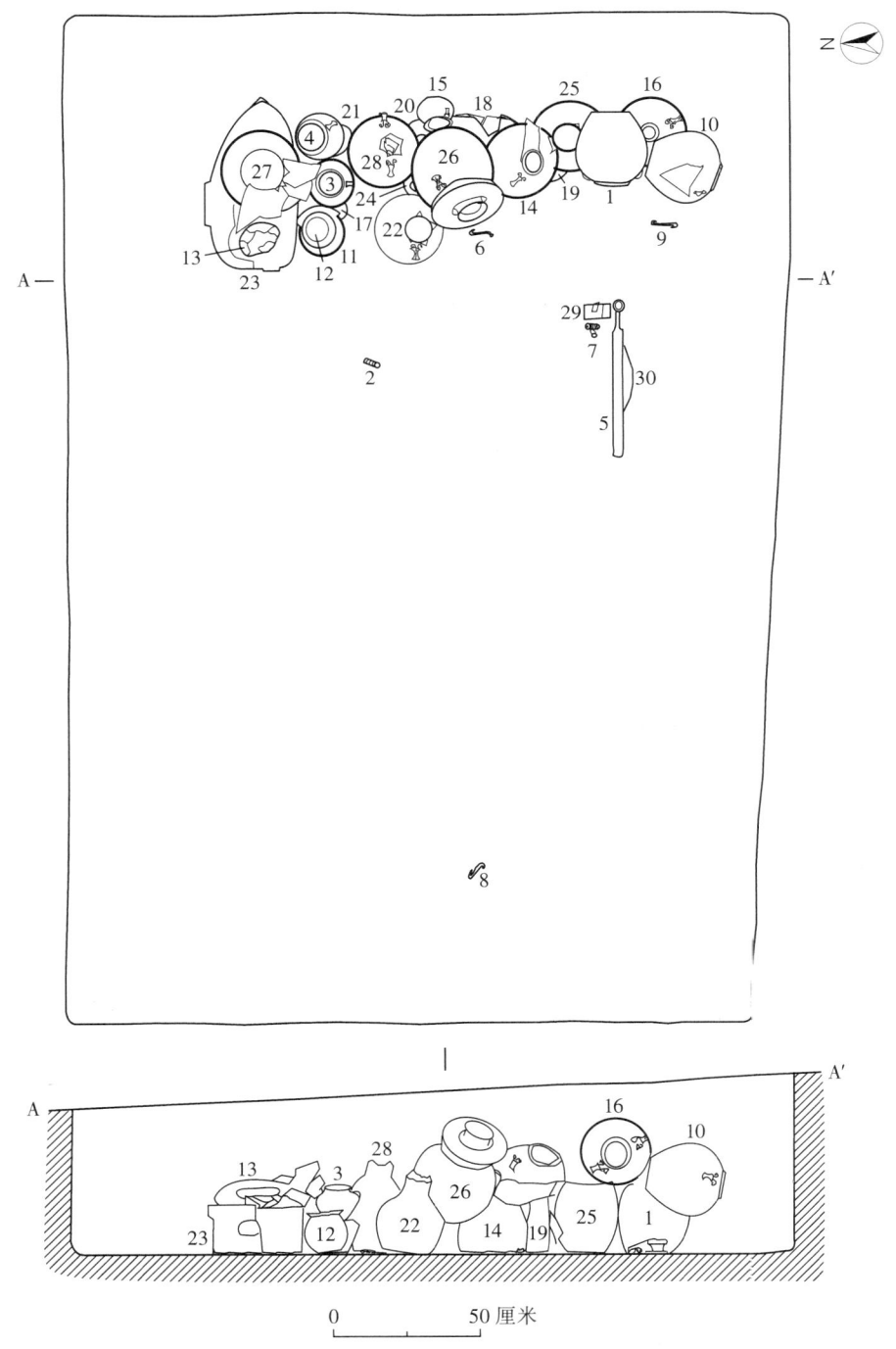

图 3-12A　M29 平面、剖视图

1、10、14、16、18、19. 釉陶瓿　2、7. 铜钱　3、4、15、17、20、26. 釉陶罐　5、30. 铁刀　6、8、9. 铁钩
11. 陶仓　12、13. 陶釜　21、24. 陶瓿（后拼合为一件）　22、25、28. 釉陶壶　23. 陶灶　27. 铁釜
29. 石黛板

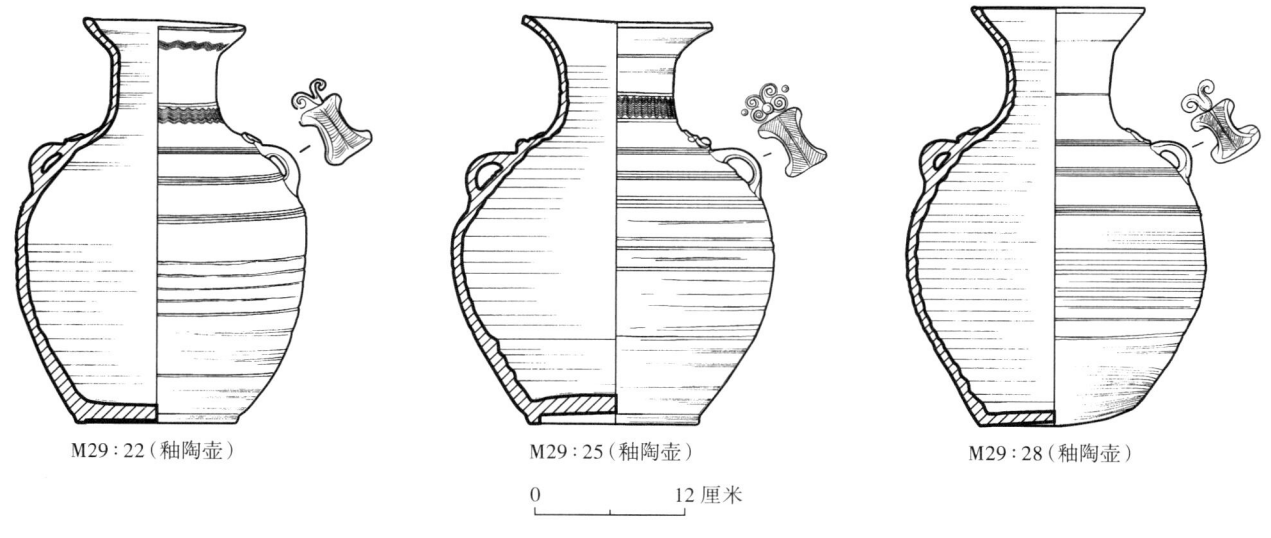

M29：22（釉陶壶）　　　　　M29：25（釉陶壶）　　　　　M29：28（釉陶壶）

0 ———— 12 厘米

图 3-12B　M29 出土釉陶壶

五四，2）

M29：18，轮制。敛口，方唇，广肩，鼓腹，腹部最大径偏上，下腹弧收，底部内凹。肩部对置两铺首，其上附贴模印人面纹，上端贴塑兽面纹铺首。灰褐胎，口部至上腹部及器内底有青黄釉。口径 14.4、最大腹径 44.1、底径 18.2、高 35.7 厘米。（图 3-12C；彩版五○，3）

M29：19，轮制。敛口，斜沿，矮颈，溜肩，鼓腹，腹部最大径位于中腹部，下腹斜收，平底。肩部饰两组水波纹，对置两铺首，其上附贴"〰"形纹饰，下部贴塑人面纹铺首，腹部饰一组弦纹。灰褐胎，口部至上腹部及器内底有青黄釉。口径 23.1、最大腹径 63.3、底径 31.8、高 60 厘米。（图 3-12C；彩版五一，1）

釉陶罐　6 件。

M29：3，轮制。侈口，圆唇，矮束颈，溜肩，鼓腹弧收，腹部最大径略偏上，平底。肩部对置两叶脉纹器耳，器身满饰弦纹。灰胎，器身上部有落灰釉。口径 9.8、最大腹径 16.2、底径 8.8、高 13 厘米。（图 3-12D；彩版六四，4）

M29：4，轮制。侈口，圆唇，矮颈，弧肩，圆鼓腹，下腹斜收，腹最大径位于中腹部偏上，平底。通体满饰弦纹，肩部附贴器耳一对，耳面饰叶脉纹。红胎，器身上部有落灰釉。口径 11.6、最大腹径 16.6、底径 10、高 13.6 厘米。（图 3-12D；彩版六四，5）

M29：15，轮制。侈口，圆唇，矮束颈，弧肩，鼓腹弧收，最大腹径靠近中部，平底。肩部对置两叶脉纹器耳，肩部及上腹部饰凸弦纹。褐胎，器身上部有落灰釉。口径 9.8、最大腹径 13、底径 7.8、高 9.6 厘米。（图 3-12D；彩版六四，6）

M29：17，轮制。侈口，尖圆唇，矮颈，弧肩，圆鼓腹，下腹斜收，腹最大径位于中腹部偏上，平底。通体满饰弦纹，肩部附贴器耳一对，耳面饰叶脉纹。红胎，器身上部有落灰釉。口径 9.6、最大腹径 13.2、底径 8.8、高 9.4 厘米。（图 3-12D；彩版六五，1）

M29：20，轮制。侈口，方圆唇，弧肩，圆鼓腹，下腹斜收，腹部最大径位于中腹部偏下，平底。通体满饰弦纹，肩部附贴器耳一对，耳面饰叶脉纹。灰褐胎，器身上部有青黄釉。口径 9.8、底径

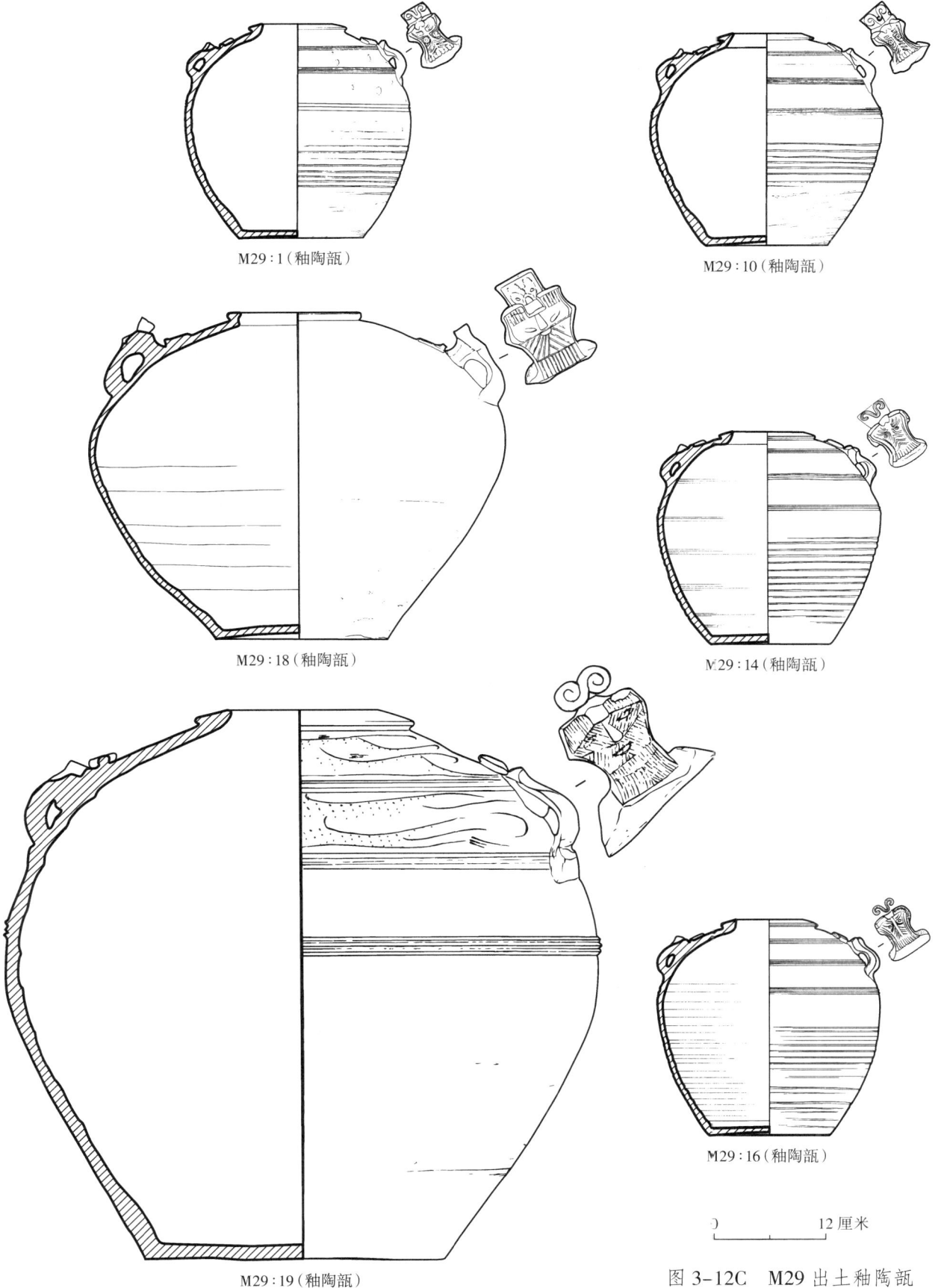

M29:1（釉陶瓿）

M29:10（釉陶瓿）

M29:18（釉陶瓿）

M29:14（釉陶瓿）

M29:19（釉陶瓿）

M29:16（釉陶瓿）

0　　　　　　　12 厘米

图 3-12C　M29 出土釉陶瓿

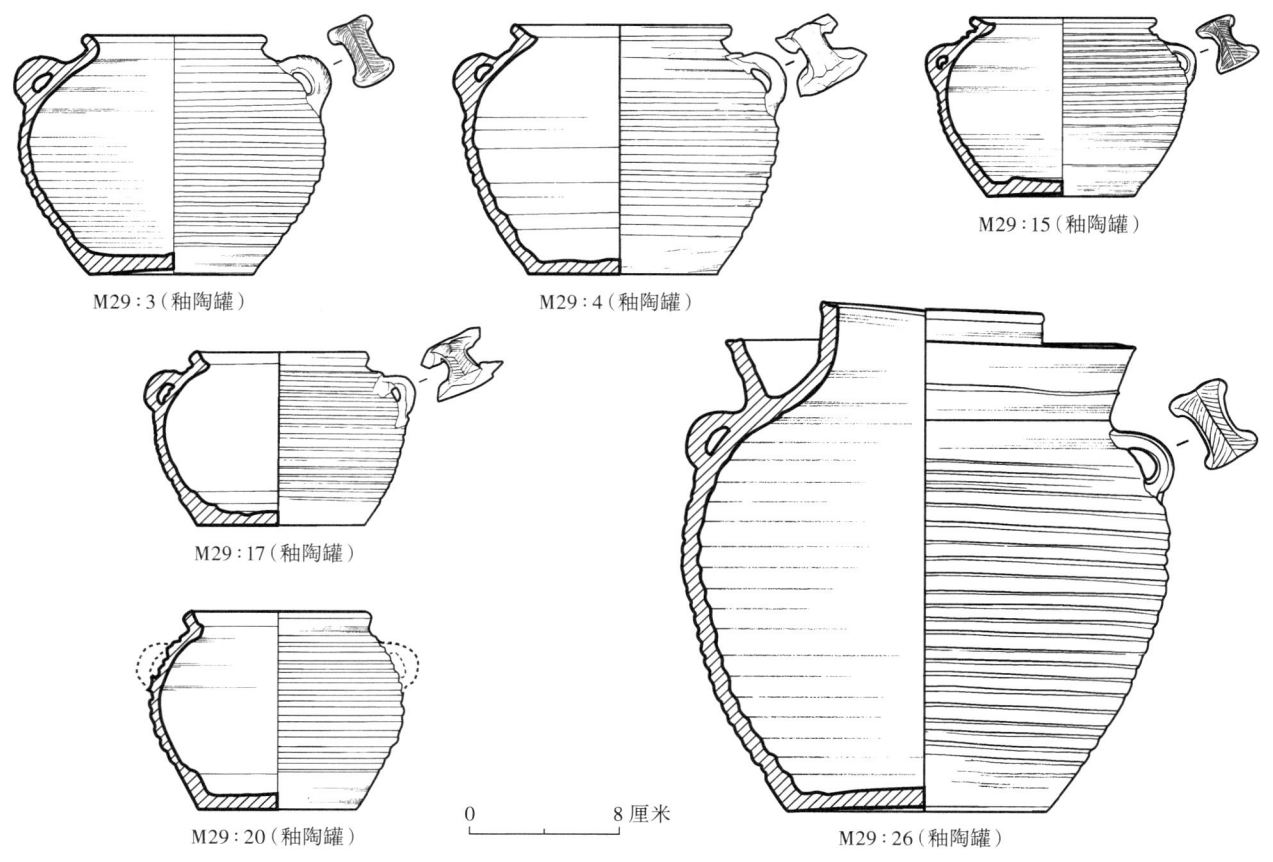

M29：3（釉陶罐）

M29：4（釉陶罐）

M29：15（釉陶罐）

M29：17（釉陶罐）

M29：20（釉陶罐）

0　　　　　8厘米

M29：26（釉陶罐）

图 3-12D　M29 出土釉陶罐

8.4、高 10.8 厘米。（图 3-12D；彩版六五，2）

M29：26，轮制。双口，内敛口，内口较高，外侈口，凹沿，束颈，溜肩，弧腹，腹部最大径近中部，下腹斜收，平底。肩部对称贴塑两叶脉纹器耳，腹部满饰弦纹。褐胎，器身上部有青黄釉。内口径 11.8，外口径 21.6、最大腹径 25.8、底径 13.6、高 27.4 厘米。（图 3-12D；彩版六七，1）

陶釜　2 件。

M29：12，夹砂黄褐陶，手制。敛口，平唇，深弧腹，平底。口径 6.6、最大腹径 7.1、底径 4.4、高 5.2 厘米。（图 3-12E；彩版八四，4）

M29：13，夹砂黄陶，手制。敞口，圆方唇，浅弧壁、圜底近平。口径 11.4、高 30 厘米。（图 3-12E；彩版八七，3）

陶甑　1 件。

M29：21（与 M29：24 拼合为一件），夹砂灰陶，手制，轮修。侈口，圆唇，折沿，弧直腹，平底，底部见较小圆形箅孔，腹部饰弦纹。口径 22.8、底径 10.8、高 12.6 厘米。（图 3-12E；彩版八八，4）

陶灶　1 件。

M29：23，残。夹砂灰陶。手制。整体呈船形，前端置一拱形灶门，灶面设两火眼，后端开

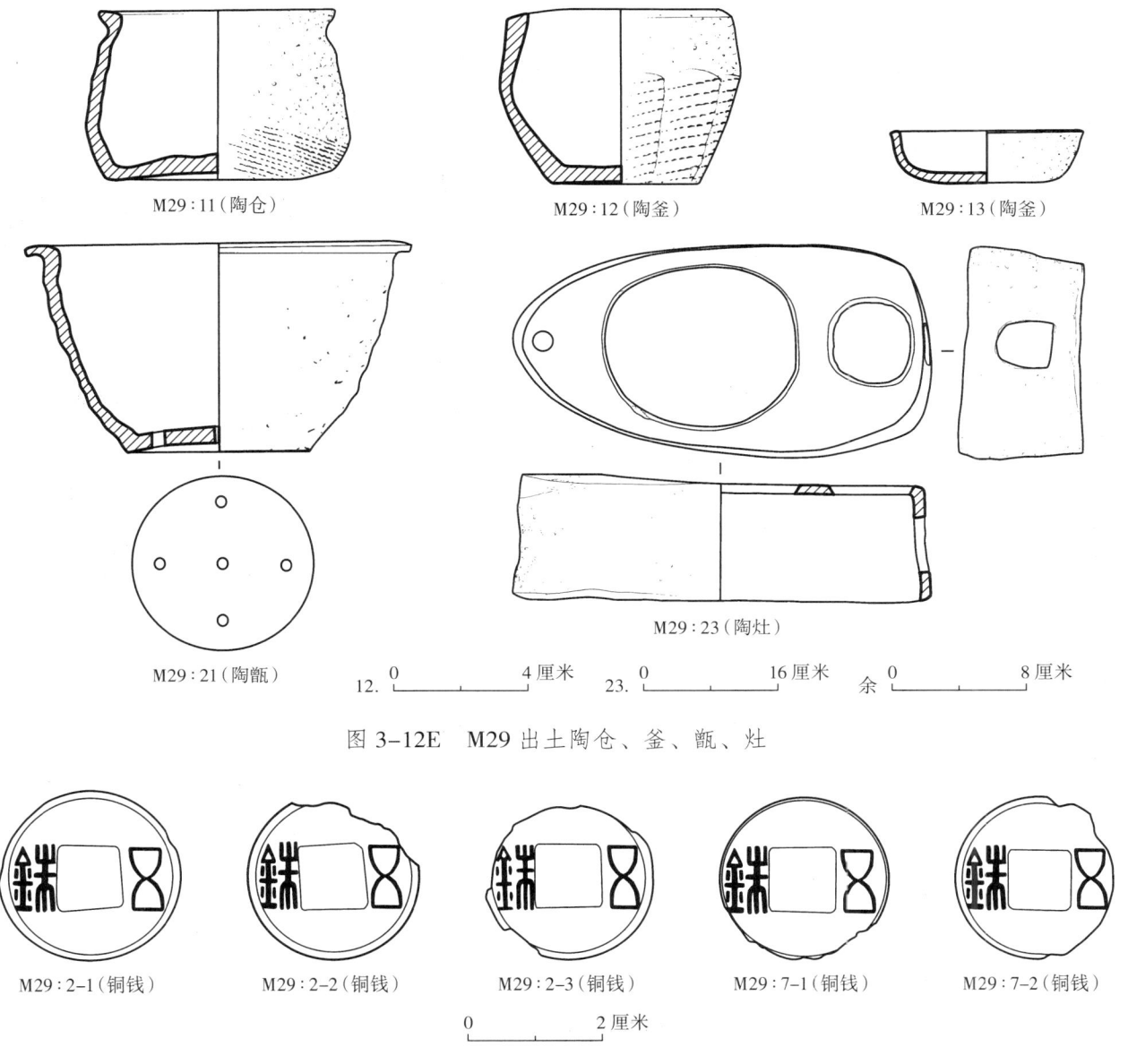

M29:11（陶仓）　　　M29:12（陶釜）　　　M29:13（陶釜）

M29:21（陶甑）　　　　　　　M29:23（陶灶）

12. 0　　　　4厘米　　23. 0　　　　16厘米　　余 0　　　　8厘米

图 3-12E　M29 出土陶仓、釜、甑、灶

M29:2-1（铜钱）　M29:2-2（铜钱）　M29:2-3（铜钱）　M29:7-1（铜钱）　M29:7-2（铜钱）

0　　　　2厘米

图 3-12F　M29 出土铜钱

小孔状烟囱。长 49.6、宽 25.6、高 15.2 厘米。（图 3-12E；彩版九二，2）

陶仓 1件。

M29:11，夹砂黄陶，手制，轮修。直口，圆唇，弧腹下垂，底部内凹。口径 14、底径 11.2、高 10.2 厘米。（图 3-12E；彩版九四，1）

铜钱 2组

M29:2，共 14 枚，3 枚较完整。可分为三型：一型穿外上部有横郭，"五"字交笔弯曲，上下两横伸出，如标本 M29:2-1，钱径 2.7、穿宽 1、厚 0.2 厘米；二型正面穿外无郭，背面穿外有郭，局部残，正面穿外左右有篆文"五铢"，"五"字交笔弯曲尤甚，"铢"的金字头为长三角形，"朱"字头方折，钱文规整，如标本 M29:2-2，钱径 2.5、穿宽 1、厚 0.2 厘米；三型"五"字交笔弯曲，

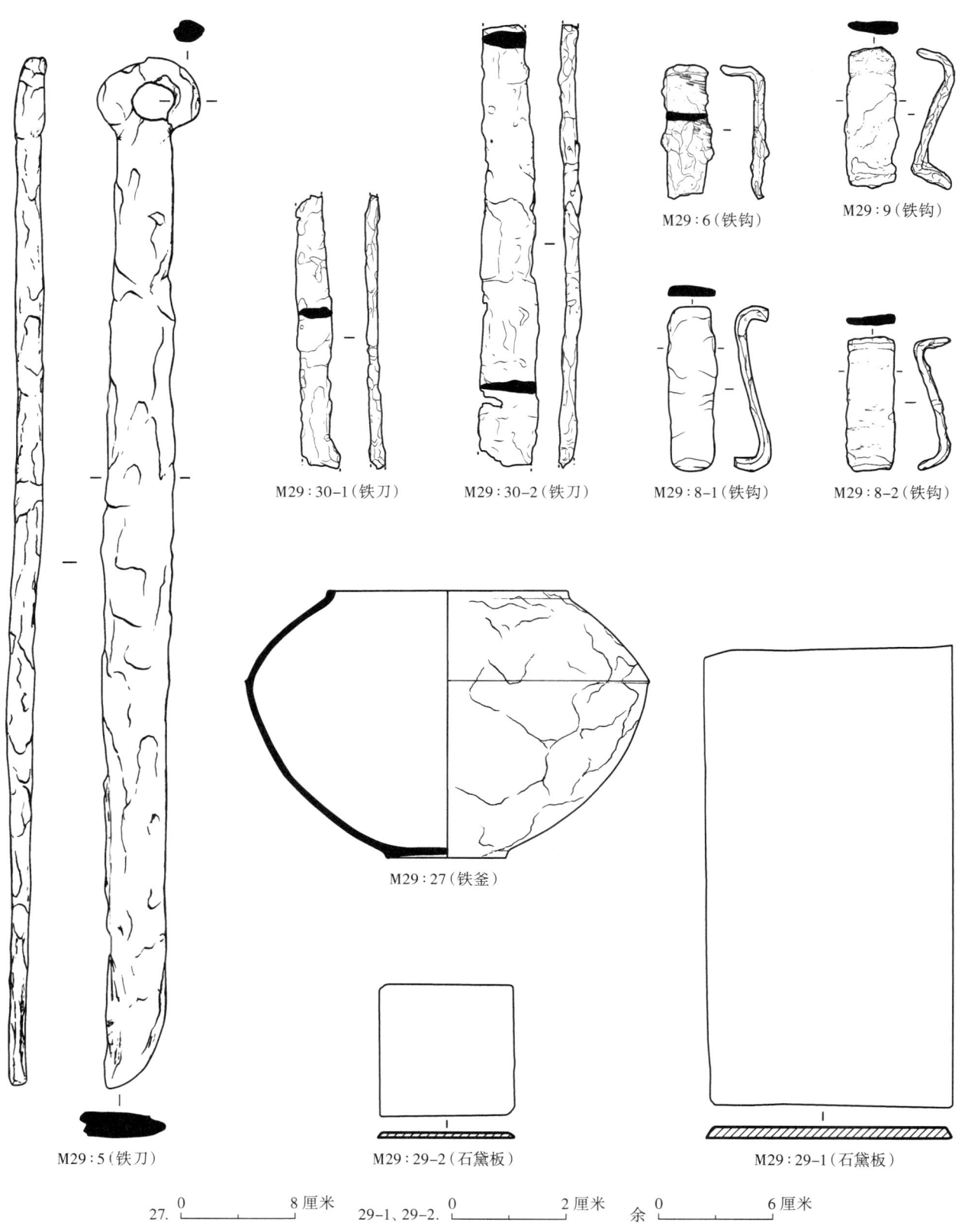

M29:30-1（铁刀）

M29:30-2（铁刀）

M29:6（铁钩）

M29:9（铁钩）

M29:8-1（铁钩）

M29:8-2（铁钩）

M29:27（铁釜）

M29:5（铁刀）

M29:29-2（石黛板）

M29:29-1（石黛板）

27. 0 8厘米

29-1、29-2. 0 2厘米

余 0 6厘米

图 3-12G　M29 出土铁刀、钩、釜及石黛板

"铢"的金字头为长三角形，如标本 M29：2-3，钱径 2.5、穿宽 1、厚 0.2 厘米。（图 3-12F；彩版一〇八，3）

M29：7，共 35 枚，14 枚较完整，6 枚钱文清晰。锈蚀严重。穿外左右有篆文"五铢"，背面穿外有郭。分为两型：一型穿外上部有郭，"五"字较窄，交笔较直，标本 M29：7-1，钱径 2.5、穿宽 1、厚 0.15 厘米（图五六，10）；二型正面穿外无郭，"五"字较宽，交笔弯曲状，标本 M29：7-2，钱径 2.5、穿宽 0.9、厚 0.2 厘米。（图 3-12F；彩版一一〇，1）

铁刀 2 件。

M29：5，锈蚀严重。扁圆形环首，刀身直，单面刃，仅在刀末斜杀成弧形，断面呈三角形。长 55.2，环首宽 5.4、刀身宽 3.8、刀背厚 1.4 厘米。（图 3-12G；彩版一一一，3）

M29：30，残断成两截，锈蚀严重，刀身较直，刀末呈弧形，刀刃薄，断面为三角形。M29：30-1，残长 15、宽 1.8 厘米；M29：30-2，残长 23.7、宽 3 厘米。（图 3-12G；彩版一一二，2）

铁钩 3 件。

M29：6，整体近"S"形，钩身扁平，较薄，断面近菱形。两端较圆钝，与钩身夹角为圆角，度数稍大于九十度。残长 7.2、宽 2.4 厘米。（图 3-12G；彩版一一六，9）

M29：8，锈蚀较严重。M29：8-1，器身呈"S"状，钩端略残，长 8.8、宽 2.5、厚 0.46 厘米；M29：8-2，整体近"Z"形，钩身扁平而斜直，断面为扁椭圆形，两端较薄如刀刃，与钩身夹角为折角，长 7、宽 2.4、厚 0.4 厘米。（图 3-12G；彩版一一七，2）

M29：9，锈蚀严重，扁平长条状，两端反向弯曲成"Z"形，断面为长方形，残长 7.5、宽 2.7、厚 0.5 厘米。（图 3-12G；彩版一一七，3）

铁釜 1 件。

M29：27，敛口，溜肩，弧折腹，小平底略内凹。锈蚀严重。口径 16.8、腹径 28.2、底径 8.4、通高 19.2 厘米。（图 3-12G；彩版一一九，3）

石黛板 1 件。

M29：29，青灰色页岩，扁长方形，较薄，修治规整，表面光滑细腻，两面磨光，长 10.4、宽 4.3、厚 0.2 厘米。（图 3-12G；彩版一二二，3）

M32

位于墓地中东部。墓向 172°。平面近长方形，四壁略向内收，口大底小，墓口长 3.06~3.18、宽 1.7 米，墓底长 2.98、宽 1.53 米，墓坑深 0.7~0.84 米。填土为黄褐色花土，土质较密实。随葬器物共 5 件，器形有釉陶壶 2 件、陶罐 2 件、陶釜 1 件，集中放置于墓室东侧，南北向呈"一"字排列。（图 3-13A；彩版一二，1）

釉陶壶 2 件。

M32：3，轮制。盘口，圆唇、高颈，溜肩，圆鼓腹，下腹弧收，腹最大径位于中腹部，平底。口沿饰一组弦纹，颈部饰两周弦纹，肩部饰两组弦纹，附贴两叶脉纹器耳，腹部满饰弦纹。灰胎，口沿内侧及颈下至上腹部有青黄釉。口径 12.6、最大腹径 18.2、底径 10.8、高 26.4 厘米。（图 3-13B）

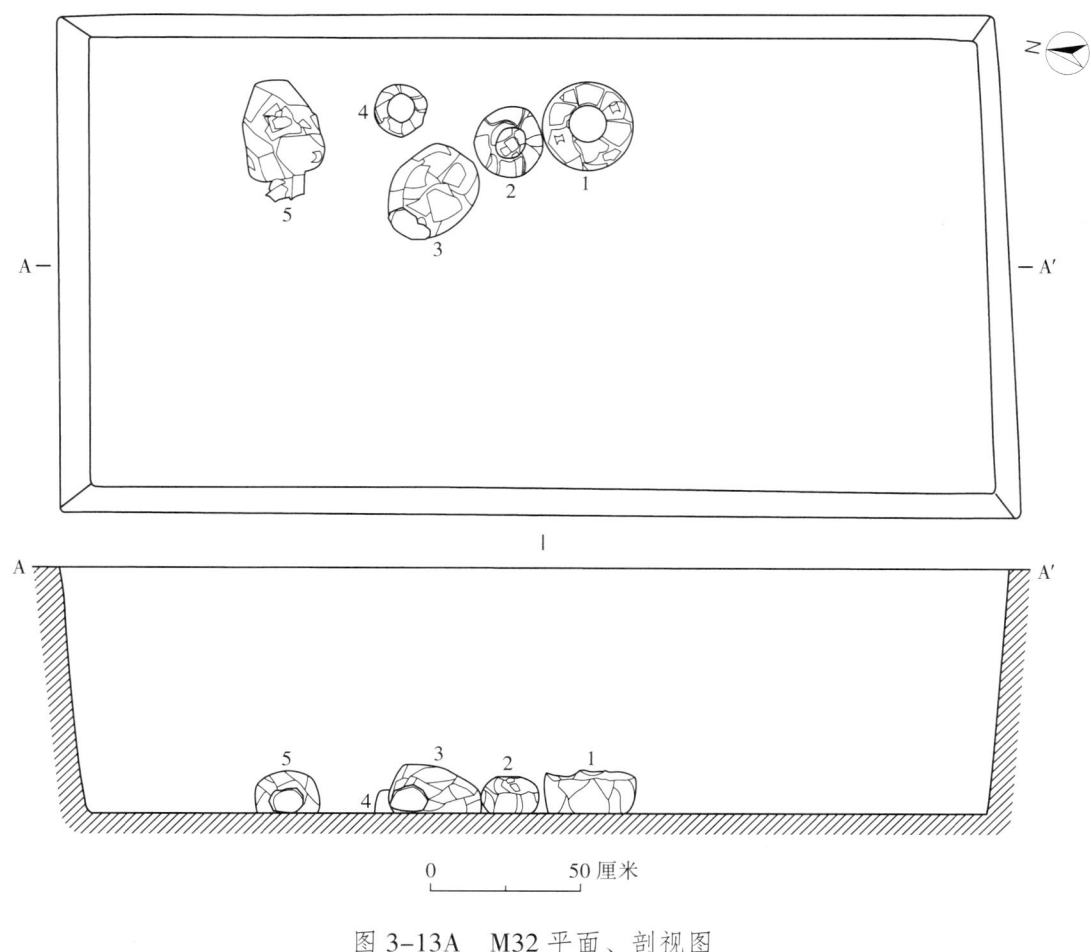

图 3-13A   M32 平面、剖视图

1、2.陶罐   3、5.釉陶壶   4.陶釜

　　M32:5，轮制。盘口，圆唇、高颈，溜肩，圆鼓腹，腹最大径位于中腹部偏上，下腹斜收，平底。口沿饰一组弦纹，颈部饰两周弦纹，一周水波纹，肩部附贴两叶脉纹器耳，肩腹部饰弦纹三组，腹部满饰弦纹。灰褐胎，口沿内侧及颈下至上腹部有青黄釉。口径 15.6、最大腹径 25.5、底径 14.1、高 35.7 厘米。（图 3-13B；彩版四二，1）

　　陶罐 2 件。

　　M32:1，泥质红陶。残碎严重，可辨敛口，外斜沿，溜肩，弧腹，平底内凹，肩部附贴两对称牛鼻贯耳，耳部上、下侧各饰两道弦纹。口径 13.2、底径 15.2、残高 18.2 厘米。（图五 3-13B；彩版八一，4）

　　M32:2，残。泥质灰陶。敛口，外斜沿，弧肩，鼓腹弧收，最大腹径位于耳部下方，平底。肩部置两对称牛鼻形耳，肩部饰两组弦纹。口径 9.2、最大腹径 23.4、底径 13.2、高 16.4 厘米。（图 3-13B；彩版八一，5）

　　陶釜 1 件。

　　M32:4，泥质灰陶。侈口，圆唇，束颈，溜肩，鼓腹，圜底。口径 22、最大腹径 30.4、高 16.8 厘米。（图 3-13B；彩版八六，2）

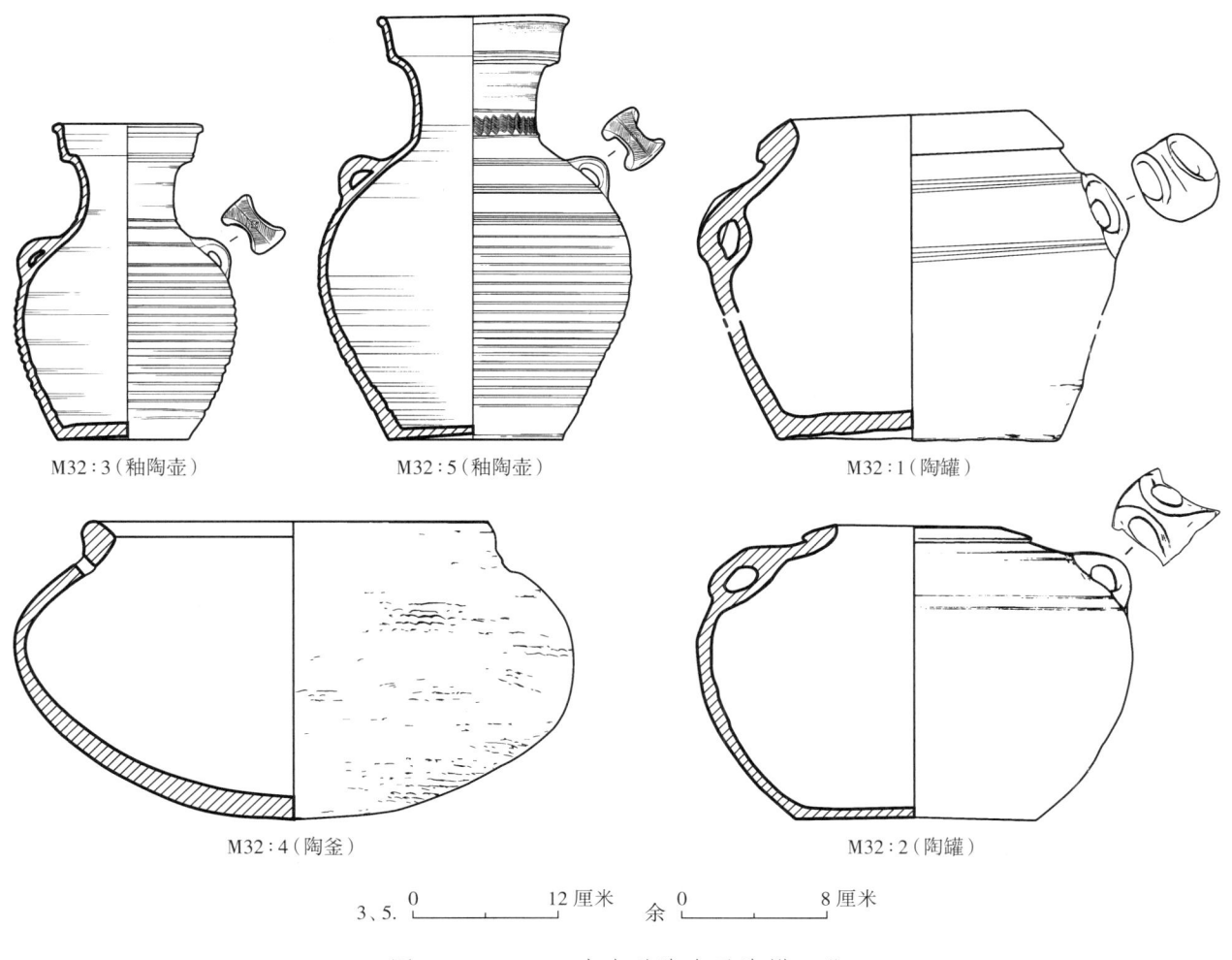

M32：3（釉陶壶）　　M32：5（釉陶壶）　　M32：1（陶罐）

M32：4（陶釜）　　　　　　　　M32：2（陶罐）

3、5. ┠─────┨ 12 厘米　　余 ┠─────┨ 8 厘米

图 3-13B　M32 出土釉陶壶及陶罐、釜

M34

位于墓地南部，M21 南侧、M35 西侧。墓向 89°。墓葬被破坏严重，残存墓底部分。墓坑平面近长方形，墓葬被破坏严重，残存墓底部分，长 2.7、宽 1.33~1.55、深 0.25 米。墓内填黄褐色花土，夹杂有少量陶片、小石子，土质较密实。随葬器物有 3 件陶罐，摆放于墓底北侧。（图 3-14A；彩版一二，2）

陶罐　3 件。

M34：1，泥质红陶，轮制。侈口，圆唇，矮颈，弧肩，圆鼓腹，下腹斜收，最大径位于中腹部偏上，平底。通体满饰弦纹，肩部附贴半环耳一对，耳饰叶脉纹。红色胎。口径 9.6、最大腹径 15、底径 8.4、高 12.4 厘米。（图 3-14B；彩版七七，6）

M34：2，泥质黑陶，手制，轮修。侈口，斜沿近竖，沿内凹，弧肩，圆鼓腹，下腹弧收，平底。肩部及上腹部满饰弦纹，下腹部素面。口径 21.6、最大腹径 45.6、底径 25.8、高 39.6 厘米。（图 3-14B；彩版八〇，4）

M34：3，泥质黄陶，手制，轮修。残碎严重，可辨小盘口，方唇，束颈，弧腹，腹上部饰弦纹，下腹拍印横向、斜向绳纹。口径 14.4、底径 10、残高 25 厘米。（图 3-14B；彩版八一，3）

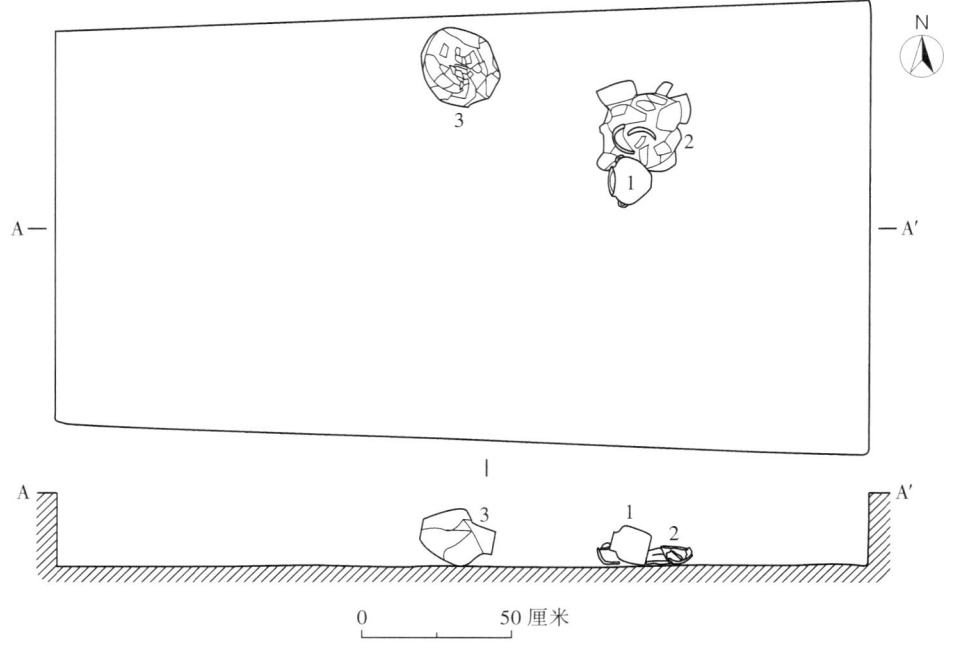

0   50 厘米

图 3-14A　M34 平面、剖视图

1~3. 陶罐

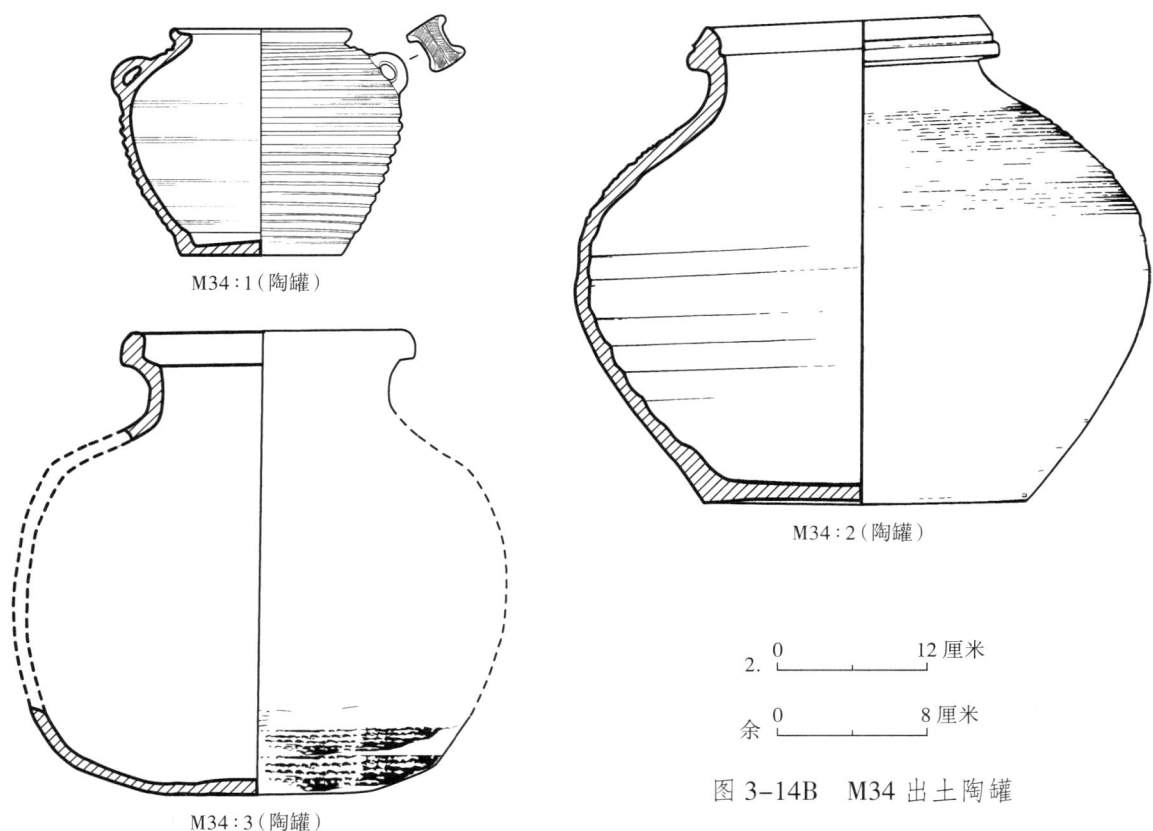

M34 : 1（陶罐）

M34 : 2（陶罐）

M34 : 3（陶罐）

2.   0   12 厘米

余   0   8 厘米

图 3-14B　M34 出土陶罐

M37

位于墓地西北部。墓向276°。墓坑平面呈长方形，四壁内收，口大底小。墓口长2.75、宽1.75米，墓底长2.6、宽1.53米，墓深0.85米。墓内填黄褐色花土，土质较密实。随葬器物共18件，器形有釉陶鼎2件、瓿式罐2件、陶罐3件、陶瓿1件、陶纺轮2件、硬陶盂1件、铜镜1件、铜铃4件、铜盆1件、铁釜1件，放置于墓室北侧，呈"一"字形排列。其中，铜镜放置于墓室中部东端，或指示为墓主头向。（图3-15A；彩版一三，1）

釉陶鼎　2件。

M37:5，轮制。未见鼎盖，鼎身子母口，子口内敛，立耳，深弧腹，下腹弧收，平底略内凹，蹄足。口外侧附贴对称长方形立耳一对，中间有长方形孔，耳面饰变形几何纹，底部贴塑三个蹄足，足面饰几何线纹。灰褐胎，耳部及上腹部有青黄釉。口径22.4、最大腹径26.4、底径15.2、高16.4厘米（图3-15B；彩版二二，1）。

M37:18，轮制。带盖，覆钵形盖，盖顶弧形近平。鼎身子母口，子口内敛，立耳，斜直腹，下腹斜收，平底略内凹，三蹄足。口下对称长方形立耳一对，耳微外撇，耳中间有长方形孔，耳面饰几何线纹，底部贴塑三蹄足，足面饰三道弦纹。灰褐胎，盖顶有青绿色釉，釉层较厚，鼎耳

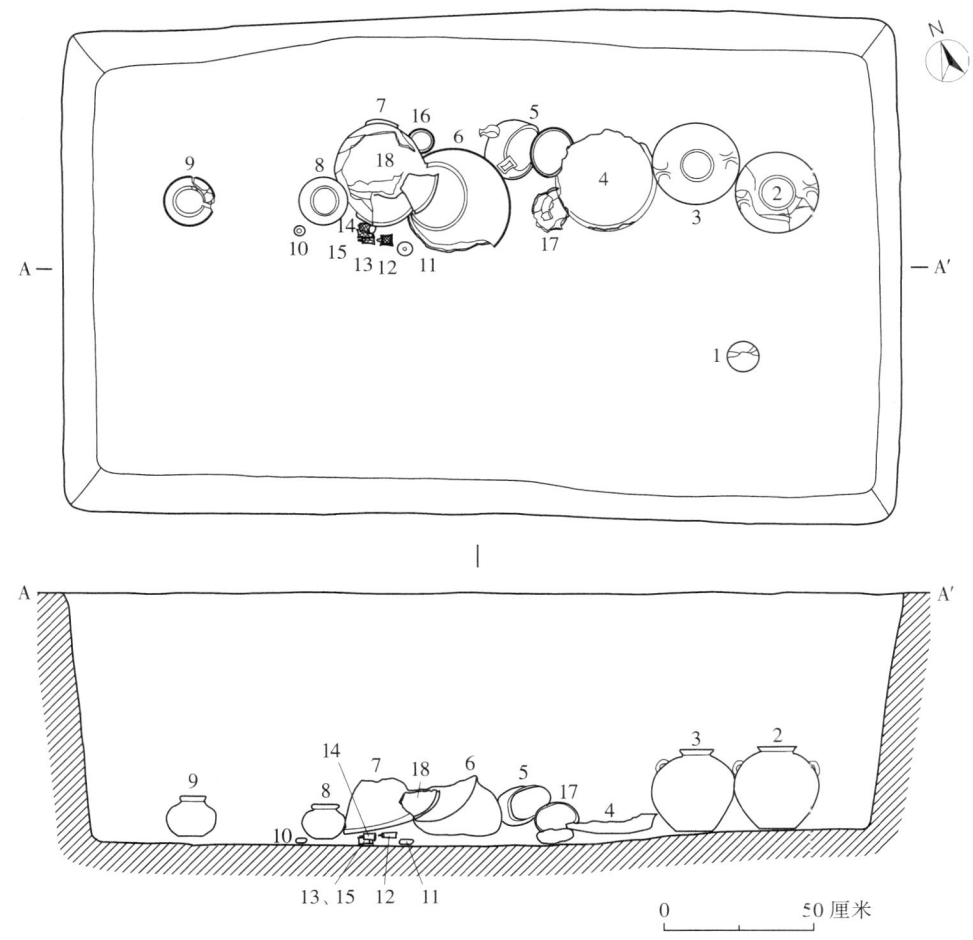

图 3-15A　M37 平面、剖视图

1.铜镜　2、3.釉陶罐　8、9、17.陶罐　4.铜盆　5、18.釉陶鼎　6.铁釜　7.陶瓿　10、11.陶纺轮　12~15.铜铃　16.硬陶盂

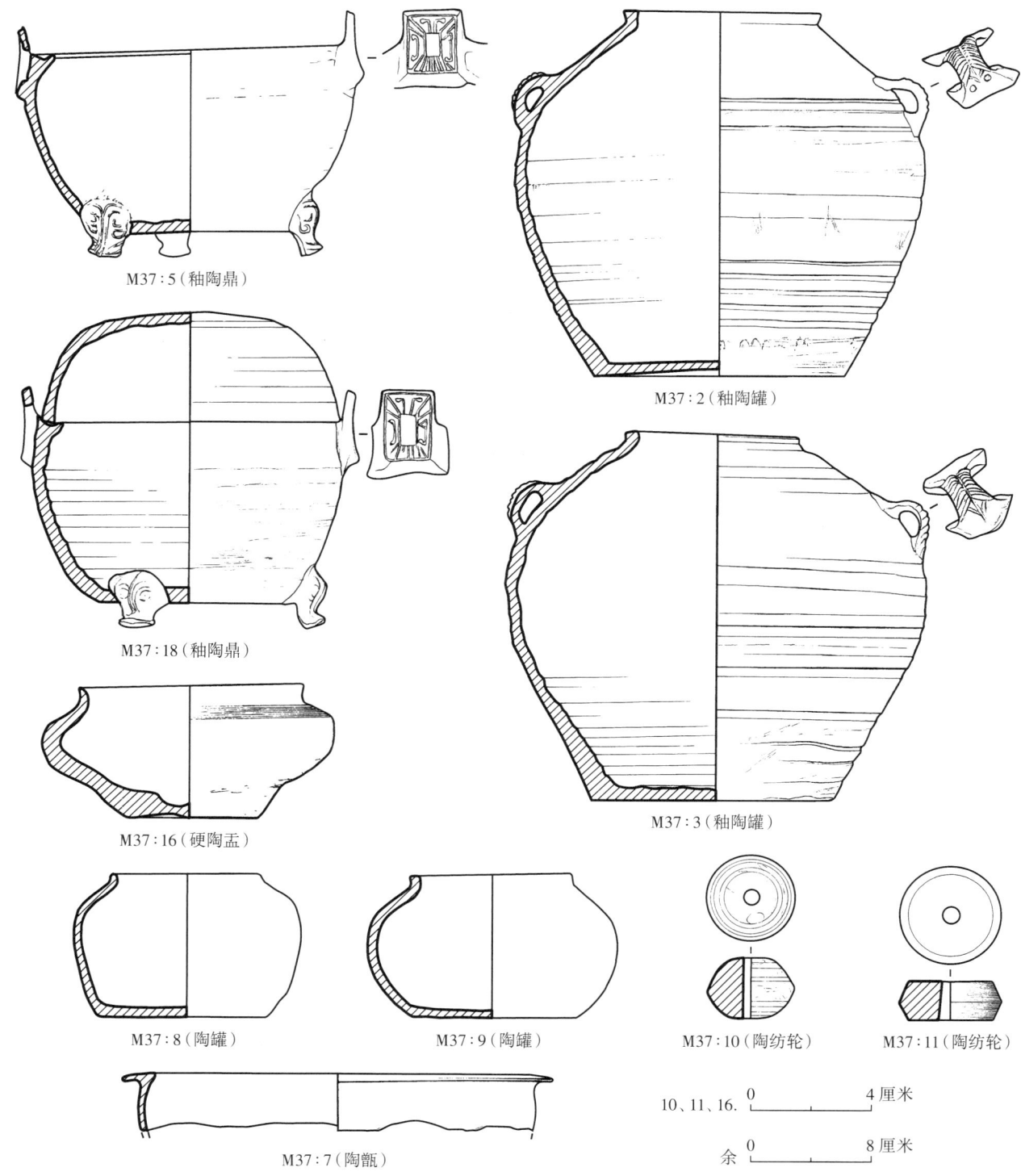

M37 : 5（釉陶鼎）

M37 : 18（釉陶鼎）

M37 : 16（硬陶盉）

M37 : 2（釉陶罐）

M37 : 3（釉陶罐）

M37 : 8（陶罐）

M37 : 9（陶罐）

M37 : 10（陶纺轮）

M37 : 11（陶纺轮）

M37 : 7（陶甑）

10、11、16. 0 —— 4 厘米

余 0 —— 8 厘米

图 3-15B　M37 出土釉陶鼎、罐，硬陶盉及陶罐、甑、纺轮

及上腹部釉层脱落严重，釉色青黄。口径 22、最大腹径 20.4、底径 14.4、通高 21.2、盖径 20、盖高 7.2 厘米。（图 3-15B；彩版二二，2）

釉陶罐　2 件。

M37 : 2，轮制，敛口，方唇，溜肩，圆鼓腹，下腹弧收，腹最大径位于中腹部偏上，平底。

肩部附贴两叶脉纹器耳。灰褐胎，器身上部有青黄釉，釉层脱落较严重。口径 13、最大腹径 26.8、底径 16.4、高 24.4 厘米。（图 3-15B；彩版五八，2）

M37：3，轮制。敛口，方唇，矮颈，溜肩，鼓腹，下腹斜收，腹最大径位于中腹部偏上，平底。肩部附贴两叶脉纹器耳，腹部满饰弦纹。灰褐胎，器身上部有青黄釉，釉层脱落较严重。口径 11.2、最大腹径 27.6、底径 16、高 24.8 厘米。（图 3-15B；彩版五八，3）

硬陶盂　1 件。

M37：16，直口，尖唇，微束颈，溜肩，扁弧腹，下腹弧收，小平底。肩部饰一组弦纹。器表呈灰色，红色胎。口径 7.4、最大腹径 9.6、底径 4.3、高 4.5 厘米。（图 3-15B；彩版七三，1）

陶罐　3 件。

M37：8，泥质灰陶，轮制。直口，圆唇，溜肩，圆鼓腹，平底。口径 9.6、底径 11.2、高 9.6 厘米。（图 3-15B；彩版七九，3）

M37：9，泥质灰陶，轮制。直口，方唇，矮颈，溜肩，圆鼓腹，平底。口径 10.4、最大腹径 16.4、底径 10.8、高 9.6 厘米。（图 3-15B；彩版七九，4）

M37：17，泥质红陶，手制。残损严重，无法修复。可辨侈口，圆唇，弧腹，平底，素面。（彩版八三，4）

陶甑　1 件。

M37：7，泥质红陶，残存口部。手制，轮修。侈口、宽平沿外折，弧腹。残片可辨平底，底部见圆形箅孔。口径 28.2、残高 4 厘米。（图 3-15B；彩版八八，5）

陶纺轮　2 件。

M37：10，泥质红陶，黑衣，素面。面平，侧面中部有折棱，面中部有穿孔，直径 2.9、孔径 0.5、厚 2 厘米。（图 3-15B；彩版九五，7）

M37：11，泥质红陶，黑衣，素面。残损，面平，侧面中部有折棱，面中部有穿孔，直径 3.3、孔径 0.6、厚 1.3 厘米。（图 3-15B；彩版九五，8）

铜镜　1 件。

M37：1，日光镜。圆形纽，四叶柿蒂纹纽座。座外一方框，框外一周铭文带，铭"见日之光，天下大明"，字间以短线间隔。外一周方框栉齿纹。框外四角各向外伸出一组双瓣叶，将方格边缘分为四区，区内各一乳丁纹，乳丁两侧一对对称连叠草叶纹。镜缘素面向内连弧状。直径 11.5、纽高 0.8、厚 0.3 厘米。（图 3-15C；彩版九八，3）

铜盆　1 件。

M37：4，残碎，锈蚀严重。侈口、宽平沿，弧折腹，平底，器壁甚薄。素面。口径 36.4、底径 14.4、残高 12.4 厘米。（图 3-15C；彩版一〇三，5）

铜铃　4 件。

M37：12，角残。铃身整体呈合瓦形，上置半环形纽，平肩，斜直壁，弧形底边，未见铃舌。外壁两面饰菱形网格纹，内有小乳丁。壁厚 0.2、肩径 3、通高 5 厘米。（图 3-15C；彩版一〇五，1）

M37：13，角残。铃身整体呈合瓦形，上置半环形纽，平肩，斜直壁，弧形底边，未见铃舌。

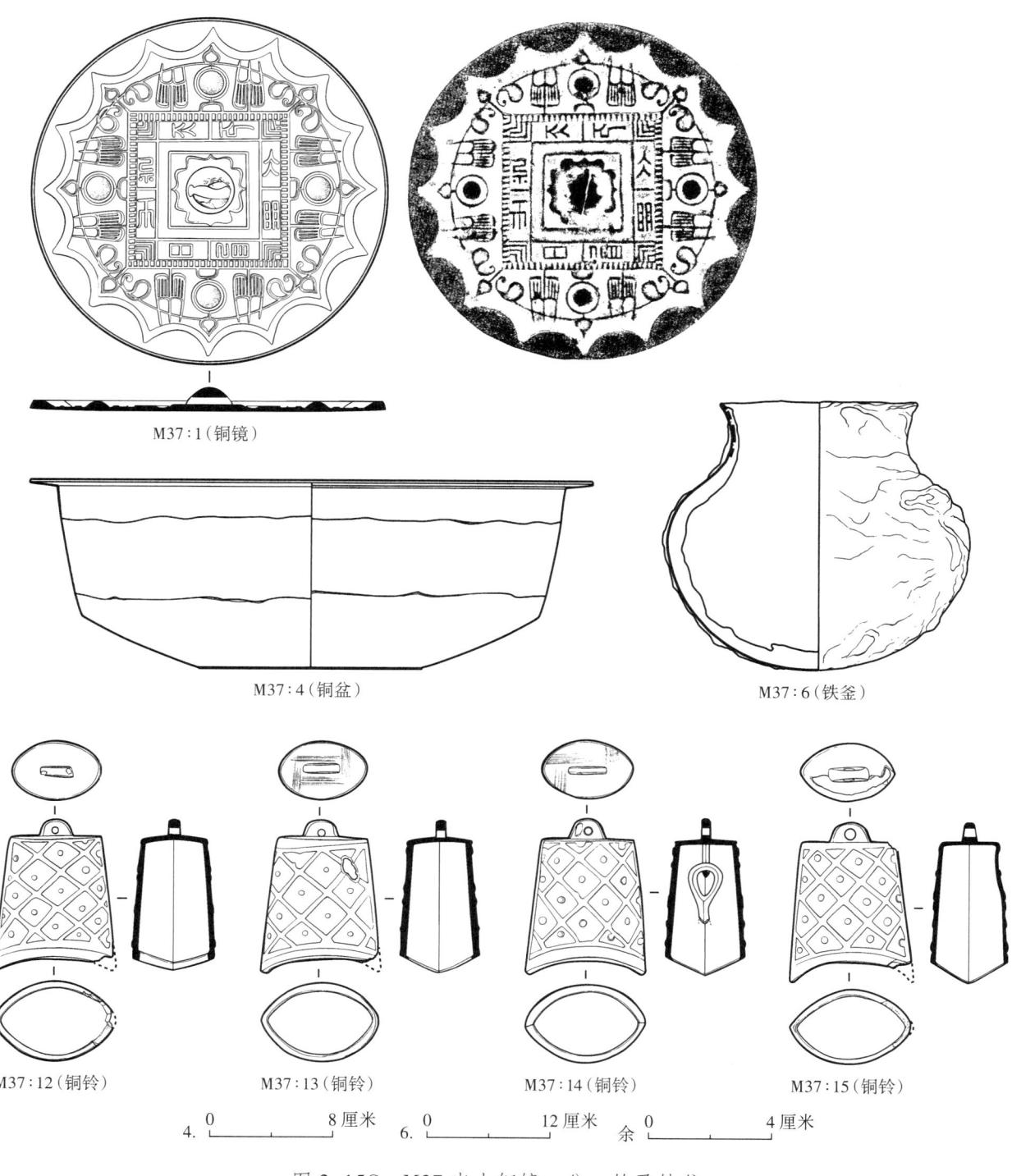

M37:1（铜镜）

M37:4（铜盆）

M37:6（铁釜）

M37:12（铜铃）　　M37:13（铜铃）　　M37:14（铜铃）　　M37:15（铜铃）

4. 0 —— 8 厘米　6. 0 —— 12 厘米　余 0 —— 4 厘米

图 3-15C　M37 出土铜镜、盆、铃及铁釜

外壁两面饰菱形网格纹，内有小乳丁。壁厚 0.2、肩径 2.9、通高 5 厘米。（图 3-15C；彩版一〇五，1）

　　M37:14，铃身整体呈合瓦形，上置半环形纽，平肩，斜直壁，弧形底边，铃舌呈扁环形。外壁两面饰菱形网格纹，内有小乳丁。壁厚 0.2、肩径 3、高 5.2 厘米。（图 3-15C；彩版一〇五，1）

M37：15，角残。铃身整体呈合瓦形，上置半环形纽，平肩，斜直壁，弧形底边，未见铃舌。外壁两面饰菱形网格纹，内有小乳丁。壁厚 0.2、肩径 2.8、高 5.3 厘米。（图 3-15C；彩版一〇五，1）

铁釜 1 件。

M37：6，锈蚀严重。直口，束颈，圆鼓腹，圜底。口径 19.2、最大腹径 29.7、高 26.4 厘米。（图 3-15C；彩版一一八，4）

M38

位于墓地西南部。墓向 97°。墓坑平面呈长方形，四壁略内收，口大底小。墓口长 3.3、宽 1.9 米，墓底长 3.2、宽 1.8 米，墓深 0.46 米。墓内填土为黄褐色花土，夹杂有少量夹砂黑陶陶片，土质较密实，未见人骨与葬具。随葬器物共 20 件（组），器形有釉陶罐 2 件、釉陶壶 2 件、釉陶瓿 2 件、陶罐 2 件、陶灶 1 件、陶仓 1 件、陶甑 1 件、陶釜 3 件（置于灶上）、铜镜 1 件、铜钱 2 组、鎏金铜泡 1 件（置于琉璃璧上）、琉璃璧 1 件、料珠 1 组，整齐放置于墓内北侧，东西呈 "一" 字形排列，铜镜、琉璃璧等放置于墓内中部东端，墓主头向应朝东。（图 3-16A；彩版

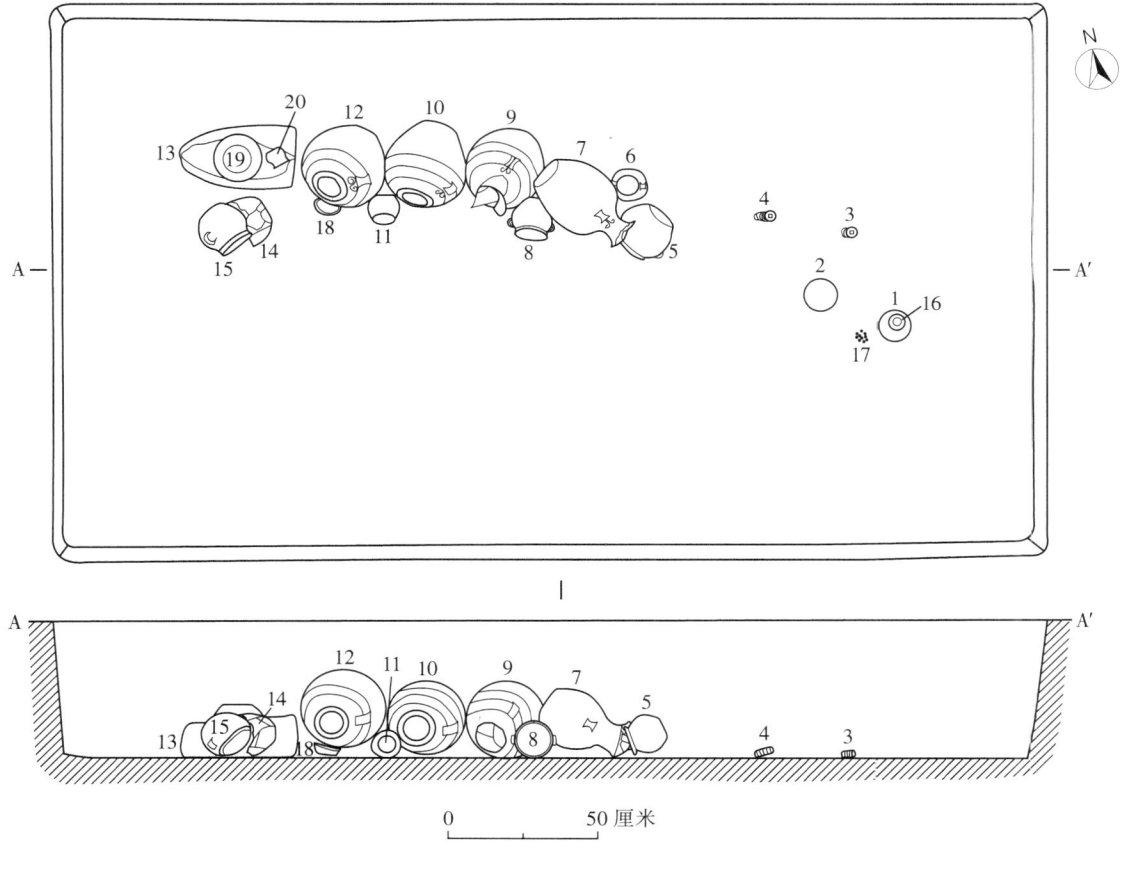

图 3-16A M38 平面、剖视图

1. 琉璃璧 2. 铜镜 3、4. 铜钱 5、15. 陶罐 6、8. 釉陶罐 7、9. 釉陶壶 10、12. 釉陶瓿 11. 陶仓 13. 陶灶 14. 陶甑 16. 鎏金铜泡 17. 料珠 18~20. 陶釜

一三，2；彩版一四，1）

釉陶壶 2件。

M38：7，轮制。喇叭口，平沿，尖圆唇、高颈，溜肩，鼓腹，腹部最大径位于器身中部，下腹斜收，平底，矮圈足微敛。口沿下部饰一组水波纹，颈下部饰一周弦纹和一组水波纹，肩部附贴卷云纹装饰，下贴塑两叶脉纹器耳，肩部及上腹部饰三组凸弦纹，下腹部饰弦纹。灰胎，口沿内及颈下至上腹部有青黄釉。口径13.2、最大腹径23.4、底径12.2、高32.7厘米。（图3-16B；彩版三四，1）

M38：9，轮制。喇叭口，平沿、高颈，溜肩，圆鼓腹，下腹弧收，腹最大径位于中腹部，平底，矮圈足。口沿下方饰一周水波纹，颈部饰一周弦纹，一周水波纹。肩部附贴卷云纹装饰，下贴塑两叶脉纹器耳，肩腹部饰三组凸弦纹，下腹满饰弦纹。灰褐胎，口沿内及颈下至上腹部有青黄釉。口径12.6、最大腹径22.8、底径12.6、高33.3厘米。（图3-16B；彩版三三，2）

釉陶瓿 2件。

M38：10，轮制。敛口，斜沿，弧肩，鼓腹，腹部最大径偏上，下腹斜收，底微内凹。肩部对置两铺首，两侧附贴卷云纹装饰，下贴塑兽面纹铺首，肩部及上腹部饰三组凸弦纹，下腹部饰弦纹。红褐胎，器身上部有青黄釉。口径10.8、最大腹径24.6、底径12.3、高24.3厘米。（图3-16B；彩版五五，2）

M38：12，轮制。敛口，斜沿，弧肩，鼓腹弧收，腹部最大径偏上，平底。肩部对置两铺首，

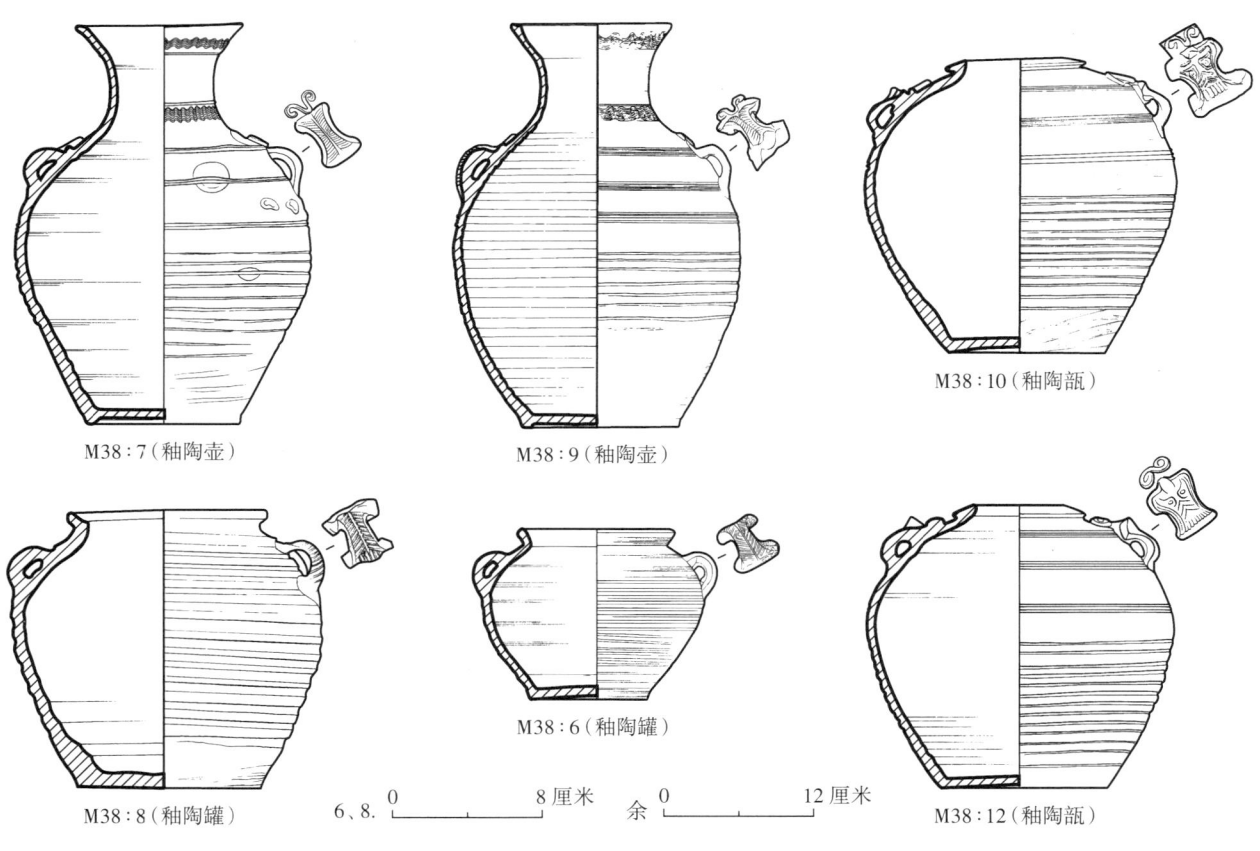

图3-16B M38出土釉陶壶、瓿、罐

其上附贴"〰"形纹饰，下部贴塑人面纹铺首，肩部及上腹部饰三组凸弦纹，下腹部饰弦纹。红褐胎，器身上部有青黄釉。口径 10.5、最大腹径 24.3、底径 13.2、高 22.8 厘米。（图 3-16B；彩版五七，1）

釉陶罐 2 件。

M38：6，轮制。侈口，圆唇，矮颈，弧肩，鼓腹，腹部最大径位于中部偏上，下腹斜收，平底。肩部贴塑器耳一对，耳部饰叶脉纹，腹部满饰弦纹。灰褐胎，器身上部有青黄釉，釉层脱落严重。口径 8.4、最大腹径 11.6、底径 6.2、高 9.2 厘米。（图 3-16B；彩版六五，4）

M38：8，轮制。侈口，尖圆唇，矮束颈，溜肩，鼓腹，腹部最大径偏上，下腹斜收，平底。肩部对称贴塑一对器耳，耳上饰叶脉纹，肩部和腹部饰弦纹。灰褐胎，器身上部有青黄釉。口径 10.6、最大腹径 16.4、底径 9.8、高 15 厘米。（图 3-16B；彩版六四，1）

陶罐 2 件。

M38：5，泥质红陶，轮制。侈口，圆唇，矮束颈，弧肩，鼓腹弧收，腹部最大径偏上，平底。肩部对称贴塑两叶脉纹器耳，器身外壁满饰弦纹。口径 10.4、最大腹径 16、底径 9.6、高 13.6 厘米。（图 3-16C；彩版七八，1）

M38：15，泥质红陶，轮制。侈口，圆唇，矮束颈，弧肩，鼓腹、最大腹径略偏上，下腹斜收，底微内凹。肩部对置两叶脉纹器耳，腹部满饰弦纹。灰胎偏红。口径 10.4、最大腹径 16.2、底径 9、高 13.2 厘米。（图 3-16C；彩版七八，2）

陶釜 3 件。

M38：18，夹砂灰陶，手制。敞口，圆唇，弧腹，浅盘，圜底近平。口径 10.6、高 2.6 厘米。

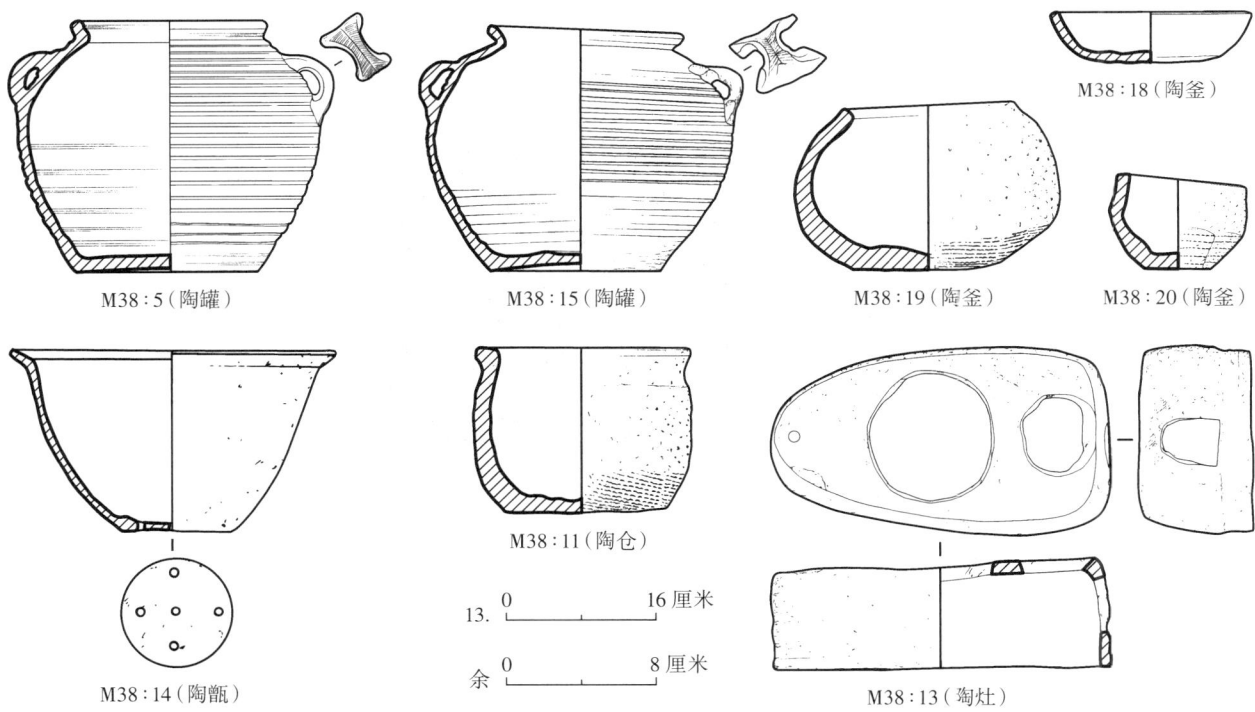

图 3-16C M38 出土陶罐、釜、甑、仓、灶

（图 3-16C；彩版八七，6）

M38：19，夹砂灰陶，手制。敛口，圆唇，弧鼓腹，下腹斜收，腹最大径位于下腹部，平底。口径 9、最大腹径 14、底径 8、高 9 厘米。（图 3-16C；彩版八五，3）

M38：20，夹砂灰陶，手制。敛口，方唇，折腹，平底，下腹饰弦纹。口径 6.8、腹径 7.2、底径 3.4、高 5.2 厘米。（图 3-16C；彩版八四，7）

陶甑 1 件。

M38：14，夹砂红陶，手制。敞口，折沿，圆唇，斜腹，平底，底部有五个圆孔。口径 17.2、底径 5.8、高 9.9 厘米。（图 3-16C；彩版八九，2）

陶灶 1 件。

M38：13，夹砂灰陶，手制。整体呈船形，前置一拱形灶门，灶面设有两个火眼，前小后大，后端有一小圆孔烟囱。长 35.4、宽 20、高 11.8 厘米。（图 3-16C；彩版九二，3）

陶仓 1 件。

M38：11，夹砂黄陶，手制。直口，弧腹，下腹斜收，平底。口径 11.4、底径 8.6、高 8.8 厘米。（图 3-16C；彩版九四，2）

铜镜 1 件。

M38：2，四乳四虺镜。圆形纽，圆纽座。内区座外一周弦纹，一周短线纹，外一周凸素面弦纹，外一周栉齿纹。外四乳四虺纹，虺的腹背两侧缀有禽鸟两只。宽素平缘。直径 10.6、纽高 0.8、厚 0.6 厘米。（图 3-16D；彩版一〇〇，1）

鎏金铜泡 1 件。

M38：16，呈圆形球面状，边缘有折棱，表面鎏金，背有二梁。长 5.1、宽 4.5、高 1.7 厘米。（图 3-16D；彩版一〇四，5）

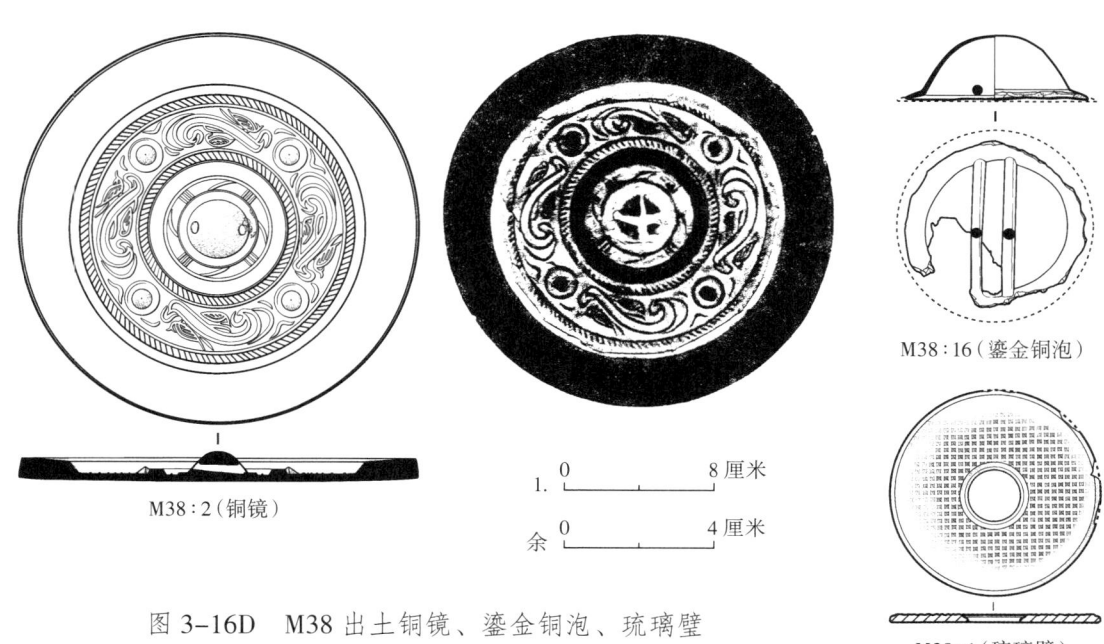

M38：2（铜镜）

M38：16（鎏金铜泡）

M38：1（琉璃璧）

图 3-16D M38 出土铜镜、鎏金铜泡、琉璃璧

铜钱　2 组。

M38：3，共 15 枚，3 枚较完整，2 枚钱文清晰。正面穿外无郭，背面穿外有郭，正面穿外左右有篆文"五铢"，"五"字交笔弯曲，"铢"的金字头为三角形，"朱"字头方折，钱文规整。钱径 2.5、穿宽 1、厚 0.15 厘米。（图 3-16E；彩版一〇九，1）

M38：4，共 18 枚，2 枚较完整，3 枚钱文清晰。分两型，一型正面穿外无郭，背面穿外有郭，正面穿外左右有篆文"五铢"，"五"字交笔较直，上下两横不伸出，"铢"的金字头为长三角形，"朱"字头方折，钱文较长，如标本 M38：4-1，钱径 2.4、穿宽 1、厚 0.15 厘米（图 3-16E）；二型穿外上部一道横郭，背面穿外有郭，正面穿外左右有篆文"五铢"，"五"字交笔弯曲状，上下两横伸出，"铢"的金字头为长三角形，"朱"字头方折，如标本 M38：4-2，钱径 2.4、穿宽 0.9、厚 0.2 厘米。（图 3-16E；彩版一〇九，2）

琉璃璧　1 件。

M38：1，圆形，中有一孔，单面钻制。正面饰蒲纹。钙化严重。直径 11.2、内孔径 2.8 厘米。（图 3-16D；彩版一二〇，3）

料珠　1 组。

M38：17，一串 11 颗。较完整者 2 颗。蓝色琉璃质，大小不一，形状不一，部分呈筒状，部分扁圆状，中间穿孔。M38：17-1，直径 0.7、孔径 0.1、厚 0.6 厘米。（图 3-16E；彩版一二一，4）M38：17-2，直径 0.6、孔径 0.2、厚 0.7 厘米。

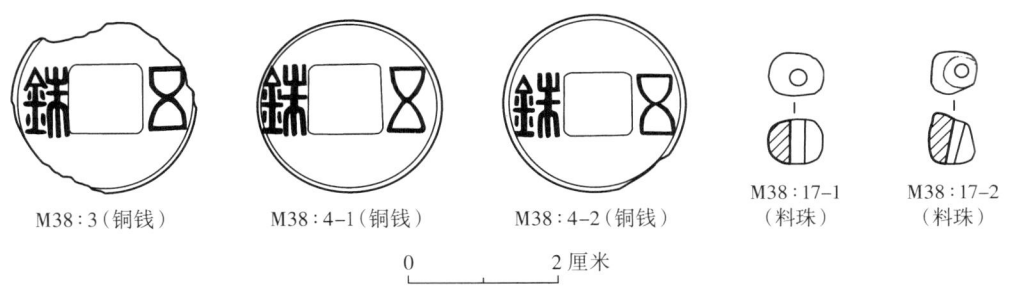

M38：3（铜钱）　　M38：4-1（铜钱）　　M38：4-2（铜钱）　　M38：17-1（料珠）　　M38：17-2（料珠）

0　　　　　2 厘米

图 3-16E　M38 出土铜钱、料珠

M39

位于墓地西南部，M38 北侧。墓向 92°。墓坑平面近长方形，四壁内收，口大底小，底部平整。墓口长 3.23、东端宽 1.6，西端宽 1.4 米，墓底长 2.97、东端宽 1.37、西端宽 1.22 米，墓深 0.475 米。墓内填土为黄褐色花土，土质较密实，夹杂有少量夹砂黑陶片，未见葬具与人骨。随葬器物共 18 件（组），器形有釉陶壶、釉陶瓿、釉陶罐和陶罐、陶釜（置于灶上）各 2 件，陶灶、陶仓、陶甑、铜钱、鎏金铜泡、铁钩、琉璃璧、料珠各 1 件（组），"一"字形排列于墓内南侧，琉璃璧摆放于墓内中部东侧，据此可推测墓主头向朝东。（图 3-17A；彩版一三，2；彩版一四，2）

釉陶壶　2 件。

M39：4，轮制。喇叭口，沿内斜，细高颈，弧肩，圆鼓腹，下腹弧收。腹最大径位于中腹部，矮圈足，圈足内收。颈部饰一周弦纹，一周水波纹，肩部两侧附贴"〵"形纹饰，下部贴塑叶脉

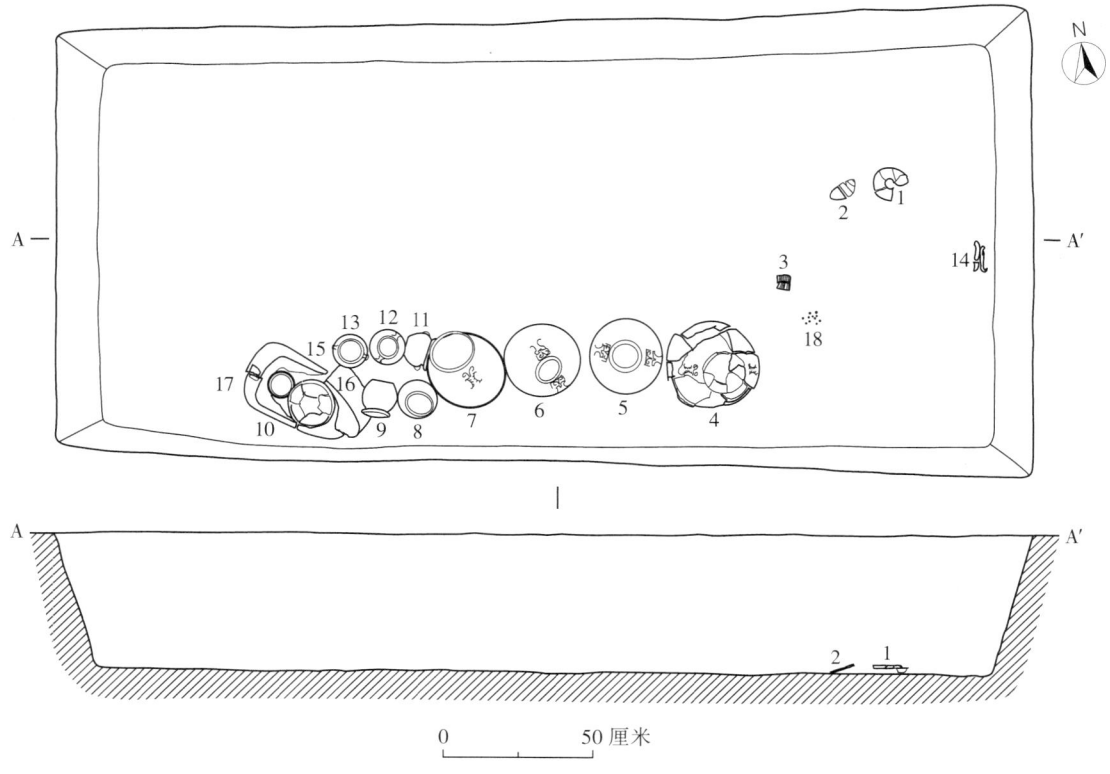

图 3-17A　M39 平面、剖视图

1. 琉璃璧　2. 鎏金铜泡　3. 铜钱　4、7. 釉陶壶　5、6. 釉陶瓿　8. 陶仓　9、13. 陶罐　11、12. 釉陶罐　10. 陶灶　14. 铁钩　15. 陶甑
16、17. 陶釜　18. 料珠

纹器耳，肩腹部饰三组凸弦纹，下腹部满饰弦纹。灰褐胎，口沿内及颈下至上腹部有青黄釉。口径 13.8、最大腹径 24.6、底径 12、高 32.7 厘米。（图 3-17B；彩版三三，4）

M39：7，轮制。折口，平唇、高束颈，溜肩，弧腹，平底，矮圈足。口沿部饰一组水波纹和一周弦纹，颈下部饰两周弦纹和一组水波纹，肩部两侧附贴卷云纹装饰，下部贴塑叶脉纹器耳，肩部及上腹部饰三组凸弦纹，下腹部饰弦纹。红褐胎，口沿内及颈下至上腹部有青黄釉。口径 12.6、最大腹径 21.9、圈足径 12.3、高 32.7 厘米。（图 3-17B；彩版三四，2）

釉陶瓿　2件。

M39：5，轮制。敛口，平沿，矮颈，弧肩，圆鼓腹，下腹斜收，腹最大径位于上腹部，平底。肩部对置两铺首，两侧附贴卷云纹装饰，下贴塑兽面纹铺首，肩腹部饰三组凸弦纹。灰褐胎，器身上部有青黄釉。口径 10.5、最大腹径 24、底径 12.6、高 23.4 厘米。（图 3-17B；彩版五五，3）

M39：6，轮制。敛口，斜沿，矮颈，弧肩，鼓腹弧收，腹部最大径靠近中部，平底。肩部对置两铺首，两侧附贴卷云纹装饰，下贴塑兽面纹铺首，肩部及上腹部饰三组凸弦纹，下腹部饰弦纹。灰褐胎，器身上部有青绿釉。口径 10.2、最大腹径 24.6、底径 12.6、高 24 厘米。（图 3-17B；彩版五六，1）

釉陶罐　2件。

M39：11，轮制。侈口，尖圆唇，弧肩，弧腹，平底。肩部对称贴塑两叶脉纹器耳，肩部及

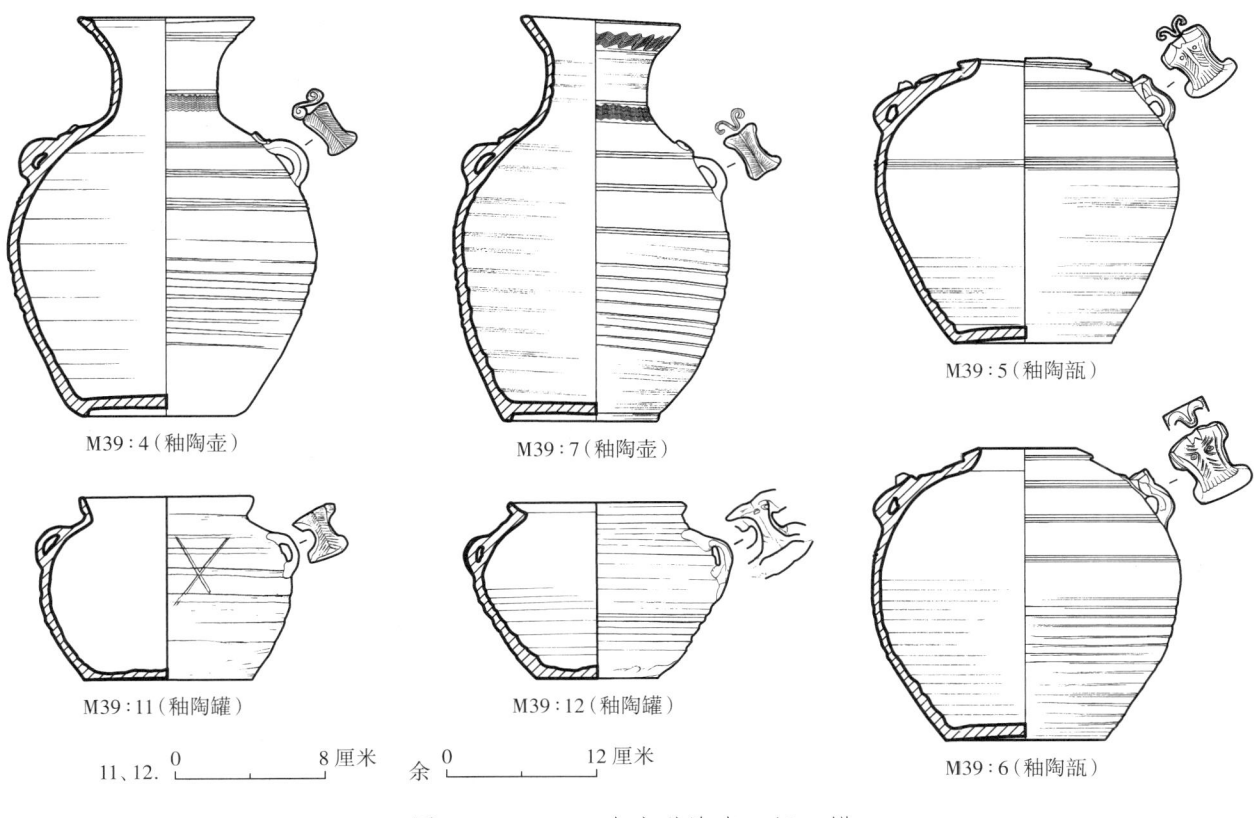

M39：4（釉陶壶）　　　　M39：7（釉陶壶）　　　　M39：5（釉陶瓿）

M39：11（釉陶罐）　　　　M39：12（釉陶罐）　　　　M39：6（釉陶瓿）

11、12. 0 ——— 8 厘米　　余 0 ——— 12 厘米

图 3-17B　M39 出土釉陶壶、瓿、罐

腹部饰弦纹。灰黄胎，器身上部有青黄釉。口径 9.2、最大腹径 13.2、底径 8.8、高 10 厘米。（图 3-17B；彩版六五，5）

M39：12，轮制。侈口，圆唇，矮束颈，弧肩，鼓腹，腹部最大径偏上，下腹斜收，平底。肩部对置两器耳，肩部和腹部满饰弦纹。灰黄胎，器身上部有青黄釉。口径 9.4、最大腹径 13.2、底径 6.4、高 9.6 厘米。（图 3-17B；彩版 3-17B；彩版六五，6）

陶罐　2 件。

M39：9，轮制。侈口，圆唇，矮颈，弧肩，圆鼓腹，下腹斜收，最大径位于中腹部偏上，平底。通体满饰弦纹，肩部附贴器耳一对，耳饰叶脉纹。口径 11.2、最大腹径 16.4、底径 8.2、高 14 厘米。（图 3-17C；彩版七八，3）

M39：13，轮制。侈口，圆唇，矮颈，弧肩，圆鼓腹，下腹斜收，腹最大径位于中腹部偏上，平底。通体满饰弦纹，肩部附贴器耳一对，耳面饰叶脉纹。口径 9.2、最大腹径 12.8、底径 7.2、高 9.6 厘米。（图 3-17C；彩版七八，4）

陶釜　2 件。

M39：16，夹砂灰陶，手制。敛口，圆唇，弧腹，圜底。口径 22、最大腹径 28.4、底径 10.8、高 18.6 厘米。（图 3-17C；彩版八六，3）

M39：17，夹砂黄陶，手制，轮修。敛口，圆唇，弧腹，下腹斜收，小平底。口径 7.6、底径 2.8、高 6 厘米。（图 3-17C；彩版八四，8）

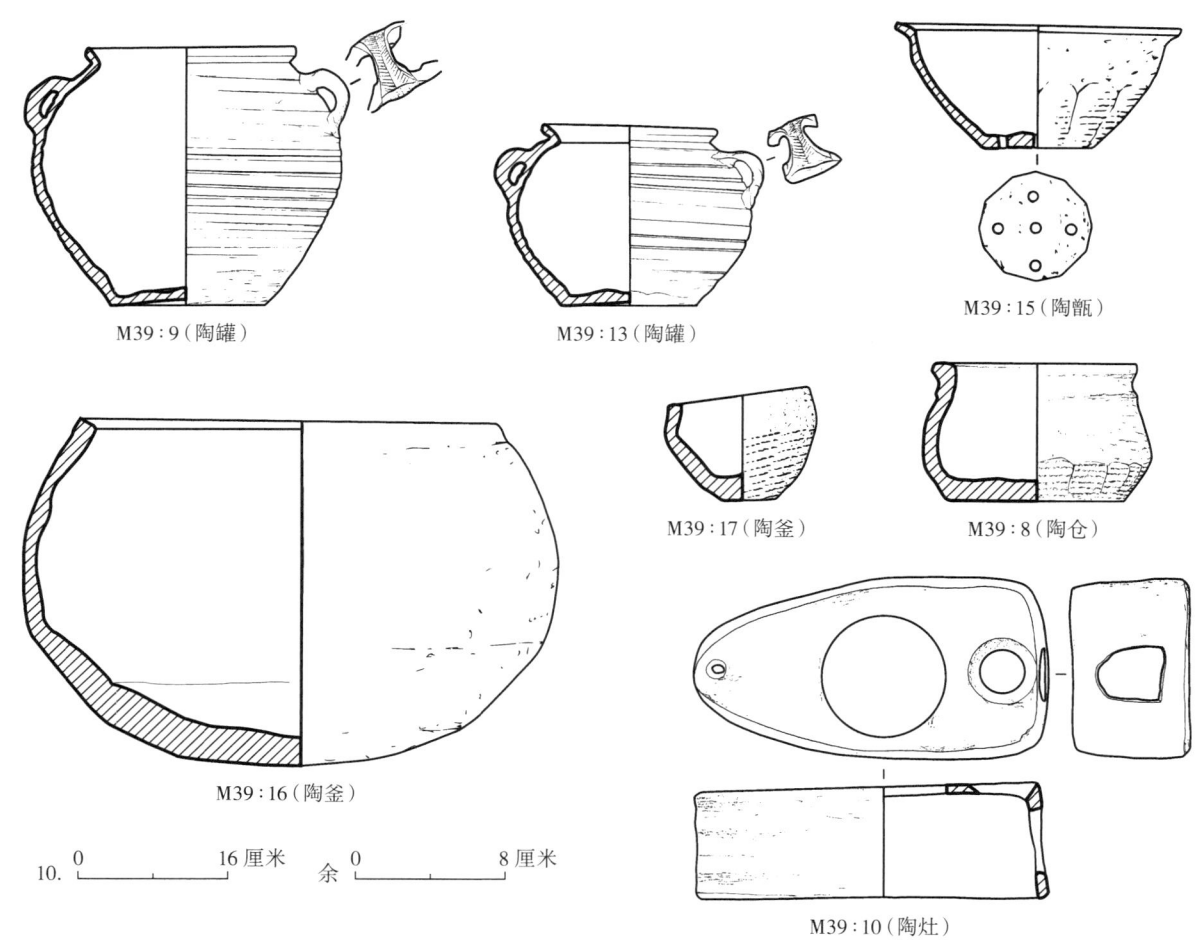

M39:9（陶罐）　　M39:13（陶罐）　　M39:15（陶甑）

M39:17（陶釜）　　M39:8（陶仓）

M39:16（陶釜）

10. 0　　16 厘米　　余 0　　8 厘米

M39:10（陶灶）

图 3-17C　M39 出土陶罐、釜、甑、仓、灶

陶甑　1 件。

M39:15，夹砂灰陶，手制。侈口，平沿，圆唇，腹弧收，平底。底部有五个圆孔，呈"十"字排列。口径 15.2、底径 5.6、高 6.4 厘米。（图 3-17C；彩版八九，3）

陶灶　1 件。

M39:10，夹砂灰陶，手制。整体呈船形，前端置一拱形灶门，灶面设大小两灶眼，分别置一甑和甑釜，后端开圆形小孔状烟囱。长 37.6、宽 19.2、高 12.4 厘米。（图 3-17C；彩版九二，4）

陶仓　1 件。

M39:8，夹砂灰陶，手制，轮修。直口，平沿，束颈，垂腹斜收，平底。下腹部有轮修弦纹。口径 10.8、最大腹径 12、底径 9.2、高 7.2 厘米。（图 3-17C；彩版九四，3）

鎏金铜泡　1 件。

M39:2，残碎，圆帽形，内部中空，有两道圆柱形横梁，周围一周折沿。直径 5.2、高 1.9 厘米。（图 3-17D）

铜钱　1 组。

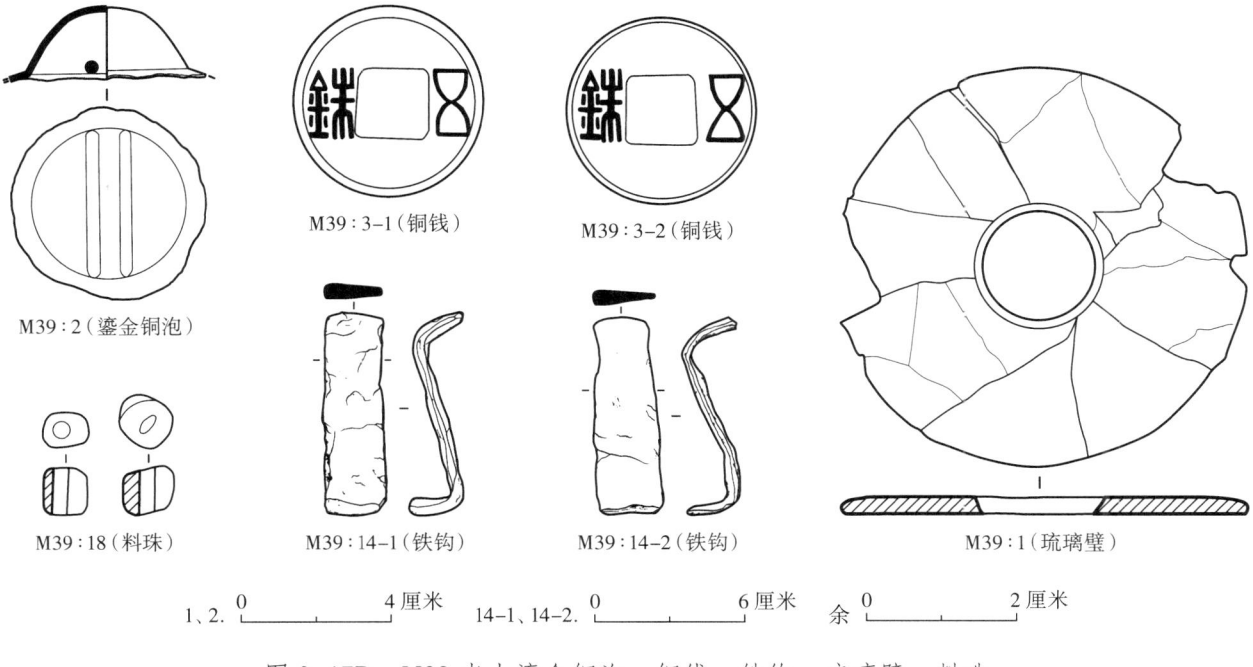

M39：2（鎏金铜泡）　　M39：3-1（铜钱）　　M39：3-2（铜钱）

M39：18（料珠）　M39：14-1（铁钩）　M39：14-2（铁钩）　M39：1（琉璃璧）

1、2.　0　　　　4 厘米　　14-1、14-2.　0　　　　6 厘米　　余　0　　2 厘米

图 3-17D　M39 出土鎏金铜泡、铜钱、铁钩、琉璃璧、料珠

M39：3，成串摆放，一串共 55 枚，32 枚较完整，3 枚钱文清晰。五铢钱，锈蚀严重。边缘有郭，穿背有郭。分为两型，一型"五"字上下两横不伸出，交笔较直，如标本 M39：3-1，钱径 2.5、穿宽 0.95、厚 0.2 厘米；二型"五"字交笔略弯，上下两横伸出，"朱"字头方折，如标本 M39：3-2，钱径 2.5、穿孔 0.9、厚 0.15 厘米。（图 3-17D；彩版一一〇，2）

铁钩　1 件。

M39：14，共 2 件。整体近"S"形，钩身扁平，断面为长条形，中空。两端较薄，如刀刃，与钩身夹角大致为九十度。M39：14-1，长 8.2、宽 2.4、厚 0.6 厘米；M39：14-2，长 8.1、宽 2.6、厚 0.4 厘米。（图 3-17D；彩版一一七，5）

琉璃璧　1 件。

M39：1，残碎。圆形，中有一孔，单面钻制。表面器表钙化严重，断面可见透明碧绿色琉璃质。直径 10.9、孔径 2.9、厚 0.4 厘米。（图 3-17D；彩版一二〇，4）

料珠　1 组。

M39：18，一组共 19 件。蓝色琉璃，透光性好。大小不一，形状为扁圆形或管状，中间对钻圆孔。直径 0.6~0.7、孔径 0.1~0.2、高 0.6~0.65 厘米。（图 3-17D；彩版一二一，5）

二、砖室墓

11 座。有带墓道和不带墓道 2 类。

（一）带墓道的墓

斜坡状墓道，平面呈"凸"字形，共四座，编号为 M11、M22、M23、M33。

M11

位于墓地南部，被 M24 和 M27 打破，墓向 174°。（图 3-18A；彩版一五，1）墓葬被破坏严重，残存墓底和东侧、北侧砖壁，墓道仅存底部。墓道位于砖室南侧中部，与砖室封门相连，南北残长 1.44、东西宽 0.92、深 0.56 米。墓坑长 4.2、宽 2.6、深 0.45 米，坑内填灰褐色花土，土质较硬。砖室长 3.72、宽 1.76、残高 0.52 米，砖壁采用单层错缝平铺法砌筑，墓底以"两纵两横间以一道横砖"错缝平铺，墓砖多为素面青砖，部分长侧面模印有套菱纹图案，长 28、宽 13、厚 4 厘米。砖室内填褐色花土，其中夹杂有较多的小石块、碎砖块、植物根茎，土质细密。随葬器物共 13 件（组），皆放置于墓室东侧，南北向呈"一"字形排列，器形有釉陶壶 5 件、硬陶罍 2 件、陶井 1 件、陶罐 1 件（置于陶井内）、铜钱 1 组、铜镜 1 件、铁钩 2 件。

釉陶壶 5 件。

M11：1，轮制，盘口，尖圆唇，唇外侈、高颈，溜肩，圆鼓腹，下腹斜收，腹最大径位于中腹部，平底。口沿饰一组弦纹，颈部饰两周弦纹，肩部饰一组弦纹，附贴两叶脉纹器耳，腹部满饰弦纹。灰胎，局部泛红，器身上部有青黄釉，釉层脱落严重。口径 11.4、最大腹径 18.9、底径 8.4、高 26.4 厘米。（图 3-18B；彩版三九，1）

M11：2，轮制。盘口，高颈，弧肩，鼓腹，腹部最大径偏上，下腹斜收，底部内凹。颈下部饰一组水波纹，肩部对置两叶脉纹器耳，肩部及上腹部饰三组弦纹，下腹部满饰弦纹。灰褐胎，器身上部有青黄釉，釉层脱落严重。口径 14.7、最大腹径 26.4、底径 11.4、高 33.6 厘米。（图

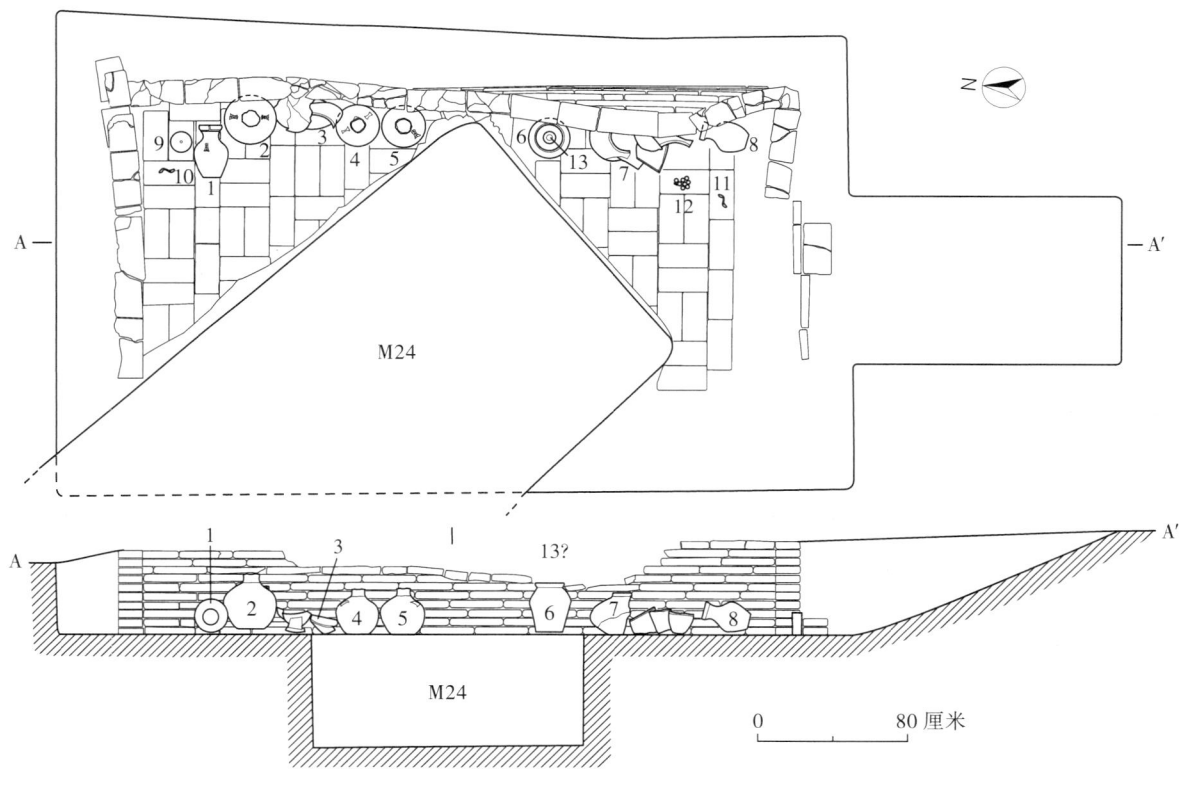

图 3-18A M11 平面、剖视图

1、2、4、5、8.釉陶壶 3、7.硬陶罍 6.陶井 9.铜镜 10、11.铁钩 12.铜钱 13.陶罐

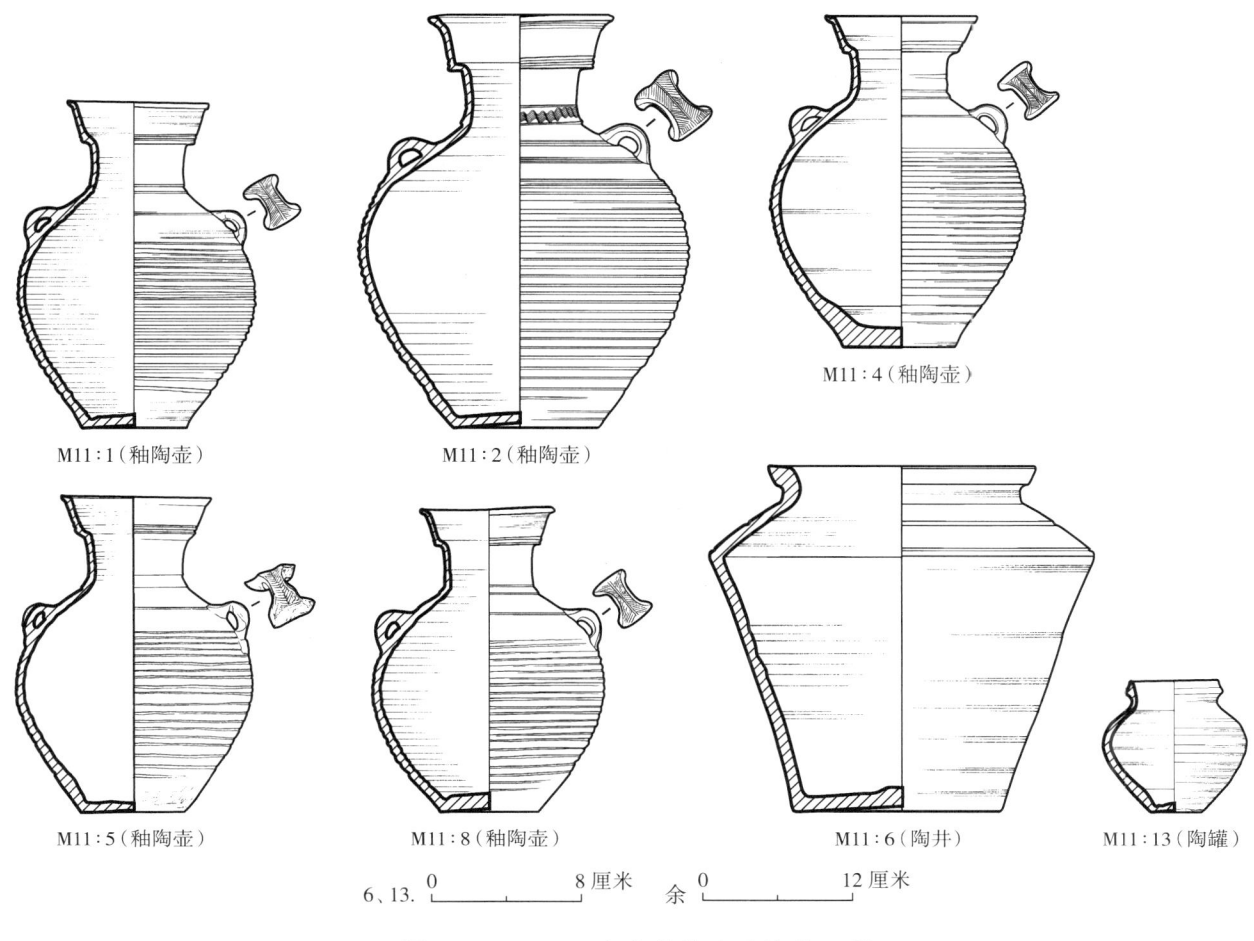

M11：1（釉陶壶）　　M11：2（釉陶壶）　　M11：4（釉陶壶）

M11：5（釉陶壶）　　M11：8（釉陶壶）　　M11：6（陶井）　　M11：13（陶罐）

6、13. ├──0──────8厘米─┤　　余 ├──0──────12厘米─┤

图 3-18B　M11 出土釉陶壶及陶井、罐

3-18B；彩版三九，2）

　　M11：4，轮制。盘口，沿内凹、高颈，溜肩，圆鼓腹，下腹斜收，腹最六径位于中腹部，平底。口沿饰一组弦纹，颈部饰一组弦纹，肩部饰一组弦纹，附贴两叶脉纹器耳，腹部满饰弦纹。灰褐胎，器身上部有青黄釉。口径 12、最大腹径 20.4、底径 9、通高 27 厘米。（图 3-18B；彩版三九，3）

　　M11：5，轮制。盘口微侈，斜沿，尖圆唇、高颈，溜肩，鼓腹，腹部最大径近中部，下腹斜收，平底。口沿下及颈下部各饰一组弦纹，肩部对置两叶脉纹器耳，肩部饰一组弦纹，腹部满饰弦纹。灰胎，器身上部有青黄釉。口径 12、最大腹径 18.6、底径 8.1、高 25.5 厘米。（图 3-18B；彩版三九，4）

　　M11：8，轮制。盘口外侈，斜沿微凹、高颈，溜肩，鼓腹，腹部最大径偏上，下腹斜收，平底。口沿下及颈下部各饰一组弦纹，肩部对置两叶脉纹器耳，肩部饰一周弦纹，腹部满饰弦纹。灰褐胎，器身上部有青黄釉。口径 10.8、最大腹径 18.6、底径 7.8、高 24.6 厘米。（图 3-18B；彩版四〇，1）

　　硬陶罍　2 件。

　　M11：3，泥条盘筑，轮修。敛口，凹沿，弧肩，鼓腹，腹部最大径偏上，下腹弧收，底微内凹。

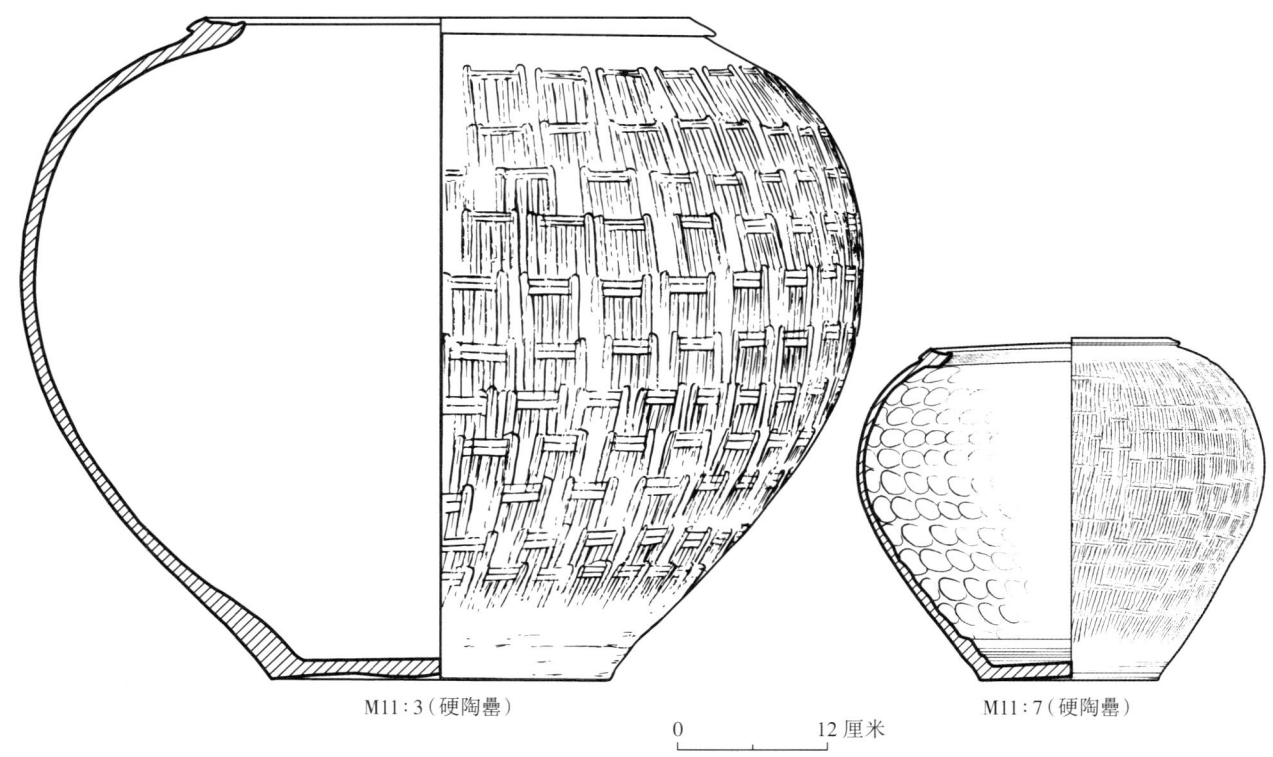

M11:3（硬陶罍）

M11:7（硬陶罍）

0　　　　　12 厘米

图 3-18C　M11 出土硬陶罍

腹部饰拍印栉齿纹。口径 42、最大腹径 66.6、底径 27、高 54 厘米。（图 3-18C；彩版七〇，3）

M11:7，泥条盘筑，轮修。敛口，唇内凹明显，斜沿，弧肩，矮颈，圆鼓腹，下腹斜收，腹最大径位于中部偏上，平底。通体拍印栉齿纹。口径 20.7、最大腹径 32.6、底径 14.1、高 27.9 厘米。（图 3-18C；彩版七〇，4）

陶井　1 件。

M11:6，泥质灰陶，手制，轮修。侈口，方唇，束颈，折肩，斜直腹，平底内凹。肩部饰一周弦纹。口径 14.2、最大腹径 20.4、底径 11、高 18.6 厘米。（图 3-18B；彩版九五，1）器内有一件汲水罐。

陶罐　1 件。

M11:13，出于陶井内。泥质灰陶，手制，轮修。直口，尖唇，束颈，溜肩，圆鼓腹，下腹斜收，小平底。口径 5.2、最大腹径 7.6、底径 2.6、高 7.2 厘米。（图 3-18B；彩版八二，1）

铜钱　1 组。

M11:12，锈蚀残损严重。共 31 枚，14 枚较完整，3 枚钱文清晰，均为五铢钱，可分为两型。一型正面穿外无郭，背面穿外有郭，正面穿外左右有篆文"五铢"，"五"字交笔弯曲状，上下两横伸出，"铢"的金字头为长三角形，"朱"字头方折，标本 M11:12-1，钱径 2.6、穿宽 1、厚 0.1 厘米。另一型"五"字交笔弯曲更甚，"朱"字头圆折，"金"字头四点较细长，标本 M11:12-2，钱径 2.5、穿宽 0.9、厚 0.1 厘米。（图 3-18D；彩版一〇六，2）

铜镜　1 件。

M11：9，尚方镜。镜面平，镜缘为凸沿，镜背呈内凹状，圆纽，圆纽座。内区座外饰方框，方框四边填短斜线纹，以横线间隔，方框外侧一周弦纹。背为博局图，博局间有八枚尖状乳丁和四组对鸟纹。外侧两周弦纹内为一周铭文带，上有铭文"□（尚）方作竟（镜）真大□（巧），上有山人不知老"。铭文带外由内及外分别饰一周栉齿纹和两周锯齿纹。直径 15、厚 0.5、纽高 1 厘米。（图 3-18D；彩版一〇一，1）

铁钩 2 件。

M11：10，锈蚀严重。扁平长条状，两端反向弯曲成"S"形，断面为长条状。长 12.2、宽 3.3 厘米。（图 3-18D；彩版一一六，5）

M11：11，锈蚀严重，扁平长条状，两端反向弯曲成"S"形，断面为长条状。M11：11-1，长 12、宽 4.2、厚 0.6 厘米（图七七，4）；M11：11-2，长 11.7、宽 3.2、厚 0.6 厘米。（图 3-18D；

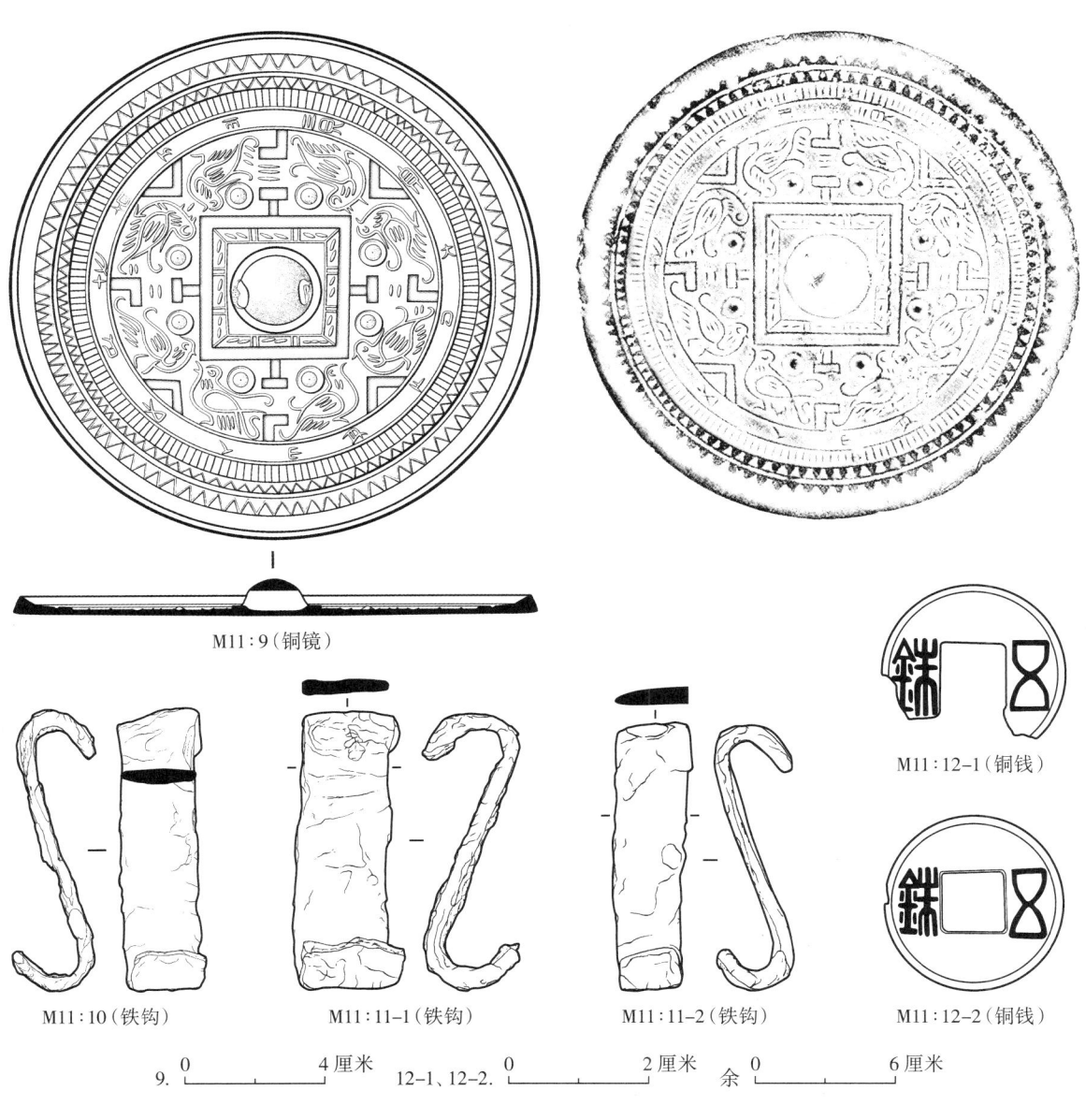

M11：9（铜镜）

M11：10（铁钩）　M11：11-1（铁钩）　M11：11-2（铁钩）

M11：12-1（铜钱）

M11：12-2（铜钱）

9. 0　4 厘米　12-1、12-2. 0　2 厘米　余 0　6 厘米

图 3-18D　M11 出土铜镜、钱及铁钩

彩版一一六，6）

M22

位于墓地东南部，西南角被 M30 打破，墓向 165°（图 3-19A；彩版一六）。由墓室和墓道两部分组成。墓葬先开挖斜坡墓道和墓坑至生土，墓道在墓室南侧，长 2.2、宽 1.2、深 1.5 米。墓道与封门和砖室相连，封门由大小不一的土块夹砖垒砌，土块长 20~40、宽 20~25、厚 16~42 厘米。墓坑长 4.7、宽 3.5~3.9、深 1.5~1.6 米。坑内填灰褐色花土，土质较硬。砖室长 4~4.1 米、宽 2.5~3、高 1.5 米。墓壁为纵向单层"三顺一丁"法砌筑，墓底以"两顺两丁"法对缝平铺底砖。青砖皆素面，墓砖长 30、宽 13、厚 4 厘米。砖室内填黄褐色和黄灰色花土，土质较松软。砖室西部有棺底垫砖 4 块，随葬铁剑落在垫砖之上，柄端南向。随葬器物共 26 件，集中放置于砖室东侧，器形有釉陶壶 5 件、硬陶罍 2 件、陶罐 4 件、陶瓿 1 件、青瓷器盖 1 件、铜镜 2 枚、铜钱 2 组、铜钵 1 件、铁刀 1 件、铁剑 2 件、铁钩 2 件、铁釜 2 件和料珠 1 组。其中铁釜与陶瓿放置于由两块青砖垒砌的简易灶台之上，铁刀、铁剑、料珠、铜钱、铜镜等皆置于棺底南的垫砖旁侧，综合以上随葬器物摆放位置，可推测墓主头向应为南向。

釉陶壶 5 件。

M22：7，轮制。盘口，圆唇、高颈，溜肩，圆鼓腹，下腹斜收，腹最大径位于中腹部，平底。口沿饰一组弦纹，颈部饰两周弦纹，一周水波纹，肩部饰两组凸弦纹，附贴两叶脉纹器耳，肩腹部满饰弦纹。灰褐胎，器身上部有青黄釉，釉层脱落严重。口径 15.9、最大腹径 27.9、底径 14.4、高 34.8 厘米。（图 3-19B；彩版四〇，4）

M22：8，喇叭口，双唇，高颈，溜肩，鼓腹弧收、最大腹径略偏上，平底，圈足外撇。肩部对置两叶脉纹器耳，肩部饰两周弦纹。灰褐胎，口沿内及颈下至上腹部有青黄釉。口径 13.2、最大腹径 21.3、圈足径 12、高 25.9 厘米。（图 3-19B；彩版三一，1）

M22：11，轮制。喇叭口，子母口唇、高颈，弧肩，圆鼓腹，下腹斜收，腹最大径位于中腹部偏上，平底，圈足外撇。肩部饰两周弦纹，附贴两叶脉纹器耳。灰褐胎，口沿内及颈下至上腹部有青黄釉。口径 12.8、最大腹径 21.6、底径 12.2、足径 12.5、高 25.2 厘米。（图 3-19B；彩版三一，2）

M22：12，轮制。盘口，口微喇、高颈，弧肩，圆鼓腹，下腹斜收，腹最大径位于中腹部，平底。口沿饰一组弦纹，颈部饰两周弦纹，一周水波纹，肩部饰两周凸弦纹，附贴两叶脉纹器耳，肩腹部满饰弦纹。灰胎，器身上部有青黄釉，釉层脱落严重。口径 14.4、最大腹径 26.7、底径 13.2、高 33.9 厘米。（图 3-19B；彩版四一，1）

M22：13，轮制。口残，高颈，弧肩，圆鼓腹，下腹斜收，腹最大径位于中腹部，平底。肩部饰两组弦纹，附贴两叶脉纹器耳，肩腹部满饰弦纹。灰褐胎，颈下至上腹部有青黄釉。最大腹径 21、底径 9.6、残高 22.2 厘米。（图 3-19B；彩版四三，5）

硬陶罍 2 件。

M22：1，泥条盘筑，轮修。敛口，斜沿，沿微内凹，弧肩，鼓腹，腹部最大径偏上，下腹斜收，平底。腹部拍印栉齿纹。口径 22.2、最大腹径 34.2、底径 14.4、高 27.9 厘米。（图 3-19C；彩版

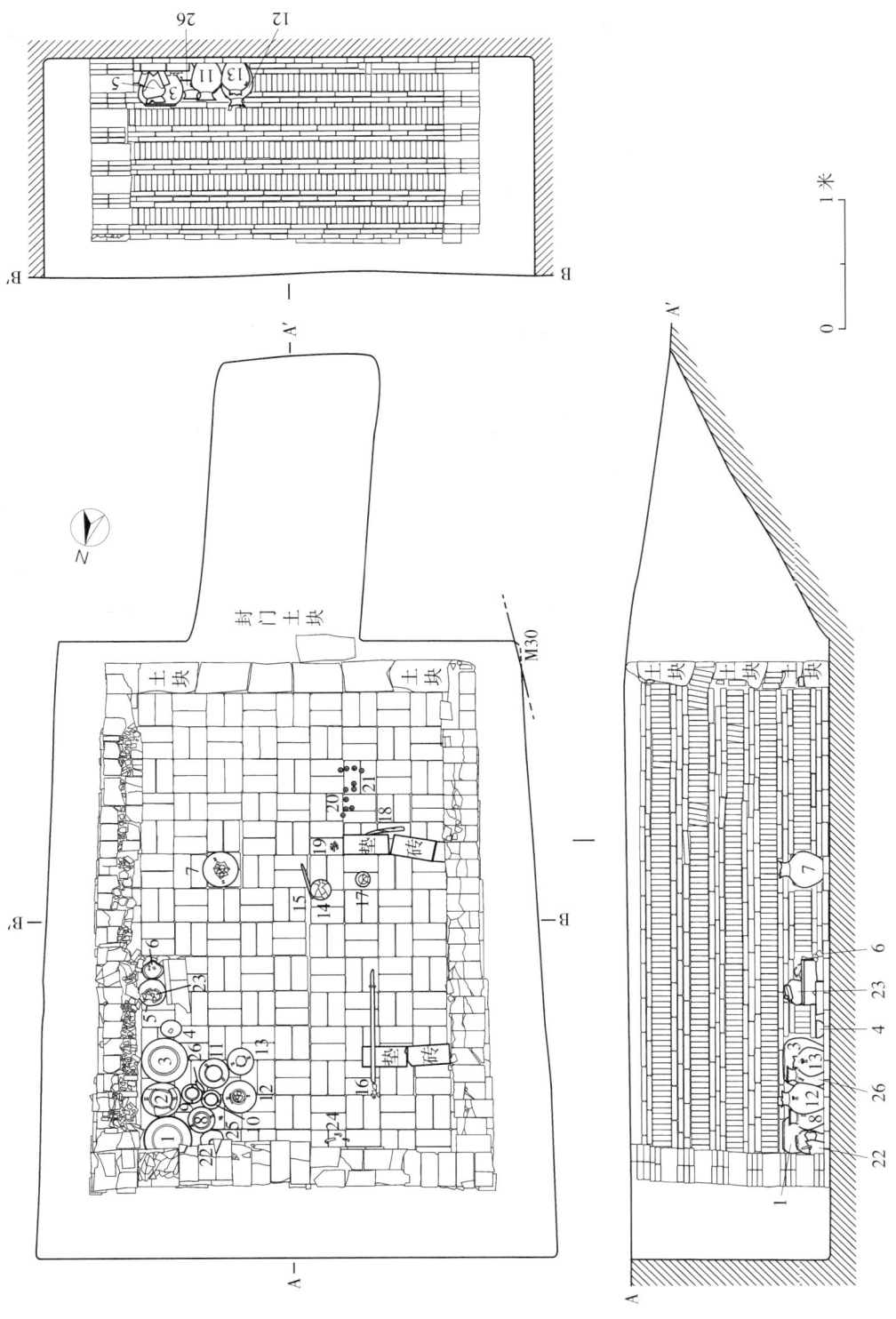

图 3-19A　M22 平面、剖视图

1、3. 硬陶罍　2、9、10、22. 陶罐　4. 铜钵　5、6. 铁釜　7、8、11~13. 釉陶壶　14、17. 铜镜　15. 铁刀　16、18. 铁剑　19、24. 铁钩　20、21. 铜钱　23. 陶瓿　25. 料珠　26. 瓷器盖

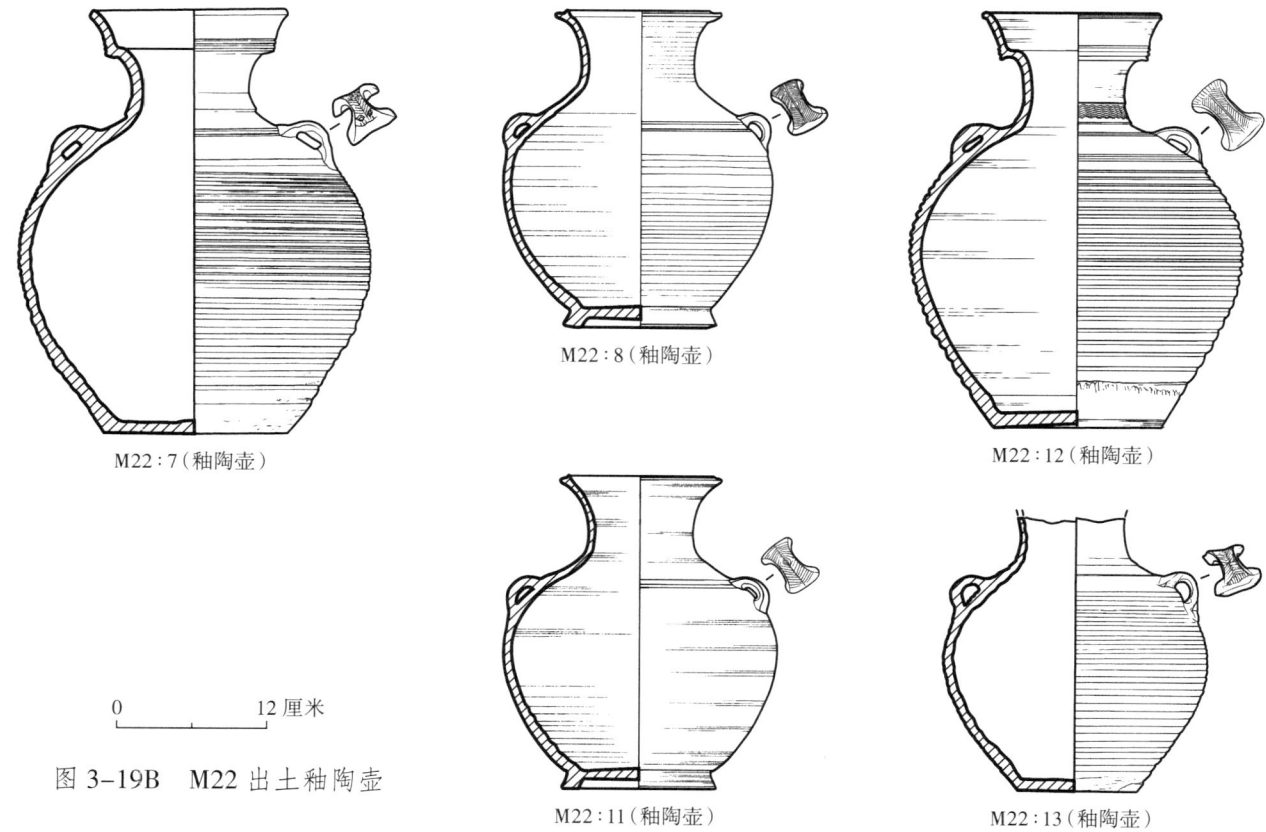

M22：7（釉陶壶）

M22：8（釉陶壶）

M22：12（釉陶壶）

0　　　　12 厘米

图 3-19B　M22 出土釉陶壶

M22：11（釉陶壶）

M22：13（釉陶壶）

七一，1）

M22：3，泥条盘筑，轮修。敛口，唇略内凹，斜沿，矮颈，弧肩，圆鼓腹，最大腹径位于中部偏上，下腹斜收，平底。通体拍印栉齿纹。口径 21.6、底径 14.4、最大腹径 33.6、高 27.9 厘米。（图 3-19C；彩版七一，2）

陶罐　4 件。

M22：2，泥质红陶，轮制，烧制火候较低。已残。直口，平沿，矮束颈，弧肩，鼓腹，腹部最大径偏上，下腹斜收，平底。肩部对称贴塑两叶脉纹器耳，耳部上下各饰一兽面，肩部饰一组弦纹，腹部满饰弦纹。口径 16、最大腹径 28、底径 12、高 25.6 厘米。（图 3-19D；彩版七五，2）

M22：9，泥质红陶，轮制。侈口，方唇，矮颈，溜肩，圆鼓腹，下腹斜收，腹最大径位于上腹部，平底。通体满饰弦纹，肩腹附贴器耳一对，耳面饰叶脉纹。口径 10、最大腹径 15.6、底径 8、高 11.6 厘米。（图 3-19D；彩版七六，6）

M22：10，泥质红陶，轮制，烧制火候较低。直口，平唇内凹，矮颈，弧肩，鼓腹，腹部最大径偏上，下腹斜收，底部微凹。肩部对称贴塑两叶脉纹器耳，肩部及腹部饰弦纹。口径 9.6、最大腹径 15.2、底径 7.6、高 11.2 厘米。（图 3-19D；彩版七五，3）

M22：22，泥质红陶，残碎严重，无法修复，可辨轮制。（彩版七七，6）

陶甑　1 件。

M22：23，泥质灰陶，手制。直口，弧腹，下残，可辨有圆形箅孔。口径 14、残高 6 厘米。（图

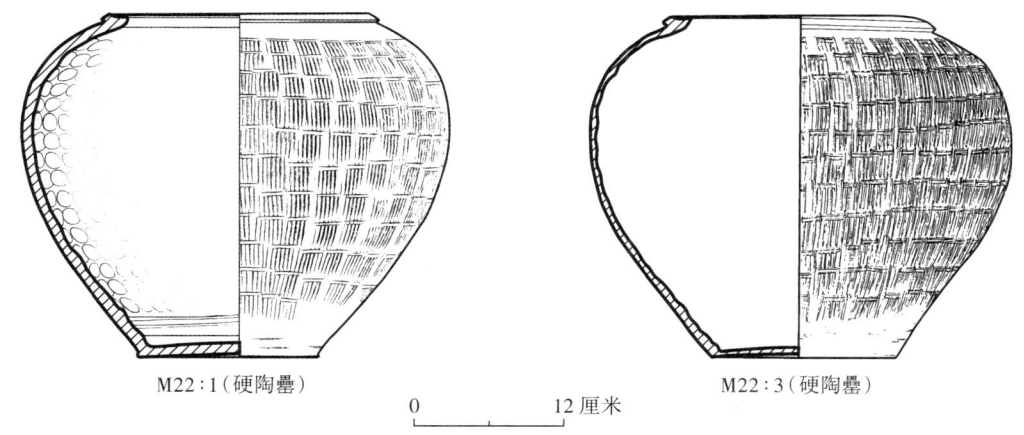

M22：1（硬陶罍）　　　M22：3（硬陶罍）

0　　　　12 厘米

图 3-19C　M22 出土硬陶罍

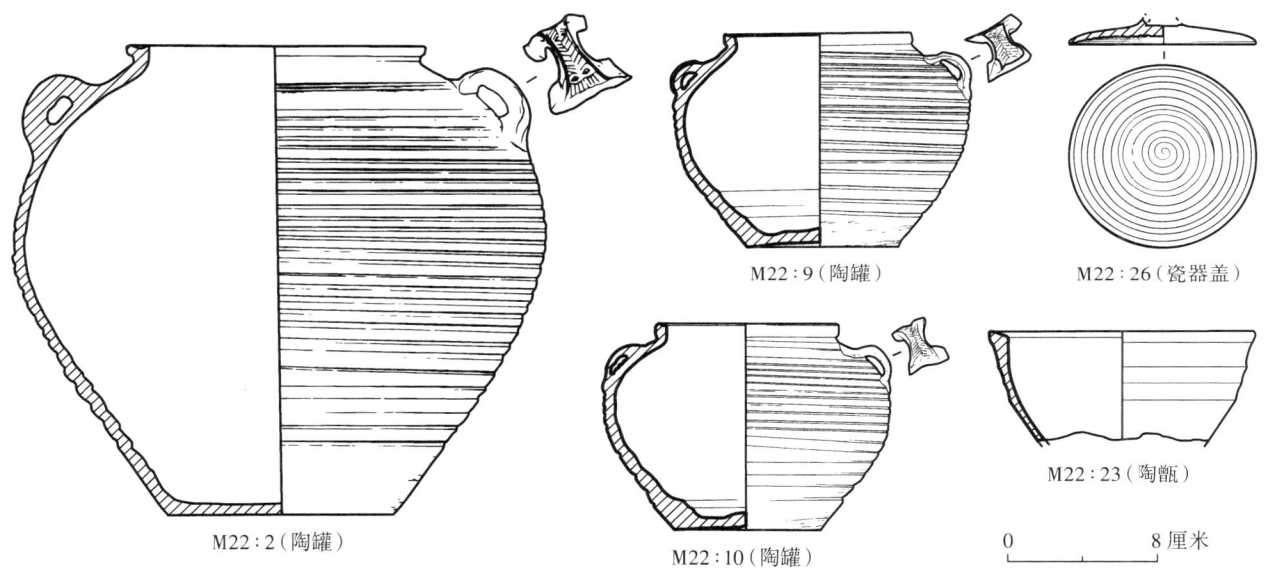

M22：2（陶罐）　　　M22：9（陶罐）　　　M22：26（瓷器盖）

M22：10（陶罐）　　　M22：23（陶甑）

0　　　　8 厘米

图 3-19D　M22 出土陶罐、甑及瓷器盖

3-19D；彩版九〇，2）

瓷器盖　1 件。

M22：26，青瓷，轮制。整体为圆形，微弧顶，底内凹。盖顶置一半环形捏手，捏手已残，盖面留有轮制弦纹。胎色灰白，有青釉。盖径 10、残高 1.2 厘米。（图 3-19D；彩版七三，2）

铜镜　2 件。

M22：14，尚方镜。圆形纽，四叶柿蒂纹纽座。内区座外一方框，框四角用一线隔开，内饰短线纹。外饰博局，博局间有八个乳丁。外饰朱雀、禽鸟、白虎、羽人、玄武、禽鸟、蟾蜍、青龙、羽人，其中四神相对。外饰一周铭文带，铭"尚方作竟（镜）真大巧，上有山人不知□（老），渴饮玉食枣"，"巧"字反书。铭文带外一周栉齿纹。外区由内向外分别为锯齿纹、弦纹、波折纹、锯齿纹。镜缘内凹。直径 15.2、纽高 1.1、厚 0.45 厘米。（图 3-19E；彩版一〇一，2）

M22：17，博局镜（八乳卷草纹镜）。圆形纽，四叶柿蒂纹纽座。内区座外饰博局，博局间有八个乳丁，外饰细直线纹、细弧线纹，外饰一周栉齿纹。外区由内向外分别为锯齿纹、弦纹、复线波折纹、弦纹。镜缘平缘素面。直径11.3、纽高0.85、厚0.5厘米。（图3-19E；彩版一〇二，1）

铜钵 1件。

M22：4，敞口，斜腹，下腹弧收，平底。口沿下部饰三组细弦纹。口径14、底径8.7、高5.8厘米。（图3-19E；彩版一〇四，3）

铜钱 2组，

M22：20，锈蚀残损严重，共33枚，其中9枚较完整。可辨有"大泉五十"1枚，编号M22：20-1，圆形，方孔，穿外四边篆文"大泉五十"，正面及背面穿外均有郭，钱径2.4、穿宽0.8、厚0.2厘米。（图八一，4）其他可辨为"五铢"钱，多残损，正面穿外左右有篆文"五铢"，正面穿外无郭，背面穿外有郭，"五"字修长，交笔较直，如标本M22：20-2，钱径2.6、穿宽0.9、厚0.1厘米。（图3-19E；彩版一〇九，3）

M22：21，五铢钱，锈蚀严重，共21枚，其中5枚较完整，1枚钱文较清晰。整体轻薄，面无郭，穿背有郭。钱文修长，"五"字交笔弯曲，"铢"字金字头呈三角形，四点较长。钱径2.55、穿宽0.9、厚0.2厘米。（图3-19E；彩版一〇八，1）

铁刀 1件。

M22：15，锈蚀严重，刀身平直，单面刃，断面呈三角形，残长18、宽2.2、厚0.3厘米。（图3-19F；彩版一一二，5）

铁剑 2件。

M22：16，锈蚀严重。长条形茎，"一"字形青铜剑格，剑身平直窄长，断面呈菱形，剑身有木质剑鞘，上有髹漆。断为8截，前锋残，残长78.6厘米、宽3厘米。（图3-19F；彩版一一三，1）

M22：18，铁质，残锈严重，短柄，柳叶形剑身，断面呈菱形。长28.5、宽4.5、厚0.9厘米。（图3-19F；彩版一一三，5）

铁钩 2件。

M22：19，锈蚀残损严重，扁平长条状，两端反向弯曲成"S"形。M22：19-1，长12、宽3、厚0.6厘米；M22：19-2，长15.4、宽3.15、厚0.9厘米；M22：19-3，长13.5、宽3、厚0.75厘米。（图3-19F；彩版一一六，8）

M22：24，共5件。器身扁平，呈"S"状。M22：24-1，断成两截，断面呈椭圆形，残长12、宽2.2、厚0.6厘米；M22：24-2，残断，钩身扁平，较薄，残长9.4、宽2.4、厚0.3厘米；M22：24-3，钩身扁平细长，较薄，两侧圆钝，残长12、宽2.3、厚0.6厘米；M22：24-4，钩身扁平细长，较薄，两侧圆钝，残长10.2、宽1.8、厚0.7厘米；M22：24-5，钩身扁平细长，较薄，两侧圆钝，残长10.5、宽2.4、厚0.6厘米。（图3-19F；彩版一一七，1）

铁釜 2件。

M22：5，锈蚀严重。敛口，折腹、平底略内凹，圈足残。口径12、最大腹径20、底径6、高14.2厘米。（图3-19F；彩版一一九，1）

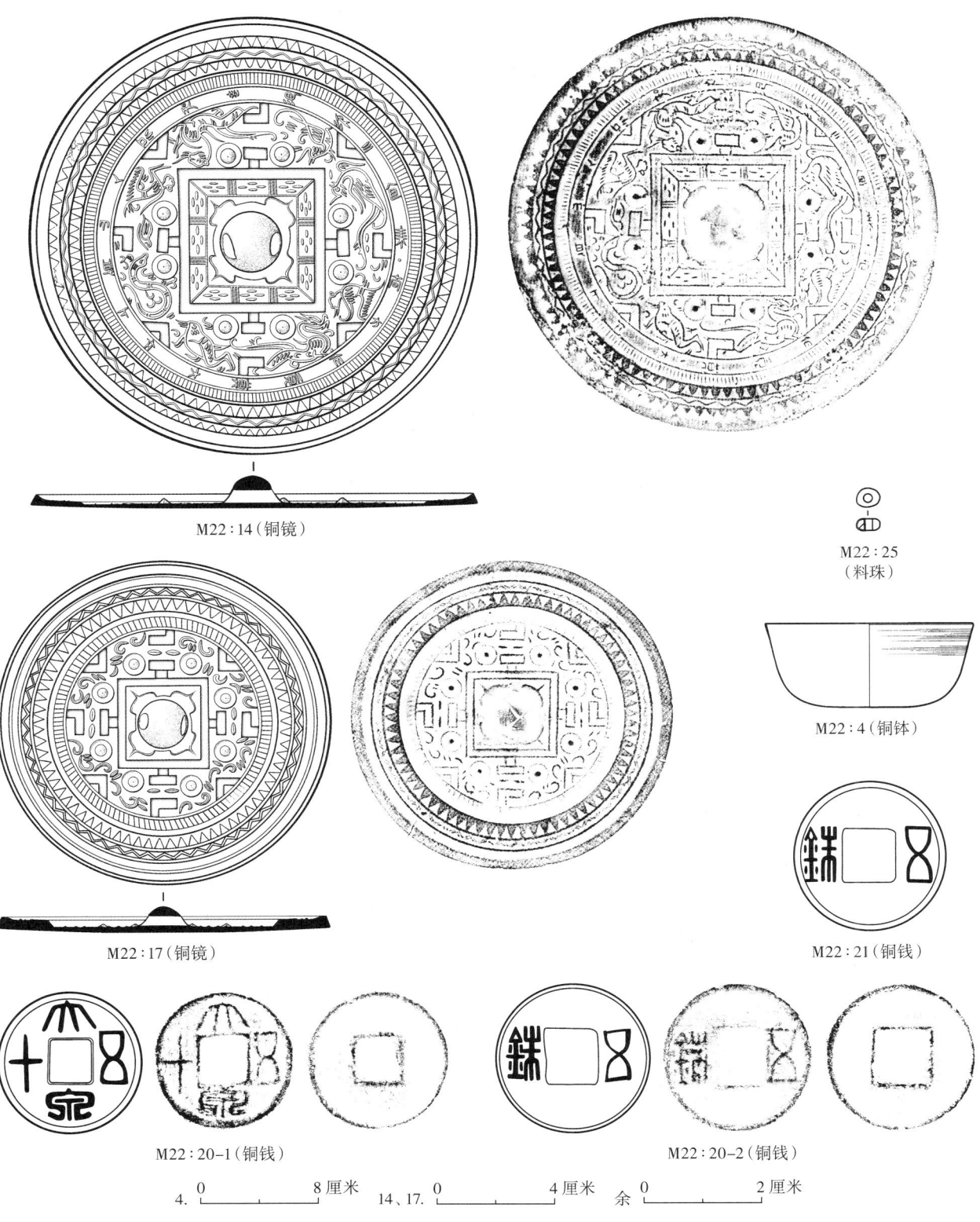

M22：14（铜镜）

M22：25
（料珠）

M22：4（铜钵）

M22：17（铜镜）

M22：21（铜钱）

M22：20-1（铜钱）

M22：20-2（铜钱）

4.　0 ——— 8厘米　14、17.　0 ——— 4厘米　余　0 ——— 2厘米

图 3-19E　M22 出土铜镜、钵、钱及料珠

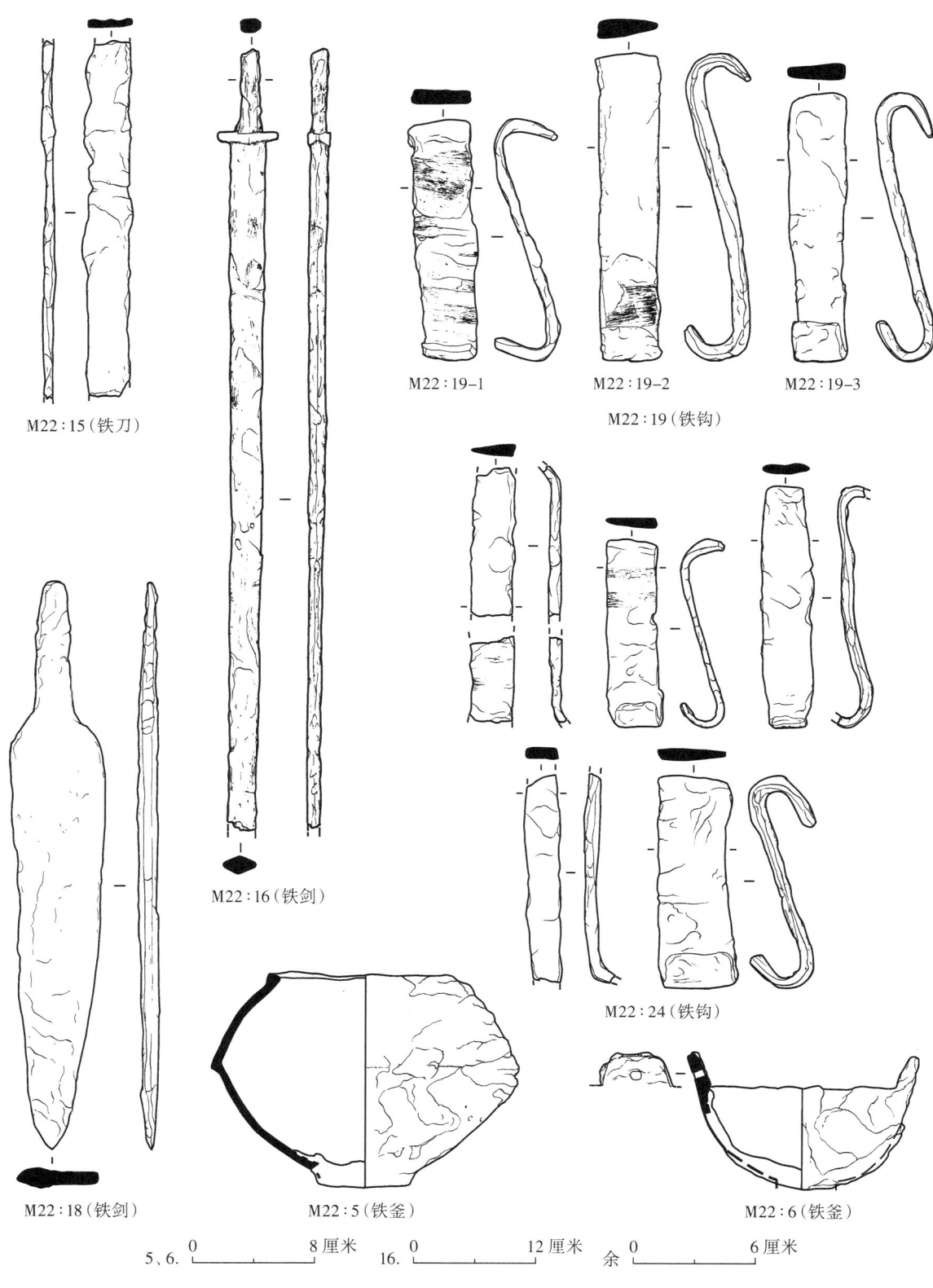

M22：15（铁刀）

M22：19-1　　　　M22：19-2　　　　M22：19-3

M22：19（铁钩）

M22：16（铁剑）

M22：24（铁钩）

M22：18（铁剑）　　　　M22：5（铁釜）　　　　M22：6（铁釜）

图 3-19F　M22 出土铁刀、剑、钩、釜

M22：6，锈蚀严重。敞口，弧腹，圜底，下残。器身上部有两对称半环形立耳。直径 15.2、高 9.2 厘米。（图 3–19F；彩版一一八，1）

料珠 1 组。

M22：25，一串 43 颗。蓝色琉璃质，大小不一，扁圆状，中间穿孔。直径 0.4~0.5、孔径 0.1~0.15、厚 0.2~0.25 厘米。（图 3–19E；彩版一二一，3）

M23

位于墓地东南部，M22 西侧，被 M6、M36 打破，墓向 162°。（图 3–20A；彩版一七）该墓被严重破坏，残存砖室底部和部分砖壁，由墓道和砖室两部分组成。斜坡犬墓道残存底部，位于砖室南侧，长 1.8、宽 1.2、深 0.1~0.7 米。墓坑平面呈长方形，四壁陡直，长 4.7、宽 4、深 0.8 米。墓坑与砖室间距 0.46~0.6 米，坑内填灰褐色花土，土质较松散。砖室平面呈长方形，长 3.7、宽 3.06、残高 0.96 米，墓壁为两砖错缝平铺、纵向"一顺一丁"砌法，墓底为"两顺一丁"错缝平铺地砖。墓砖皆为素面青砖和红砖，砖长 27、宽 13、厚 4 厘米。砖室内填土为深褐色花土，土质较松软。随葬器物共 12 件，大多摆放于墓室东侧，器形有釉陶壶 2 件、釉陶瓿 1 件、硬陶罍 2 件、陶罐 2 件，墓室西北侧有铁戟 2 件、青铜剑 1 件、青铜带钩 1 件、石研黛器 1 件。

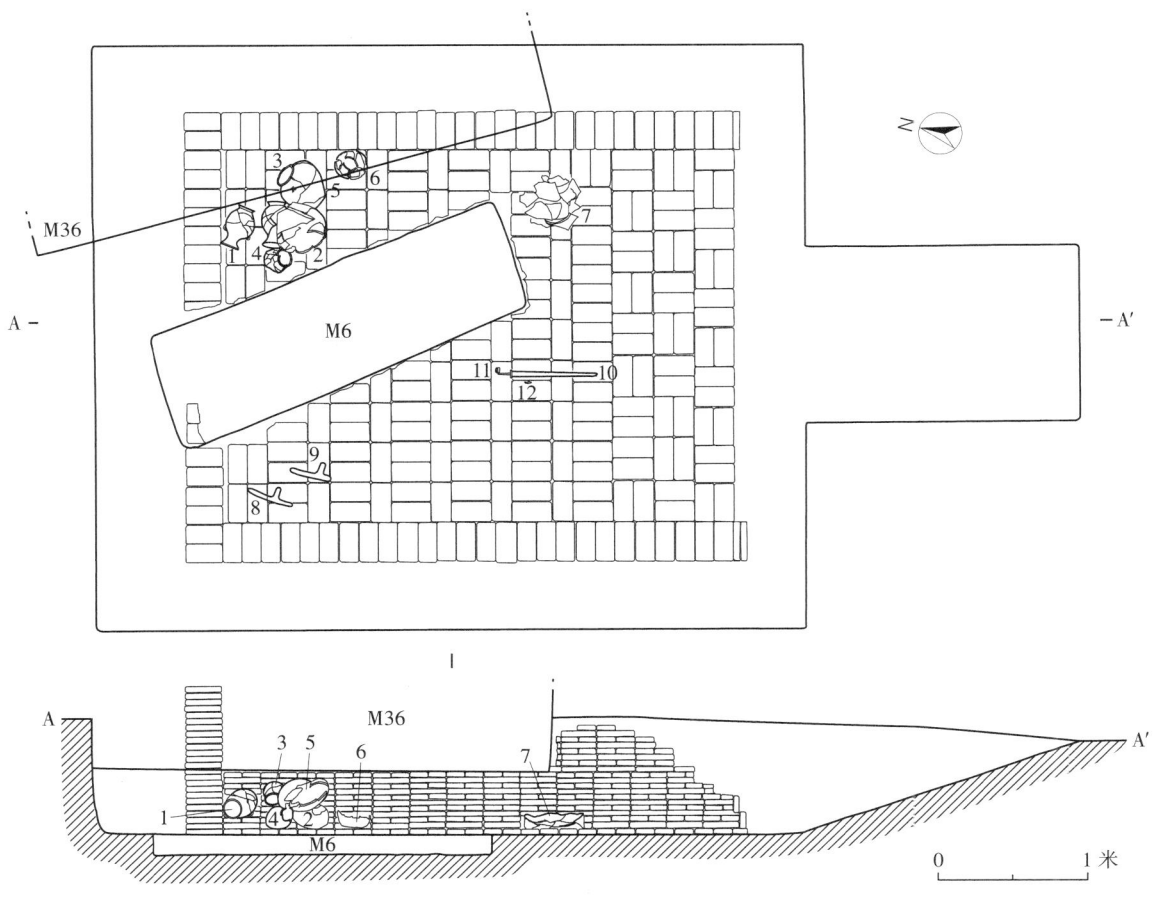

图 3–20A M23 平面、剖视图

1、3.釉陶壶 2、7.硬陶罍 4、6.陶罐 5.釉陶瓿 8、9.铁戟 10.铜剑 11.石研黛器 12.铜带钩

釉陶壶 2件。

M23：1，轮制。喇叭口，平沿，双唇、高束颈，溜肩，圆鼓腹，下腹弧收，腹部最大径偏上，平底，圈足外撇。肩部对置两叶脉纹器耳，肩部饰两道凹弦纹。灰褐胎，口沿内及颈下至上腹部有青黄釉。口径12.6、最大腹径21.3、圈足径12、高25.5厘米。（图3-20B；彩版三一，3）

M23：3，轮制。喇叭口，双唇、高束颈，溜肩，鼓腹，腹部最大径偏上，平底，矮圈足外撇。肩部对置两叶脉纹器耳，肩饰两周弦纹。灰褐胎，口沿内及颈下至上腹部有青黄釉。口径13.2、最大腹径22.2、底径11.8、高26.5厘米。（图3-20B；彩版三二，1）

釉陶瓿 1件。

M23：5，轮制。敛口，斜沿，弧肩，鼓腹弧收，腹部最大径偏上，平底。肩部对置两叶脉纹器耳，肩部饰两组弦纹，腹部满饰弦纹。灰黄胎，器身上部有青黄釉。口径13.6、最大腹径26、底径12、高24厘米。（图3-20B；彩版五七，2）

硬陶罍 2件。

M23：2，泥条盘筑，轮修。敛口，唇内凹明显，斜沿，弧肩，圆鼓腹，腹最大径位于上腹部，下腹斜收，平底。通体拍印栉齿纹。口径22.5、最大腹径37.5、底径13.5、高31.2厘米。（图3-20B；彩版七二，1）

M23：7，泥条盘筑，轮修。敛口，斜沿，鼓肩，鼓腹，下腹弧收，底部略内凹。通体拍印席纹。口径41.1、最大腹径69.6、底径31.8、高55.2厘米。（图3-20B；彩版七二，2）

陶罐 2件。

M23：4，轮制。直口微敛，圆唇，矮颈，弧肩，鼓腹弧收，平底。颈上一道弦纹，肩部对置两器耳，耳饰叶脉纹，肩部及上腹部饰弦纹。口径15.6、最大腹径25.2、底径13.6、高20厘米。（图3-20B；彩版七五，4）

M23：6，轮制。微侈口，平唇，矮颈，弧肩，鼓腹，腹部最大径偏上，下腹斜收，底部微凹。肩部对置两器耳，已残，肩部及腹部满饰弦纹。口径10.6、最大腹径16.8、底径8.8、高12.2厘米。（图3-20B；彩版七五，5）

铜带钩 1件。

M23：12，青铜，钩部已残。圆形纽面，圆柱形纽柱，钩体细长，呈琵琶形，素面。残长5.9、高1.3厘米。（图3-20C；彩版一〇四，7）

铜剑 1件。

M23：10，茎部呈扁圆形长条状，剑格中间隆起成脊，一端中间稍向前突出，另一端近茎部向内凹入，断面为菱形。剑身细长扁平，近茎部较宽，刺部渐窄，中脊突出，两侧有两道血槽，尖部略残。残通长57.1，剑身长48.7，刺端刃宽1，格端刃宽2.2、剑身厚0.3、剑格宽3.8、茎宽0.4厘米。（图3-20C；彩版一〇五，2）

铁戟 2件。

M23：8，铁质，锈蚀严重。整体呈"卜"字形，枝较长，援位于枝的下端，直援，断面皆作菱形。戟身残长27.6，援长8.5、宽2.7厘米。（图3-20C；彩版一一五，1）

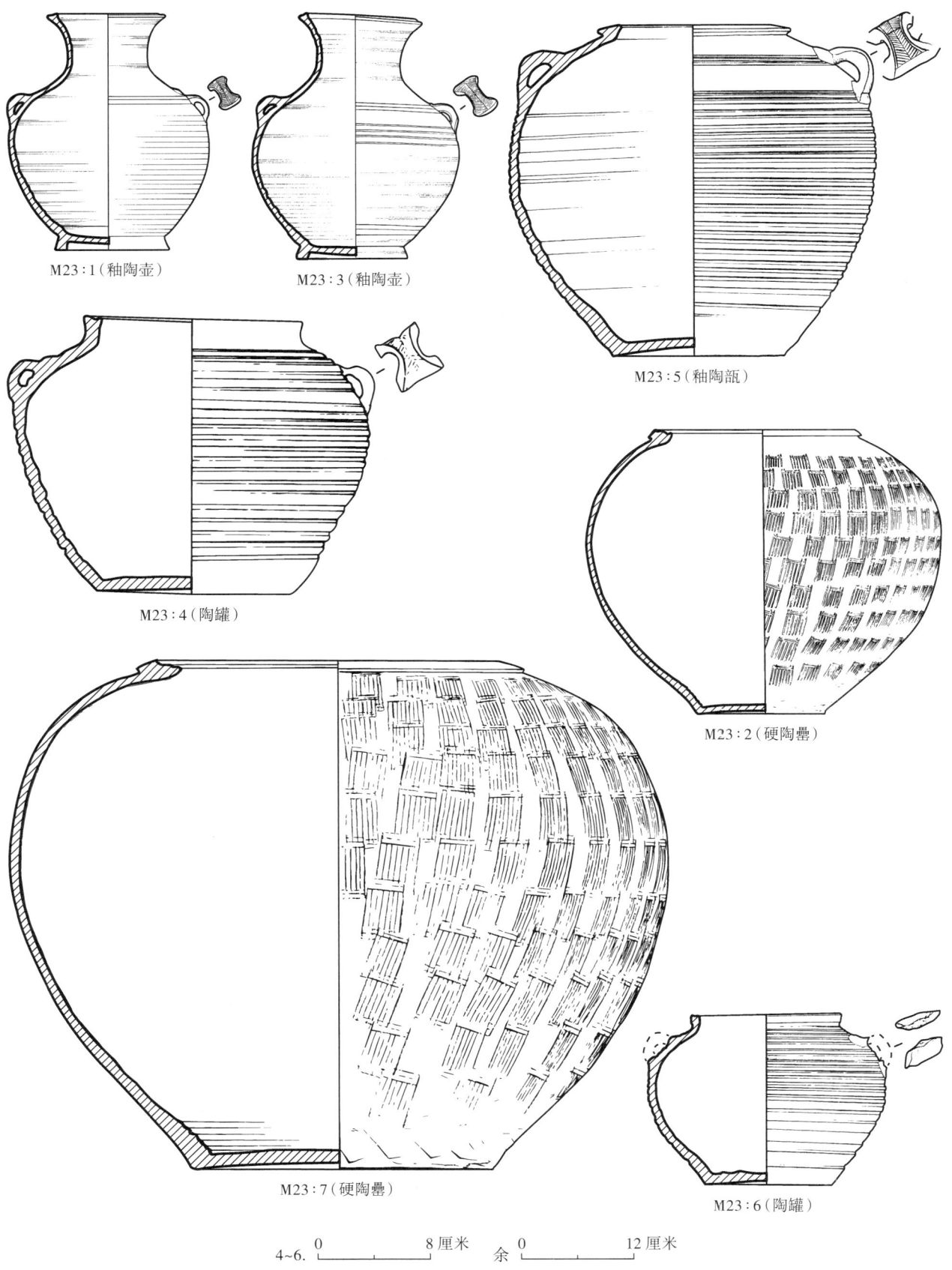

M23:1（釉陶壶）

M23:3（釉陶壶）

M23:5（釉陶瓿）

M23:4（陶罐）

M23:2（硬陶罍）

M23:7（硬陶罍）

M23:6（陶罐）

4~6. 0　　　　8厘米　　余 0　　　　12厘米

图 3-20B　M23 出土釉陶壶、瓿，硬陶罍及陶罐

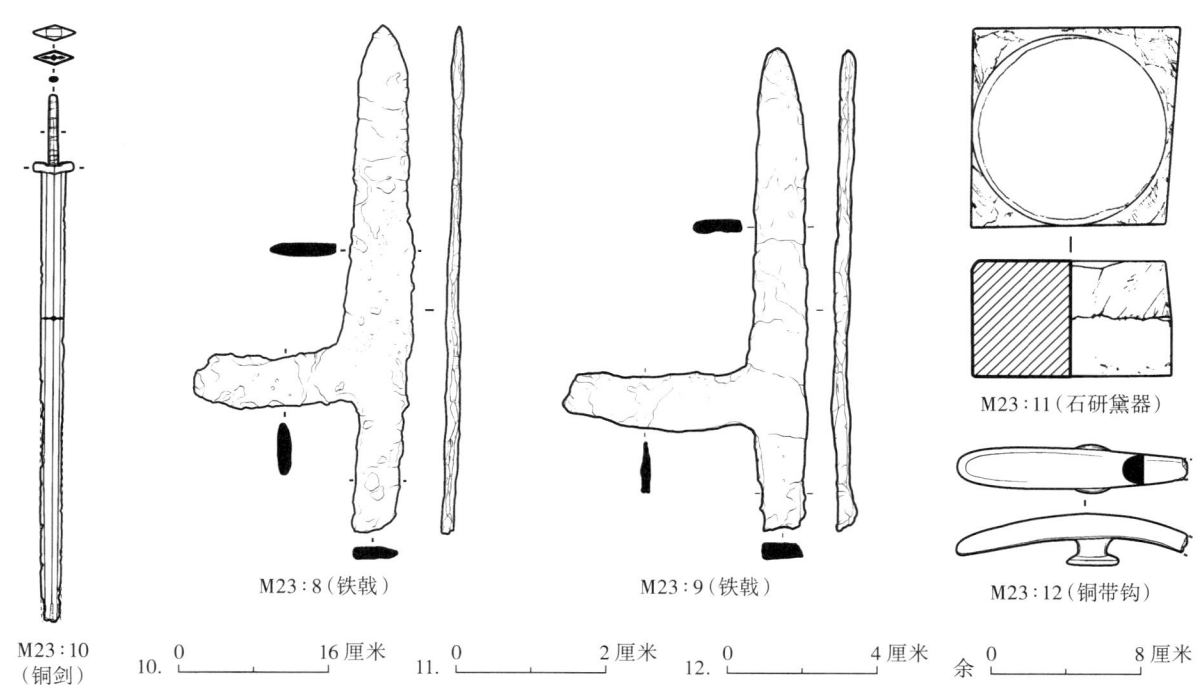

M23：10
（铜剑）

10. 0 ⊢————————————⊣ 16 厘米

M23：8（铁戟）

11. 0 ⊢————⊣ 2 厘米

M23：9（铁戟）

12. 0 ⊢—————⊣ 4 厘米

M23：11（石研黛器）

M23：12（铜带钩）

余 0 ⊢————————⊣ 8 厘米

图 3-20C　M23 出土铜剑、带钩，铁戟及石研黛器

M23：9，残，锈蚀严重。整体呈"卜"字形，枝较长，援位于枝的下端，直援，断面皆作菱形。戟身残长 26.2，援长 10、宽 3 厘米。（图 3-20C；彩版一一五，2）

石研黛器　1 件。

M23：11，灰色砂岩。整体形如柱础，上圆下方，直径与宽相等，顶面与底面均磨光。直径 2.6、高 1.6 厘米。（图 3-20C；彩版一二二，5）

M33

位于墓地中南部，被 M24、M27 打破。墓向 170°（图 3-21A；彩版一五，2）。该墓被严重破坏，残存墓底。墓坑平面呈"凸"字形，由墓道和墓室两部分组成。墓道位于墓室南侧，残存底部，略呈斜坡状，长 2.2、南端宽 0.86、北端宽 1.01、最深处 0.4 米。墓坑为长方形，四壁内收，口大底小，墓坑口长 3.33、宽 2.17~2.43 米，底部长 3.29、南宽 2.11、北宽 2.3、最深 1.13 米，坑内填黄褐色花土，土质较硬。墓坑与砖室间距 0.05~0.15 米。砖室长 3.2、宽 2.6、残高 0.08 米。砖壁仅剩两层错缝横砌单砖，墓底砖为"一顺一丁"对缝平铺。墓砖为长方形素面青砖，长 26、宽 13、厚 4 厘米。随葬器物 13 件，集中摆放于砖室西侧和北侧，砖室北侧有釉陶壶 1 件、陶罐 1 件、青铜卮 1 件，砖室西侧有釉陶壶 1 件、陶罐 4 件、陶灶 1 件、陶甑 1 件、陶釜 2 件（置于陶灶之上），另有 1 把铁剑置于砖室东侧，南北向放置。

釉陶壶　2 件。

M33：1，轮制。盘口微侈，圆唇、高颈，溜肩，弧腹，底部内凹。唇下有一道束痕，盘口下部饰两周弦纹，肩部对置两叶脉纹器耳，肩部饰三组弦纹，腹部饰弦纹。灰褐胎，口沿内及颈

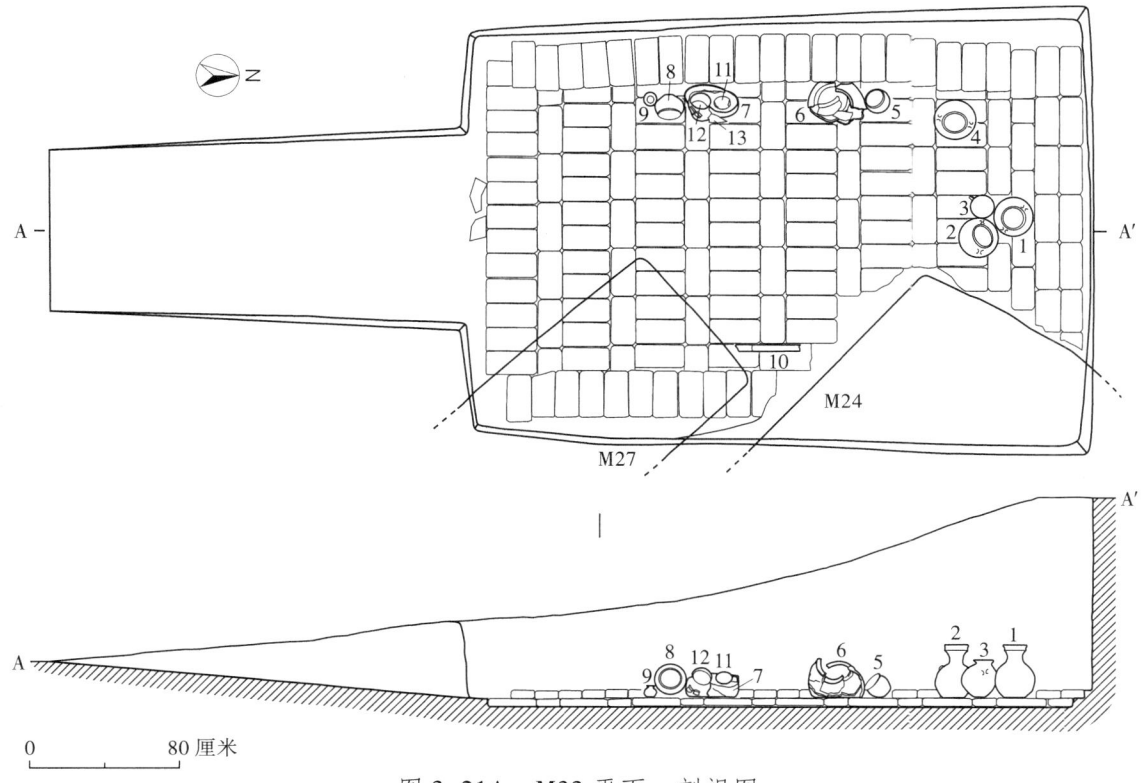

图 3-21A　M33 平面、剖视图

1、4. 釉陶壶　2、5、6、8、9. 陶罐　3. 铜卮　7. 陶灶　10. 铁剑　11、12. 陶釜　13. 陶甑

下至上腹部有青黄釉。口径 12.3、最大腹径 20.4、底径 10.2、高 28.2 厘米。（图 3-21B；彩版四二，2）

M33：4，轮制。盘口，圆唇、高颈，溜肩，弧腹，下腹斜收，腹最大径位于约中腹部，平底。口沿饰一组弦纹，颈部饰一组弦纹，肩部对置两叶脉纹器耳，饰两组弦纹，腹部满饰弦纹。红褐胎，口沿内及颈下至上腹部有青黄釉。口径 13.5、最大腹径 21.6、底径 11.4、高 30.6 厘米。（图 3-21B；彩版四二，3）

陶罐　5 件。

M33：2，泥质黄陶，轮制。敞口，溜肩，微鼓腹，腹部最大径偏上，下腹斜收，平底。肩部近口沿处对置两器耳，器身满饰弦纹。口径 14、最大腹径 20、底径 10、高 18 厘米。（图 3-21B；彩版七七，3）

M33：5，泥质红陶，轮制。残。侈口，圆唇，弧肩，鼓腹弧收，平底。肩部对称贴塑两器耳，肩部和腹部饰弦纹。口径 18.4、最大腹径 24.8、底径 12、高 19.5 厘米。（图 3-21B；彩版七七，4）

M33：6，泥质黄陶，敛口，斜沿，矮颈，溜肩，鼓腹，下腹斜收，底部内凹。肩部对置两器耳。口径 12.8、最大腹径 22、底径 15.2、高 15.6 厘米。（图 3-21B；彩版八一，6）

M33：8，泥质红陶，轮制。微侈口，平沿，矮束颈，弧肩，鼓腹，腹部最大径偏上，下腹斜收，平底。无耳，肩部及上腹部满饰弦纹。口径 9.6、最大腹径 12.8、底径 6.8、高 9.6 厘米。（图 3-21B；彩版七七，5）

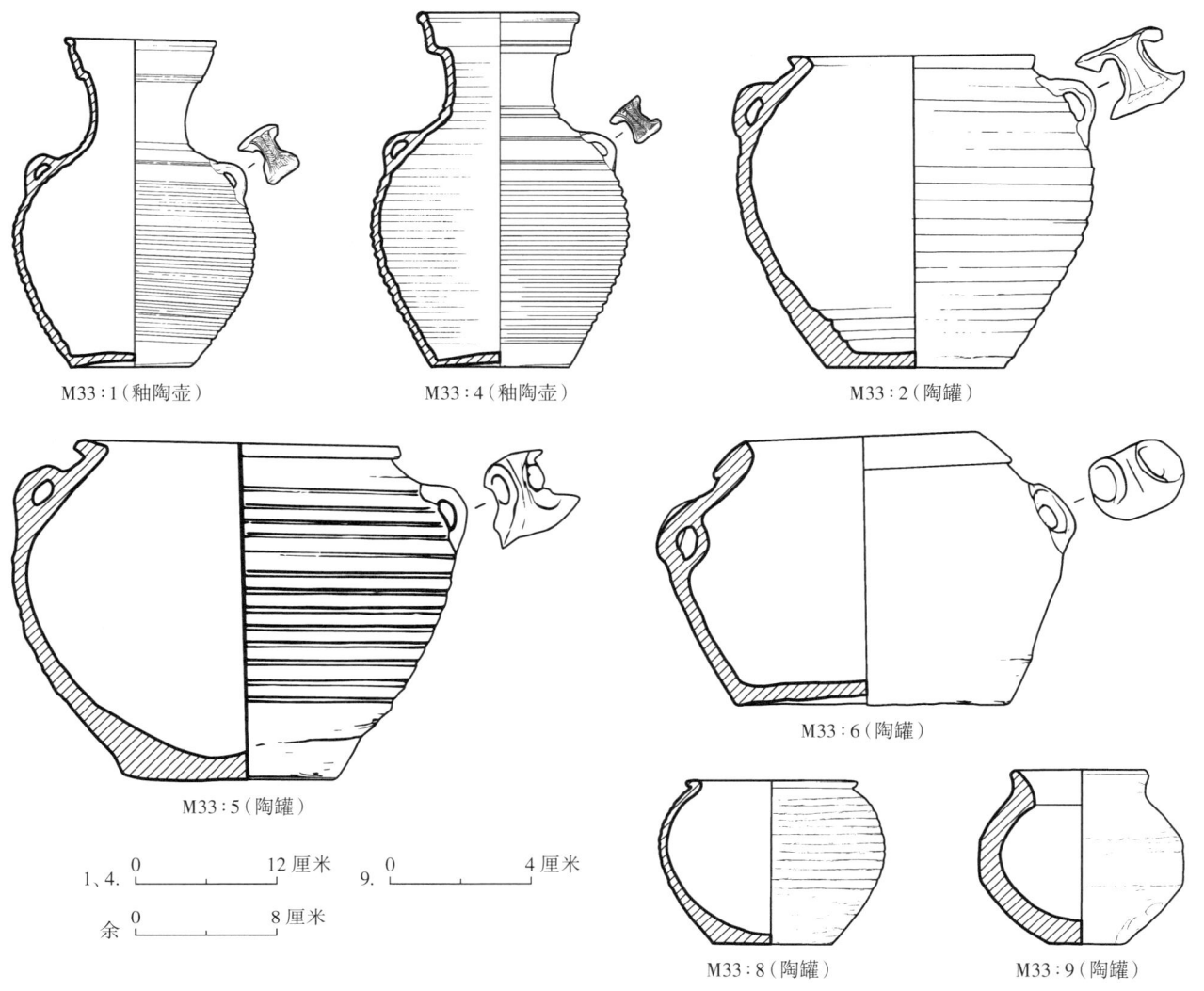

M33:1(釉陶壶)　　　　　M33:4(釉陶壶)　　　　　M33:2(陶罐)

M33:5(陶罐)　　　　　　　　　M33:6(陶罐)

1、4. 0　　　　12厘米　　　9. 0　　　4厘米

余 0　　　8厘米

M33:8(陶罐)　　　　　M33:9(陶罐)

图3-21B　M33出土釉陶壶、陶罐

　　M33:9，泥质灰陶，手制。侈口，束颈，圆鼓腹，小平底。素面。口径3.9、腹径5.8、底径2、高5.1厘米。（图3-21B；彩版八二，4）

　　陶釜　2件。

　　M33:11，夹砂黄陶，残。敛口，斜沿，鼓腹，平底。口径9.3、底径9.2、高6.4厘米。（图3-21C；彩版八四，9）

　　M33:12，夹砂黄陶，敞口，圆唇，浅弧腹，平底。口径9、底径4.8、高2.8厘米。（图3-21C；彩版八七，5）

　　陶甑　1件。

　　M33:13，夹砂黄陶，残存底部。平底，底部有五个箅孔，呈十字形排列。底径11.2、残高2.2厘米。（图3-21C；彩版九三，2）

　　陶灶　1件。

　　M33:7，夹砂黄陶，已残。整体呈船形，前端置方形灶门，灶面设两灶眼，前小后大，上置

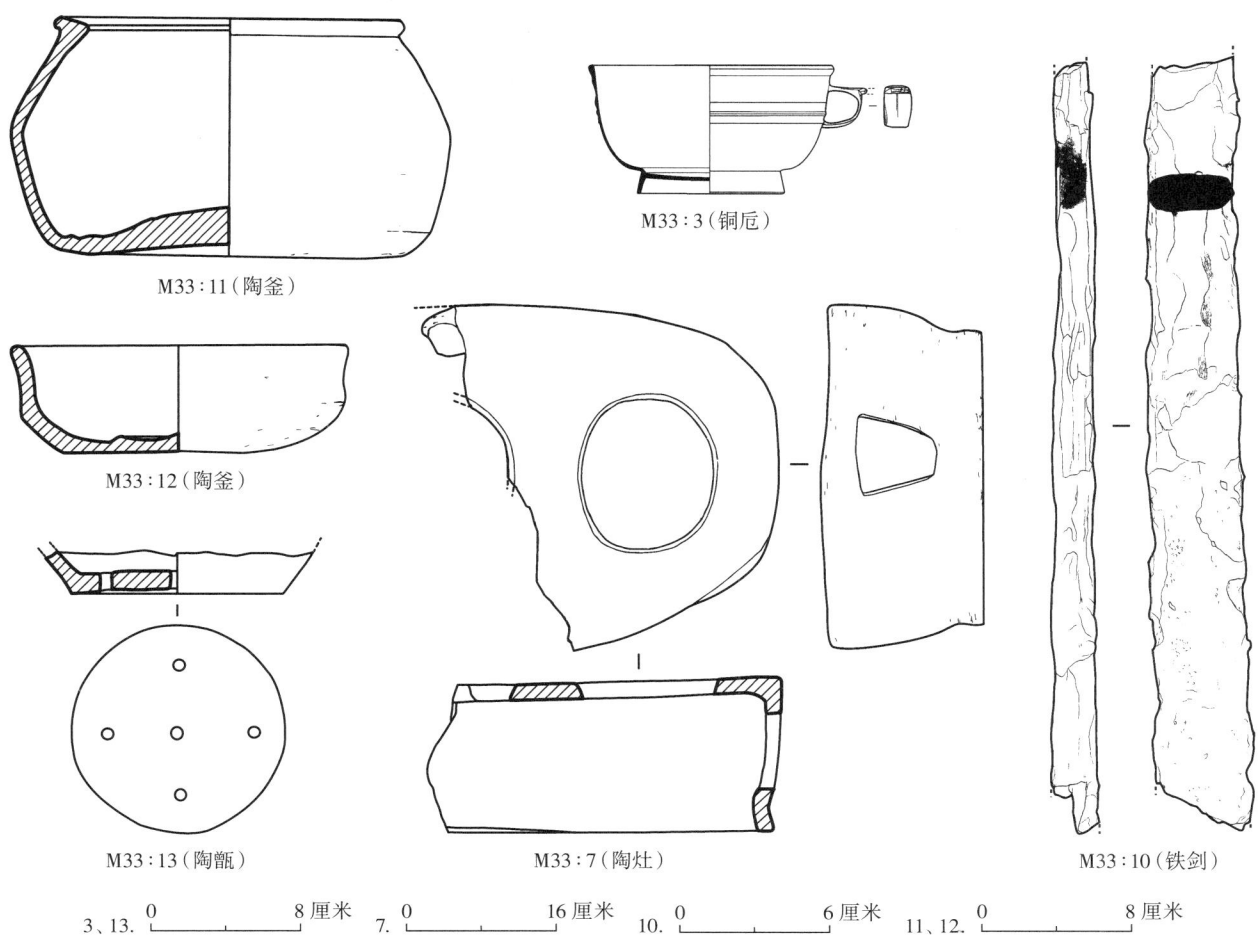

M33:11（陶釜）

M33:3（铜卮）

M33:12（陶釜）

M33:13（陶甑）　　　　　M33:7（陶灶）　　　　　M33:10（铁剑）

3、13.　0　　　　8厘米　　7.　0　　　　16厘米　　10.　0　　　6厘米　　11、12.　0　　　　8厘米

图 3-21C　M33 出土陶釜、甑、灶及铜卮、铁剑

两釜。后残。残长 37.6、宽 37.6、高 16.8 厘米。（图 3-21C；彩版九三，1）

铜卮　1 件。

M33:3，碗形，敞口，圆唇，微束颈，弧腹，平底，圈足略外撇。口沿下方一侧附牛鼻形錾手，上腹部饰两周凸棱。口径 12.8、圈足径 7.8、高 6.92 厘米。（图 3-21C；彩版一〇四，2）

铁剑　1 件。

M33:10，锈蚀严重。残存中间部分。双面刃，断面呈菱形。残长 31.5、宽 3.6 厘米。（图 3-21C；彩版一一四，4）

（二）不带墓道的墓

平面呈长方形，共 7 座，编号为 M7、M10、M12、M31、M40、M45 和 M48。

M7

位于墓地中部，打破 M14 东南角。墓向 184°。（图 3-22A；彩版一八）墓葬被破坏严重，残存底部及部分墓壁。墓坑平面呈长方形，直壁，平底。墓坑长 3.6、宽 2.25，残深 0.4 米。坑壁与

砖室间距 0.16~0.24 米，坑内填土为灰褐色，土质较疏松。墓坑内铺砌砖室，砖室长 3.4、宽 1.85 米，现存高度 0.72 米。砖室顶部形制不明，砖壁为单砖顺置错缝平砌，北壁大部分缺失，墓底平铺"人"字形地砖。墓砖皆为素面青砖、少量红砖，长 28、宽 13、厚 5 厘米，砖室内填土呈黄褐色，土质疏松。随葬器物 22 件，多放置于砖室南端，器形有釉陶喇叭口壶 3 件、釉陶盘口壶 6 件、釉陶壶 1 件（口部缺失）、陶罐 2 件、陶器盖 1 件、陶灶 1 件、陶釜 2 件、陶甑 1 件，砖室东南角有青铜盆 1 件，盆内发现漆木器痕迹，无法提取。砖室中部有铜镜 1 件、料珠 1 组、铁钩 1 件，砖室中部偏西位置随葬有 1 件南北向放置的铁环首刀，环首朝南侧，据此推测墓主人头向朝南。

釉陶壶 10 件。其中，喇叭口壶 3 件，盘口壶 6 件，还有 1 件壶口部缺失。

M7：4，轮制。喇叭口，圆唇、高颈，溜肩，圆鼓腹，下腹弧收，平底。口沿饰一周弦纹，颈部饰两周弦纹，间一周水波纹，肩部对置两叶脉纹器耳，耳上部贴塑"〜"形纹饰一对，肩腹部饰三组弦纹，下腹满饰弦纹。黄褐色胎，器身上部有青黄釉，釉层脱落较严重。口径 13.8、最

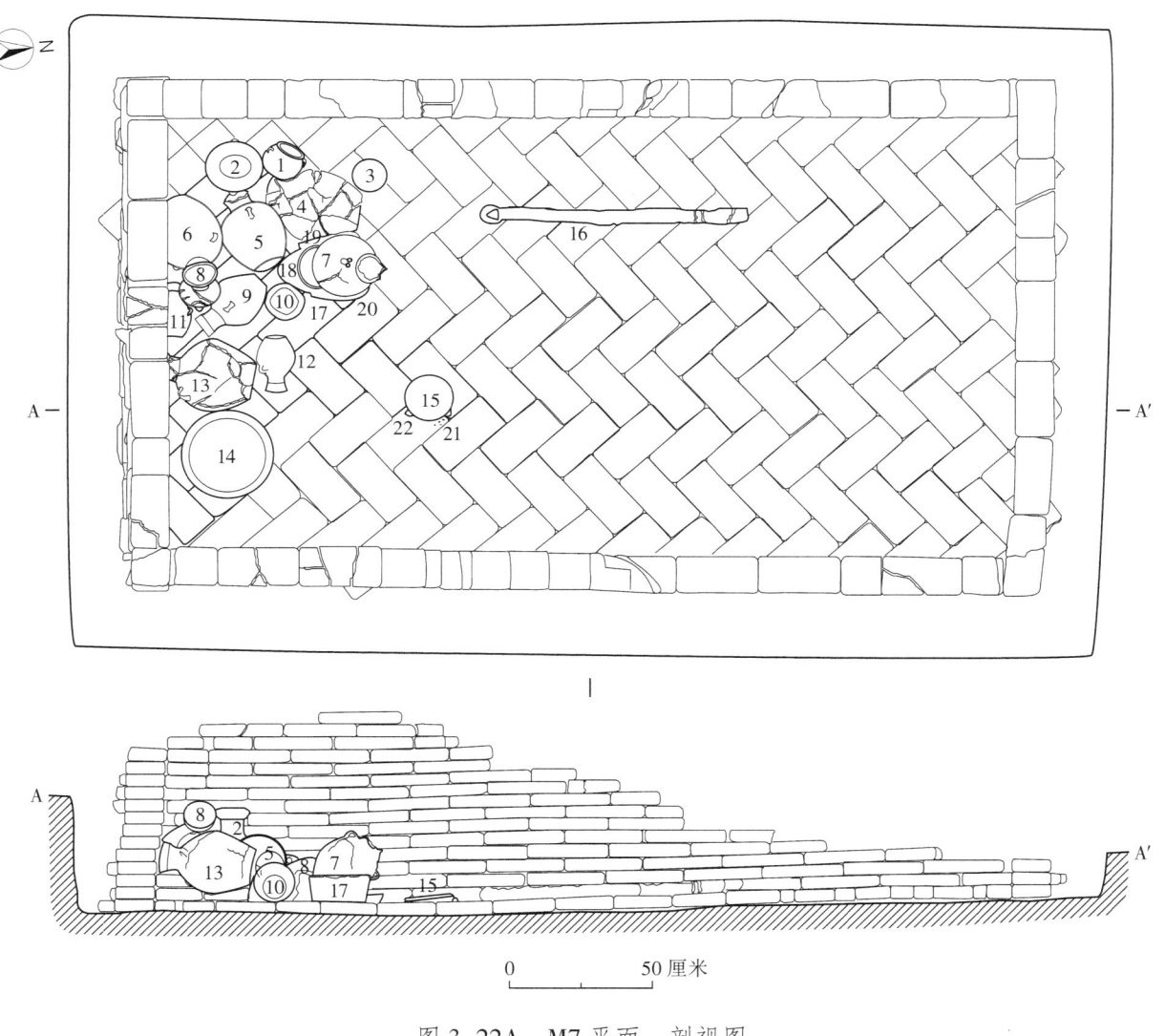

图 3-22A　M7 平面、剖视图

1. 陶罐　2、4~9、11~13. 釉陶壶　3. 陶器盖　10. 陶仓　14. 铜盆　15. 铜镜　16. 铁刀　17. 陶灶　18、19. 陶釜　20. 陶甑　21. 料珠
22. 铁钩

大腹径 22.8、底径 13.2、高 29.4 厘米。（图 3–22B；彩版三〇，1）

M7：5，轮制。喇叭口，沿部起凸棱，尖圆唇、高颈，溜肩，微鼓腹，下腹斜收，平底。颈下部饰两周弦纹和一组水波纹，肩部两侧附贴"〰"形纹饰，下部贴塑叶脉纹器耳，肩部和上腹部饰三组弦纹，下腹部饰弦纹。黄褐胎，口沿内侧及颈下至上腹部有青黄釉。口径 13.8、最大腹径 21、底径 12.6、高 28.2 厘米。（图 3–22B；彩版三〇，2）

M7：8，轮制。喇叭口，圆唇，沿部有一道凹槽，细高颈，溜肩，鼓腹弧收，平底，矮圈足。颈下部饰一组水波纹，肩部对置两叶脉纹器耳，肩部饰一组弦纹，腹部饰弦纹。灰胎，底部内壁起气泡，口沿内侧及颈下至上腹部有青黄釉，釉层脱落较严重。口径 9、最大腹径 14.4、圈足径 8.4、高 18.3 厘米。（图 3–22B；彩版三〇，3）

M7：2，轮制。盘口，圆唇、高颈，溜肩，圆鼓腹，下腹弧收、最大腹径位于中腹部，平底。口沿饰一组弦纹，肩部对置两叶脉纹器耳，肩腹部饰三组弦纹，腹部满饰弦纹。灰褐胎，器身上部有青黄釉。口径 11.1、最大腹径 21、底径 10.8、高 29.4 厘米。（图 3–22B；彩版三七，1）

M7：6，盘口外侈，圆唇、高颈，微鼓腹，腹部最大径近中部，下腹斜收，平底。口沿下部饰一组弦纹，颈下部饰两周弦纹和一组水波纹，肩部对置两叶脉纹器耳，肩部饰两组弦纹，腹部满饰弦纹。灰褐胎，下腹偏红，器身上部有青黄釉，釉层脱落较严重。口径 13.8、最大腹径 25.2、底径 12.6、高 36 厘米。（图 3–22B；彩版三七，2）

M7：9，轮制。盘口，圆唇、高颈，溜肩，圆鼓腹，下腹弧收，腹最大径位于中腹部，平底，矮圈足。口沿饰一组弦纹，颈部饰一组弦纹，肩部对置两叶脉纹器耳，肩腹部饰两组弦纹，腹部满饰弦纹。灰褐胎，器身上部有青黄釉，釉层脱落较严重。口径 10.8、最大腹径 18.6、底径 9.8、高 26.4 厘米。（图 3–22B；彩版三七，3）

M7：11，轮制。盘口，圆唇、高颈，溜肩，圆鼓腹，腹最大径位于中腹偏上，下腹斜收，平底，矮圈足。口部饰一组弦纹，肩部和上腹部饰三组弦纹，附贴两叶脉纹器耳，腹部饰弦纹。黄褐胎，器身上部有青黄釉，釉层脱落较严重。口径 9、最大腹径 13.5、底径 8、通高 19.5 厘米。（图 3–22B；彩版三八，1）

M7：12，轮制。盘口，圆唇、高颈，溜肩，弧腹，平底，矮圈足。口沿下部饰两周弦纹，颈部下方饰一周弦纹，肩部对置两叶脉纹器耳，肩部及上腹部两组弦纹，下腹部满饰弦纹。灰胎，器身上部有青黄釉，釉层脱落较严重。口径 8.7、最大腹径 13.2、圈足径 7.8、高 19.8 厘米。（图 3–22B；彩版三八，2）

M7：13，轮制，烧制火候较低。盘口外侈，圆唇、高颈，溜肩，鼓腹，腹部最大径近中部，下腹斜收，底部微凹。口沿下方饰两周凸弦纹，颈下部饰两周弦纹和一组水波纹，肩部对置两叶脉纹器耳，肩部饰两组凸弦纹，腹部饰弦纹。红褐胎，器身上部有落灰釉痕。口径 14.4、最大腹径 26.4、底径 13.2、高 35.4 厘米。（图 3–22B；彩版三八，3）

M7：7，轮制。口残。溜肩，圆鼓腹，下腹弧收，腹最大径位于中腹部，平底。颈部下方饰两周弦纹，肩部两侧附贴"〰"形纹饰，下部贴塑叶脉纹器耳，肩腹部饰两组弦纹，腹部满饰弦纹。黄灰胎，颈下至上腹部有青黄釉。最大腹径 23.1、底径 11.4、残高 24 厘米。（图 3–22B；彩版四三，2）。

M7:2（釉陶壶）

M7:4（釉陶壶）

M7:6（釉陶壶）

M7:8（釉陶壶）

M7:5（釉陶壶）

M7:7（釉陶壶）

M7:9（釉陶壶）

M7:11（釉陶壶）

M7:1（陶罐）

M7:12（釉陶壶）

M7:13（釉陶壶）

1. 0 ⊢————————⊣ 8 厘米

余 0 ⊢————————⊣ 12 厘米

图 3-22B　M7 出土釉陶壶、陶罐

陶罐　1 件。

M7：1，泥质红陶，轮制。敛口，平沿，弧肩，鼓腹弧收，腹部最大径偏上，底部内凹。肩部对置两叶脉纹器耳，肩部及腹部饰弦纹。口径 10.4、最大腹径 14.8、底径 6.8、高 11.6 厘米。（图 3-22B；彩版七六，1）

陶釜　2 件。

M7：18，酥碎严重。泥质灰陶。敞口，圆唇，弧腹，平底。口径 19、底径 10、高 6.8 厘米。（图 3-22C；彩版八七，1）

M7：19，泥质灰陶。敛口，弧肩，弧折腹，平底。素面。口径 5.2、底径 5.6、高 6 厘米。（图 3-22C；彩版八五，5）

陶甑　1 件。

M7：20，泥质灰陶，残存底部。平底，见五个圆形算孔呈十字形分布。底径 6.2、残高 2 厘米。（图 3-22C；彩版九〇，3）

陶灶　1 件。

M7：17，酥碎严重。泥质灰陶，手制。整体呈船形，灶前端已残，灶面置一釜，灶面后端可辨有排烟小孔。残长 23.6、宽 17.6、高 9.6 厘米。（图 3-22C；彩版九二，5）

陶仓　1 件。

M7：10，夹砂红陶。侈口，圆唇，折沿，深腹，平底。上腹部有凸棱一周。口径 26、底径 15.6、高 24.8 厘米。（图 3-22C；彩版九四，4）

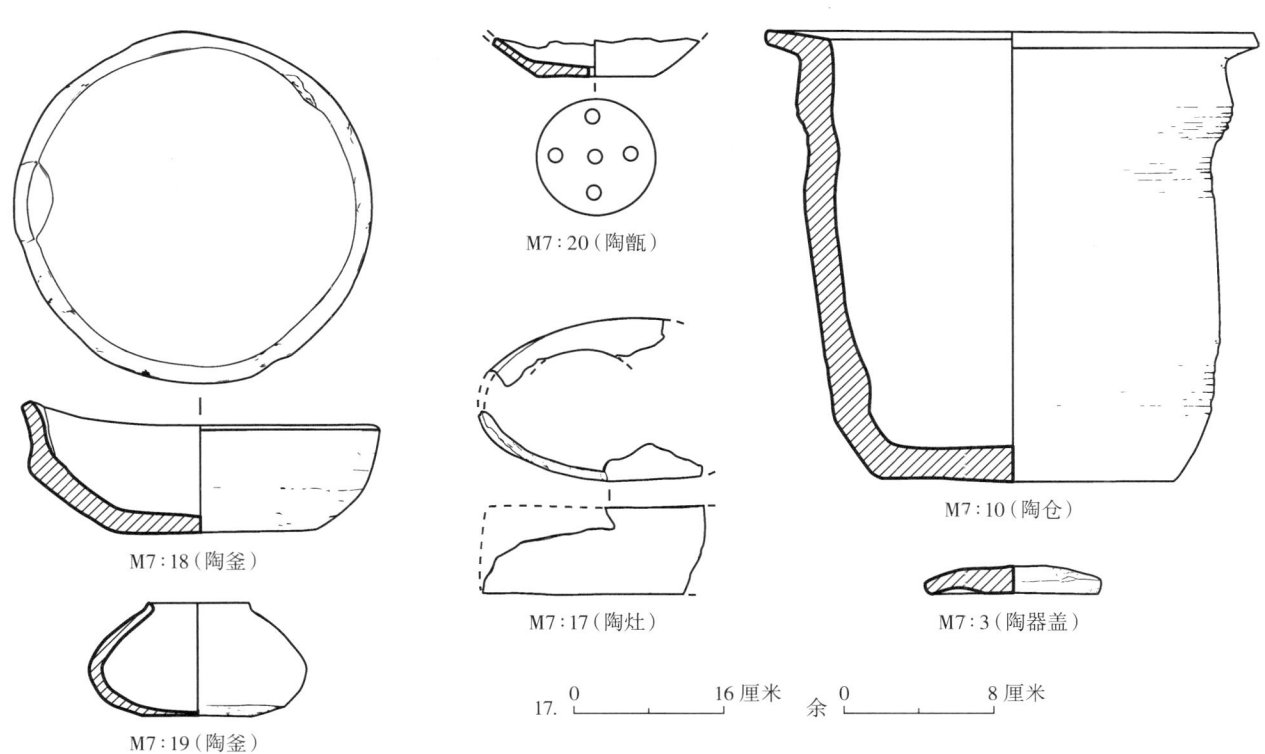

M7：18（陶釜）

M7：19（陶釜）

M7：20（陶甑）

M7：17（陶灶）

M7：10（陶仓）

M7：3（陶器盖）

17. 0 ———— 16 厘米　　余 0 ———— 8 厘米

图 3-22C　M7 出土陶釜、甑、灶、仓、器盖

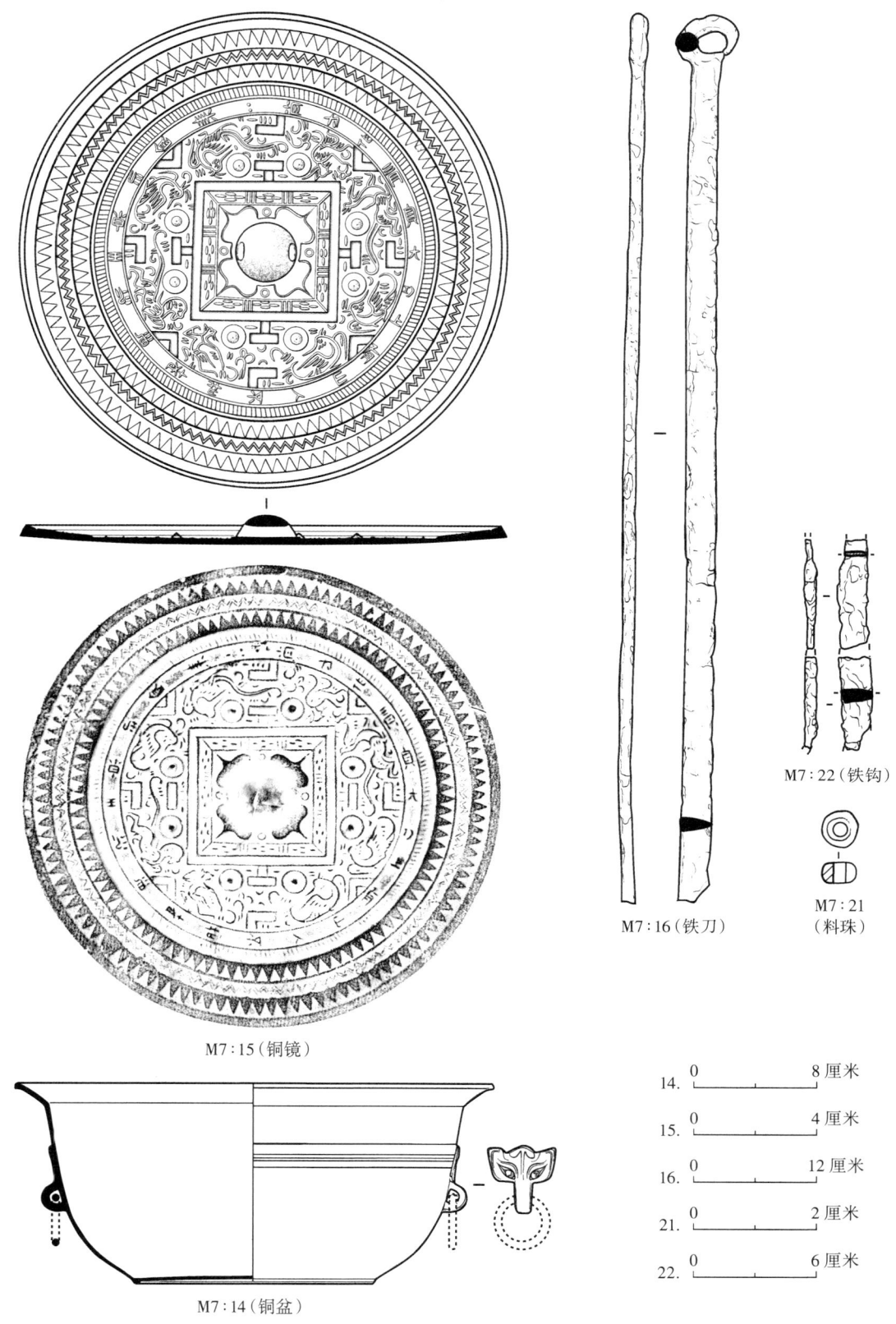

M7：15（铜镜）

M7：14（铜盆）

M7：16（铁刀）

M7：22（铁钩）

M7：21
（料珠）

14.	0		8 厘米
15.	0		4 厘米
16.	0		12 厘米
21.	0		2 厘米
22.	0		6 厘米

图 3-22D　M7 出土铜镜、盆，铁刀、钩及料珠

陶器盖 1件。

M7：3，泥质红陶。残损，器形难以辨认。盖面径9.3、高1.4厘米。（图3-22C；彩版九五，4）

铜镜 1件。

M7：15，尚方镜。面微弧，镜缘平沿微凸，镜背略呈内凹状，圆纽，四叶柿蒂纹纽座，柿蒂间饰圆珠纹。内区座外饰方框，方框四边填"十"字形短竖线，以横线间隔，方框外侧一周弦纹。背为博局图，博局间有八枚尖状乳丁，一组相对禽鸟、羽人、白虎、朱雀、玄武、青龙和直立兽。外侧两周弦纹内为一周铭文带，上铭"尚方作竟（镜）真大巧，上有山人不知老，渴饮玉泉饥食枣"。铭文带外饰一周栉齿纹。外区由内向外分别饰锯齿纹、复线波折纹和锯齿纹。直径15.8、厚0.6、纽高0.9厘米。（图3-22D；彩版一〇〇，2）

铜盆 1件。

M7：14，残。侈口、宽折沿、深腹、平底，底部一周矮圈足，器壁较薄。腹部有一道凸纹，腹部凸纹下对置两铺首衔环，上端贴塑模印兽面纹铺首，下接衔环（残）。口径约28.8、圈足径15.2、高13.2厘米。（图3-22D；彩版一〇三，1）

铁刀 1件。

M7：16，残，锈蚀严重。刀与环首一体，环首为扁圆形，刀柄处较窄，断面近三角形，两端圆钝，内部中空。刀身直，刀末已残，断面呈三角形。刀柄与刀身表面均有一层皮状物，残长88.8、宽3厘米。（图3-22D；彩版一一一，5）

铁钩 1件。

M7：22，出土于铜镜下方。铁质，锈蚀严重，残断为两截，两端可辨弯曲钩状。残长10.35、宽1.4、厚0.5厘米。（图3-22D；彩版一一六，1）

料珠 1组。

M7：21，一组共5件。蓝绿色琉璃，透明质。扁圆形珠，中间穿一孔。大小不一，最大径者0.6厘米，最小径者0.4厘米。（图3-22D；彩版一二一，6）

M10

位于墓地西南部，墓向84°。（图3-23A；彩版一九，1）墓葬被破坏严重，残存墓底和部分墓壁。墓坑平面呈长方形，长3.9、宽2.7、残深0.02~0.4米，坑内填灰褐色花土，夹杂少量棕色土块，较致密。坑底以"二纵二横"方式平铺素面青砖，其上砌筑砖室，砖室东西残长3.4、南北残宽2.1米，砖壁残高0.32~0.62米。残存东、北两侧砖壁，砖壁以素面青砖双层错缝平铺垒砌，局部由黄土块填充。墓砖长35、宽15、厚5厘米。砖室内填黄褐色花土，近墓底铺砖面0.1米处填土呈恢褐色，夹杂较多灰白土颗粒，土质较致密。随葬器物共18件，其中墓室东部有釉陶壶3件、铜镜1件、铜钱1组，铁刀2件、铁剑2件、铁钩2件，墓室西部有铁钩1件、铁剑2件、铁锸1件、铜带钩1件、石黛板1件、石研黛器1件。

釉陶壶 3件。

M10：1，轮制。低温釉陶盘口壶，盘口，平沿，细高颈，溜肩，扁圆腹，下腹弧收，腹最大径偏下，平底、高圈足，圈足外撇。肩部饰两周弦纹，附贴两叶脉纹器耳。器身灰胎，圈足胎呈红

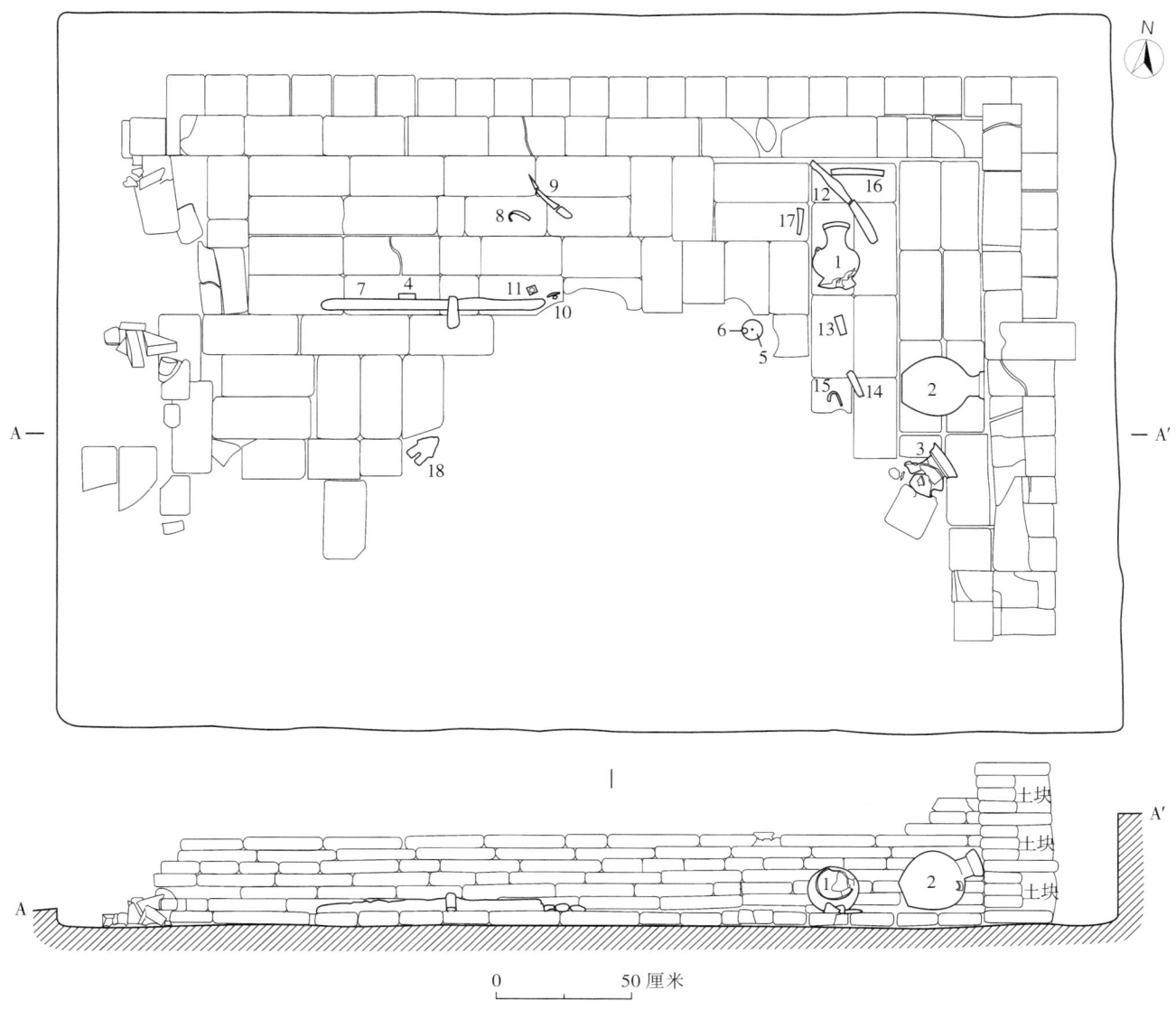

图 3-23A M10 平面、剖视图

1~3. 釉陶壶 4. 石黛板 5. 铜镜 6. 铜钱 7、9、12、13. 铁剑 8、14、15. 铁钩 10. 铜带钩 11. 石研黛器 16、17. 铁刀 18. 铁锸

色，外壁通体有绿釉，内壁口沿处有釉，釉层顺内壁流下，流至内底。口径 9.9、最大腹径 16.8、底径 10.2、圈足径 13.5、高 22.5 厘米。（图 3-23B；彩版四三，1）

　　M10：2，轮制。盘口，子母口唇、高颈，弧肩，圆鼓腹，下腹斜收，腹最大径位于中腹部偏上，平底。口沿饰一组弦纹，颈部饰两周弦纹，下为水波纹，肩部饰两组凸弦纹，附贴两叶脉纹器耳。灰胎，器身上部有落灰釉痕。口径 12.6、最大腹径 24.6、底径 11.4、高 31.8 厘米。（图 3-23B；彩版三八，5）

　　M10：3，轮制。盘口，盘口略外侈，子母口唇、高颈，弧肩，圆鼓腹，下残。口沿饰 2 道弦纹，颈部饰一周弦纹，下为水波纹，肩部饰两组凸弦纹，附贴两叶脉纹器耳，腹部满饰弦纹。灰胎，器身上部有落灰釉痕。口径 12.9、残高 18 厘米。（图 3-23B；彩版三八，4）

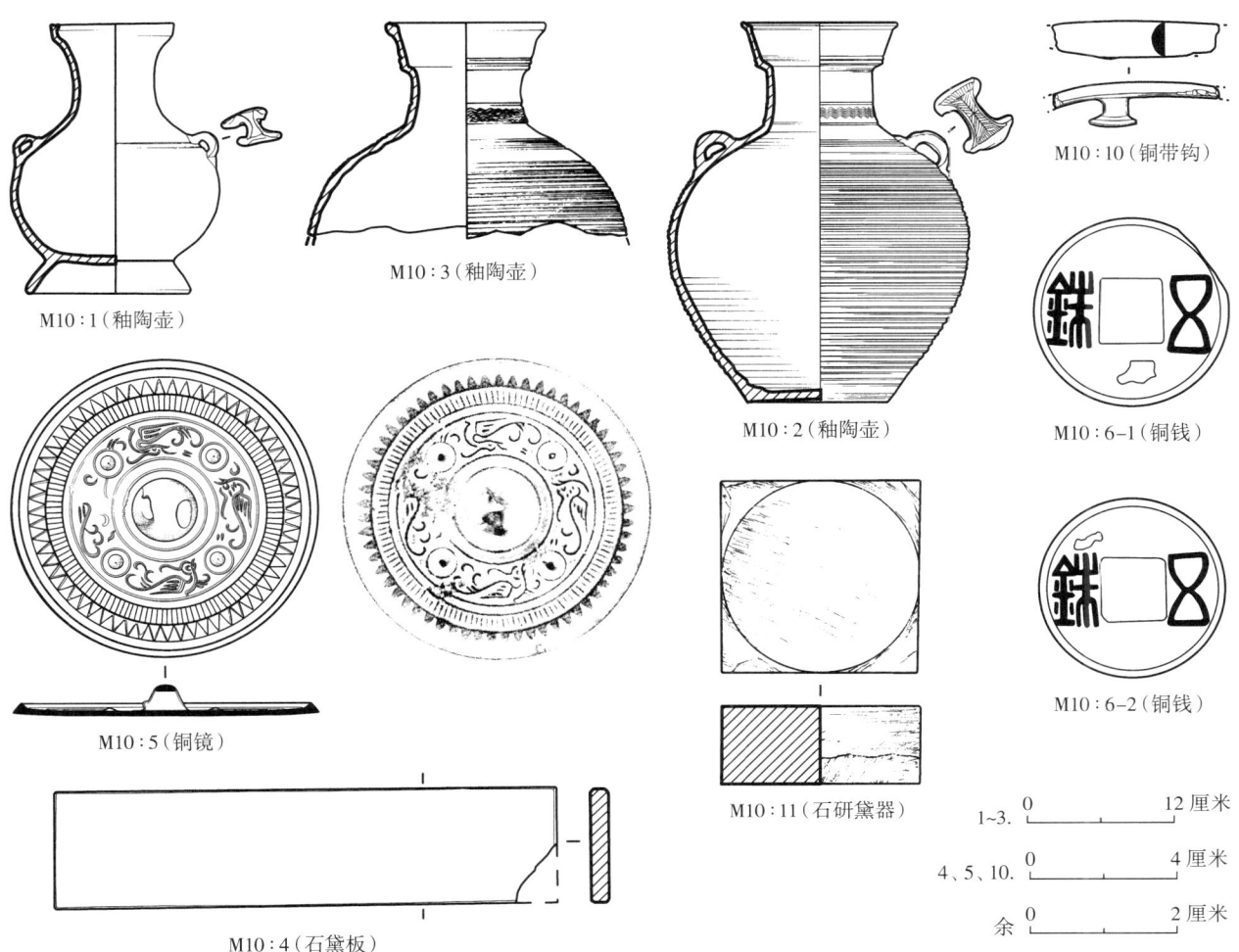

M10 : 1（釉陶壶）

M10 : 3（釉陶壶）

M10 : 2（釉陶壶）

M10 : 10（铜带钩）

M10 : 6-1（铜钱）

M10 : 5（铜镜）

M10 : 6-2（铜钱）

M10 : 11（石研黛器）

M10 : 4（石黛板）

1~3.　0 ————— 12 厘米

4、5、10.　0 ———— 4 厘米

余　0 ———— 2 厘米

图 3-23B　M10 出土釉陶壶、铜镜及石黛板、研黛器

铜镜　1 件。

M10 : 5，四乳禽鸟镜。镜面微弧，镜缘为凸沿，镜背呈内凹状，弓形纽，圆纽座。内区座外两周弦纹内为四乳和四鸟相间环列，两鸟昂首，两鸟顾首。外侧饰一周栉齿纹和一周锯齿纹。直径 8.3、厚 0.4、纽高 0.8 厘米。（图 3-23B；彩版九九，3）

铜带钩　1 件。

M10 : 10，青铜质。勾头及勾尾均残，钩身琵琶形，圆纽。素面。残长 4.5、宽 1、高 1.2、厚 0.16 厘米。（图 3-23B；彩版一〇四，6）

铜钱　1 组。

M10 : 6，残损，共 19 枚，4 枚较完整，大部分钱文模糊。可分为两型：一型正面穿外无郭，背面穿外有郭，正面穿外左右有篆文"五铢"，"五"字交笔弯曲状，上下两横伸出，"铢"的金字头为等腰三角形，"朱"字头圆折；标本 M10 : 6-1，钱径 2.6、穿宽 0.9、厚 0.2 厘米。一型"五"字交笔弯曲，上下两横伸出，"朱"字头方折，"五"字交笔弯曲尤甚，上下两横不伸出；标本 M10 : 6-2，钱径 2.5、穿宽 0.9、厚 0.2 厘米。（图 3-23B；彩版一〇六，1）

铁刀 2 件。

M10：16，环首刀。锈蚀及残损严重，（环首）刀柄及刀锋无存，刀身平直，单面刃，断面呈三角形，残长 46.8、宽 3.8 厘米。（图版 3-23C；彩版一一一，4）

M10：17，锈蚀严重，残断成四截。断面呈扁平状三角形，残长 36、宽 2.5、厚 0.8 厘米。（图

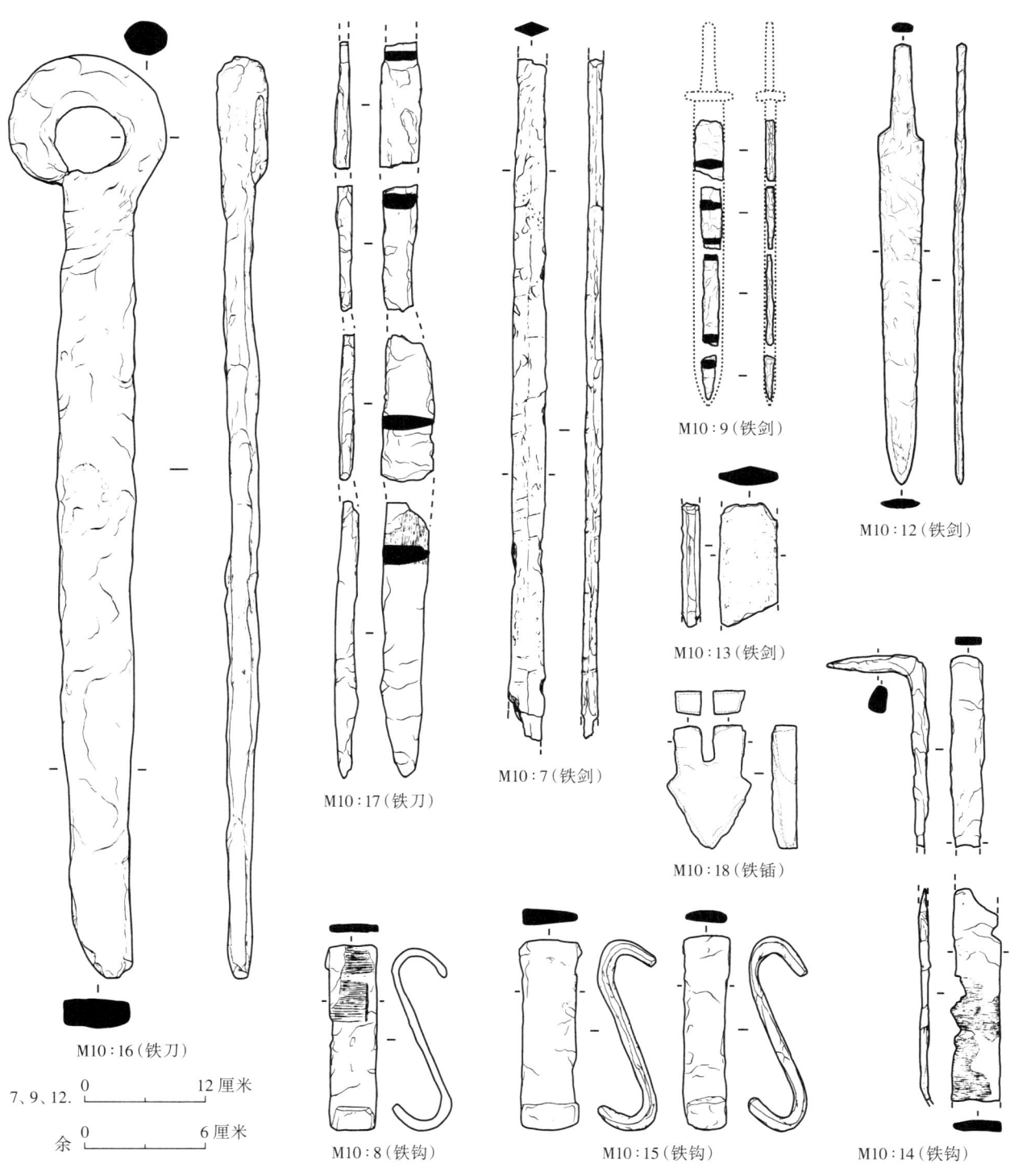

M10：9（铁剑）

M10：12（铁剑）

M10：13（铁剑）

M10：7（铁剑）

M10：18（铁锸）

M10：16（铁刀）

M10：17（铁刀）

7、9、12. 0　　　12 厘米

余　0　　　6 厘米

M10：8（铁钩）

M10：15（铁钩）

M10：14（铁钩）

图 3-23C　M10 出土铁刀、剑、钩、锸

3—23C；彩版一一二，1）

铁剑　4件。

M10：7，锈蚀严重。长条形茎，茎首收窄，有一圆形纽，茎身有部分红色髹漆残留，方肩，剑身窄长，断面呈菱形，前锋残，残长 69.6、宽 3 厘米。（图 3—23C；彩版一一四，1）

M10：9，锈蚀严重，刀身扁平弧状，单面刃，断面呈菱形，残长 26.4、宽 2.7 厘米。（图 3—23C；彩版一一四，2）

M10：12，宽扁形剑茎，斜肩，剑身扁平，断面呈菱形，断为三节，茎前端及前锋残，锈蚀严重。残长 45、宽 4.5、茎残长 8.4 厘米，剑身厚 1.6 厘米。（图 3—23C；彩版一一三，4）

M10：13，残存一截，形体扁长，脊凸起，断面呈菱形。残长 6.3、宽 2.9、厚 0.9 厘米。（图 3—23C；彩版一一四，3）

铁钩　3件。

M10：8，扁平长条状，两端各反向弯曲成"S"形，断面呈方形。长 9.3、宽 2.3、厚 0.2 厘米。（图 3—23C；彩版一一六，2）

M10：14，锈蚀残损严重，仅剩身，扁平长条状，断面为长方形，残长 10.65、宽 2.4 厘米。（图 3—23C；彩版一一六，3）

M10：15，锈蚀严重，扁平长条状，两端各反向弯曲成"S"形。M10：15-1，长 9.6、宽 2.7、厚 0.63 厘米；M10：15-2，长 9.8、宽 2.1、厚 0.6 厘米。（图 3—23C；彩版一一六，4）

铁锤　1件。

M10：18，器身呈尖角方形，体扁平，尖首，刃部对称外拱，平背，尾端为方形銎孔。器身长 6.2、刃宽 4.2 厘米，銎长 3.2、宽 1.2 厘米。（图 3—23C；彩版一一七，7）

石黛板　1件。

M10：4，灰色页岩。长条形，修治规整。正面及四边磨光，背面粗糙。长 13.6、宽 3.2、厚 0.5 厘米。（图 3—23B；彩版一二二，1）

石研黛器　1件。

M10：11，圆纽，方座，顶面和底面均磨光。灰色砂岩，因和铁器位置较近，大面积沾染铁锈斑。边长 2.7、高 1 厘米。（图 3—23B；彩版一二二，4）

M12

位于墓地中部，墓向 182°。（图 3—24A；彩版二〇，1）墓葬被破坏严重，残存墓底部分。可辨墓坑平面呈长方形，长 3、宽 1.57、残深 0.2 米。墓内填土呈黄褐色，土质致密，夹杂有碎沙石。砖室残长 2.46、宽 1.2 米，砖壁为单砖错缝平砌，墓底砖为单砖纵向齐缝平铺。墓砖长 28、宽 13、厚 5 厘米。随葬器物 2 件，散置于墓底北部，皆残碎，有陶罐 1 件、铁刀 1 件。

陶罐　1件。

M12：1，泥质红褐陶，轮制。侈口，圆唇，弧腹，下腹斜收，平底。肩部有耳，耳已残，肩部及腹部饰弦纹。口径 10、最大腹径 15.4、底径 7.8、高 14 厘米。（图 3—24B；彩版七六，2）

铁刀　1件。

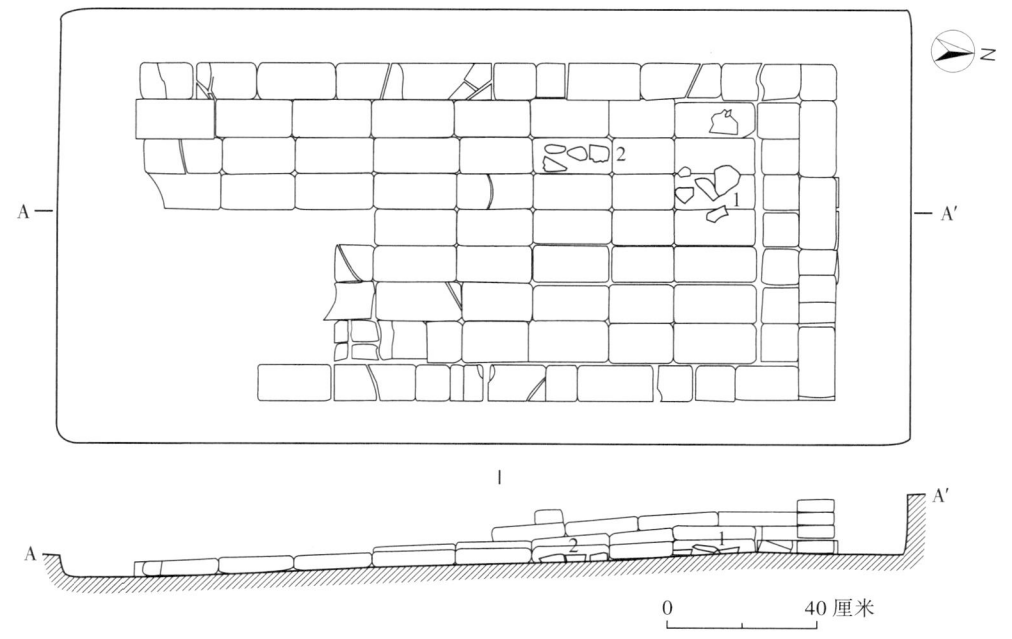

图 3-24A　M12 平面、剖视图
1. 陶罐　2. 铁刀

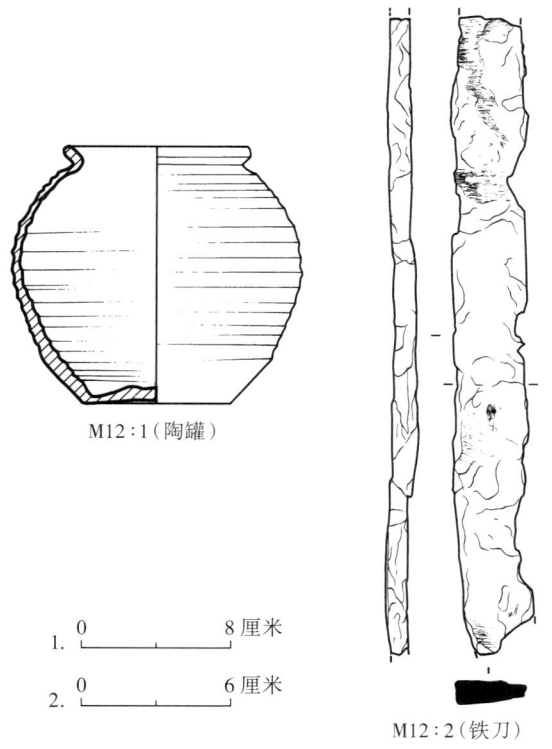

M12:1（陶罐）

1. 0　————　8 厘米
2. 0　————　6 厘米

M12:2（铁刀）

图 3-24B　M12 出土陶罐、铁刀

M12:2，锈蚀严重，刀身平直，单面刃，断面呈三角形，残长 26.1、宽 3、厚 0.9 厘米。（图 3-24B；彩版一一二，3）

M31

位于墓地东南部，墓向 256°。（图 3-25A；彩版一九，2）墓坑平面呈长方形，四壁陡直，底部较为平整。墓坑长 3.4、宽 2.5、深 1.12 米，坑内填黄褐色花土，夹杂有少量陶片和铜钱，土质密实。墓坑与砖室间隔 0.26~0.45 米。砖室长 3.2、宽 1.95、高 0.95 米。墓地砖为单砖纵横对缝平铺，墓地中部偏南侧有 4 块断砖分三处放置，推测为木棺垫砖。砖壁为单砖顺置错缝平砌，北壁受挤压向内倾斜，壁砖墓砖长 26、宽 13、厚 5 厘米。随葬器物共 21 件，大多靠砖室北壁放置，部分位于西北角，器形有釉陶壶 2 件、釉陶瓿 2 件、陶罐 7 件、陶灶 1 件、陶井 1 件、陶瓿 1 件、陶釜 2 件、铜镜 1 件、铜卮 1 件、铜盆 1 件、铁剑 1 件、铁钩 1 件。铜镜置放在墓室西侧，铁剑柄端朝西，推测墓主头向西。

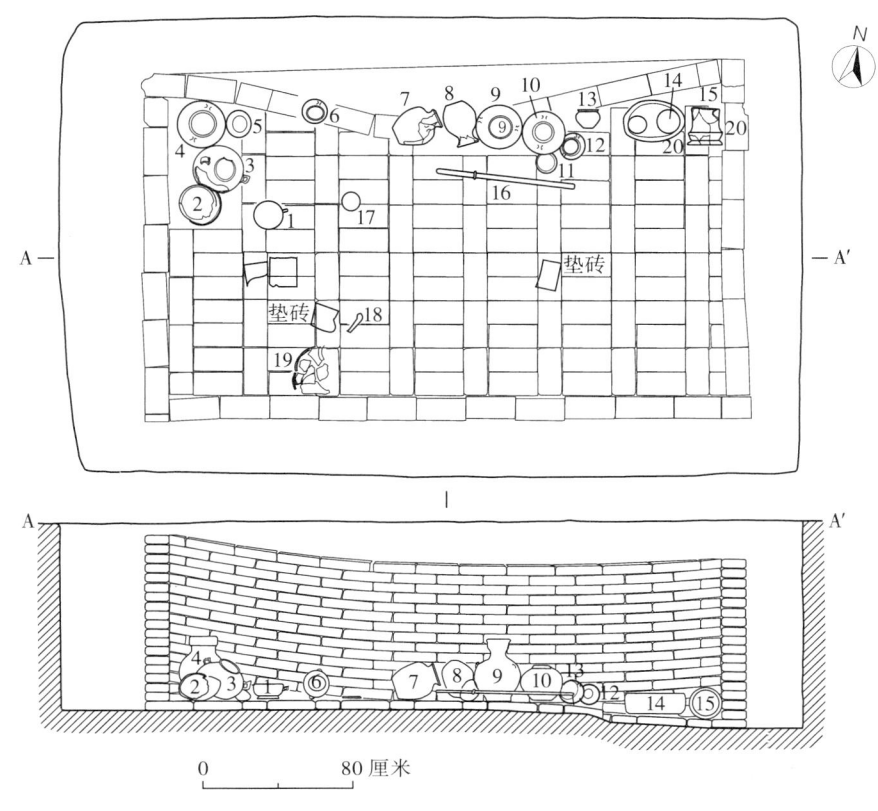

图 3-25A　M31 平面、剖视图

1.铜卮　2.铜盆　3、10.釉陶瓿　4、9.釉陶壶　5、11.陶釜　6.釉陶罐　7、8、12、13、19、20.陶罐
14.陶灶　15.陶井　16.铁剑　17.铜镜　18.铁钩　21.陶甑

釉陶壶　2 件。

M31：4，轮制。盘口、高颈，弧肩，鼓腹，腹部最大径偏上，下腹斜收，平底。盘口上下各饰一周弦纹，颈下部饰两周弦纹和一组水波纹，肩部对置两叶脉纹器耳，肩部及上腹部饰三组弦纹，下腹部饰弦纹。灰褐胎，口沿内侧及颈下至上腹部有青黄釉。口径 14.7、最大腹径 24.6、底径 15、高 34.8 厘米。（图 3-25B；彩版四一，2）

M31：9，轮制。盘口，圆唇、高颈，溜肩，弧腹，下腹斜收，腹最大径位于约中腹部，平底。口沿饰一组弦纹，颈部饰两组弦纹，一周水波纹，肩部对置两叶脉纹器耳，肩部饰两组凸弦纹，腹部满饰弦纹。灰褐胎，口沿内侧及颈下至上腹部有青黄釉。口径 13.8、最大腹径 23.7、底径 11.7、高 33.6 厘米。（图 3-25B；彩版四一，3）

釉陶瓿　2 件。

M31：3，轮制。敛口，方唇，广肩，耳上翘，耳面高于器口，鼓腹，腹最大径位于中腹部，平底，底部三个扁矮足。肩部对置两铺首，其上模印卷云纹、网格纹及乳丁纹，肩腹部饰四组弦纹，间饰三周水波纹。灰褐胎，器身上部有青黄釉，釉层脱落较严重。口径 11.1、最大腹径 27.9、底径 15.6、高 19.8 厘米。（图 3-25B；彩版四六，1）

M31：10，轮制。敛口，斜沿，矮颈，弧肩，鼓腹，下腹弧收，腹最大径位于约中腹部，平底。通体饰弦纹，肩腹部饰两组凸弦纹，肩部对置两铺首，其上模印兽面纹。灰褐胎，器身上部有青绿

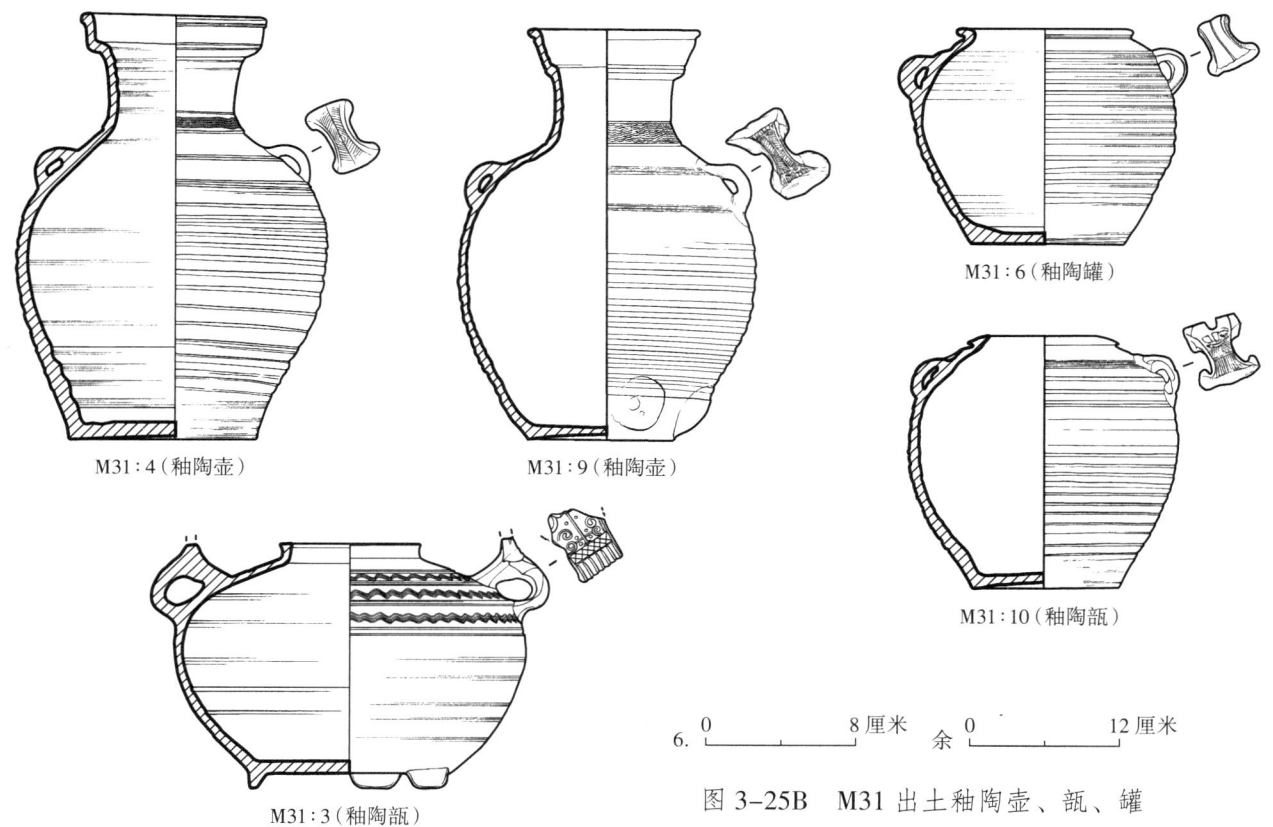

M31:4（釉陶壶）　　　　M31:9（釉陶壶）

M31:6（釉陶罐）

M31:10（釉陶瓿）

M31:3（釉陶瓿）

6. ├─────── 0　　8 厘米　余 0　　　12 厘米 ─────┤

图 3-25B　M31 出土釉陶壶、瓿、罐

釉。口径 11.8、最大腹径 21.3、底径 11.4、高 20.7 厘米。（图 3-25B；彩版五五，1）

釉陶罐　1 件。

M31:6，轮制。侈口，小平沿，弧肩，圆鼓腹，下腹斜收，腹最大径位于上腹部，平底略内凹。通体满饰弦纹，肩部附贴器耳一对，耳饰叶脉纹。灰黑胎，器身上部有青黄釉，釉层脱落较严重。口径 9.2、最大腹径 13.8、底径 8、高 11.6 厘米。（图 3-25B；彩版六五，3）

陶罐　6 件。

M31:7，泥质灰陶，手制，轮修。喇叭口，方唇、高颈，弧肩，圆鼓腹，下腹弧收，平底。素面，肩部对置牛鼻形耳一对。口径 12.8、最大腹径 20.8、底径 12.4、高 23.6 厘米。（图 3-25C；彩版八〇，2）

M31:8，泥质灰陶，手制。口残。喇叭口，弧肩，圆鼓腹，下腹弧收，平底。素面，肩部对置牛鼻形耳一对。最大腹径 20.8、底径 14、残高 23 厘米。（图 3-25C；彩版八〇，3）

M31:12，泥质红陶，轮制。敛口，平沿，矮颈，弧肩，圆鼓腹，下腹斜收，腹最大径位于上腹部，平底。通体饰弦纹，肩部附贴器耳一对。口径 10.6、最大腹径 13.2、底径 7.3、高 10.2 厘米。（图 3-25C；彩版七七，1）

M31:13，泥质红陶，轮制。侈口，圆唇，矮束颈，弧肩，鼓腹，腹部最大径偏上，下腹斜收，平底。肩部对称贴塑两叶脉纹器耳，肩部及腹部满饰弦纹。灰胎偏红。口径 9.6、最大腹径 13.3、底径 6.4、高 10.6 厘米。（图 3-25C；彩版七七，2）

M31:19，泥质灰陶，手制。敛口，弧肩，圆鼓腹，下腹弧收，平底。素面，肩部对置牛鼻形一对。

M31：7（陶罐）　　　　　　　　　　M31：8（陶罐）

M31：12（陶罐）　　　M31：13（陶罐）　　　M31：20（陶罐）

20. 0 _____ 4厘米

余 0 _____ 8厘米

M31：19（陶罐）

图 3-25C　M31 出土陶罐

口径 28.4、最大腹径 43.6、底径 28、高 32.8 厘米。（图 3-25C；彩版八○，6）

　　M31：20，泥质灰陶，口部残缺。夹砂灰陶。侈口，圆唇，束颈，斜肩，鼓腹弧收，平底。肩部对称置两半环形耳。口径 4.7、最大腹径 7.2、底径 3.2、高 5.5 厘米。（图 3-25C；彩版八二，3）。

陶釜 2件。

M31：5，泥质灰陶，手制。侈口，尖唇，斜肩，折腹，下腹弧收，圜底。肩部一道竖向凸棱。灰胎。口径9.8、最大腹径14.8、高8.8厘米。（图3-25D；彩版八六，1）

M31：11，泥质灰陶，手制。敛口，方唇，折腹，小平底。口外对称侧附两环形器耳。口径12、底径5、高5.6厘米。（图3-25D；彩版八七，4）

陶甑 1件。

M31：21，泥质灰陶，手制。侈口，微折沿，圆唇，弧腹，平底。底部有5个圆孔呈"十"字形分布。口径12.8、底径5.2、高6厘米。（图3-25D）

陶灶 1件。

M31：14，泥质灰陶，偏黄色，泥条盘筑。整体呈船形，前方置方形拱顶灶门，灶面设两灶眼，上置陶釜，后端附一小孔烟囱。长34.4、宽24、高11.2厘米。（图3-25D；彩版九二，6）

陶井 1件。

M31：15，泥质灰陶。侈口，平沿，圆唇，折肩，深弧腹，腹部最大径位于中部，肩部有一对称镂空，肩腹部有一周折棱，平底。内附一小罐。口径15.6、最大腹径18.6、底径14.8、高18.8厘米。（图3-25D；彩版九五，3）

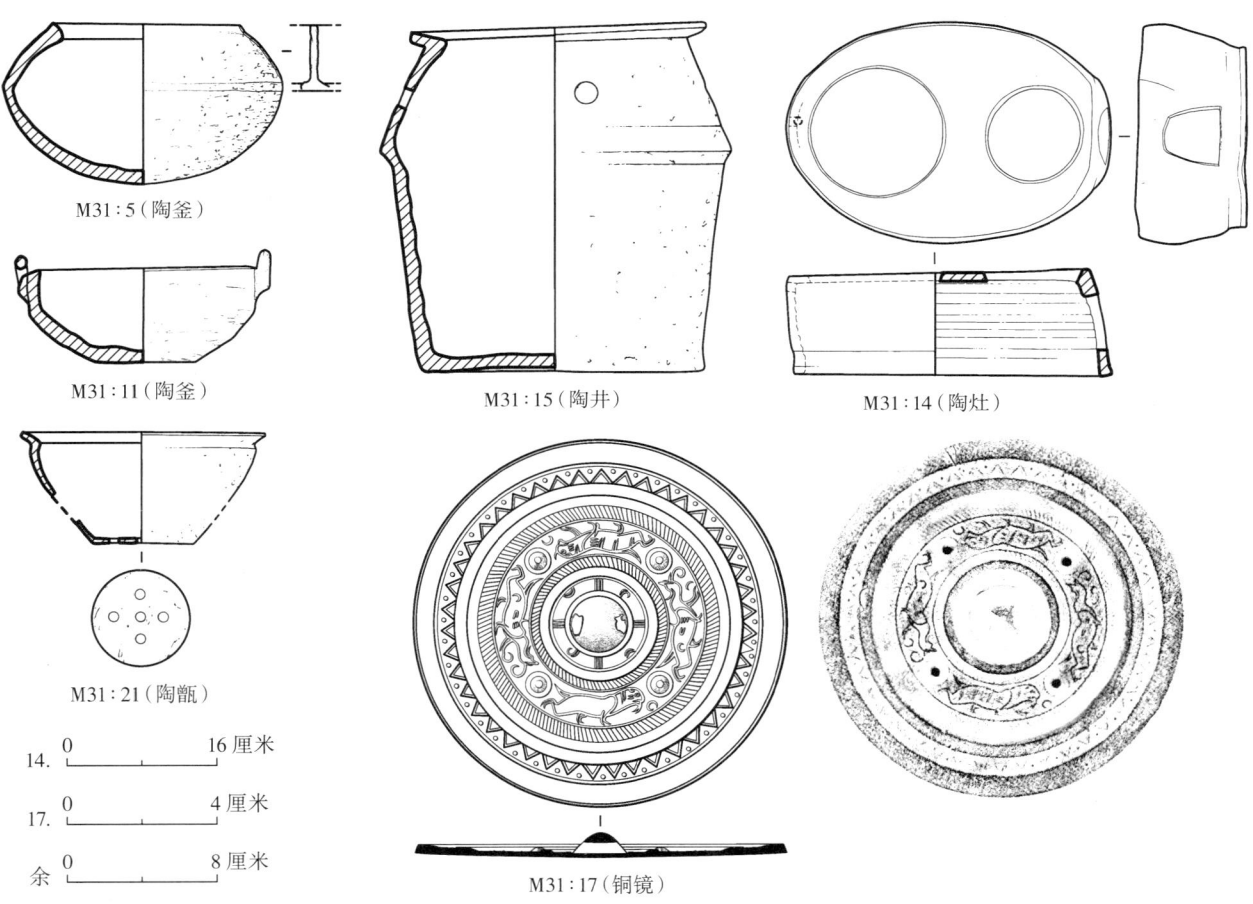

M31：5（陶釜）

M31：11（陶釜）

M31：15（陶井）

M31：14（陶灶）

M31：21（陶甑）

14. | 0 ——— 16厘米
17. | 0 ——— 4厘米
余 | 0 ——— 8厘米

M31：17（铜镜）

图3-25D　M31出土陶釜、甑、灶、井及铜镜

铜镜　1件。

M31：17，四乳四螭纹镜。圆形纽，圆纽座。内区纽座外饰一周凸弦纹，外为一周短线纹饰，一周粗凸弦纹，一周栉齿纹，一周四乳四兽纹，走兽两相对称，对称的兽相同，外一周栉齿纹。外区一周粗凸弦纹，一周锯齿乳丁纹，镜缘素面平缘。直径9.8、纽高0.6、厚0.3厘米。（图3-25D；彩版九九，4）

铜盆　1件。

M31：2，敞口，折沿，弧腹，平底。素面。器身多处蓝色锈斑，残损严重。口径22.4、底径9.2、高9.6厘米。（图3-25E；彩版一〇三，3）

铜卮　1件。

M31：1，碗形，敞口，圆唇，微束颈，弧腹，平底，圈足略外撇。口沿下方一侧附牛鼻形鋬手，上腹部饰两周凸棱。口径12.8、圈足径7.4、高7厘米。（图3-25E；彩版一〇四，1）

铁剑　1件。

M31：16，锈蚀严重，外有木质剑鞘。剑鞘断面为椭圆形。剑茎部窄长，铜格，中间隆起成脊，一端中间稍向前突出，另一端近茎部向内凹入，断面为菱形，中有孔，剑身细长扁平，近茎部较宽，刺部渐窄，断面呈菱形，锋部残，铁剑通长73.2厘米，其中剑身长52.2、剑茎长19.8、剑格1.2厘米，刺端刃宽2.3、格端刃宽3.3、剑格宽4.2、茎宽2.1厘米。（图3-25E；彩版一一三，3）

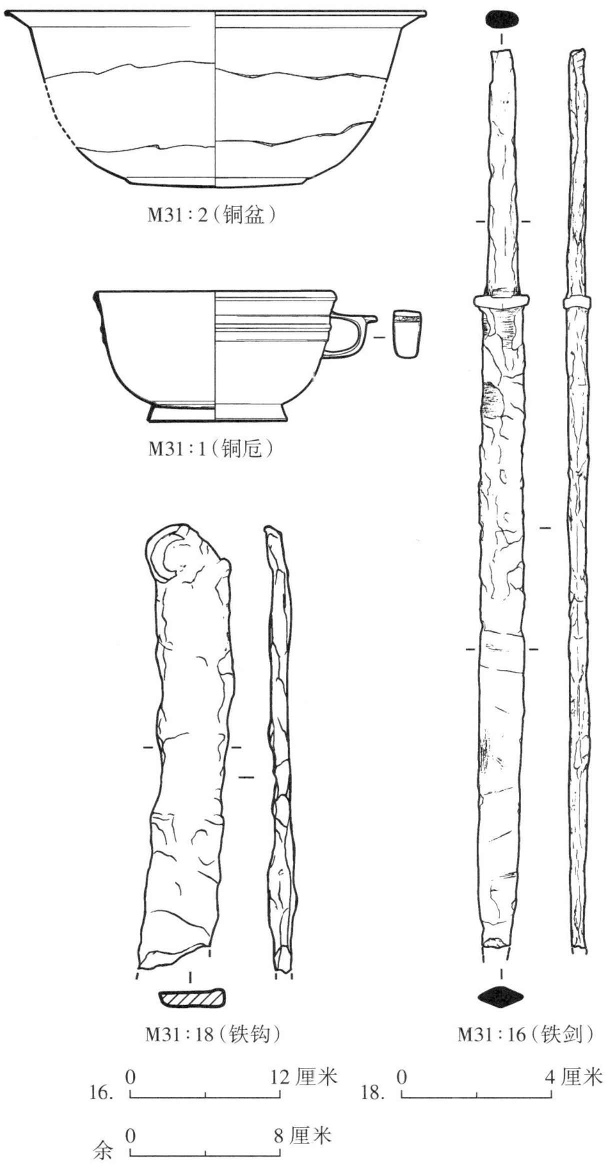

铁钩　1件。

M31：18，锈蚀严重，扁平长条状，两端反向弯曲成钩型，断面呈扁平长条状，残长12.2、宽2、厚0.6厘米。（图3-25E；彩版一一七，4）

图3-25E　M31出土铜盆、卮及铁钩、剑

M40

位于墓地东部。墓向348°。（图3-26A；彩版二〇，2）墓坑平面呈长方形，坑口长3.48、宽1.6、深0.87米。坑内填黄褐色花土，土质细密。墓坑内砌筑砖室，砖室长3.26、宽1.43、残高0.86米。砖壁为单砖错缝垒砌法垒砌，墓底砖为纵横错缝平铺。墓砖长27、宽13、厚4厘米。砖室

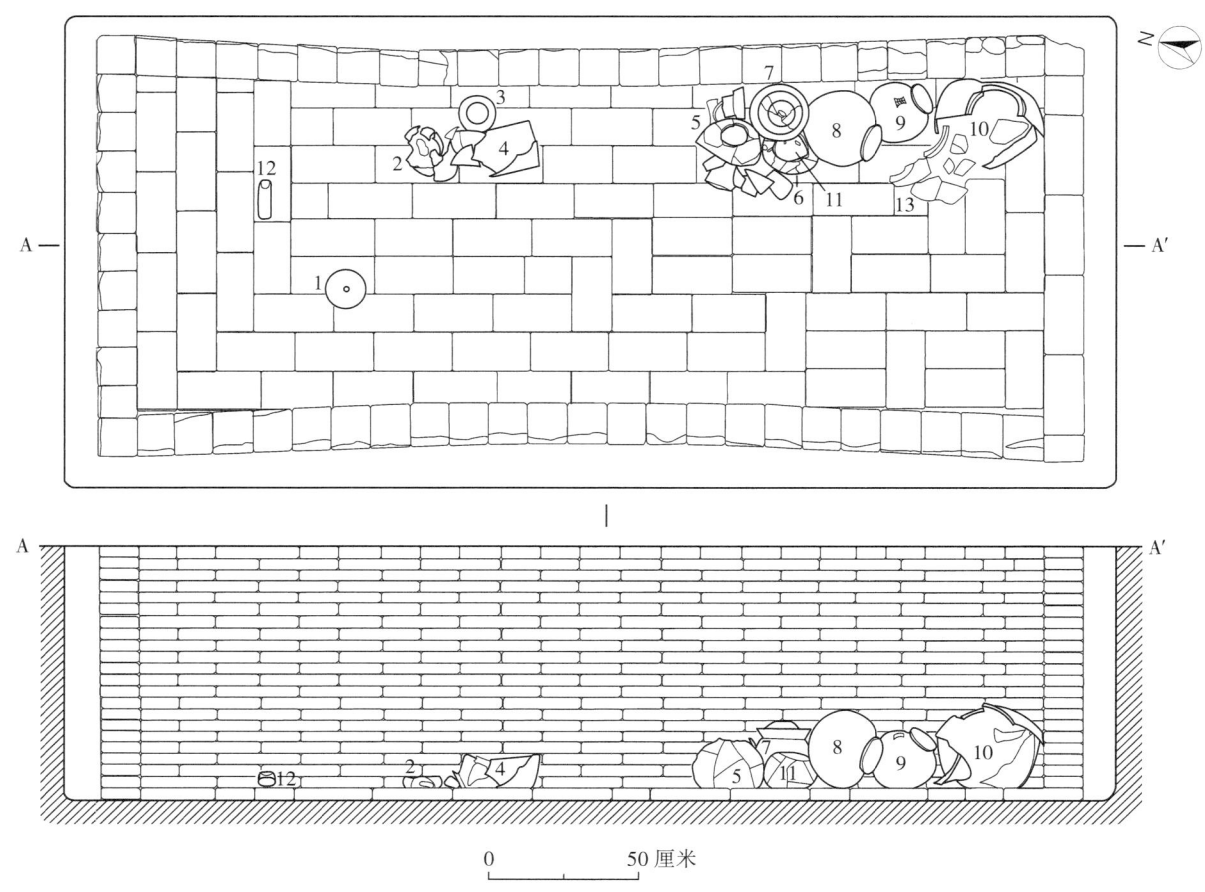

图 3-26A　M40 平面、剖视图

1.铜镜　2.陶甑　3.陶釜　4.陶仓　5.釉陶壶　6、8.陶罐　7、11.釉陶罐　9.釉陶瓿　10.硬陶罍　12.铁钩　13.陶器盖

内填土为深褐色花土，夹杂有较多碎砖块，土质较为密实。随葬器物共 13 件，集中放置于墓室东侧，器形有釉陶壶 1 件、釉陶瓿 1 件、釉陶罐 2 件、硬陶罍 1 件、陶罐 3 件、陶甑 1 件、陶仓 1 件、陶器盖 1 件，墓室北部有铁钩 1 件、铜镜 1 件。

釉陶壶　1 件。

M40：5，轮制。盘口，圆唇、高颈，弧肩，圆鼓腹，下腹弧收，腹最大径位于中腹部，平底。口沿饰一组弦纹，颈部饰一组弦纹，肩部饰两组弦纹，附贴两叶脉纹器耳，腹部满饰弦纹。灰褐胎，口沿内侧及颈下至上腹部有青黄釉，釉层脱落较严重。口径 14.7、最大腹径 23.4、底径 12、高 28.2 厘米。（图 3-26B；彩版四一，4）

釉陶瓿　1 件。

M40：9，轮制。敛口，斜沿，矮颈，弧肩，鼓腹，腹部最大径偏上，下腹斜收，平底。肩部对置两叶脉纹器耳，肩部饰一组凸弦纹，腹部饰弦纹。灰胎，局部偏红，器身上部有落灰釉痕。口径 9.9、最大腹径 21.6、底径 9.3、高 19.5 厘米。（图 3-26B；彩版五七，3）

釉陶罐　2 件。

M40：7，轮制。双口唇，内直口，外侈口，内外口等高，鼓肩，圆鼓腹，下腹斜收，腹最大

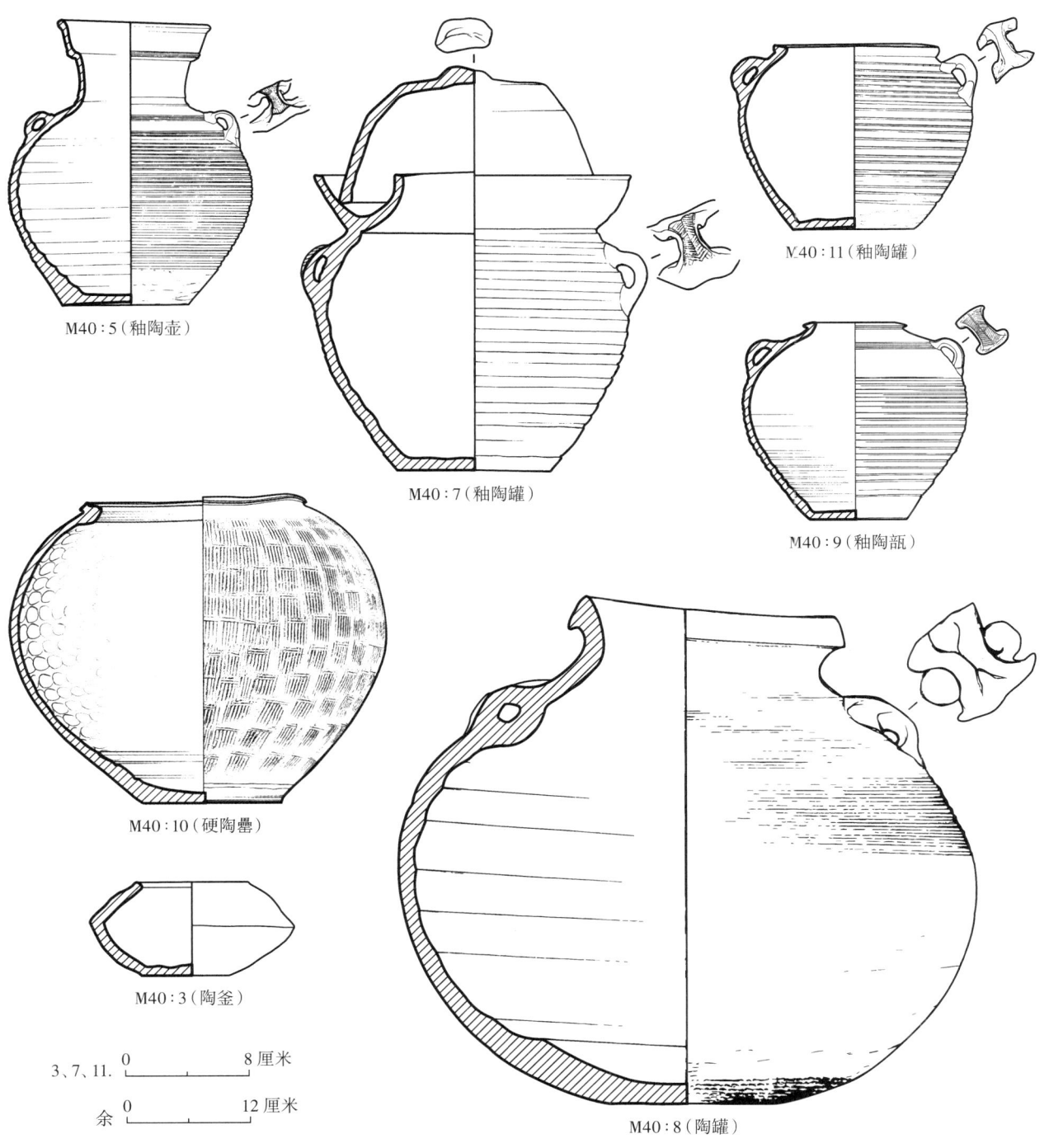

M40:5（釉陶壶）

M40:7（釉陶罐）

M40:11（釉陶罐）

M40:9（釉陶瓿）

M40:10（硬陶罍）

M40:3（陶釜）

M40:8（陶罐）

3、7、11.　0 ⸻ 8 厘米

余　0 ⸻ 12 厘米

图 3-26B　M40 出土釉陶瓿、壶、罐及硬陶罍、陶罐

径位于中腹偏上，平底。附带一覆钵型盖，盖为泥质红陶，顶平，有纽，盖径 17.3、通高 9 厘米。通体饰弦纹，肩部对置两叶脉纹器耳。灰胎，器身上部有青黄釉，釉层脱落较严重。内口径 10、外口径 20.4、最大腹径 20.2、底径 9.8、通高 26.6 厘米。（图 3-26B；彩版六七，2）

M40:11，轮制。敞口，尖圆唇，矮颈，溜肩，鼓腹，腹部最大径偏上，下腹弧收，底微内凹。肩部对置两器耳，器身满饰凹弦纹。红胎，器身上部有青黄釉，釉层脱落较严重。口径 10.6、最

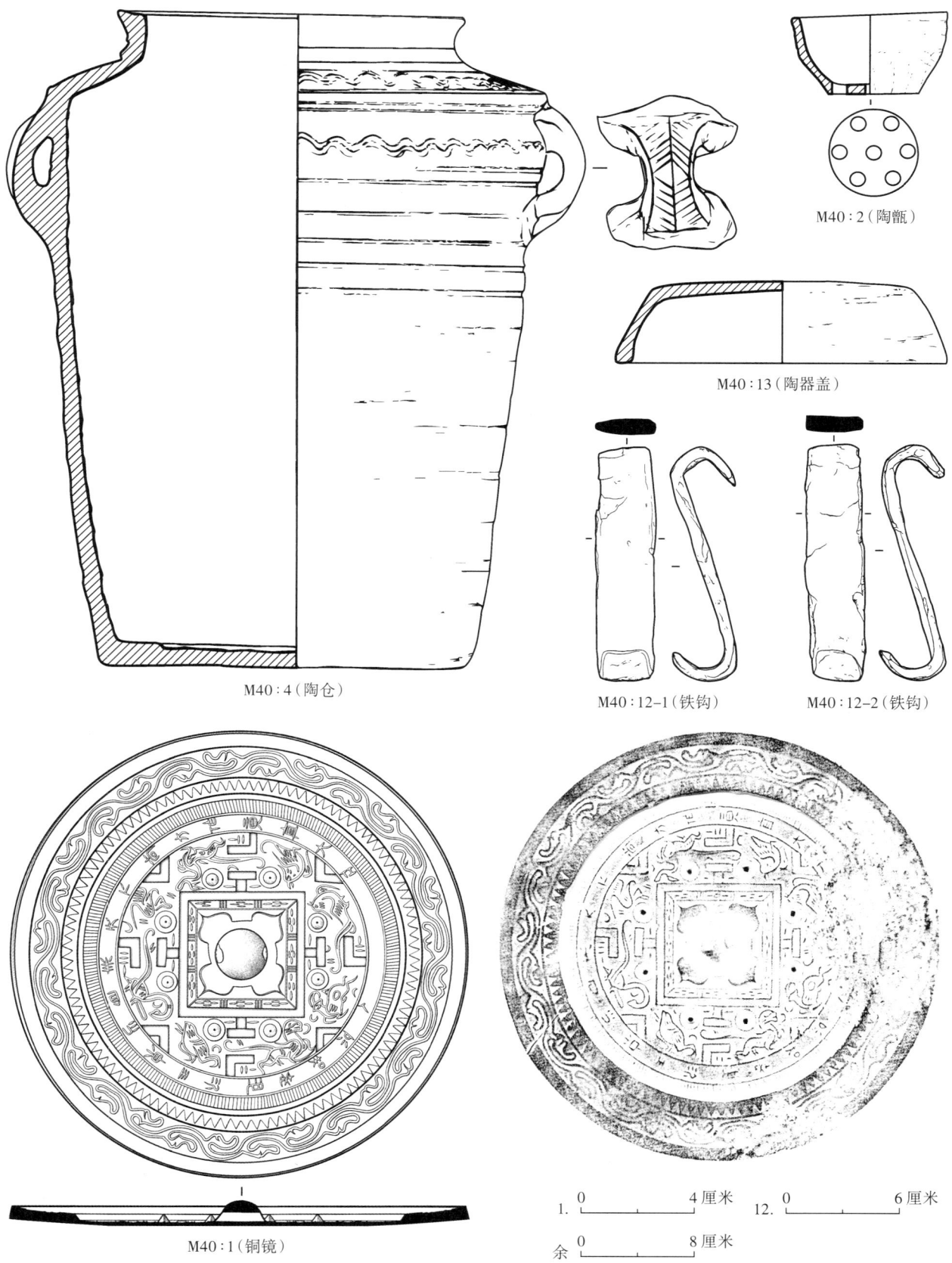

M40:4（陶仓）

M40:2（陶甑）

M40:13（陶器盖）

M40:12-1（铁钩）　　　M40:12-2（铁钩）

M40:1（铜镜）

1. 0 ⊢—————⊣ 4厘米　　12. 0 ⊢—————⊣ 6厘米

余 0 ⊢—————⊣ 8厘米

图 3-26C　M40 出土陶釜、甑、仓、器盖及铜镜、铁钩

大腹径 15、底径 7.6、高 12.2 厘米。（图 3-26B；彩版六六，1）

硬陶罍　1 件。

M40：10，泥条盘筑，轮修。敛口，唇内凹，斜沿，矮颈，弧肩，圆鼓腹，下腹斜收，最大径位于中腹部偏上，平底。肩腹部满饰拍印栉齿纹。口径 22、最大腹径 36.3、底径 13.2、高 30.6 厘米。（图 3-26B；彩版七二，3）

陶罐　2 件。

M40：6，泥质红陶，残损严重，无法修复。（彩版八三，5）

M40：8，泥质灰陶。残。侈口，外斜沿，尖唇，束颈，溜肩，鼓腹，圜底。肩部对置两牛鼻形耳。口径 24、最大腹径 55.8、高 50.4 厘米。（图 3-26B；彩版八〇，5）

陶釜　1 件。

M40：3，泥质黑陶，手制，轮修。敛口，圆唇，折腹，折处有一道凸棱，下腹弧收，平底。口径 7.2、腹径 13.2、底径 5.6、高 6.1 厘米。（图 3-26B；彩版八五，4）

陶甑　1 件。

M40：2，泥质灰陶，手制。敞口，圆唇，弧腹，平底。底部有 7 个圆孔散状圆形分布。口径 10.8、底径 6.4、高 5.8 厘米。（图 3-26C；彩版九〇，1）

陶仓　1 件。

M40：4，泥质黄陶，轮制。直口，方唇，矮颈，折肩，直斜腹，平底。肩部饰两周弦纹，一周水波纹。腹部饰两周弦纹，其间一周水波纹，附贴半环耳一对，耳面饰叶脉纹。口径 24、肩径 34.8、底径 25.2、高 47.2 厘米。（图 3-26C；彩版九四，5）

陶器盖　1 件。

M40：13，泥质红陶，覆钵形，敞口，平顶。盖径 23.2、高 5.8 厘米。（图 3-26C；彩版九五，5）

铜镜　1 件。

M40：1，尚方镜。圆形纽，四叶柿蒂纹纽座。内区座外一方框，框四角用一线隔开，内饰短线纹。外饰博局，博局间有八个乳丁。外饰朱雀、白虎、玄武、青龙四神相对，间饰鹿、蟾蜍、禽鸟。外饰一周铭文带，铭"尚方作竟（镜）真大□（巧），□□□（上有仙）人不知老，渴饮玉泉饥食枣，天下"。铭文带外一周栉齿纹。外区由内向外分别为锯齿纹、弦纹、流云纹。镜缘平原素面。直径 16、纽高 0.9、厚 0.6 厘米。（图 3-26C；彩版一〇二，2）

铁钩　1 件。

M40：12，锈蚀严重，扁平长条状，两端弯曲成钩型，一端残，断面为长方形，M40：12-1，残长 12.6、宽 3.1、厚 0.8 厘米，M40：12-2，残长 12.8、宽 3.1、厚 0.8 厘米。（图 3-26C；彩版一一七，6）

M45

位于墓地东侧，墓向 254°。（图 3-27A；彩版二一，1）该墓被破坏严重。墓坑平面呈长方形，四壁陡直，长 4.04、宽 2.76、现存深度 1.14 米。坑内填深褐色花土，土质较松软。墓坑与砖室间隔 0.15~0.17 米。砖室长 3.71、宽 2.44 米，残高 1.04 米。砖壁以"两顺一丁"法垒砌，砖底

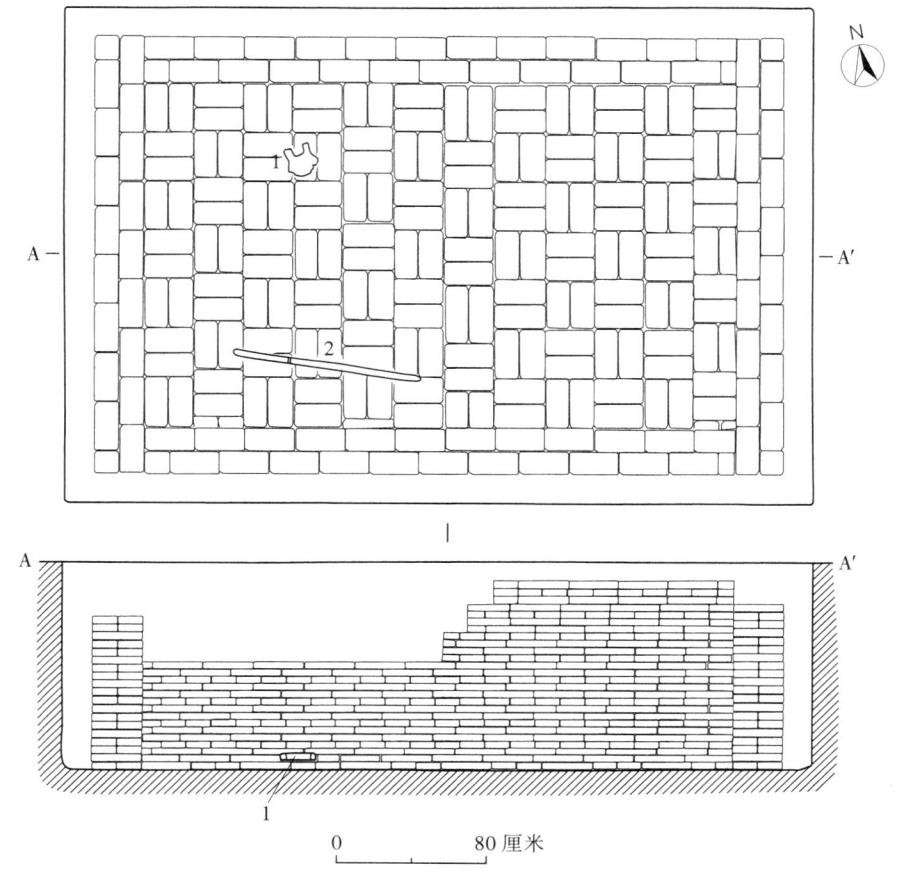

图 3-27A　M45 平面、剖视图

1. 铁锸　2. 铁刀

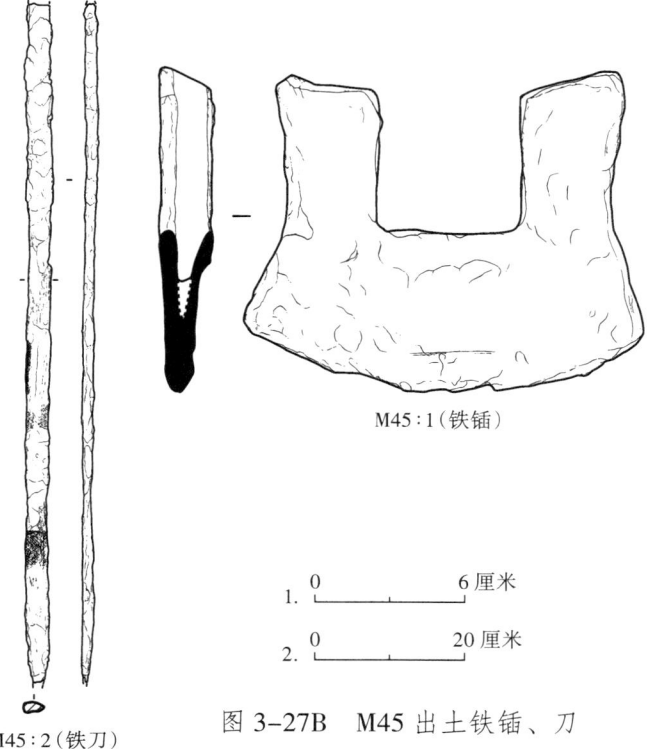

M45:2（铁刀）

1. |0——————|6 厘米

2. |0——————|20 厘米

图 3-27B　M45 出土铁锸、刀

M45:1（铁锸）

为两纵两横平铺。墓砖多为素面青砖，偶有长侧面模印套菱纹图案，青砖长 27、宽 13、厚 4 厘米。砖室内填红褐色花土，填土中包含大量坍塌的碎砖块。随葬器物 2 件，其中铁锸置于砖室西北部，铁刀放于砖室南侧。

铁刀　1 件。

M45:2，锈蚀严重，剑首及剑身不存。刀身平直，单面刃，断面呈三角形，铁质剑鞘，部分残留有丝织物包裹痕迹。残长 91.8 厘米、宽 3.6 厘米。（图 3-27B；彩版——一，6）

铁锸　1 件。

M45:1，整体形如"凹"字，器身呈圆角长方形，体扁，背部中空，两端向后曲折成銎，銎呈长方形，刃部对称外拱。器长 13.3、銎长 7、刃宽 15.8 厘米。（图 3-27B；彩版一一七，8）

M48

位于墓地东部，M22 东侧，墓向 168°。（图 3-28A；彩版二一，2）墓葬南部被现代建筑打破。墓坑残长 1.64~2.8、宽 3.05、残深 1.01 米。砖室残长 1.55~2.55、宽 2.65、残高 0.91 米。砖壁为单砖错缝垒砌法砌成，墓底砖为"两顺一丁"纵横平铺。墓砖少量为素面青砖，多数长侧面模印有套菱纹图案，长 34、宽 15、厚 4 厘米。砖室内填土为黄褐色花土，夹杂小石块，土质较疏松。随葬器物 13 件，集中放置于砖室东北部，器形有釉陶罐 4 件、釉陶壶 2 件、釉陶仓 1 件、硬陶罍 1 件、铁釜 2 件、铁钩 1 件、铁剑 1 件、铁锸 1 件。

釉陶壶 2 件。

M48：1，轮制。盘口略外侈，圆唇、高颈，弧肩，圆鼓腹，下腹斜收，腹最大径位于中腹部，

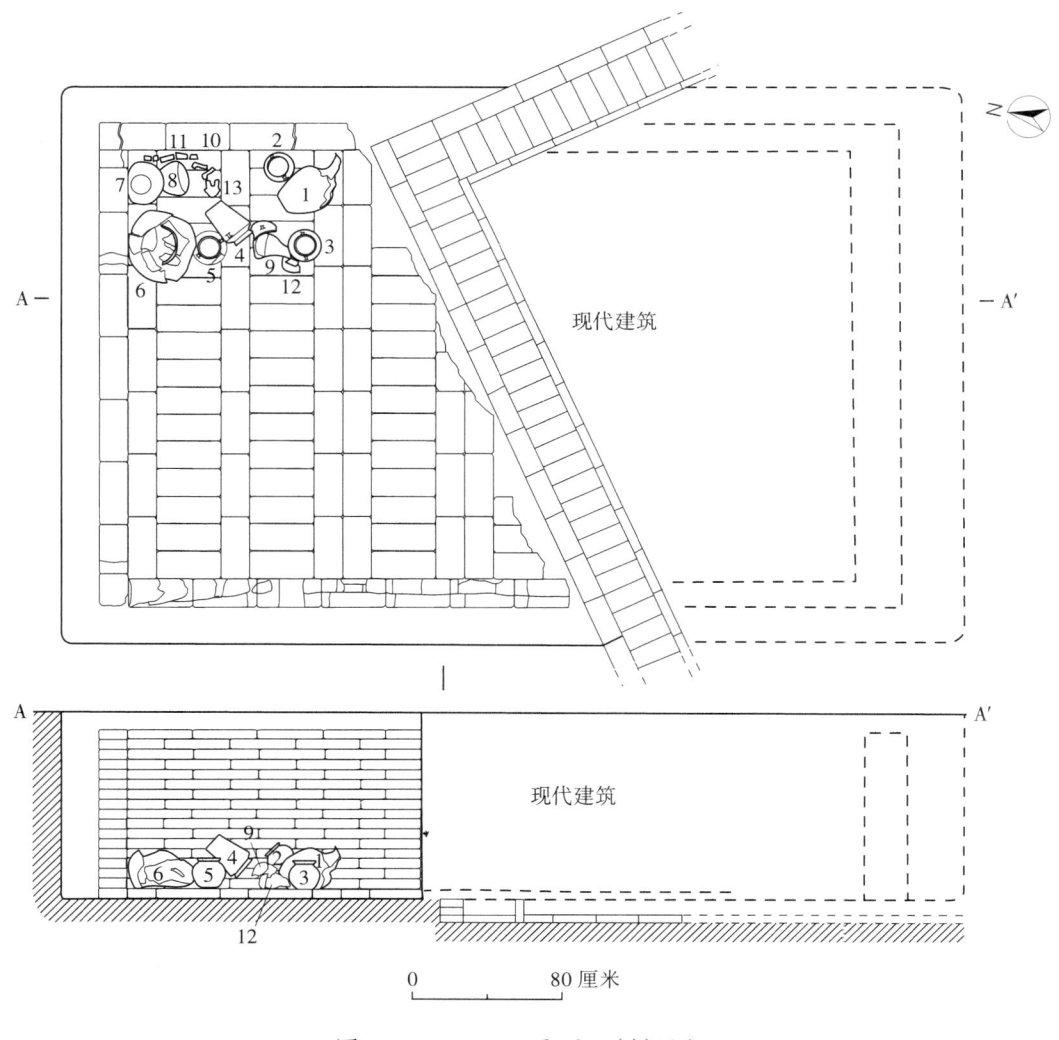

图 3-28A M48 平面、剖视图

1、12. 釉陶壶 2、3、5、9. 釉陶罐 4. 釉陶仓 6. 硬陶罍 7、8. 铁釜 10. 铁钩 11. 铁剑 13. 铁锸

平底。口沿饰一组弦纹，颈部饰两周弦纹，一周水波纹，肩部饰两组凸弦纹，附贴两叶脉纹器耳，腹部满饰弦纹。灰褐胎，器身上部有青黄釉，釉层脱落较严重。烧造不精，内壁和底部多处鼓起，导致器物整体歪斜。口径 14.4、最大腹径 26.7、底径 12、通高 34.5 厘米。（图 3-28B；彩版四二，4）。

M48：12，轮制，残存肩腹部残片。可辨弧肩，鼓腹。肩部对置两叶脉纹器耳，颈腹部饰弦纹。

M48：1（釉陶壶）

M48：2（釉陶罐）

M48：3（釉陶罐）

M48：5（釉陶罐）

M48：4（釉陶仓）

M48：9（釉陶罐）

M48：6（硬陶罍）

1、6. 0 ⸺ 12厘米　余 0 ⸺ 8厘米

图 3-28B　M48 出土釉陶壶、罐、仓及硬陶罍

颈下至上腹部有釉痕。（彩版四四，4）

釉陶罐 4件。

M48：2，轮制。微侈口，平唇内凹，弧肩，鼓腹，腹部最大径偏上，下腹斜收，平底。肩部对置两叶脉纹器耳，肩部及腹部满饰弦纹。灰褐胎，器身上部有青黄釉，釉层脱落较严重。口径11.6、最大腹径17.6、底径7.8、高13.6厘米。（图3-28B；彩版六六，2）

M48：3，轮制。侈口，方唇，矮颈，斜肩，鼓腹，下腹斜收，腹最大径位于中部略偏上，平底。通体满饰弦纹，肩部对置两叶脉纹器耳。灰褐胎，器身上部有釉，脱落严重，釉色青黄。口径12.4、最大腹径17.6、底径7.8、高14厘米。（图3-28B；彩版六六，3）

M48：5，轮制。侈口，方唇，圆鼓腹，下腹斜收，腹最大径位于中腹部偏上，平底。通体满饰弦纹，肩部对置两叶脉纹器耳。红胎，局部泛灰，器身上部有青黄釉，釉层脱落较严重。口径13.2、最大腹径20、底径10.8、高17.2厘米。（图3-28B；彩版六六，4）

M48：9，残。轮制。侈口，圆唇，沿内有一道凸棱，形成凹槽，矮颈，弧肩，鼓腹弧收，腹部最大径偏上，平底。颈部外壁有两道束痕，肩部对置两叶脉纹器耳，肩部及腹部满饰弦纹。红褐胎，器身上部有青黄釉，釉层脱落较严重。口径15.8、最大腹径22.8、底径10.4、高20厘米。（图3-28B；彩版六六，5）

釉陶仓 1件。

M48：4，轮制。敞口，圆唇，沿微凹，束颈，折肩，肩壁斜直，深腹，腹部斜直内收，底部微凹。肩壁饰两组弦纹，折肩下方对称置两半环耳，一耳已残，耳饰叶脉纹，肩下饰一组水波纹和一组弦纹。灰黄胎，表面呈红褐色，口沿处及肩部有青黄釉，有流釉现象。口径12.8、肩径17.8、底径12、高23.2厘米。（图3-28B；彩版六七，5）

硬陶罍 1件。

M48：6，泥条盘筑，轮修。敛口，斜沿，沿微内凹，外侧旋削一周，弧肩，鼓腹，腹部最大径偏上，下腹斜收，平底。腹部满饰拍印栉齿纹。口径20.7、最大腹径32.6、底径12.9、高27.6厘米。（图3-28B；彩版七二，4）

铁剑 1件。

M48：11，锈蚀严重，残，仅剩剑身。剑身较宽，中间有脊，断面呈菱形，锋端稍残。剑身表面附有皮状物，上有一层织物。剑身残长27.2、宽3.4、厚0.9厘米。（图3-28C；彩版一一四，5）

铁钩 1组。

M48：10，共2件，锈蚀严重。钩身整体近"S"形，钩身扁平且直，断面为扁平长条形，两端钩部圆钝。M48：10-1，残长12.4、宽2.8、厚0.6厘米；M48：10-2，残长7.2、宽2.1、厚0.6厘米。（图3-28C）

铁釜 2件。

M48：7，残。锈蚀严重。敛口，方唇，弧腹，圜底，下残。口沿外侧附立耳，仅剩一耳。口径12.4、底径5.2、高7.6厘米。（图3-28C；彩版一一八，3）

M48：8，残，锈蚀严重。敛口，内斜沿，圆鼓腹，圜底。上置有一铁甑，仅剩底部，底有五个圆形甑孔。口径10、最大腹径16、底径5.4、高11.8厘米。（图3-28C；彩版一一九，4）

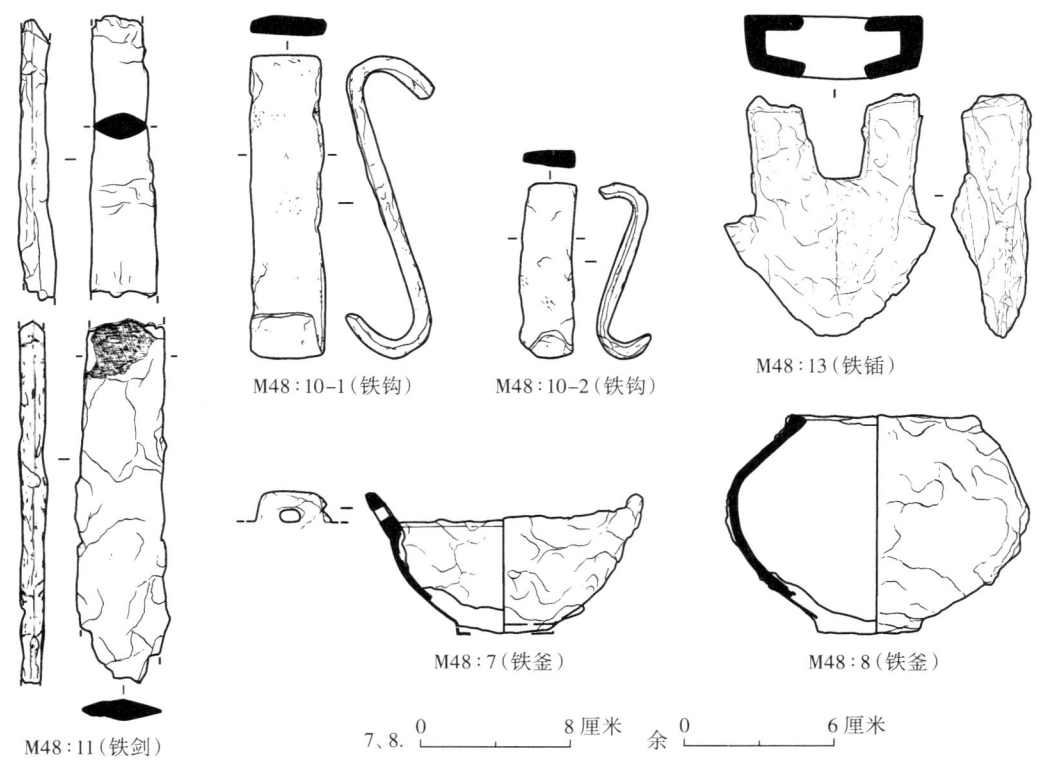

M48:10-1（铁钩） M48:10-2（铁钩） M48:13（铁锸）

M48:11（铁剑） M48:7（铁釜） M48:8（铁釜）

7、8. 0 ____ 8厘米 余 0 ____ 6厘米

图3-28C M48 出土铁剑、钩、釜、锸

铁锸 1件。

M48:13，器身呈尖角方形，体扁平，尖首，刃部对称外拱，平背，尾端为方形銎孔。器身长 10、刃宽 8.4 厘米，銎长 6.6、宽 2.2 厘米。（图3-28C；彩版——七，9）

第三节 器物类型式划分

青龙头汉墓共计出土随葬器物 423 件（组），包含有釉陶器 171 件，器形有鼎、盒、钫、瓿、壶、罐、仓等，占出土器物总数的 40.43%；硬陶器 16 件，器形有罍、盉等，占出土器物总数的 3.78%；瓷器有 1 件器盖，占出土器物总数的 0.24%；泥质／夹砂陶器 121 件（组），其中泥质陶 97 件（组），夹砂陶 24 件，器形有罐、釜、甑、灶、仓、井、纺轮、陶五铢、陶麟趾金等，共占出土器物总数的 28.16%；铜器 46 件（组），可辨有铜镜、盆、卮、钵、带钩、剑、铃、弩机、铜钱等，占出土器物总数的 10.87%；铁器 51 件（组），有刀、剑、戟、钩、釜、锸等，占出土器物总数的 12.03%；其他有琉璃器、料珠、石黛板、石研黛器等 16 件（组），漆盘 1 件，共占出土器物总数的 4.02%（续附表2）。

釉陶器、泥质陶器、夹砂陶器及硬陶器数量较多，合计有 308 件（组），其中 M29:21 与 M29:24 拼合为一件。按照功能的不同可分作陶礼器、日用器和模型明器等三种。陶礼器主要有鼎、盒、钫、瓿、壶、罐、罍等，日用器有罐、器盖等，模型明器主要有釜、甑、灶、仓、井、陶五铢、陶麟趾金等。瓷器盖仅 1 件，出土于 M22 内。陶瓷器多放置于墓内一侧或一端，为墓葬内的主要

随葬器物组合。

　　铜器、铁器和其他类器物合计有 114 件（组），根据功能的不同可分作兵器、日用器、生产生活用具和铜钱等。兵器类有剑、刀、戟、弩机等，日用器有镜、带钩、铃、鎏金铜泡、琉璃璧、料珠、黛板、研黛器、漆盘等，生产生活用具有铜盆、卮、钵、铁釜、铁锸等，铜钱以"五铢"铜钱为主，仅在 M22 内发现一枚"大泉五十"铜钱。铜镜、带钩、铜剑，铁刀、铁剑，琉璃璧、黛板等器物多于棺内随葬，如铜镜、琉璃璧等多置于墓主人头部位置，铜剑、铁剑等放置在腰间部位，为墓主人随身陪葬器物，其摆放方向或即代表了墓主人的头向。其他铜铁器和漆盘等多与陶瓷器放置在一起。

一、釉陶器

　　共出土各类釉陶器 171 件。釉陶器以轮制为主，少量模制。器物烧制火候较高，胎质较为坚硬。器身多上半部见有青绿釉或青黄釉，下半部露胎，釉色不匀，有脱釉现象。纹饰多样，多见弦纹、水波纹和云气纹。器形有鼎、盒、钫、瓿、壶、罐和仓等，其中壶、罐、瓿所占比例较大，在多座墓葬都有出土；鼎、盒、钫出土较少，鼎见于 M21、M28、M35 和 M37 四座墓葬，盒见于 M21、M28、M35 三座墓葬，釉陶钫、盒、仓仅见于单个墓葬，分别出自于 M21 和 M48。

　　1. 釉陶鼎

　　共 8 件。子母口，立耳，深腹，平底。根据耳部和足部的特征，分作 2 式。

　　Ⅰ 式　3 件。覆钵形盖，耳部较高，腹部较深，兽蹄形足。

　　M37：5，耳面饰变形几何纹，底部贴塑三个蹄足，足面饰简化兽面纹。口径 22.4、最大腹径 26.4、底径 15.2、高 16.4 厘米。（图 3-29；彩版二二，1）

　　M37：18，耳面饰变形几何纹，底部贴塑三个蹄足，足面饰简化兽面纹。口径 22、最大腹径

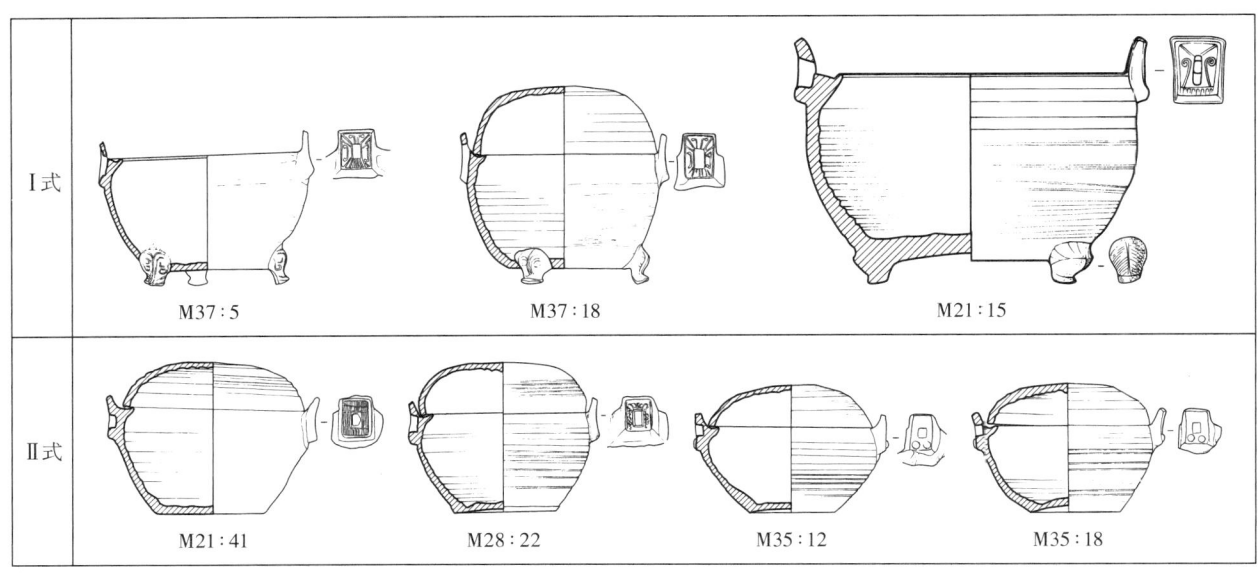

图 3-29　Ⅰ 式、Ⅱ 式釉陶鼎

20.4、底径 14.4、通高 21.2、盖径 20、盖高 7.2 厘米。（图 3-29；彩版二二，2）

　　M21：15，器身更为敦实，三蹄足饰简化条纹。口径 25.2、最大腹径 26.4、底径 18.8、通高 20 厘米。（图 3-29；彩版二二，3）

　　Ⅱ式　5 件。盖面趋于弧状，耳部较低，平底，无足。

　　M21：41，盖径 19.2 厘米，口径 20、底径 11.6、通高 16.4 厘米。（图 3-29；彩版二三，1）

　　M35：12，盖径 17.6、盖高 4.4 厘米，口径 17.4、腹径 18.8、底径 9.2、通高 13.8 厘米。（图 3-29；彩版二三，2）

　　M35：18，盖径 17.2 厘米，口径 16.8、最大腹径 18、底径 9.6、通高 14 厘米。（图 3-29；彩版二三，3）

　　M28：21，口径 17.8、底径 10.8、通高 15.5 厘米。（彩版二三，4）

　　M28：22，盖径 17.6 厘米，口径 17.4、底径 10.8、通高 16.2 厘米。（图 3-29）

2. 釉陶盒

　　共 5 件。覆钵形盖，子母口，弧腹，平底。

　　M21：26，盖径 19.7 厘米，口径 19.4、底径 11.1、通高 16 厘米。（图 3-30；彩版二四，1）

　　M21：40，口径 21.5、底径 12.9、高 13.8 厘米。（图 3-30；彩版二四，2）

　　M28：14，口径 17.6、底径 12、高 10.2 厘米。（图 3-30；彩版二四，3）

　　M35：13，盖径 17 厘米，口径 17.2、底径 9.6、通高 14.6 厘米。（图 3-30；彩版二四，4）

　　M35：15，盖径 17.4 厘米，口径 17.6、底径 9.2、通高 12.8 厘米。（图 3-30；彩版二四，5）

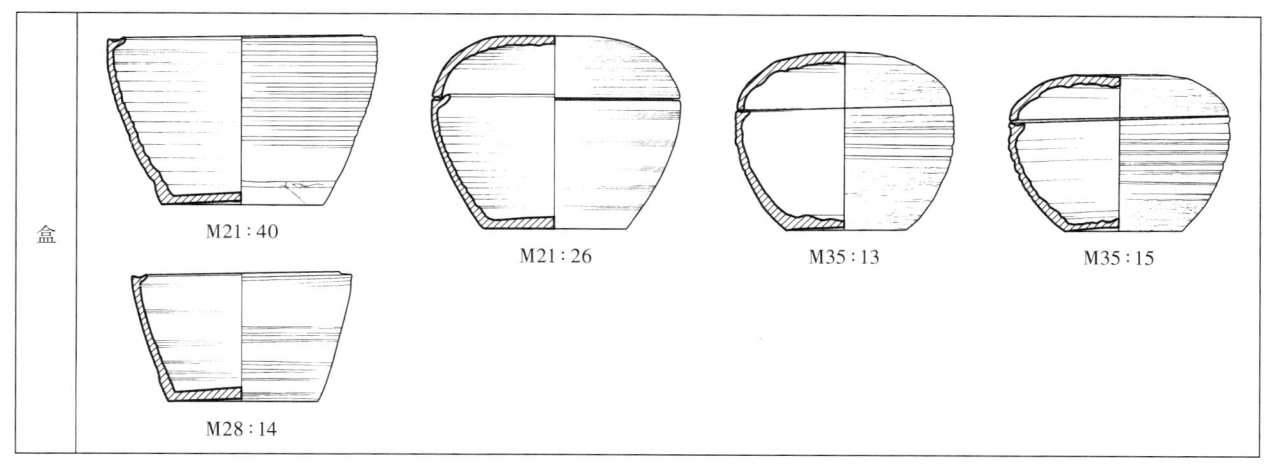

图 3-30　釉陶盒

3. 釉陶壶

　　共 67 件。喇叭口或盘口，束颈，弧鼓腹，平底或圈足，肩部置两对称立耳。器身腹部满饰弦纹，肩腹部有青釉或青黄釉。可分型者 59 件，另有 8 件口部残缺，不便分型。根据口部和底部的不同，分作喇叭口壶、盘口壶和低温高圈足壶 3 型。

A 型 28 件。喇叭口壶。喇叭口，长颈，溜肩。根据口部、腹部和足部的不同，分作 2 式。

I 式 14 件。高束颈，圆鼓腹，平底，矮圈足。

M8：1，口径 17.4、最大腹径 31.2、底径 10、高 43.2 厘米。（图 3-31；彩版二五，1）

M8：2，口径 14.4、最大腹径 27.6、底径 14.7、高 35.1 厘米。（图 3-31；彩版二五，2）

M8：3，口径 14.1、最大腹径 23.4、圈足径 12.6、高 33 厘米。（图 3-31；彩版二五，3）

M8：15，口径 14.4、最大腹径 26.4、圈足径 13.2、高 33 厘米。（图 3-31；彩版二六，1）

M8：16，口径 17.1、最大腹径 31.2、底径 15.6、高 41.4 厘米。（图 3-31；彩版二六，2）

M8：24，口径 14.4、最大腹径 23.7、圈足径 12.9、高 33.6 厘米。（图 3-31；彩版二六，3）

M21：2，口径 14.4、最大腹径 28.2、圈足径 12.9、高 36.6 厘米。（图 3-31；彩版二七，1）

M21：4，口径 12.6、最大腹径 21、底径 12.6、高 28 厘米。（图 3-31；彩版二七，2）

M21：12，口径 20.4、最大腹径 40.2、圈足径 19.8、高 50.4 厘米。（图 3-31；彩版二七，3）

M21：21，口径 20.1、最大腹径 40.2、圈足径 21、高 49.5 厘米。（图 3-31；彩版二八，1）

M21：32，口径 13.8、最大腹径 25.8、圈足径 15、高 32.4 厘米。（图 3-31；彩版二八，2）

M35：5，口径 15.6、最大腹径 37.2、圈足径 17.4、高 46.7 厘米。（图 3-31；彩版二八，3）

M35：6，口径 16、最大腹径 36、底径 17.7、高 45.3 厘米。（图 3-31；彩版二九，1）

M35：16，口径 13.5、最大腹径 26.7、底径 15.9、高 35 厘米。（图 3-31；彩版二九，2）

II 式 14 件。高颈，溜肩，弧腹。

M7：4，口径 13.8、最大腹径 22.8、底径 13.2、高 29.4 厘米。（图 3-31；彩版三〇，1）

M7：5，口径 13.8、最大腹径 21、底径 12.6、高 28.2 厘米。（图 3-31；彩版三〇，2）

M7：8，口径 9、最大腹径 14.4、圈足径 8.4、高 18.3 厘米。（图 3-31；彩版三〇，3）

M22：8，口径 13.2、最大腹径 21.3、圈足径 12、高 25.9 厘米。（图 3-31；彩版三一，1）

M22：11，口径 12.8、最大腹径 21.6、底径 12.2、足径 12.5、高 25.2 厘米。（图 3-31；彩版三一，2）

M23：1，口径 12.6、最大腹径 21.3、圈足径 12、高 25.5 厘米。（图 3-31；彩版三一，3）

M23：3，口径 13.2、最大腹径 22.2、底径 11.8、高 26.5 厘米。（图 3-31；彩版三二，1）

M29：22，口残、最大腹径 23.1、圈足径 12.9、残高 33 厘米。（图 3-31；彩版三二，2）

M29：25，口径 15.3、最大腹径 25.8、圈足径 13.8、高 32.7 厘米。（图 3-31；彩版三二，3）

M29：28，口径 13.8、最大腹径 23.4、底径 12、高 34.2 厘米。（图 3-31；彩版三三，1）

M38：7，口径 13.2、最大腹径 23.4、底径 12.2、高 32.7 厘米。（图 3-31；彩版三四，1）

M38：9，口径 12.6、最大腹径 22.8、底径 12.6、高 33.3 厘米。（图 3-31；彩版三三，2）

M39：4，口径 13.8、最大腹径 24.6、底径 12、高 32.7 厘米。（图 3-31；彩版三三，3）

M39：7，口径 12.6、最大腹径 21.9、圈足径 12.3、高 32.7 厘米。（图 3-31；彩版三四，2）

B 型 30 件。盘口壶。盘口，束颈，弧鼓腹，平底，矮圈足。根据口部和腹部的不同，可分作 2 式。

I 式 5 件。高颈，球鼓腹，矮圈足外撇。

M8：18，口径 11.4、最大腹径 21.6、底径 11.1、高 28.5 厘米。（图 3-32；彩版三五，1）

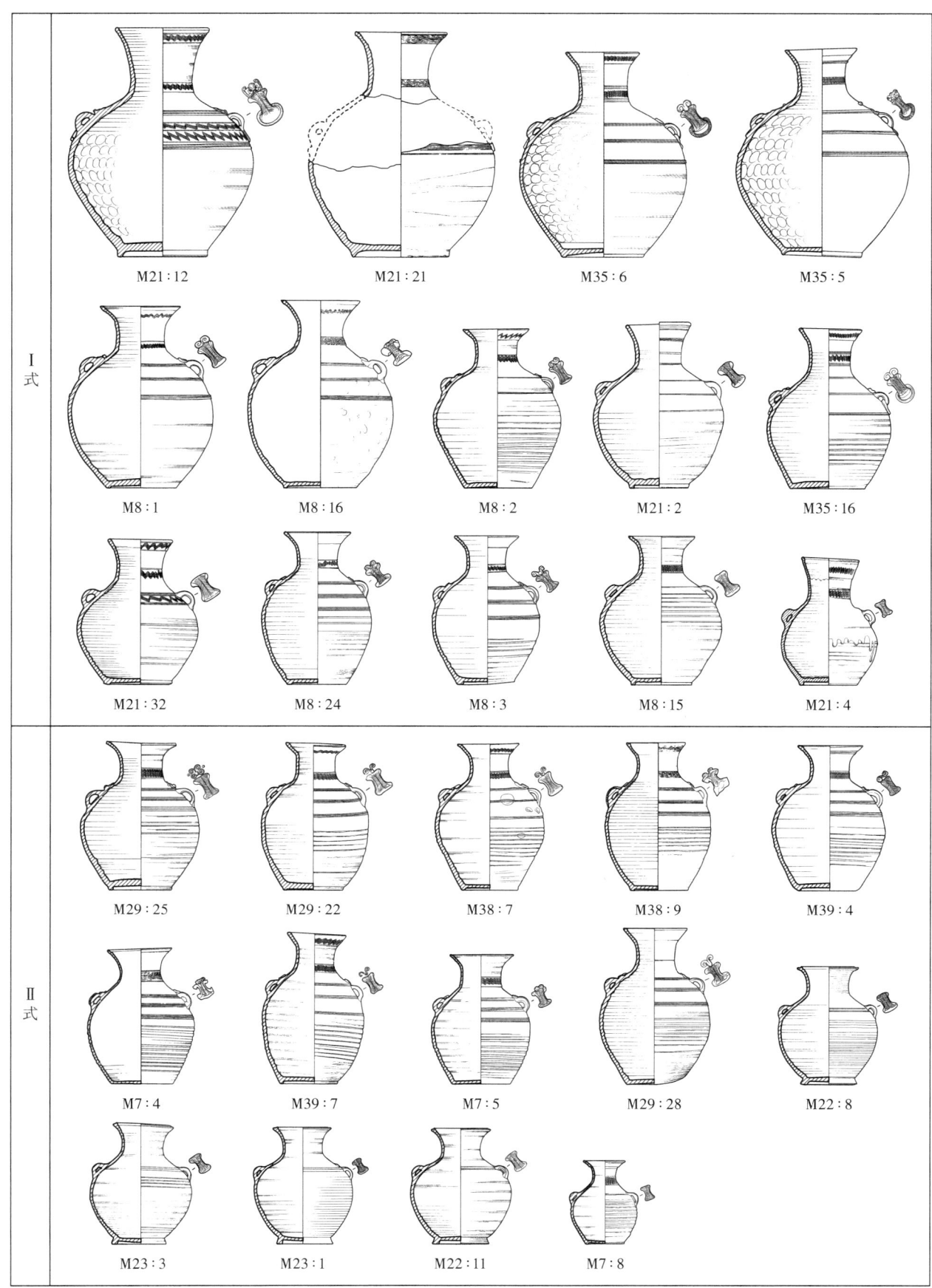

I
式

II
式

M21:12 M21:21 M35:6 M35:5

M8:1 M8:16 M8:2 M21:2 M35:16

M21:32 M8:24 M8:3 M8:15 M21:4

M29:25 M29:22 M38:7 M38:9 M39:4

M7:4 M39:7 M7:5 M29:28 M22:8

M23:3 M23:1 M22:11 M7:8

0   24厘米

图 3-31　A 型釉陶壶

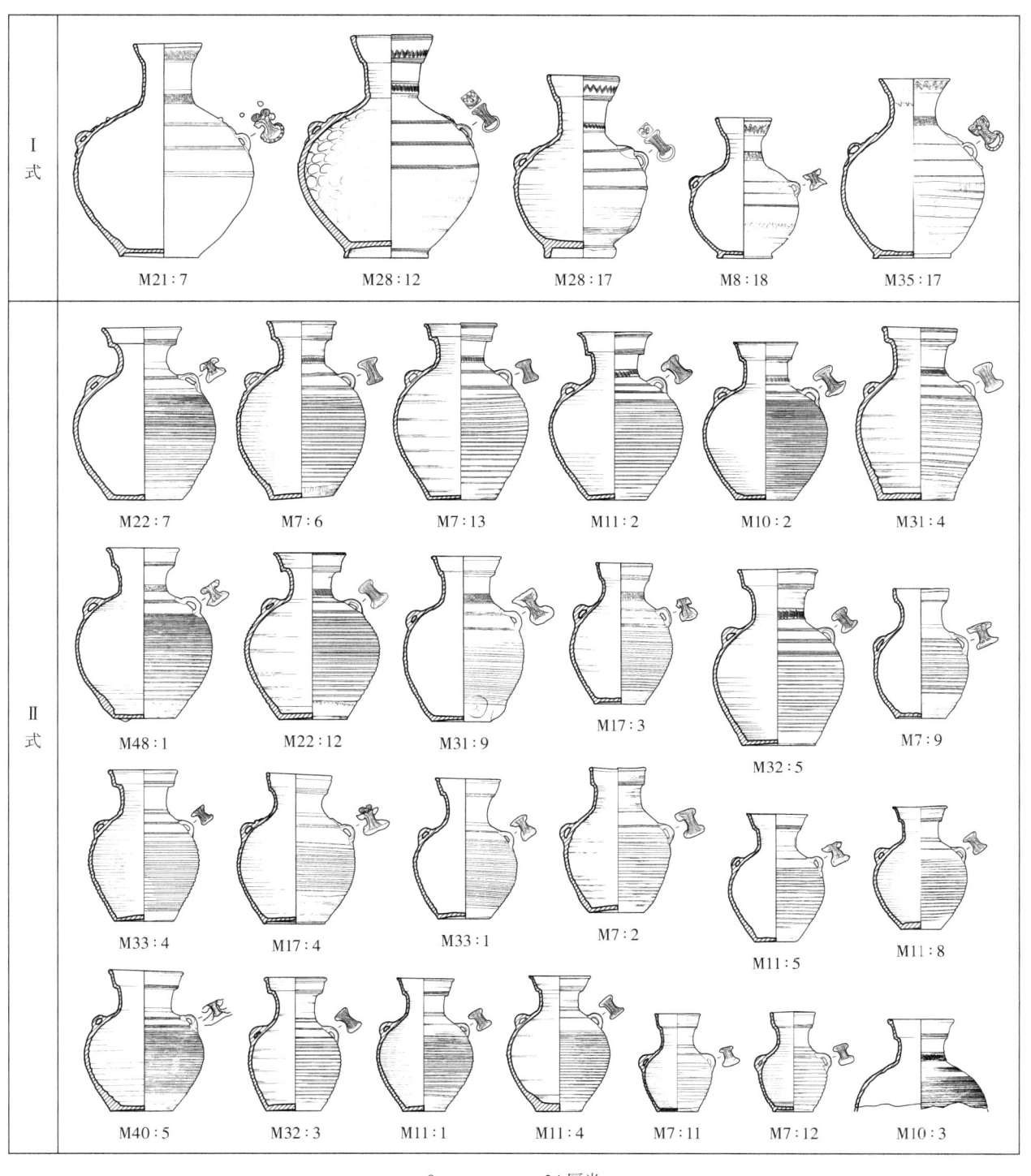

图 3-32　B 型釉陶壶

M21：7，口径 13.8、最大腹径 35.4、底径 15.6、高 43.2 厘米。（图 3-32；彩版三五，2）

M28：12，口径 16.5、最大腹径 35.4、圈足径 16.8、高 45.3 厘米。（图 3-32；彩版三五，3）

M28：17，口径 14.4、最大腹径 26.4、底径 13.8、高 36.9 厘米。（图 3-32；彩版三六，1）

M35：17，口径 13.8、最大腹径 28.2、圈足径 15、高 36.3 厘米。（图 3-32；彩版三六，2）

Ⅱ式　25件。盘口浅直，弧腹。

M7：2，口径 11.1、最大腹径 21、底径 10.8、高 29.4 厘米。（图 3-32；彩版三七，1）

M7：6，口径 13.8、最大腹径 25.2、底径 12.6、高 36 厘米。（图 3-32；彩版三七，2）

M7：9，口径 10.8、最大腹径 18.6、底径 9.8、高 26.4 厘米。（图 3-32；彩版三七，3）

M7：11，口径 9、最大腹径 13.5、底径 8、高 19.5 厘米。（图 3-32；彩版三八，1）

M7：12，口径 8.7、最大腹径 13.2、圈足径 7.8、高 19.8 厘米。（图 3-32；彩版三八，2）

M7：13，口径 14.4、最大腹径 26.4、底径 13.2、高 35.4 厘米。（图 3-32；彩版三八，3）

M10：2，口径 12.6、最大腹径 24.6、底径 11.4、高 31.8 厘米。（图 3-32；彩版三八，5）

M10：3，口径 12.9、残高 18 厘米。（图 3-32；彩版三八，4）

M11：1，口径 11.4、最大腹径 18.9、底径 8.4、高 26.4 厘米。（图 3-32；彩版三九，1）

M11：2，口径 14.7、最大腹径 26.4、底径 11.4、高 33.6 厘米。（图 3-32；彩版三九，2）

M11：4，口径 12、最大腹径 20.4、底径 9、高 27 厘米。（图 3-32；彩版三九，3）

M11：5，口径 12、最大腹径 18.6、底径 8.1、高 25.5 厘米。（图 3-32；彩版三九，4）

M11：8，口径 10.8、最大腹径 18.6、底径 7.8、高 24.6 厘米。（图 3-32；彩版四〇，1）

M17：3，口径 11.4、最大腹径 20.4、圈足径 10.2、高 28.8 厘米。（图 3-32；彩版四〇，2）

M17：4，口径 13.2、最大腹径 23.1、圈足径 12.3、高 30.3 厘米。（图 3-32；彩版四〇，3）

M22：7，口径 15.9、最大腹径 27.9、底径 14.4、高 34.8 厘米。（图 3-32；彩版四〇，4）

M22：12，口径 14.4、最大腹径 26.7、底径 13.2、高 33.9 厘米。（图 3-32；彩版四一，1）

M31：4，口径 14.7、最大腹径 24.6、底径 15、高 34.8 厘米。（图 3-32；彩版四一，2）

M31：9，口径 13.8、最大腹径 23.7、底径 11.7、高 33.6 厘米。（图 3-32；彩版四一，3）

M32：5，口径 15.6、最大腹径 25.5、底径 14.1、高 35.7 厘米。（图 3-32；彩版四二，1）

M33：1，口径 12.3、最大腹径 20.4、底径 10.2、高 28.2 厘米。（图 3-32；彩版四二，2）

M33：4，口径 13.5、最大腹径 21.6、底径 11.4、高 30.6 厘米。（图 3-32；彩版四二，3）

M32：3，口径 12.6、最大腹径 18.2、底径 10.8、高 26.4 厘米。（图 3-32）

M40：5，口径 14.7、最大腹径 23.4、底径 12、高 28.2 厘米。（图 3-32；彩版四一，4）

M48：1，口径 14.4、最大腹径 26.7、底径 12、高 34.5 厘米。（图 3-32；彩版四二，4）

C型　1件。低温高圈足壶，盘口，平沿，细高颈，溜肩，扁圆腹，平底，高圈足。通体有青釉，有流釉痕。

M10：1，口径 9.9、最大腹径 16.8、底径 10.2、圈足径 13.5、高 22.5 厘米。（图 3-33；彩版四三，1）

不分型　8件。缺失分型的关键部位，不便分型。

M7：7，口残，最大腹径 23.1、底径 11.4、残高 24 厘米。（图 3-33；彩版四三，2）

M14：10，口残，底径 10.8、残高 12 厘米。（彩版四三，3）

M16：1，口残，最大腹径 21.3、圈足径 11.4、残高 25.2 厘米。（图 3-33；彩版四三，4）

M22：13，口残，最大腹径 21、底径 9.6、残高 22.2 厘米。（图 3-33；彩版四三，5）

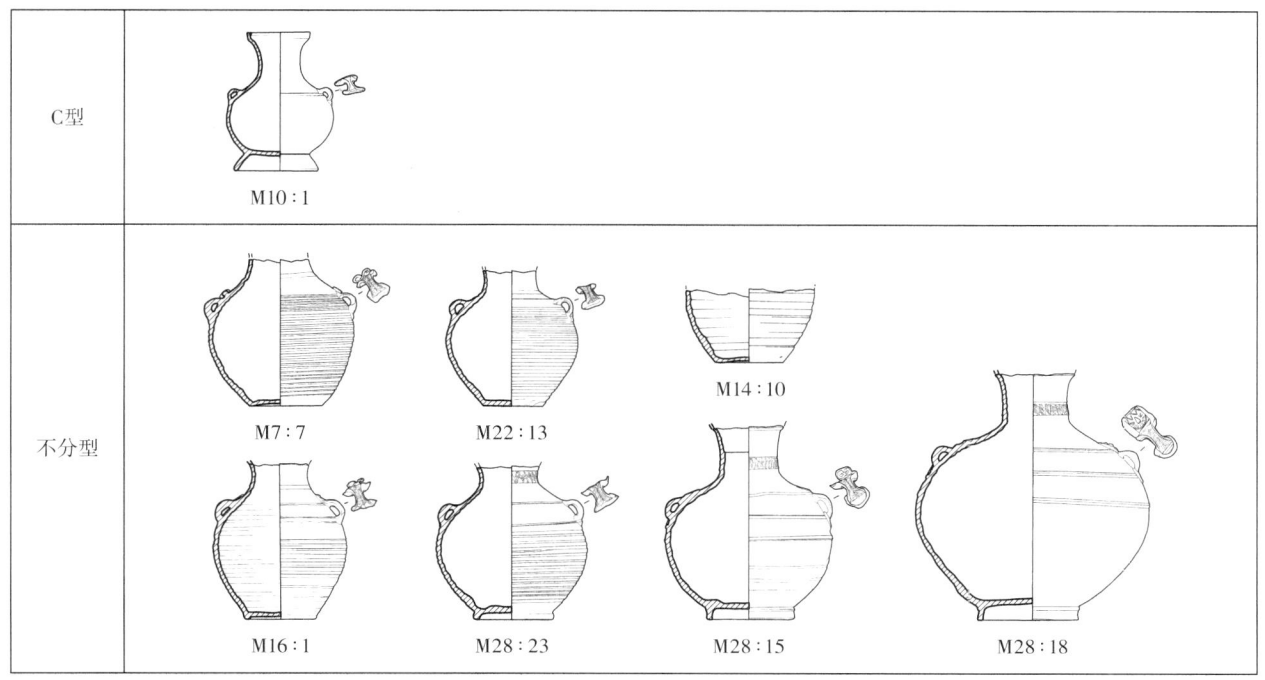

C型	M10：1
不分型	M7：7　　M22：13　　M14：10　　M16：1　　M28：23　　M28：15　　M28：18

0 —— 24 厘米

图 3-33　C 型、不分型釉陶壶

M28：15，口残，最大腹径 26.6、圈足径 14.1、残高 31.2 厘米。（图 3-33；彩版四四，1）

M28：18，口残，最大腹径 37.2、圈足径 16.2、残高 40 厘米。（图 3-33；彩版四四，2）

M28：23，口残，最大腹径 24、底径 12.9、残高 24.6 厘米。（图 3-33；彩版四四，3）

M48：12，残存肩腹部残片，可辨弧肩，鼓腹（彩版四四，4）。

4. 釉陶钫

共 2 件。皆出自 M21 内。

M21：17，口径 12.4、最大腹径 23.2、圈足径 15.6、高 38.9 厘米。（图 3-34；彩版四五，1）

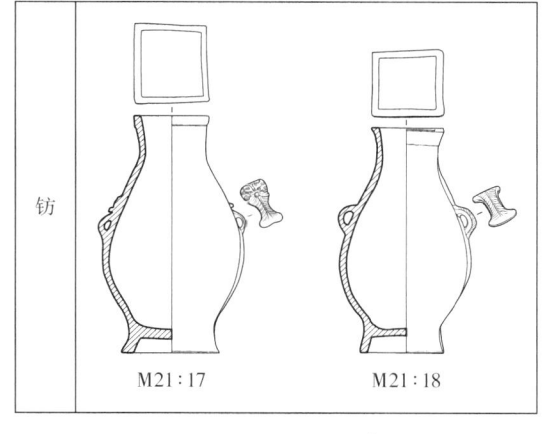

钫	M21：17　　M21：18

0 —— 24 厘米

图 3-34　釉陶钫

M21：18，口径 11.4、最大腹径 21、底径 13.8、高 36.6 厘米。（图 3-34；彩版四五，2）

5. 釉陶瓿

共 36 件。轮制，小口，溜肩，弧腹，平底，肩腹部饰弦纹、水波纹或云气纹，器身上半部有青釉或青黄釉。多出自土坑墓内，砖墓 M23 和 M31 出土有 3 件瓿。M31：3 附有三扁足。根据口部、耳部和器底的特征，分作 3 式。

Ⅰ式　1 件。小口，矮直领，广肩，大耳，耳高过于口沿，平底，附三扁足。

M31：3，口径 11.1、最大腹径 27.9、底径 15.6、高 19.8 厘米。（图 3-35A；彩版四六，1）

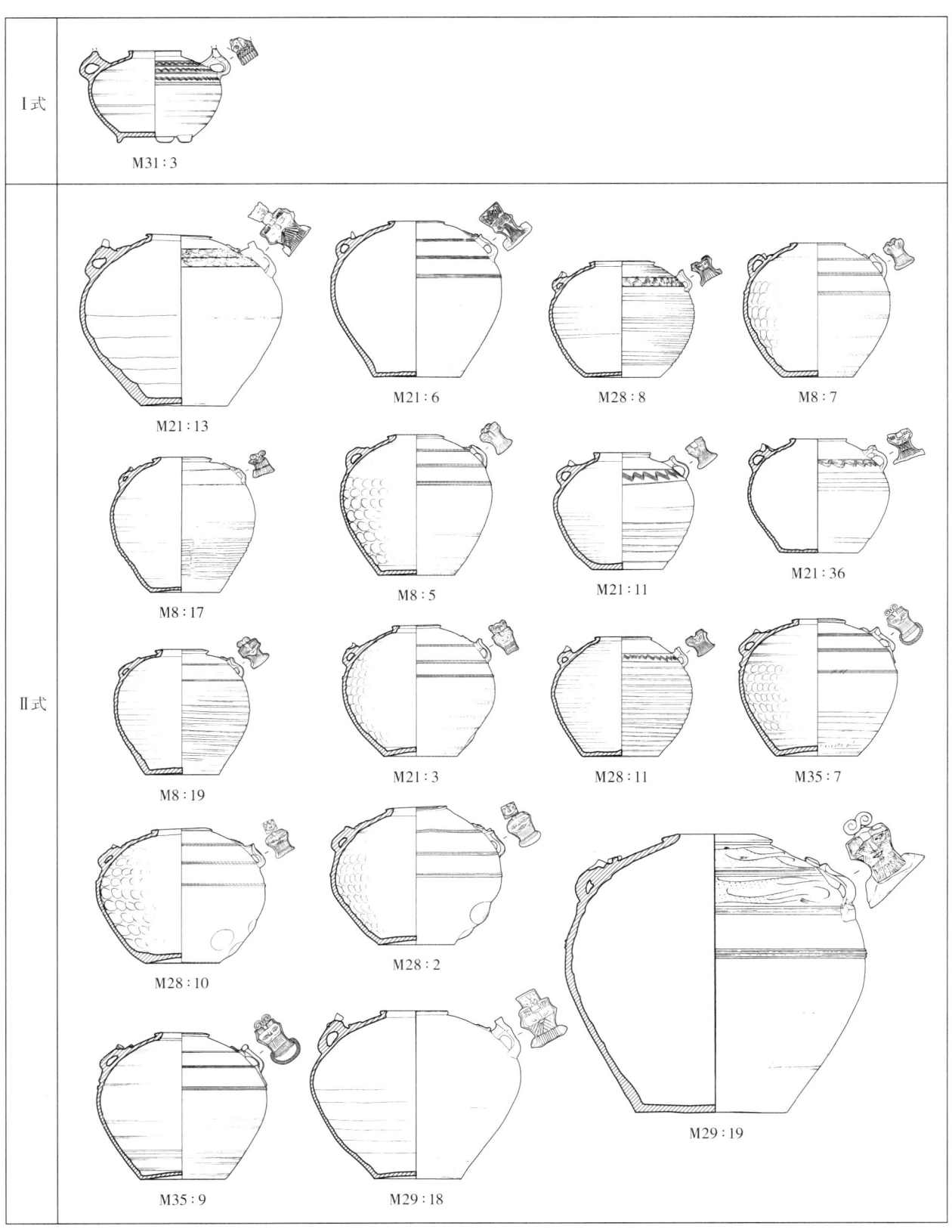

| I式 | M31:3 |
| II式 | M21:13　M21:6　M28:8　M8:7
M8:17　M8:5　M21:11　M21:36
M8:19　M21:3　M28:11　M35:7
M28:10　M28:2　M29:19
M35:9　M29:18 |

0 —————— 24厘米

图 3-35A　I 式、II 式釉陶瓿

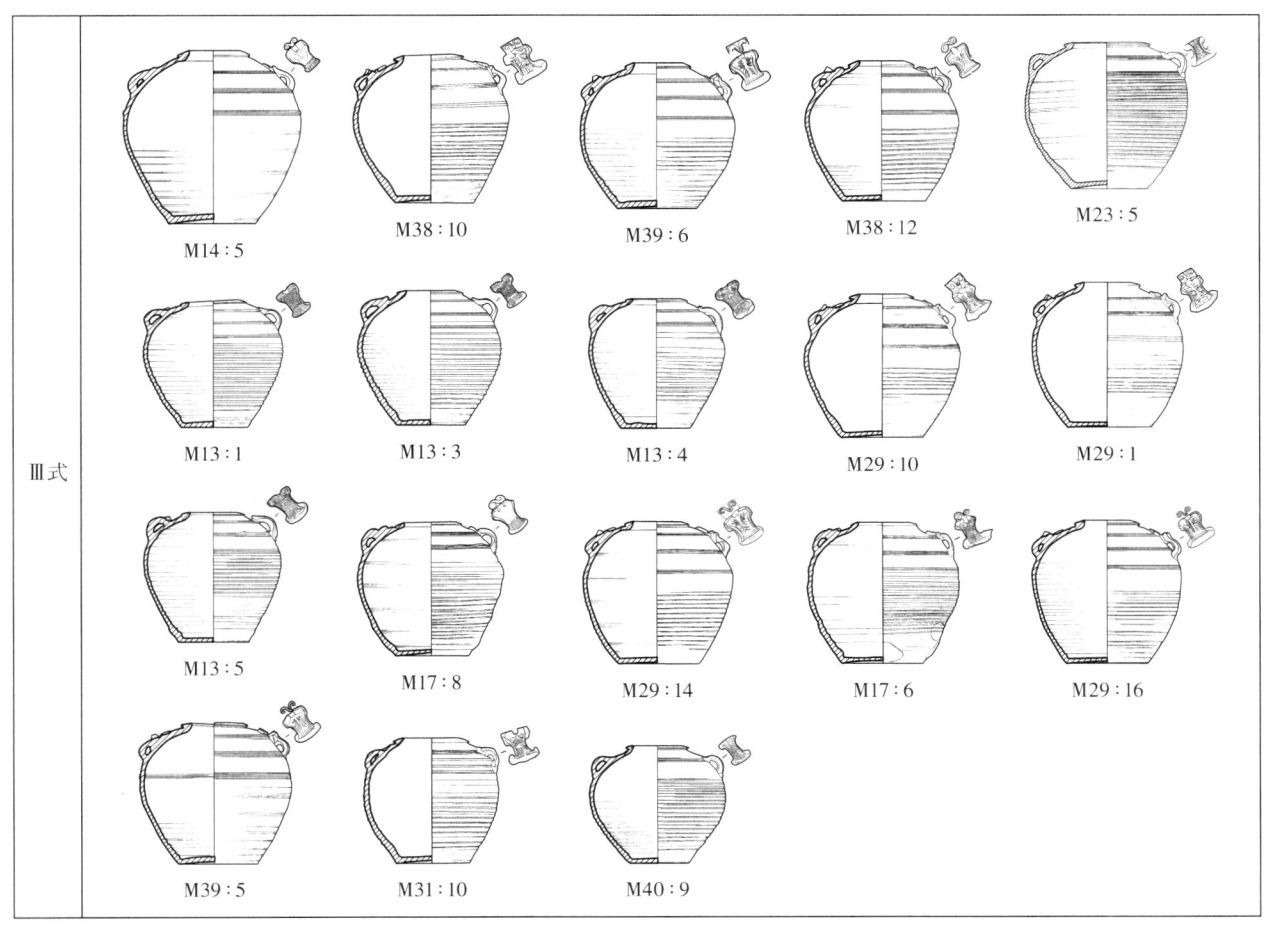

图 3-35B Ⅲ式釉陶瓿

Ⅱ式 17件。耳部较Ⅰ式小，位置低于口沿，器形较大，圆鼓腹，最大腹径上移，下腹部斜收，平底无足。

M8：5，口径12.3、最大腹径32.4、底径16.2、高29.1厘米。（图3-35A；彩版四六，2）

M8：7，口径12、最大腹径30.9、底径15、高29.1厘米。（图3-35A；彩版四六，3）

M8：17，口径12.6、最大腹径30.6、底径14.7、高28.8厘米。（图3-35A；彩版四七，1）

M8：19，口径11.4、最大腹径28.5、底径15.6、高27.6厘米。（图3-35A；彩版四七，2）

M21：3，口径10.2、最大腹径33.5、底径15.3、高28.8厘米。（图3-35A；彩版四七，3）

M21：6，口径12、最大腹径36、底径18.3、高33.9厘米。（图3-35A；彩版四八，1）

M21：11，口径12、最大腹径29.7、底径15.1、高25.2厘米。（图3-35A；彩版四八，2）

M21：13，口径14.1、最大腹径42.3、底径18.3、高37.2厘米。（图3-35A；彩版四八，3）

M21：36，口径12、最大腹径29.7、底径16.8、高24.3厘米。（图3-35A；彩版四九，1）

M28：2，口径12.9、最大腹径36.3、底径16.2、高30厘米。（图3-35A；彩版四九，2）

M28：8，口径13.8、最大腹径30.6、底径15.9、高25.2厘米。（图3-35A；彩版四九，3）

M28：10，口径12.9、最大腹径35.7、底径15.6、高29.1厘米。（图3-35A；彩版五〇，1）

M28：11，口径 12.3、最大腹径 30、底径 16.2、高 26.4 厘米。（图 3-35A；彩版五〇，2）

M29：18，口径 14.4、最大腹径 44.1、底径 18.2、高 35.7 厘米。（图 3-35A；彩版五〇，3）

M29：19，口径 23.1、最大腹径 63.3、底径 31.8、高 60 厘米。（图 3-35A；彩版五一，1）

M35：7，口径 11.7、最大腹径 33.3、底径 17.1、高 30.3 厘米。（图 3-35A；彩版五一，2）

M35：9，口径 11.7、最大腹径 35.7、底径 17.7、高 31.2 厘米。（图 3-35A；彩版五一，3）

Ⅲ式　18件。耳部较Ⅱ式小，位置下移，平底或平底内凹。

M13：1，口径 10.8、最大腹径 22.2、底径 10.8、高 20.7 厘米。（图 3-35B；彩版五二，1）

M13：3，口径 10.8、最大腹径 22.8、底径 11.1、高 21.6 厘米。（图 3-35B；彩版五二，2）

M13：4，口径 9.9、最大腹径 21.6、底径 10.8、高 21 厘米。（图 3-35B；彩版五二，3）

M13：5，口径 10.2、最大腹径 21.9、底径 11.4、高 21.3 厘米。（图 3-35B；彩版五三，1）

M14：5，口径 11.7、最大腹径 28.2、底径 13.8、高 28.5 厘米。（图 3-35B；彩版五三，2）

M29：1，口径 10.5、最大腹径 24、底径 13.2、高 23.4 厘米。（图 3-35B；彩版五三，3）

M29：10，口径 10.2、最大腹径 24.6、底径 12.9、高 23.1 厘米。（图 3-35B；彩版五四，1）

M29：14，口径 10.2、最大腹径 23.7、底径 12.9、高 23.4 厘米。（图 3-35B；彩版五二，4）

M29：16，口径 10.2、最大腹径 23.7、底径 12.9、高 23.4 厘米。（图 3-35B；彩版五四，2）

M31：10，口径 11.8、最大腹径 21.3、底径 11.4、高 20.7 厘米。（图 3-35B；彩版五五，1）

M38：10，口径 10.8、最大腹径 24.6、底径 12.3、高 24.3 厘米。（图 3-35B；彩版五五，2）

M39：5，口径 10.5、最大腹径 24、底径 12.6、高 23.4 厘米。（图 3-35B；彩版五五，3）

M39：6，口径 10.2、最大腹径 24.6、底径 12.6、高 24 厘米。（图 3-35B；彩版五六，1）

M17：6，口径 10.8、最大腹径 24.3、底径 12.9、高 23.1 厘米。（图 3-35B；彩版五六，2）

M17：8，口径 10.5、最大腹径 23.4、底径 11.7、高 21.9 厘米。（图 3-35B；彩版五六，3）

M38：12，口径 10.5、最大腹径 24.3、底径 13.2、高 22.8 厘米。（图 3-35B；彩版五七，1）

M23：5，口径 13.6、最大腹径 26、底径 12、高 24 厘米。（图 3-35B；彩版五七，2）

M40：9，口径 9.9、最大腹径 21.6、底径 9.3、高 19.5 厘米。（图 3-35B；彩版五七，3）

6. 釉陶罐

共 50 件。轮制，硬陶质，灰胎或灰褐胎，器身肩腹部多有半釉。根据口部和腹部的不同，分为敛口罐和侈口罐 2 型。

A 型　25 件。敛口罐。敛口，束颈，弧鼓腹，平底，肩部附两对称立耳。根据肩部和腹部的不同，分作 2 式。

Ⅰ式　3 件。短颈，弧鼓腹，平底。

M2：6，口径 11.4、最大腹径 21.6、底径 12.2、高 15.6 厘米。（图 3-36；彩版五八，1）

M37：2，口径 13、最大腹径 26.8、底径 16.4、高 24.4 厘米。（图 3-36；彩版五八，2）

M37：3，口径 11.2、最大腹径 27.6、底径 16、高 24.8 厘米。（图 3-36；彩版五八，3）

Ⅱ式　22 件。溜肩，弧腹。

M8：12，口径 10、最大腹径 16.8、底径 10、高 14.8 厘米。（图 3-36；彩版五九，1）

M8：21，口径 8.2、最大腹径 12.4、底径 7、高 10 厘米。（图 3-36；彩版五九，2）

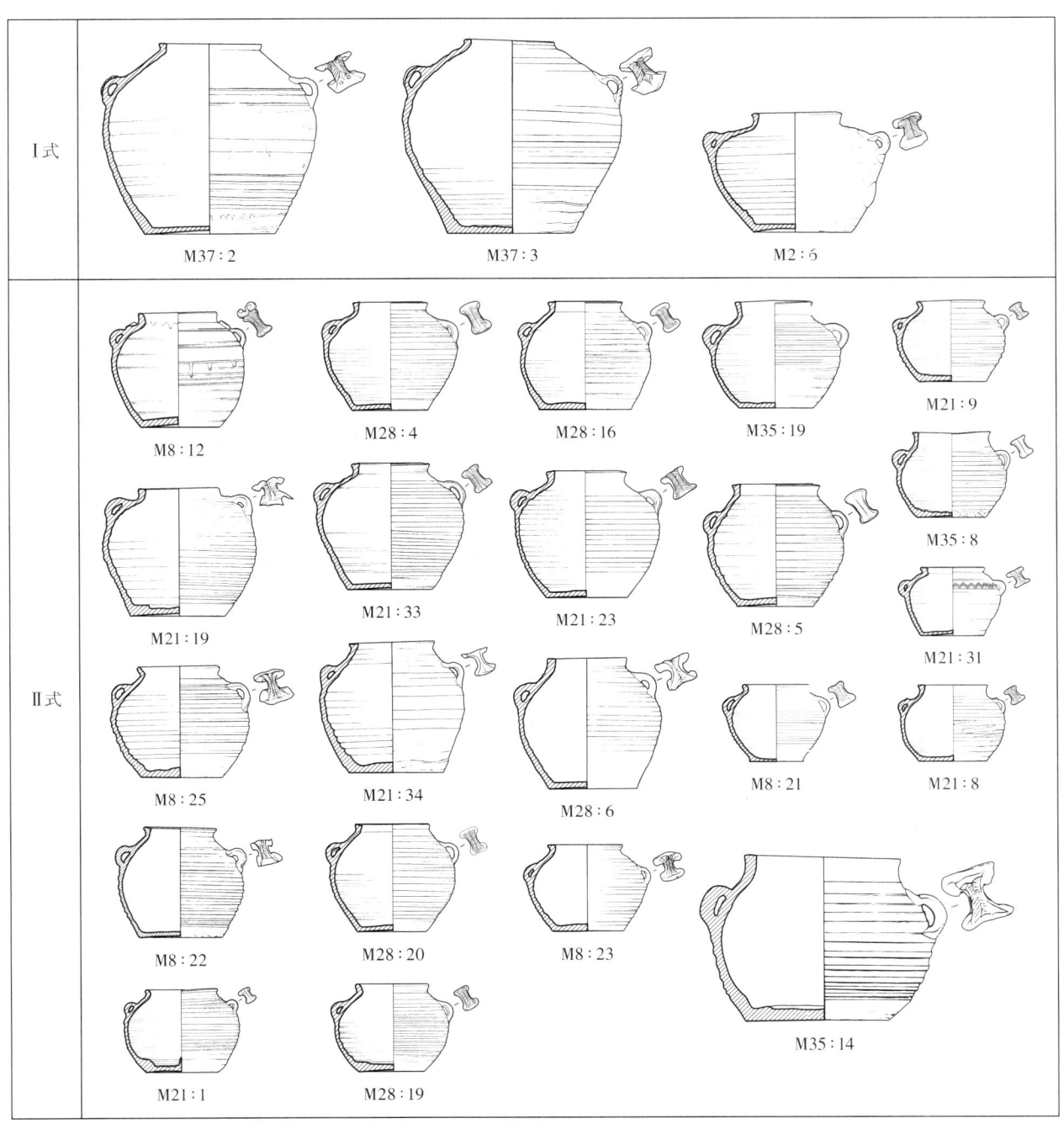

0 ⊢————┤ 16厘米

图 3-36 A 型釉陶罐

M8：22，口径 9.2、最大腹径 16、底径 10.6、高 14.4 厘米。（图 3-36；彩版五九，3）

M8：23，口径 9.6、最大腹径 15.2、底径 9、高 11.4 厘米。（图 3-36；彩版五九，4）

M8：25，口径 10.6、底径 10.2、最大腹径 17.6、高 14.6 厘米。（图 3-36；彩版五九，5）

M21：1，口径 9.2、最大腹径 14.6、底径 9.2、高 10.6 厘米。（图 3-36；彩版六〇，1）

M21：8，口径 8.8、最大腹径 13.6、底径 8.6、高 10 厘米。（图 3-36；彩版六〇，2）

M21：9，口径 8.8、最大腹径 13.6、底径 8.6、高 10.6 厘米。（图 3-36；彩版六〇，3）

M21：23，口径 10.2、最大腹径 18.4、底径 10.2、高 16.6 厘米。（图 3-36；彩版六〇，4）

M21：31，口径 8.2、最大腹径 12.2、底径 8、高 9 厘米。（图 3-36；彩版六〇，5）

M35：8，口径 10、最大腹径 14、底径 8.6、高 10.8 厘米。（图 3-36；彩版六一，1）

M35：14，口径 19.8、最大腹径 28.4、底径 18.2、高 21.2 厘米。（图 3-36；彩版六一，2）

M21：19，口径 10.4、最大腹径 19.4、底径 11.8、高 16.6 厘米。（图 3-36；彩版六一，3）

M21：33，口径 9.6、最大腹径 18.6、底径 10.8、高 16.4 厘米。（图 3-36；彩版六一，4）

M21：34，口径 10.8、最大腹径 18.4、底径 12、高 17 厘米。（图 3-36；彩版六一，5）

M28：4，口径 9.6、最大腹径 17、底径 9.6、高 14 厘米。（图 3-36；彩版六一，6）

M28：5，口径 11.2、最大腹径 17.2、底径 9.6、高 16 厘米。（图 3-36；彩版六二，1）

M28：6，口径 10、最大腹径 18、底径 11.2、高 17 厘米。（图 3-36；彩版六二，2）

M28：16，口径 9.4、最大腹径 16.6、底径 11.6、高 14 厘米。（图 3-36；彩版六二，3）

M28：19，口径 9.4、最大腹径 14.4、底径 8.2、高 11.2 厘米。（图 3-36；彩版六二，4）

M28：20，口径 9.6、最大腹径 16、底径 8.8、高 14 厘米。（图 3-36；彩版六二，5）

M35：19，口径 9.8、最大腹径 16.6、底径 9.4、高 14 厘米。（图 3-36；彩版六二，6）

B 型　17 件。侈口罐。侈口，弧肩，鼓腹，平底。分作 2 式。

Ⅰ式　4 件。弧肩，深腹。

M8：4，口径 12.8、最大腹径 20.8、底径 10.8、高 20 厘米。（图 3-37；彩版六三，1）

M8：6，口径 13.6、最大腹径 21.6、底径 11.6、高 19.6 厘米。（图 3-37；彩版六三，2）

M8：10，口径 11.6、最大腹径 20、底径 10.8、高 19.2 厘米。（图 3-37；彩版六三，3）

M8：11，口径 13.6、最大腹径 20.6、底径 9.8、通高 18.4 厘米。（图 3-37；彩版六三，4）

Ⅱ式　19 件。窄沿，束颈，弧肩，鼓腹，最大径近中腹部。

M13：2，口径 9.2、最大腹径 13、底径 7.8、高 10 厘米。（图 3-37；彩版六三，5）

M14：9，口径 11.8、最大腹径 21.2、底径 11、高 19.5 厘米。（图 3-37；彩版六三，6）

M38：8，口径 10.6、最大腹径 16.4、底径 9.8、高 15 厘米。（图 3-37；彩版六四，1）

M16：3，口径 10、最大腹径 15.4、底径 8.6、高 12.9 厘米。（图 3-37；彩版六四，2）

M17：5，口径 11.2、最大腹径 15.6、底径 9、高 11.7 厘米。（图 3-37；彩版六四，3）

M29：3，口径 9.8、最大腹径 16.2、底径 8.8、高 13 厘米。（图 3-37；彩版六四，4）

M29：4，口径 11.6、最大腹径 16.6、底径 10、高 13.6 厘米。（图 3-37；彩版六四，5）

M29：15，口径 9.8、最大腹径 13、底径 7.8、高 9.6 厘米。（图 3-37；彩版六四，6）

M29：17，口径 9.6、最大腹径 13.2、底径 8.8、高 9.4 厘米。（图 3-37；彩版六五，1）

M29：20，口径 9.8、底径 8.4、高 10.8 厘米。（图 3-37；彩版六五，2）

M31：6，口径 9.2、最大腹径 13.8、底径 8、高 11.6 厘米。（图 3-37；彩版六五，3）

M38：6，口径 8.4、最大腹径 11.6、底径 6.2、高 9.2 厘米。（图 3-37；彩版六五，4）

M39：11，口径 9.2、最大腹径 13.2、底径 8.8、高 10 厘米。（图 3-37；彩版六五，5）

M39：12，口径 9.4、最大腹径 13.2、底径 6.4、高 9.6 厘米。（图 3-37；彩版六五，6）

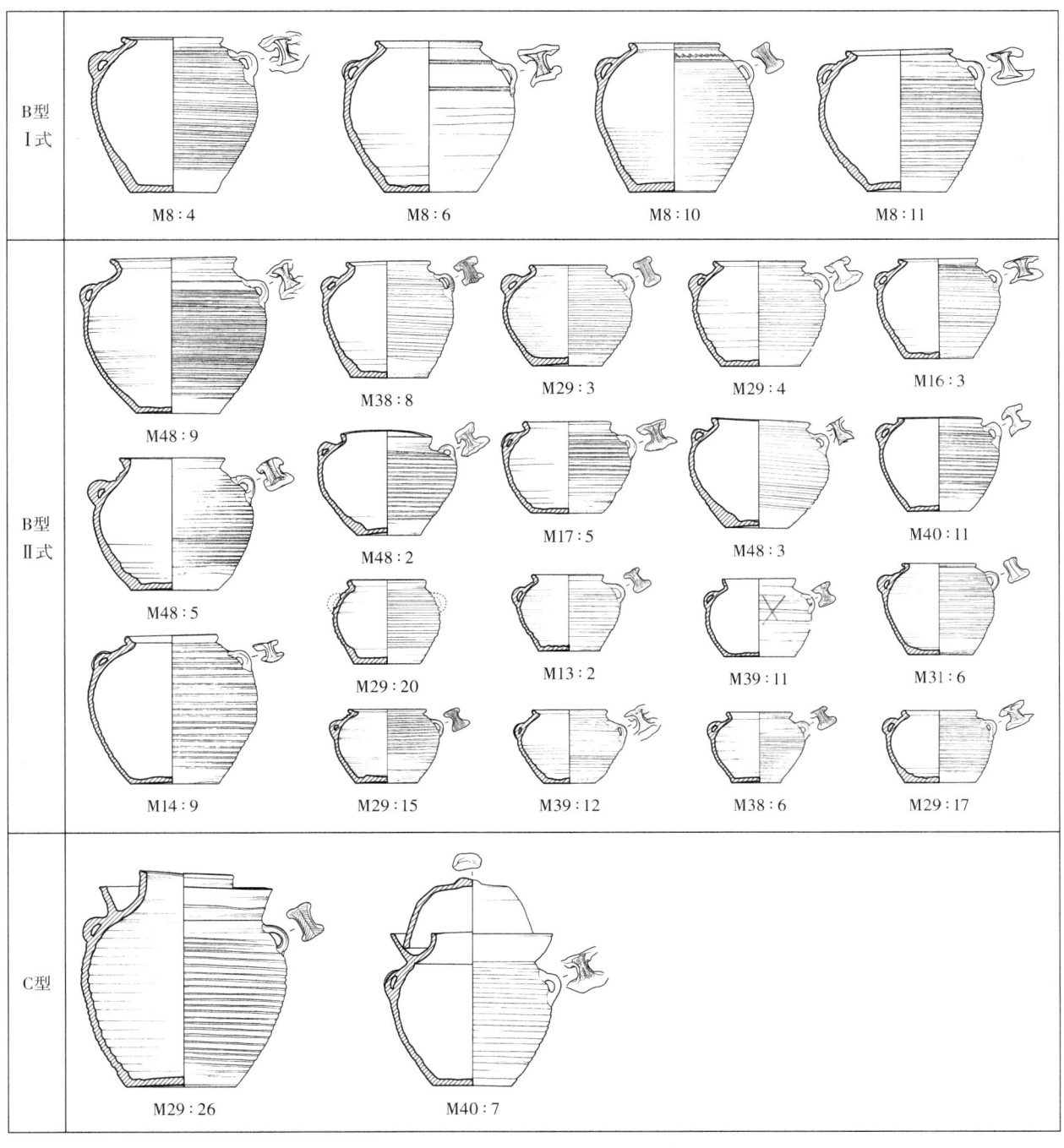

图 3-37 B 型、C 型釉陶罐

M40：11，口径 10.6、最大腹径 15、底径 7.6、高 12.2 厘米。（图 3-37；彩版六六，1）

M48：2，口径 11.6、最大腹径 17.6、底径 7.8、高 13.6 厘米。（图 3-37；彩版六六，2）

M48：3，口径 12.4、最大腹径 17.6、底径 7.8、高 14 厘米。（图 3-37；彩版六六，3）

M48：5，口径 13.2、最大腹径 20、底径 10.8、高 17.2 厘米。（图 3-37；彩版六六，4）

M48：9，口径 15.8、最大腹径 22.8、底径 10.4、高 20 厘米。（图 3-37；彩版六六，5）

C 型　2 件。双唇罐。子母口，扣以器盖，弧肩上置两对称立耳，弧鼓腹，平底。

M29：26，内口径 11.8、外口径 21.6、最大腹径 25.8、底径 13.6、高 27.4 厘米。（图 3-37；彩版六七，1）

M40：7，内口径 10、外口径 20.4、最大腹径 20.2、底径 9.8、通高 26.6 厘米。（图 3-37；彩版六七，2）

7. 釉陶器盖

共 2 件。皆出土于 M21 内。平顶，覆钵状，盖面有青釉。

M21：20，盖径 20.4、高 6.8 厘米。（图 3-38；彩版六七，3）

M21：22，盖径 20.8、高 7.2 厘米。（图 3-38；彩版六七，4）

8. 釉陶仓

共 1 件，出土于 M48 内。

M48：4，口径 12.8、肩径 17.8、底径 12、高 23.2 厘米。（图 3-38；彩版六七，5）

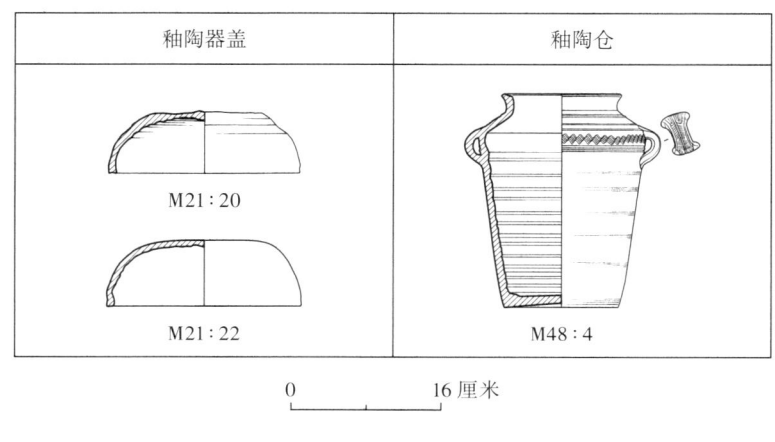

图 3-38　釉陶器盖、釉陶仓

二、硬陶器

共 16 件。硬陶器多为泥条盘筑、轮制修正。器物烧制火候较高，质地坚硬，敲击时有铿锵之声。器形有罍和盅，罍多于器身拍印席纹，见于 M8、M11、M21、M22、M23、M28、M40、M48 等 8 座墓葬，盅身见有轮制弦纹，仅在 M37 出土 1 件。

1. 硬陶罍

共 15 件。泥条盘筑，快轮修正，器身拍印席纹。根据口部和腹部的特征，分作 2 式。

Ⅰ式　7 件。直口，矮径，弧肩，鼓腹，最大径位于中腹部偏上，平底，肩腹部满饰拍印席纹。

M8：8，口径 20.7、最大腹径 37.2、底径 16.2、高 30 厘米。（图 3-39；彩版六八，1）

M8：14，口径 21.6、最大腹径 38.7、底径 17.1、高 30.9 厘米。（图 3-39；彩版六八，2）

M21：5，口径 15.3、最大腹径 35.4、底径 17.7、高 27.6 厘米。（图 3-39；彩版六九）

M21：10，口径 17.4、最大腹径 35.4、底径 16.8、高 30.6 厘米。（图 3-39；彩版六八，3）

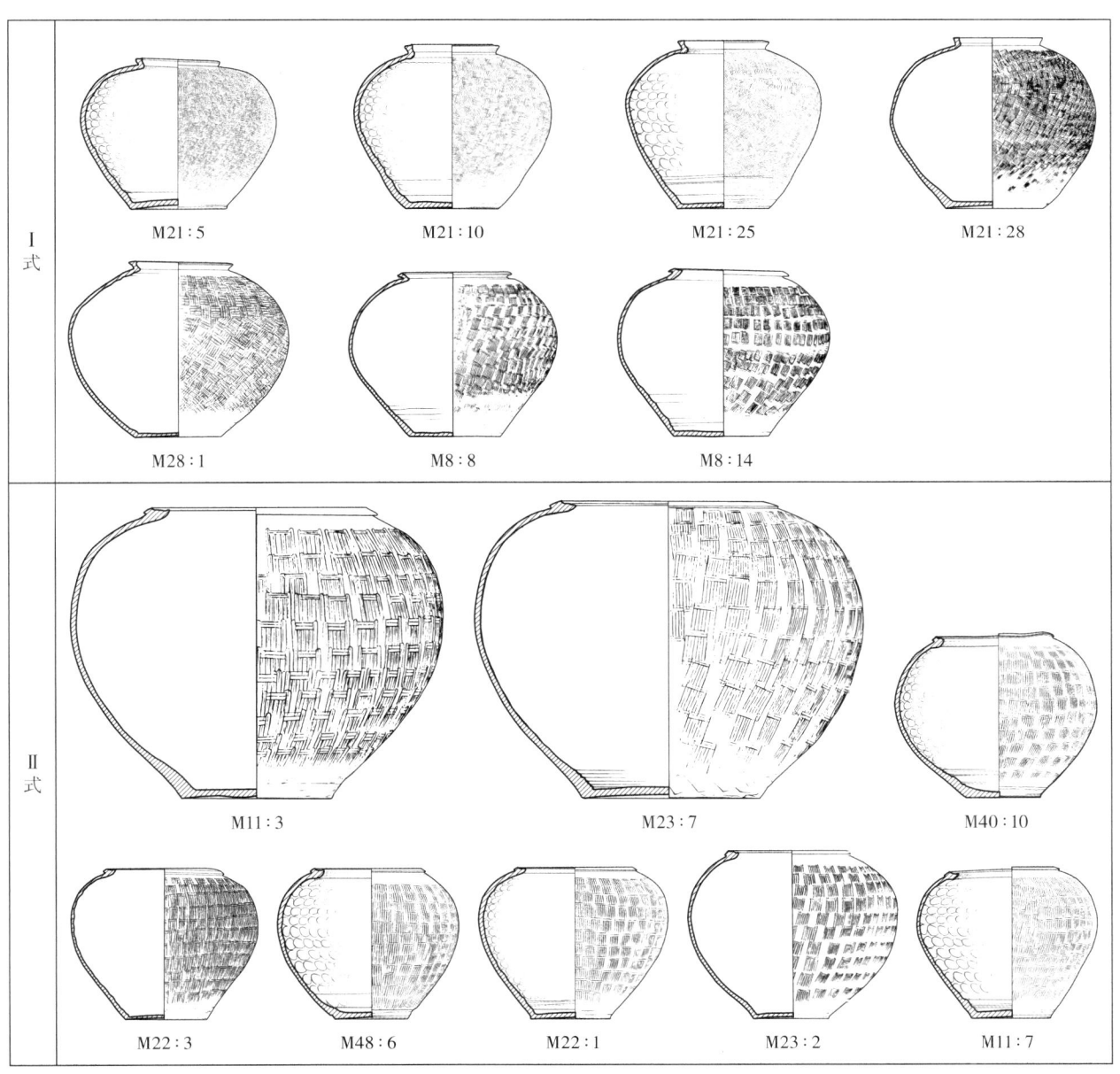

图 3-39　Ⅰ式、Ⅱ式硬陶罍

M21：25，口径 16.8、最大腹径 35.4、底径 16.5、高 31.2 厘米。（图 3-39；彩版六八，4）

M21：28，口径 16.2、最大腹径 37.2、底径 17.7、高 31.5 厘米。（图 3-39；彩版七〇，1）

M28：1，口径 18.6、最大腹径 39.6、底径 15.6、高 32.1 厘米。（图 3-39；彩版七〇，2）

Ⅱ式　8 件。口部凹沿明显，广肩，鼓腹，平底。

M11：3，口径 42、最大腹径 66.6、底径 27、高 54 厘米。（图 3-39；彩版七〇，3）

M11：7，口径 20.7、最大腹径 32.6、底径 14.1、高 27.9 厘米。（图 3-39；彩版七〇，4）

M22：1，口径 22.2、最大腹径 34.2、底径 14.4、高 27.9 厘米。（图 3-39；彩版七一，1）

M22：3，口径 21.6、底径 14.4、最大腹径 33.6、高 27.9 厘米。（图 3-39；彩版七一，2）

M23 : 2，口径 22.5、最大腹径 37.5、底径 13.5、高 31.2 厘米。（图 3-39；彩版七二，1）

M23 : 7，口径 41.1、最大腹径 69.6、底径 31.8、高 55.2 厘米。（图 3-39；彩版七二，2）

M40 : 10，口径 22、最大腹径 36.3、底径 13.2、高 30.6 厘米。（图 3-39；彩版七二，3）

M48 : 6，口径 20.7、最大腹径 32.6、底径 12.9、高 27.6 厘米。（图 3-39；彩版七二，4）

2. 硬陶盂

共 1 件。泥条盘筑，轮制，质地坚硬，烧成温度较高。

M37 : 16，口径 7.4、最大腹径 9.6、底径 4.3、高 4.5 厘米。（图 3-40；彩版七三，1）

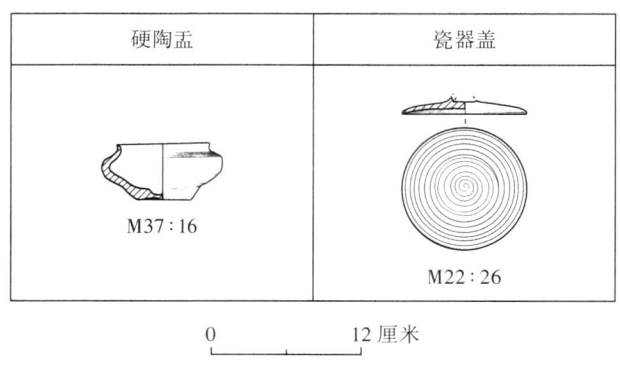

图 3-40　硬陶盂、瓷器盖

三、瓷器盖

在 M22 内出土有青瓷器盖一件。

标本 M22 : 26，盖顶可辨有半环形捉手，残失。盖径 10、残高 1.2 厘米。（图 3-40；彩版七三，2）

四、陶器

共出土陶器 121 件（组）。器物分为轮制和手制两种，轮制可见明显轮制弦纹，手制多为素面。多数器物烧成温度不高，胎质疏松。器形以日用陶罐和模型明器为主，有罐、釜、甑、灶、仓、井、器盖、纺轮、五铢、麟趾金等。

陶质有泥质陶和夹砂陶。泥质陶器 97 件（组），包括罐 56 件、釜 14 件、甑 10 件、灶 4 件、仓 1 件、井 3 件、器盖 2 件、纺轮 3 件、五铢 3 件、麟趾金 1 件。夹砂陶器 24 件，包括釜 9 件（M8 : 29、M14 : 11、M29 : 12、M29 : 13、M38 : 18、M38 : 19、M38 : 20、M39 : 16、M39 : 17）、甑 4 件（M8 : 28、M29 : 21、M38 : 14、M39 : 15），灶 7 件（M8 : 9、M18 : 4、M28 : 24、M29 : 23、M35 : 10、M38 : 13、M39 : 10）、仓 4 件（M7 : 10、M29 : 11、M38 : 11、M39 : 8）。

1. 陶罐

共 56 件。以泥质红陶为主，少量泥质灰陶。其中可分型者 50 件，另外 6 件残存器底，未能分型。根据口部、腹部特征和用途的不同，可以分作敛口罐、侈口罐、鼓腹罐、壶形罐、唇口罐和汲水罐等 5 型。

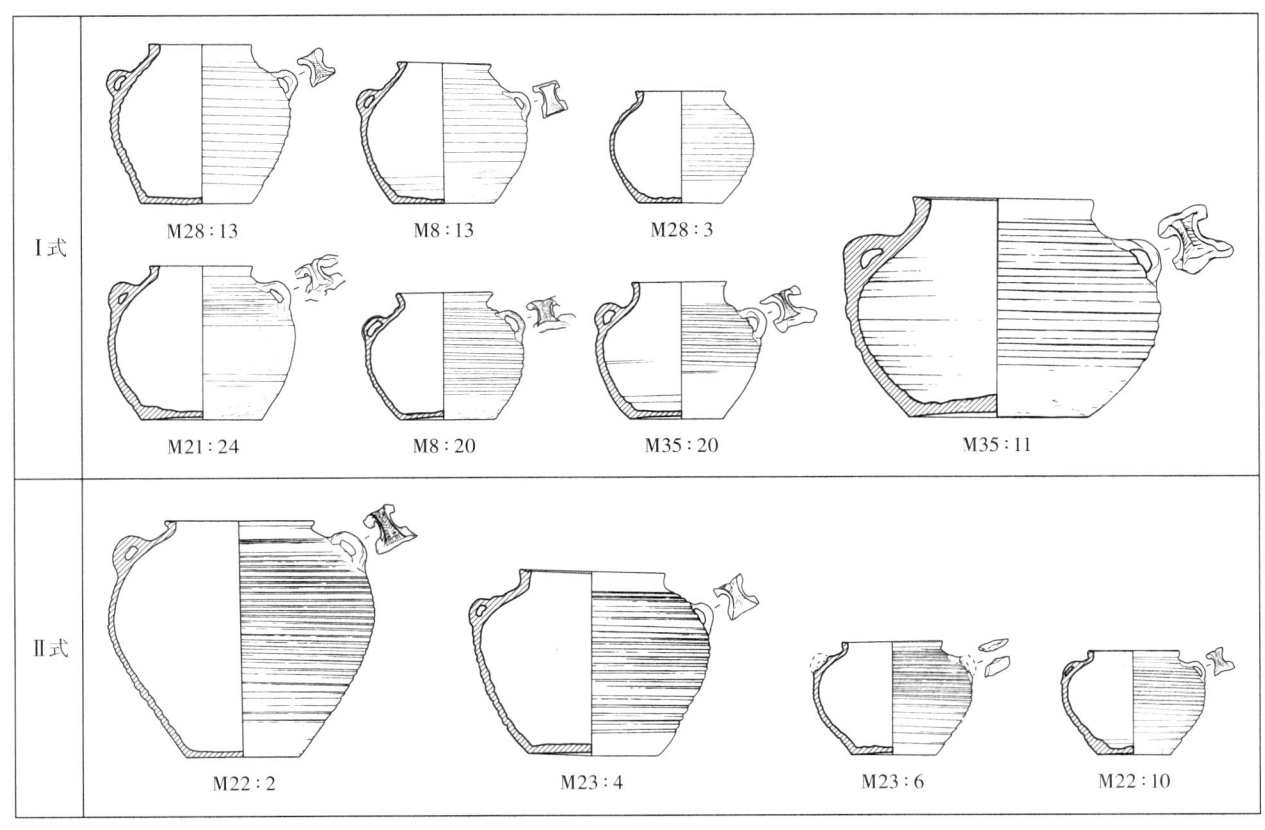

图 3-41　A 型陶罐

　　A 型　11 件。敛口罐。敛口，束颈，弧鼓腹，平底，肩部多附两对称立耳。根据肩部和腹部的不同，分作 2 式。

　　Ⅰ式　7 件。矮颈，弧腹较浅，平底。

　　M8：13，口径 10.2、最大腹径 18、底径 10.8、高 15.4 厘米。（图 3-41；彩版七四，1）

　　M8：20，口径 10.4、最大腹径 16.8、底径 10.2、高 13.8 厘米。（图 3-41；彩版七四，2）

　　M21：24，口径 11、腹径 20、底径 13、高 16.8 厘米。（图 3-41；彩版七四，3）

　　M28：3，口径 9.5、最大腹径 15.4、底径 8.8、高 12.2 厘米。（图 3-41；彩版七四，4）

　　M28：13，口径 10.8、最大腹径 19.2、底径 11.8、高 17.4 厘米。（图 3-41；彩版七四，5）

　　M35：11，口径 19.2、最大腹径 33.6、底径 19.2、高 23.8 厘米。（图 3-41；彩版七四，6）

　　M35：20，口径 10、最大腹径 17.6、底径 9.8、高 15 厘米。（图 3-41；彩版七五，1）

　　Ⅱ式　4 件。弧肩，深腹，最大径上移。

　　M22：2，口径 16、最大腹径 28、底径 12、高 25.6 厘米。（图 3-41；彩版七五，2）

　　M22：10，口径 9.6、最大腹径 15.2、底径 7.6、高 11.2 厘米。（图 3-41；彩版七五，3）

　　M23：4，口径 15.6、最大腹径 25.2、底径 13.6、高 20 厘米。（图 3-41；彩版七五，4）

　　M23：6，口径 10.6、最大腹径 16.8、底径 8.8、高 12.2 厘米。（图 3-41；彩版七五，5）

　　B 型　18 件。侈口罐。侈口，弧肩，鼓腹，平底。

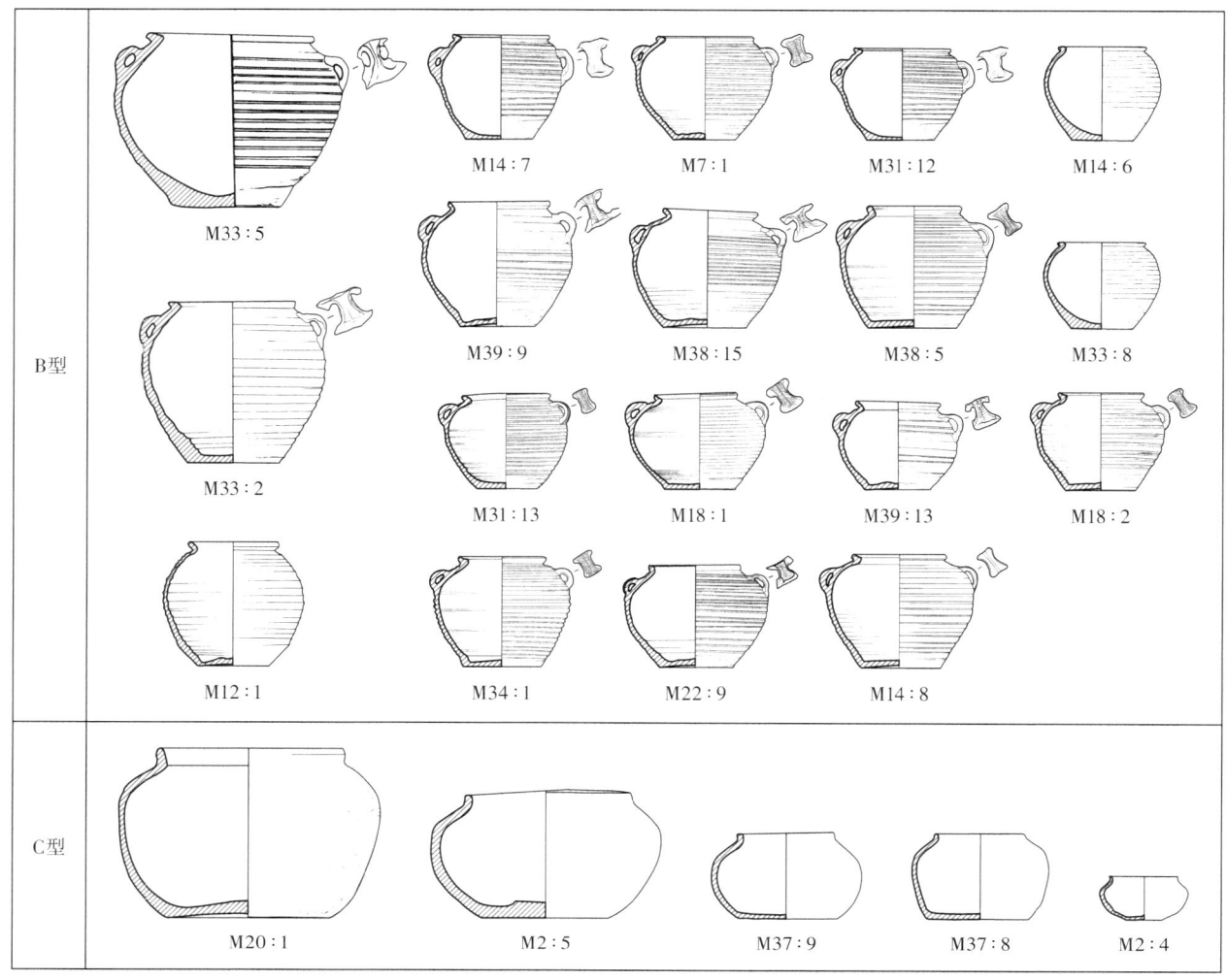

图 3-42　B 型、C 型陶罐

M7：1，口径 10.4、最大腹径 14.8、底径 6.8、高 11.6 厘米。（图 3-42；彩版七六，1）

M12：1，口径 10、最大腹径 15.4、底径 7.8、高 14 厘米。（图 3-42；彩版七六，2）

M14：8，口径 10.4、最大腹径 16.3、底径 8.5、高 12.8 厘米。（彩版七六，3）

M18：1，口径 9.2、最大腹径 14.8、底径 7.8、高 10.8 厘米。（彩版七六，4）

M18：2，口径 9.4、最大腹径 14、底径 7.6、高 10.8 厘米。（图 3-42；彩版七六，5）

M22：9，口径 10、最大腹径 15.6、底径 8.1、高 11.6 厘米。（图 3-42；彩版七六，6）

M31：12，口径 10.5、最大腹径 13.4、底径 7.5、高 10.2 厘米。（图 3-42；彩版七七，1）

M31：13，口径 9.6、最大腹径 13.1、底径 6.4、高 10.8 厘米。（图 3-42；彩版七七，2）

M33：2，口径 14、最大腹径 20、底径 10、高 18 厘米。（图 3-42；彩版七七，3）

M33：5，口径 18.4、最大腹径 24.8、底径 12、高 19.5 厘米。（图 3-42；彩版七七，4）

M33：8，口径 9.6、最大腹径 12.8、底径 6.8、高 9.6 厘米。（图 3-42；彩版七七，5）

M34：1，口径 9.6、最大腹径 15、底径 8.4、高 12.4 厘米。（图 3-42；彩版七七，6）

M38：5，口径 10.4、最大腹径 16、底径 9.6、高 13.6 厘米。（图 3-42；彩版七八，1）

M38：15，口径 10.4、最大腹径 16.2、底径 9、高 13.2 厘米。（图 3-42；彩版七八，2）

M39：9，口径 11.2、最大腹径 16.4、底径 8.2、高 14 厘米。（图 3-42；彩版七八，3）

M39：13，口径 9.2、最大腹径 12.8、底径 7.2、高 9.6 厘米。（图 3-42；彩版七八，4）

M14：6，口径 9.8、底径 6.8、高 10.6 厘米。（图 3-42；彩版七八，5）

M14：7，口径 10.4、底径 7.4、高 11.6 厘米。（图 3-42；彩版七八，6）

C 型　5件。鼓腹罐。直口，溜肩，弧腹，平底。

M2：5，口径 18、最大腹径 25、底径 13.6、高 14.2 厘米。（图 3-42；彩版七九，1）

M20：1，口径 20.6、最大腹径 28.4、底径 17.6、高 19 厘米。（图 3-42；彩版七九，2）

M37：8，口径 9.6、底径 11.2、高 9.6 厘米。（图 3-42；彩版七九，3）

M37：9，口径 10.4、最大腹径 16.4、底径 10.8、高 9.6 厘米。（图 3-42；彩版七九，4）

M2：4，口径 7.6、底径 4、高 4.8 厘米。（图 3-42；彩版七九，5）

D 型　8件。壶形罐。壶状，束颈，弧腹，平底或圜底。

M2：2，口径 11.4、最大腹径 19.6、底径 7.6、高 22.2 厘米。（图 3-43；彩版八〇，1）

M31：7，口径 12.8、最大腹径 20.8、底径 12.4、高 23.6 厘米。（图 3-43；彩版八〇，2）

M31：8，最大腹径 20.8、底径 14、残高 23 厘米。（彩版八〇，3）

M34：2，口径 21.6、最大腹径 45.6、底径 25.8、高 39.6 厘米（彩版八〇，4）。

M40：8，口径 24、最大腹径 55.8、高 50.4 厘米。（图 3-43；彩版八〇，5）

M2：3，口径 15.4、底径 16、残高 18 厘米。（图 3-43；彩版八一，1）

M20：2，口径 15.2、最大腹径 25.2、高 20.4 厘米。（图 3-43；彩版八一，2）

M34：3，口径 14.4、底径 10、残高 25 厘米。（彩版八一，3）

E 型　4件。唇口罐。唇口，弧肩，鼓腹，平底，肩部置对称牛鼻贯耳。

M31：19，口径 28.4、最大腹径 43.6、底径 28、高 32.8 厘米。（图 3-43；彩版八〇，6）

M32：1，口径 13.2、底径 15.2、残高 18.2 厘米。（图 3-43；彩版八一，4）

M32：2，口径 9.2、最大腹径 23.4、底径 13.2、高 16.4 厘米。（图 3-43；彩版八一，5）

M33：6，口径 12.8、最大腹径 22、底径 15.2、高 15.6 厘米。（图 3-43；彩版八一，6）

F 型　4件。汲水罐。出土时皆置放于陶井内。小直口，束颈，弧鼓腹，平底。

M11：13，口径 5.2、最大腹径 7.6、底径 2.6、高 7.2 厘米。（图 3-43；彩版八二，1）

M18：9，口径 3.8、最大腹径 6.4、底径 4、高 5.3 厘米。（图 3-43；彩版八二，2）

M31：20，口径 4.7、最大腹径 7.2、底径 3.2、高 5.5 厘米。（图 3-43；彩版八二，3）

M33：9，口径 3.9、腹径 5.8、底径 2、高 5.1 厘米。（图 3-43；彩版八二，4）

不分型　6件。残碎严重，无法修复。

M16：2，残存底部，可辨弧腹，平底，底径 9.6、残高 8 厘米。（图 3-43；彩版八三，1）

M17：2，残存器底，底径 8.8、残高 5.6 厘米。（彩版八三，2）

M17：7，口径 10.8、底径 8.4、残高 10 厘米。（图 3-43；彩版八三，3）

M22：22，残碎严重，无法修复，可辨轮制。（彩版八三，6）

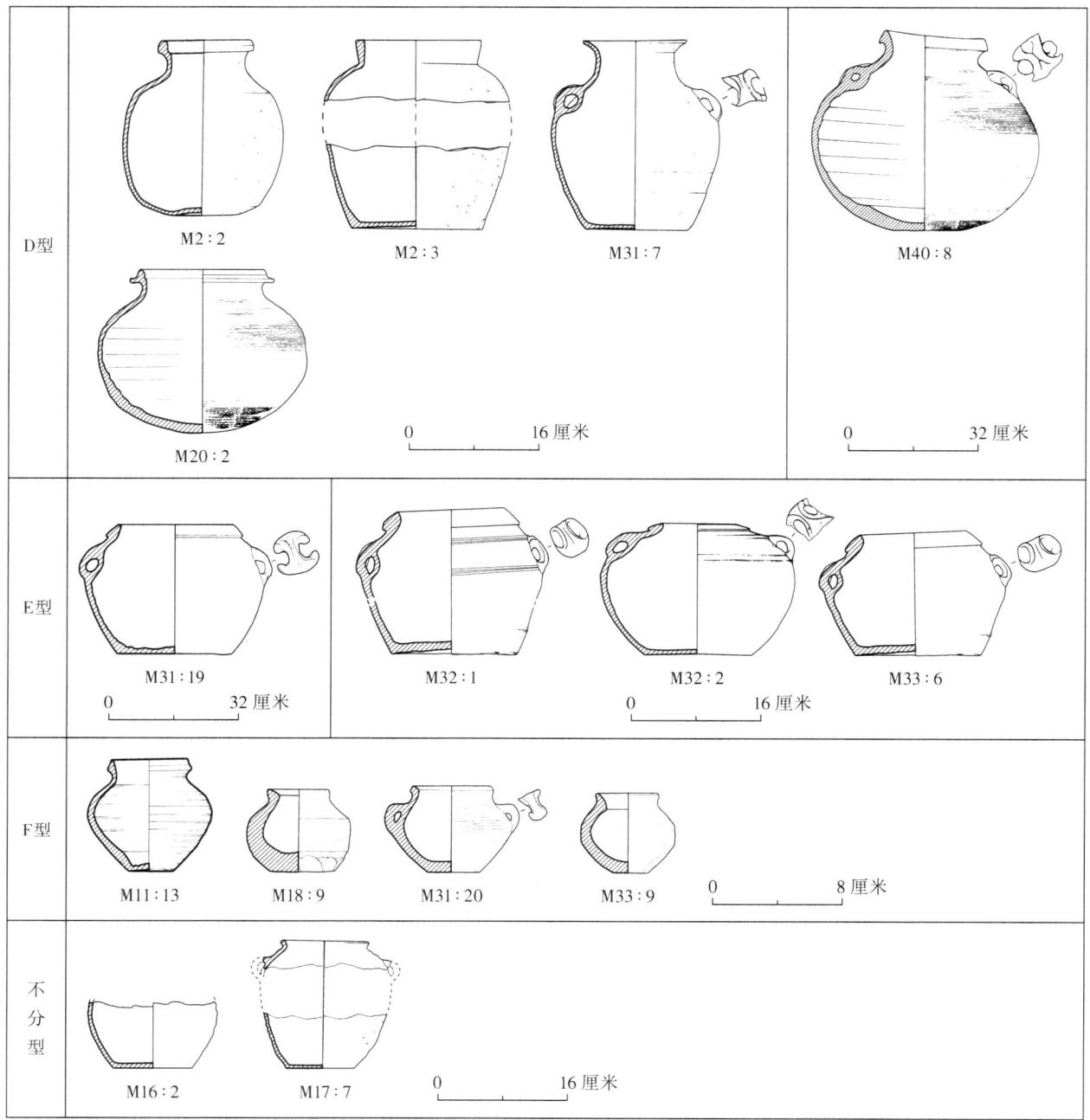

图 3-43　D 型、E 型、F 型、不分型陶罐

M37：17，可辨侈口，圆唇，弧腹，平底，素面。（彩版八三，4）

M40：6，残损严重，无法修复。（彩版八三，5）

2. 陶釜

共 23 件。手制，以泥质红灰陶和泥质褐陶为主。根据口部和腹部特征，分作 4 型。其中，泥质陶釜 14 件，夹砂陶釜 9 件。

A 型　8 件。直口釜。分作两亚型。

Aa 型　3 件。直筒腹较深，平底。

M8：29，口径8.4、最大腹径9、底径4.7、高8.1厘米。（图3-44；彩版八四，1）

M14：11，口径10.8、底径8.2、高11.6厘米。（图3-44；彩版八四，2）

M18：6，口径6.2、底径3.2、高7.2厘米。（图3-44；彩版八四，3）

Ab 型　5件。弧腹。

M29：12，口径6.6、最大腹径7.1、底径4.4、高5.2厘米。（图3-44；彩版八四，4）

M35：23，口径5.6、腹径6.8、底径3.5、高3.4厘米。（图3-44；八四，5）

M35：24，口径6.6、腹径7.6、底径4.4、高3.7厘米。（图3-44；彩版八四，6）

M38：20，口径6.8、腹径7.2、底径3.4、高5.2厘米。（图3-44；彩版八四，7）

M39：17，口径7.6、底径2.8、高6厘米。（图3-44；彩版八四，8）

B 型　8件。敛口釜。根据底部的不同分作两亚型。

Ba 型　5件。平底。

M18：5，口径10.6，腹部最大径17.6、底径10.2、高11.2厘米。（图3-44；彩版八五，1）

M35：21，口径7.8、腹径12.8、底径6.4、高7.2厘米。（图3-44；彩版八五，2）

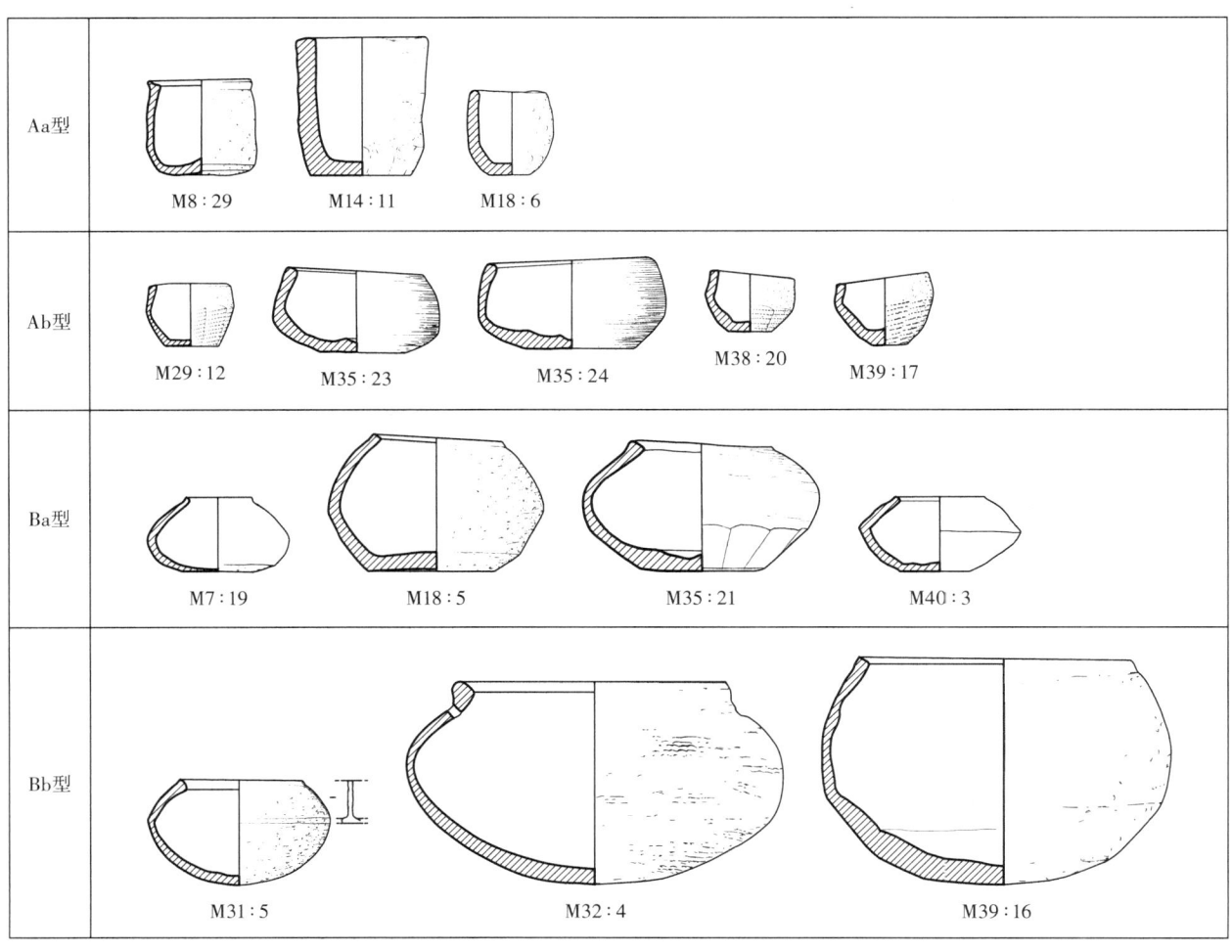

图 3-44　A 型、B 型陶釜

M38：19，口径9、最大腹径14、底径8、高9厘米。（彩版八五，3）

M40：3，口径7.2、腹径13.2、底径5.6、高6.1厘米。（图3-44；彩版八五，4）

M7：19，口径5.2、底径5.6、高6厘米。（图3-44；彩版八五，5）

Bb型　3件。圜底。

M31：5，口径9.8、最大腹径14.8、高8.8厘米。（图3-44；彩版八六，1）

M32：4，口径22、最大腹径30.4、高16.8厘米。（图3-44；彩版八六，2）

M39：16，口径22、最大腹径28.4、底径10.8、高18.6厘米。（图3-44；彩版八六，3）

C型　6件。敞口釜。敞口，浅腹类盘，平底。

M7：18，口径19、底径10、高6.8厘米。（图3-45；彩版八七，1）

M18：8，口径12.4、高4厘米。（图3-45；彩版八七，2）

M29：13，口径11.4、高3厘米。（图3-45；彩版八七，3）

M31：11，口径12、底径5、高5.6厘米。（图3-45；彩版八七，4）

M33：12，口径9、底径4.8、高2.8厘米。（彩版八七，5）

M38：18，口径10.6、高2.6厘米。（图3-45；彩版八七，6）

D型　1件。罐状釜。小侈口，弧鼓腹略下垂，平底。

M33：11，口径9.3、底径9.2、高6.4厘米。（图3-45；彩版八四，9）

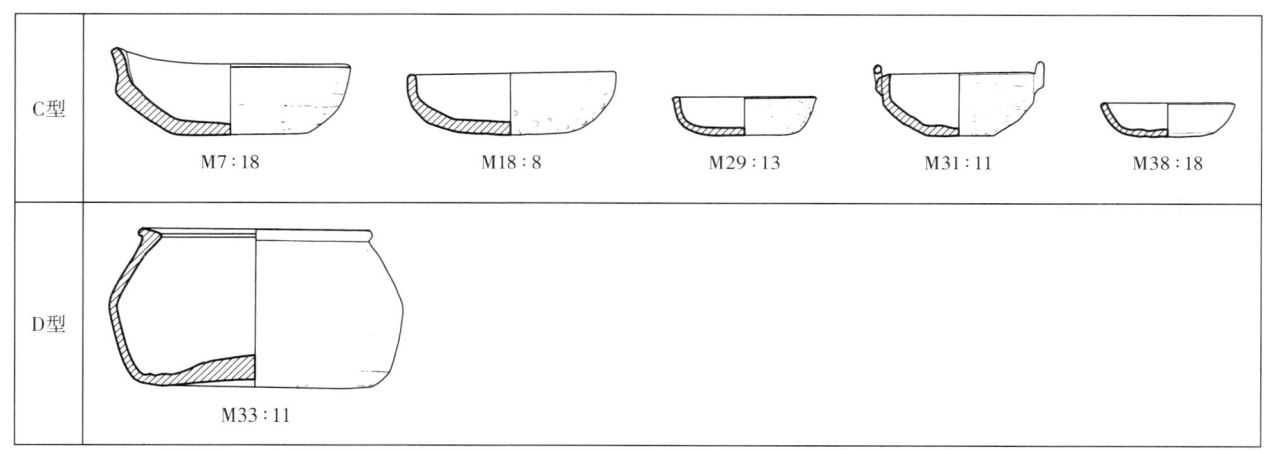

| C型 | M7：18 | M18：8 | M29：13 | M31：11 | M38：18 |
| D型 | M33：11 | | | | |

0　　12厘米

图3-45　C型、D型陶釜

3. 陶甑

共14件。以泥质红陶和泥质灰陶为主，有少量夹砂陶。可分型者11件，另3件残存器底，不便分型。根据口部和腹部特征，分作3型。

A型　5件。侈口，折沿，深弧腹，平底，底部有圆形箅孔，盆状。

M8：28，口径29.6、底径15.4、高14.8厘米。（图3-46；彩版八八，1）

M18：7，口径17.2、底径8、高8.8厘米。（图3-46；彩版八八，2）

M21：27，口径36.8、残高6.8厘米。（彩版八八，3）

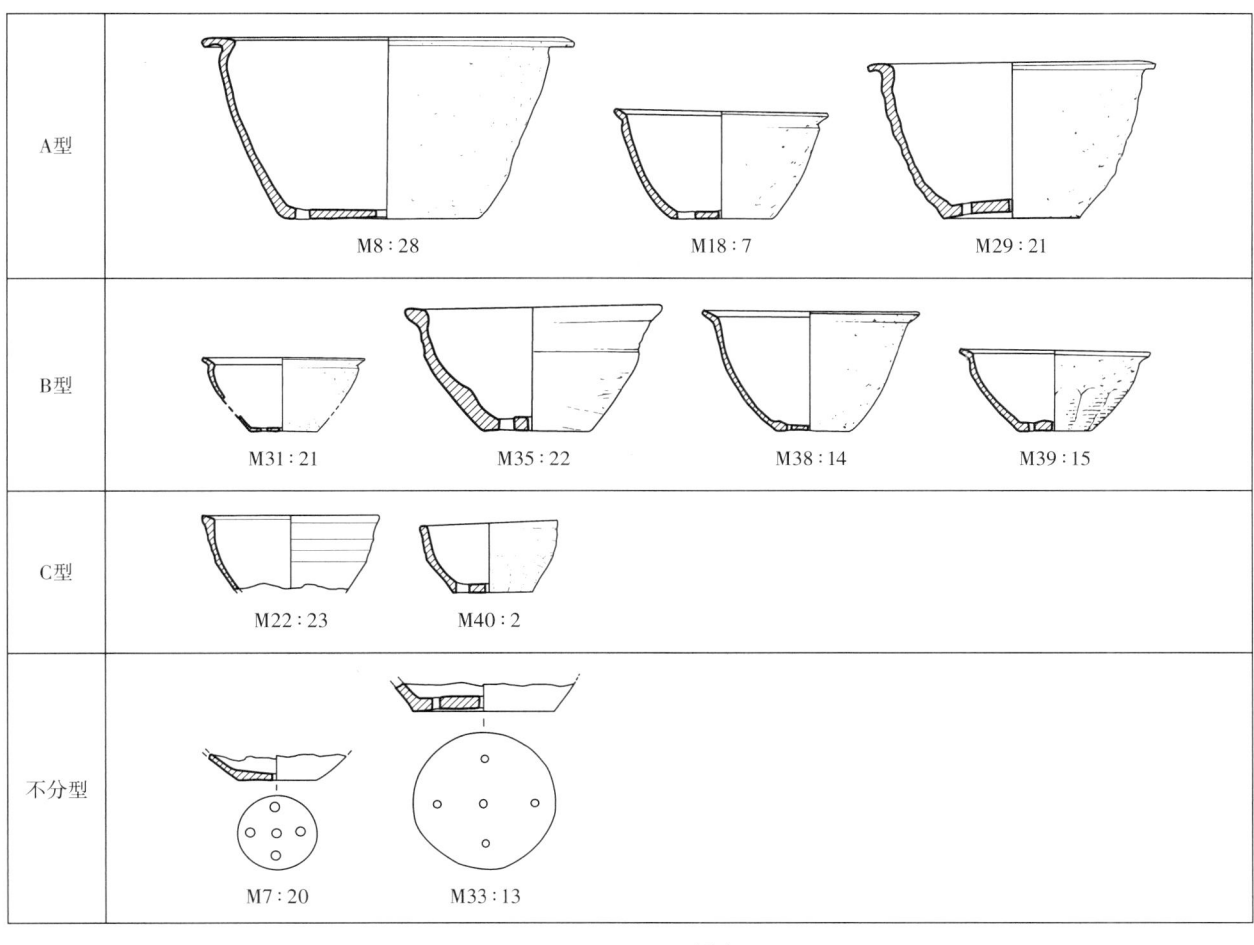

图 3-46 A 型、B 型、C 型、不分型陶甑

M29：21（与 M29：24 拼合为一件），口径 22.8、底径 10.8、高 12.6 厘米。（图 3-46；彩版八八，4）

M37：7，口径 28.2、残高 4 厘米。（彩版八八，5）

B 型 4 件。敞口，斜直腹，平底。

M31：21，口径 12.8、底径 5.2、高 6 厘米。（图 3-46）

M35：22，口径 13.6、底径 5.6、高 6.7 厘米。（图 3-46；彩版八九，1）

M38：14，口径 17.2、底径 5.8、高 9.9 厘米。（图 3-46；彩版八九，2）

M39：15，口径 15.2、底径 5.6、高 6.4 厘米。（图 3-46；彩版八九，3）

C 型 2 件。直口，弧腹，平底。

M40：2，口径 10.8、底径 6.4、高 5.8 厘米。（图 3-46；彩版九〇，1）

M22：23，口径 14、残高 6 厘米。（图 3-46；彩版九〇，2）

不分型 3 件。残存底部。

M7：20，残存底部，平底有五个圆形算孔，底径 6.2、残高 2 厘米。（图 3-46；彩版九〇，3）

M28：33，可辨弧直腹，圆形算孔。（彩版九〇，4）

M33：13，残存底部，底径11.2、残高2.2厘米。（图3-46）

4. 陶灶

共11件。以泥质红陶和泥质褐陶为主，有少量夹砂陶。可分型者8件，另3件残碎严重。根据陶灶整体造型特征，分作3型。

A型　1件。整体呈船形，端部较尖，后部圆弧。

M28：24，长68.8、宽41.2、高23.6厘米。（图3-47；彩版九一，1）

B型　6件。较A型端部加宽，弧状，后部呈梯形。

M8：9，长60、宽32.4、高16厘米。（图3-47；彩版九一，2）

M18：4，长36、宽22.2、高10.2厘米。（图3-47；彩版九二，1）

M29：23，长49.6、宽25.6、高15.2厘米。（彩版九二，2）

M38：13，长35.4、宽20、高11.8厘米。（图3-47；彩版九二，3）

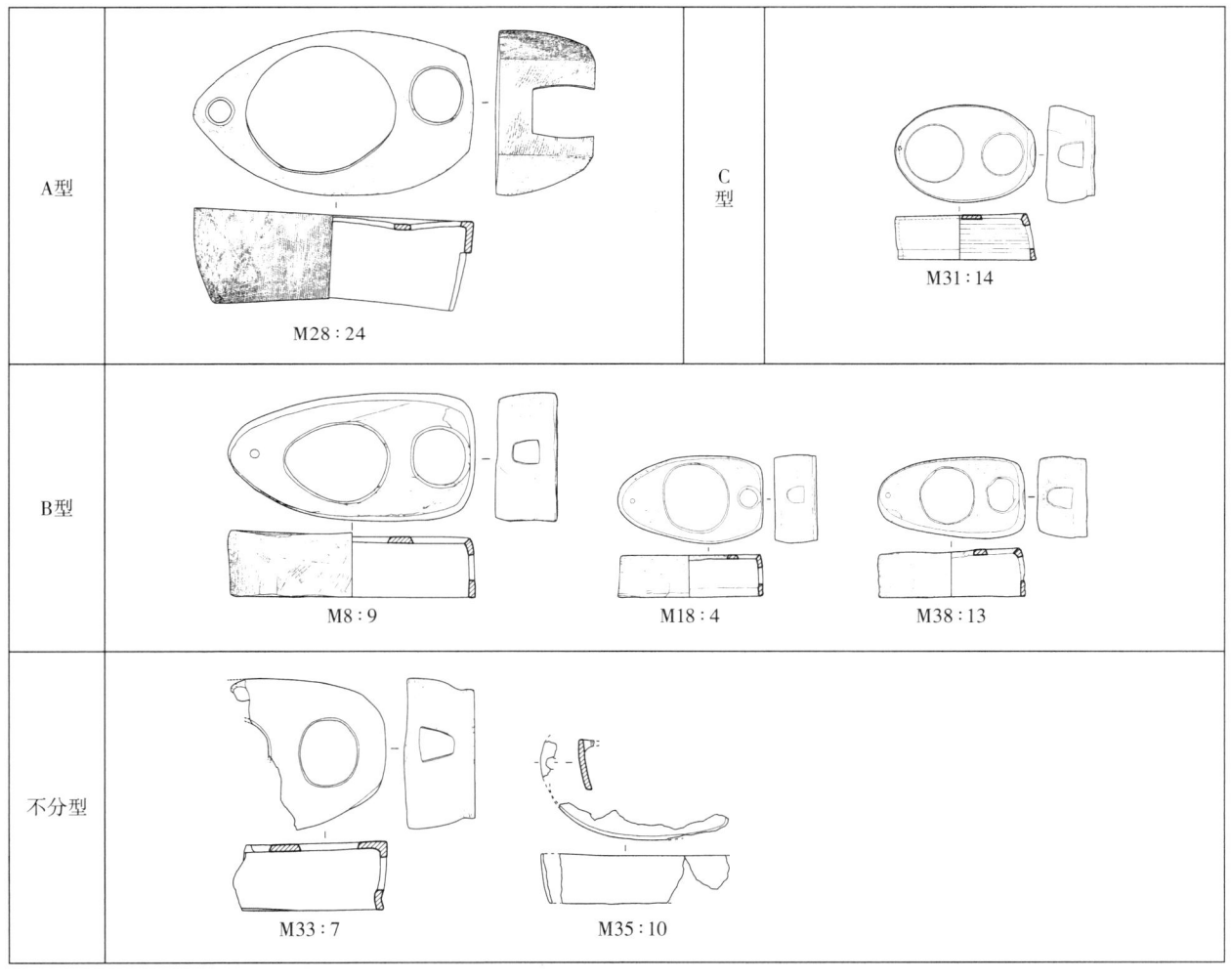

图3-47　A型、B型、C型、不分型陶灶

M39：10，长 37.6、宽 19.2、高 12.4 厘米。（彩版九二，4）

M7：17，残长 23.6、宽 17.6、高 9.6 厘米。（彩版九二，5）

C 型　1件。整体更加圆弧，首尾两端宽度接近。

M31：14，长 34.4、宽 24、高 11.2 厘米。（图 3-47；彩版九二，6）

不分型　3件。

M17：1，酥碎严重，可辨陶质为夹砂红陶。（彩版九三，4）

M33：7，残长 37.6、宽 37.6、高 16.8 厘米。（图 3-47；彩版九三，1、2）

M35：10，残长 46.4、宽 6.8、高 12 厘米。（图 3-47；彩版九三，3）

5. 陶仓

共 5 件。以夹砂红褐陶为主。根据腹部特征，分作 2 型。

A 型　3件。直口，浅腹略下垂，平底。

M29：11，口径 14、底径 11.2、高 10.2 厘米。（图 3-48；彩版九四，1）

M38：11，口径 11.4、底径 8.6、高 8.8 厘米。（图 3-48；彩版九四，2）

M39：8，口径 10.8、最大腹径 12、底径 9.2、高 7.2 厘米。（图 3-48；彩版九四，3）

B 型　2件。深腹弧直，平底。

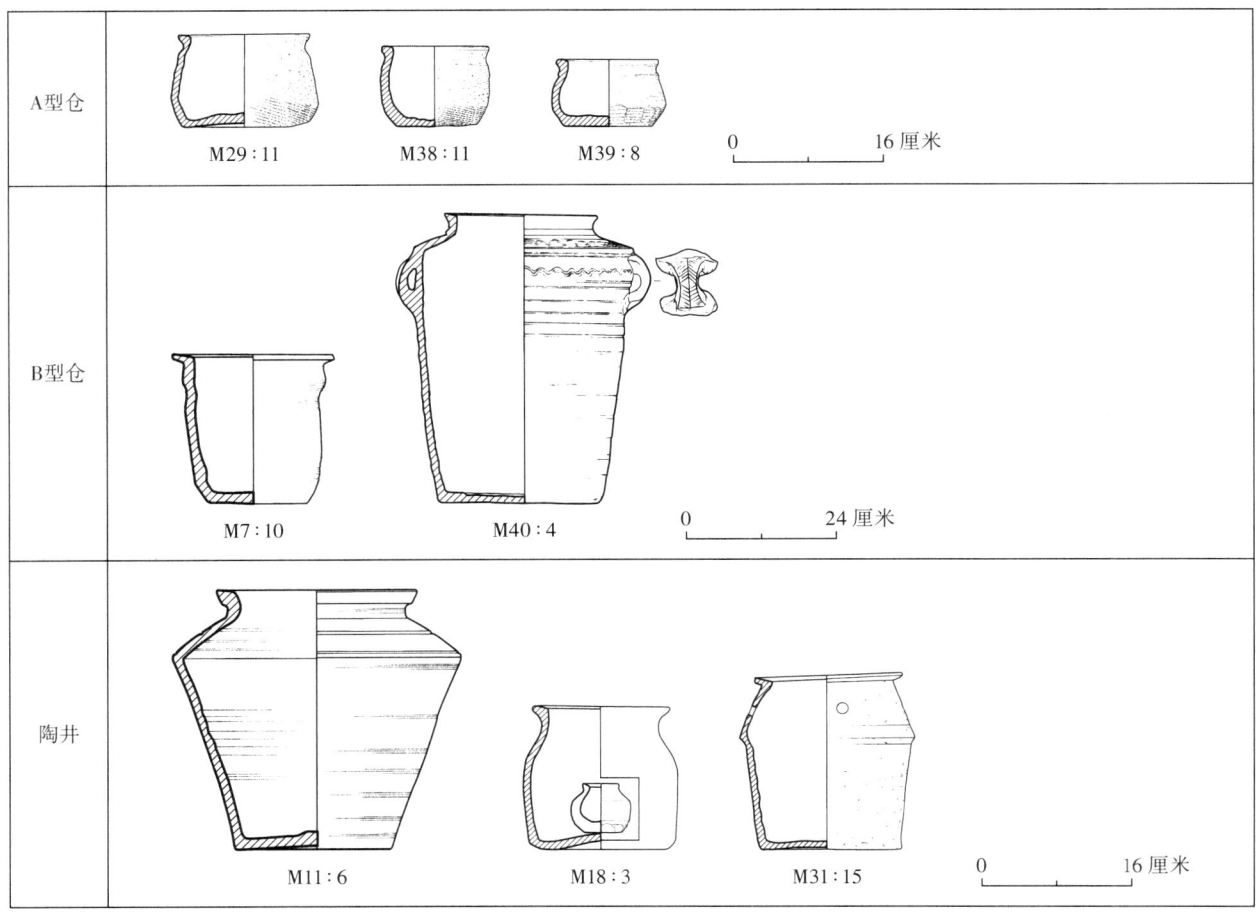

图 3-48　A 型、B 型陶仓与陶井

M7：10，口径26、底径15.6、高24.8厘米。（图3-48；彩版九四，4）

M40：4，口径24、肩径34.8、底径25.2、高47.2厘米。（图3-48；彩版九四，5）

6. 陶井

共3件。泥质灰陶或黑灰陶，侈口，直腹，平底。器内皆放置有一个小汲水罐。

M11：6，口径14.2、最大腹径20.4、底径11、高18.6厘米。（图3-48；彩版九五，1）

M18：3，口径14.6、底径13.2、高15.4厘米。（图3-48；彩版九五，2）

M31：15，口径15.6、最大腹径18.6、底径14.8、高18.8厘米。（图3-48；彩版九五，3）

7. 陶器盖

共2件。

M7：3，圆饼状，制作粗糙，盖面径9.3、高1.4厘米。（图3-49；彩版九五，4）

M40：13，平顶，覆钵状，盖径23.2、高5.8厘米。（图3-49；彩版九五，5）

8. 陶纺轮

共3件。出土于2座墓葬内，M8出土的一件陶纺轮放置在双棺椁墓的东侧椁室内，M37出土两件陶纺轮置放于墓室北侧，皆为墓主头向的右侧。纺轮造型类似，泥质灰陶，圆形，中有一孔。

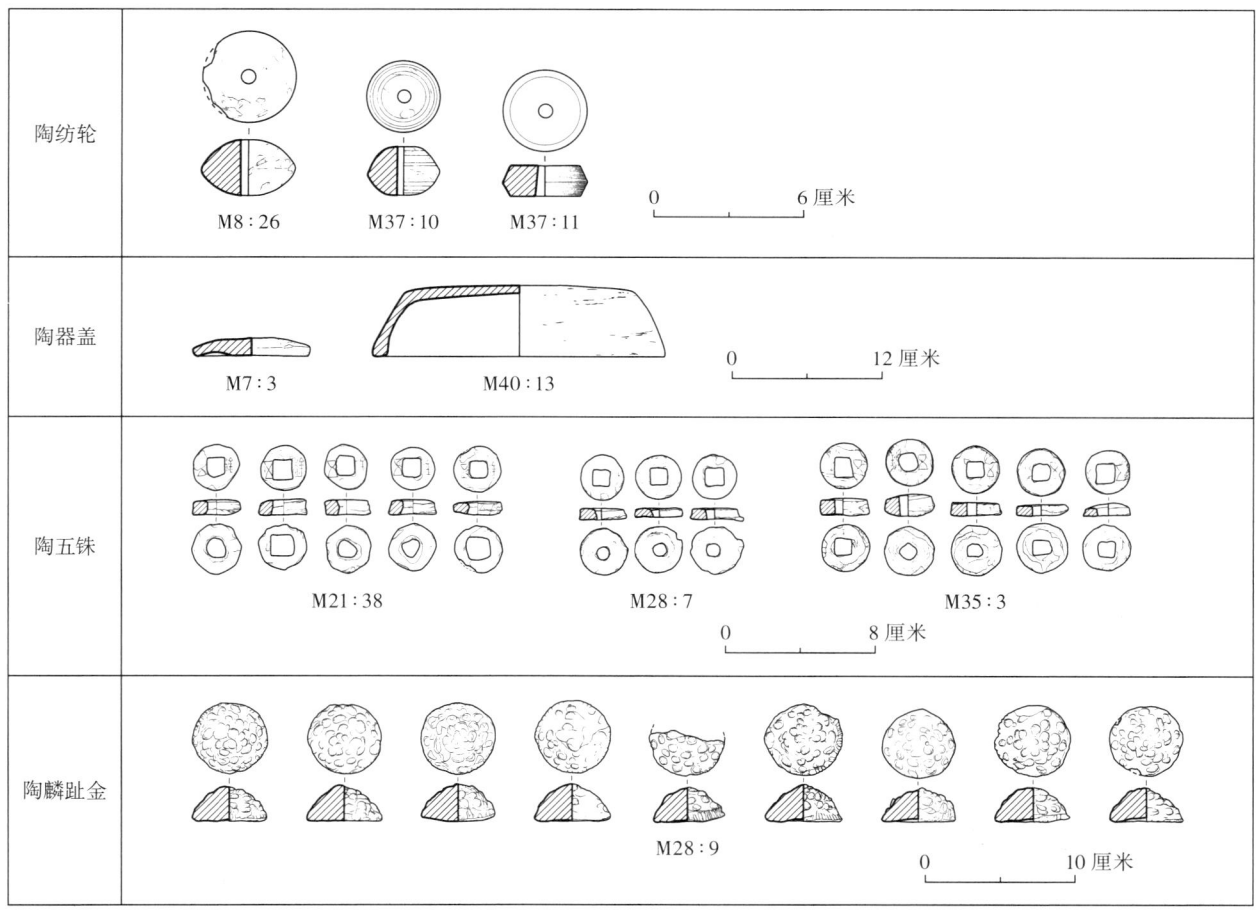

图3-49 陶纺轮、陶器盖、陶五铢、陶麟趾金

M8：26，扁圆状。直径 3.7、孔径 0.5、厚 2.3 厘米。（图 3-49；彩版九五，6）

M37：10，圆球状。直径 2.9、孔径 0.5、厚 2 厘米。（图 3-49；彩版九五，7）

M37：11，扁鼓状。直径 3.3、孔径 0.6、厚 1.3 厘米。（图 3-49；彩版九五，8）

9. 陶钱

共 4 组。泥质陶，其中，麟趾金 1 组，圆形方孔"五铢"钱 3 组。

陶麟趾金　1 组。仿麟趾金，模制。

M28：9，共 13 个，直径 4.75~5.1、厚 2~2.5 厘米。（图 3-49；彩版九六，1）

陶"五铢"钱　3 组。仿铜钱制作，可辨有"五铢"二字，多已酥碎。

M21：38，较为完整者 5 枚，直径 2.3~2.5、孔径 0.9~1、厚 0.8 厘米。（图 3-49；彩版九六，2）

M28：7，完整者 12 枚，钱径 2.4~2.5、正面穿径 0.9~1、背面穿径 0.65~0.75、厚 0.5~0.6 厘米。（图 3-49；彩版九七，1）

M35：3，较完整者 40 余枚，钱径 2.3~2.5、孔径 0.9~1、厚 0.8 厘米。（图 3-49；彩版九七，2）

五、铜器

共出土铜器 46 件（组）。以小型器物为主，器形有镜、盆、卮、钵、鎏金铜泡、带钩、铃、剑、弩机和铜钱等。随葬铜镜的墓葬较多，M2、M7、M8、M10、M11、M21、M31、M37、M38、M40 各有一件，M22、M28 各有两件。铜剑、弩机、铜铃则为 M23、M35 和 M37 单个墓葬出土。

1. 铜镜

共 14 件。圆形，圆纽，有折角纹镜 1 件、星云纹镜 1 件、草叶纹镜 1 件、昭明镜 1 件、日光镜 2 件、四乳镜 3 件、博局镜 5 件。出土于 12 座墓葬内，多置放于墓主人头部为主。

折角纹镜

M2：1，四叶柿蒂纹纽座，座外饰弦纹，弦纹外为方形折角纹，镜缘素低卷边。直径 11.6、厚 0.2 厘米。（图 3-50；彩版九八，1）

星云纹镜

M21：14，博山纽，圆纽座，四枚并蒂联珠座大乳丁对称分布，其间饰四组七乳丁纹，乳丁

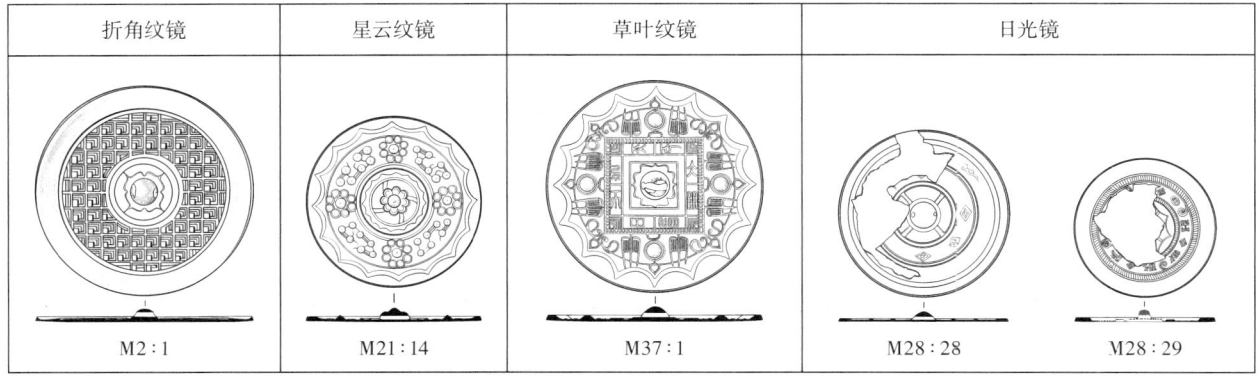

折角纹镜	星云纹镜	草叶纹镜	日光镜	
M2：1	M21：14	M37：1	M28：28	M28：29

0 ____ 8 厘米

图 3-50　铜镜

间以细曲线相连。外为星云纹带，直径9.3、纽高0.7、厚0.2厘米。（图3-50；彩版九八，2）

草叶纹镜

M37：1，圆形纽，四叶柿蒂纹纽座。座外一方框，框外一周铭文带，铭"见日之光，天下大明"，字间以短线间隔。外一周方框栉齿纹。框外四角各向外伸出一组双瓣叶，将方格边缘分为四区，区内各一乳丁纹，乳丁两侧一对对称连叠草叶纹，直径11.5、纽高0.8、厚0.3厘米。（图3-50；彩版九八，3）

日光镜

M28：28，简易日光镜，圆纽，镜面较平，圆纽座。镜背饰两周弦纹，弦纹之间饰菱形纹，外缘为宽弦纹带，直径9.1、厚0.2、纽高0.5厘米。（图3-50；彩版九九，1）

M28：29，纽座外一周竖短线纹，外一周内向连弧纹，一周栉齿纹，一周凸弦纹，外为一周铭文带，残存部分铭"日之光，天下"，每个字之间以"の"形及"◇"形纹饰间隔，直径7.6、厚0.2厘米。（图3-50；彩版九九，2）

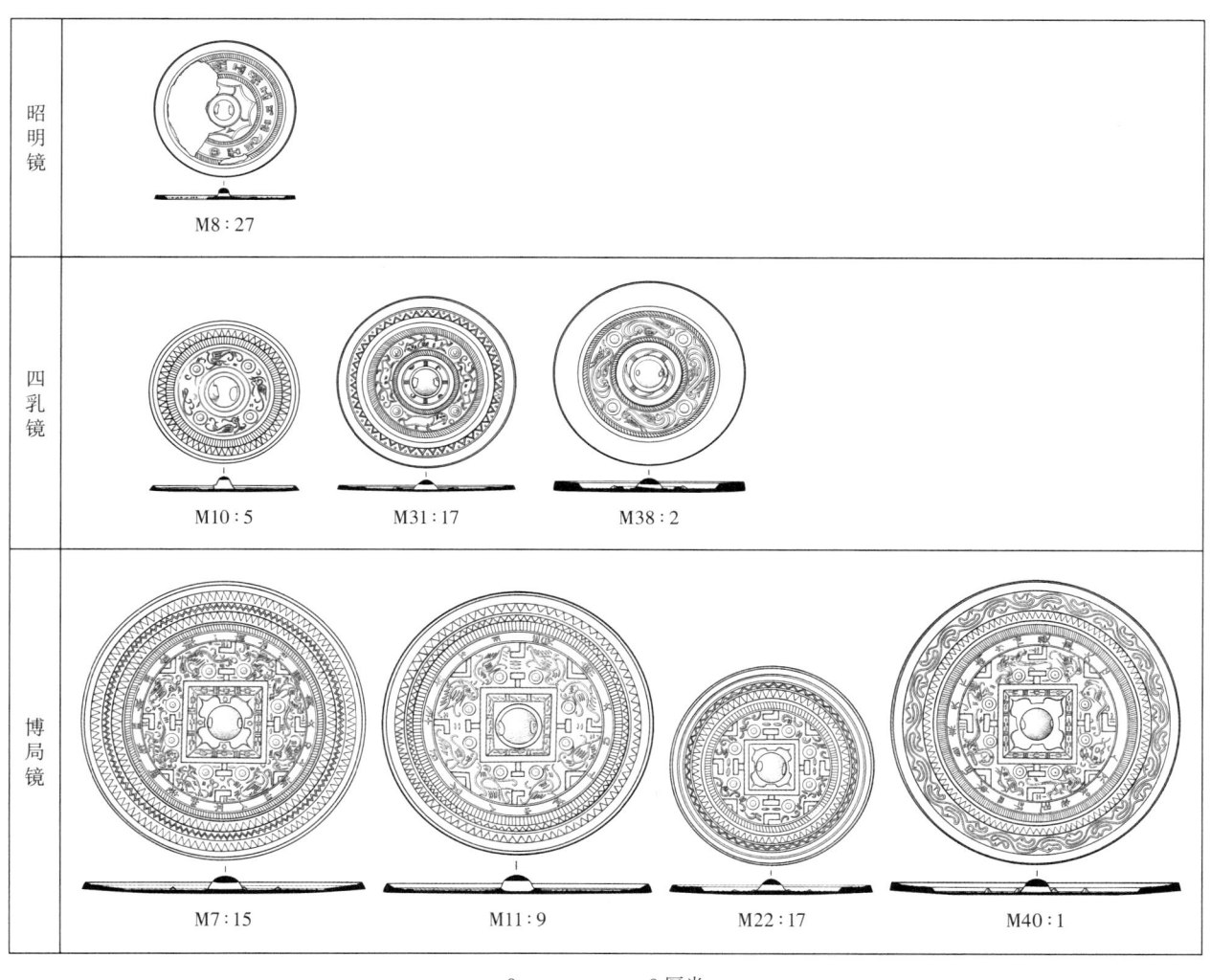

昭明镜	M8：27
四乳镜	M10：5　　M31：17　　M38：2
博局镜	M7：15　　M11：9　　M22：17　　M40：1

0　　　　　8厘米

图3-51　铜镜

昭明镜

M8：27，圆形纽，宽素平缘。座外一周短弧线纹，外一周内向连弧纹，一周栉齿纹，一周凸弦纹，外为一周铭文带，残存部分铭"内清以昭（明）"，外一周凸弦纹，一周栉齿。直径 7.8、纽高 0.6、厚 0.2 厘米。（图 3-51；彩版九八，4）

四乳镜

M10：5，四乳禽鸟镜，内区座外两周弦纹内为四乳和四鸟相间环列，两鸟昂首，两鸟顾首，直径 8.3、厚 0.4、纽高 0.8 厘米。（图 3-51；彩版九九，3）

M31：17，四乳四螭纹镜，内区纽座外饰一周凸弦纹，外为一周短线纹饰，一周粗凸弦纹，一周栉齿纹，一周四乳四兽纹，走兽两相对称，对称的兽相同，外一周栉齿纹，直径 9.8、纽高 0.6、厚 0.3 厘米。（图 3-51；彩版九九，4）

M38：2，四乳四虺镜，内区座外一周弦纹，一周短线纹，外一周凸素面弦纹，外一周栉齿纹。外四乳四虺纹，虺的腹背两侧缀有禽鸟两只，直径 10.6、纽高 0.8、厚 0.6 厘米。（图 3-51；彩版一〇〇，1）

博局镜

M7：15，四叶柿蒂纹纽座，背为博局图，博局间有八枚尖状乳丁，一组相对禽鸟、羽人、白虎、朱雀、玄武、青龙和直立兽，外侧两周弦纹内为一周铭文带，上铭"尚方作竟（镜）真大巧，上有山人不知老，渴饮玉泉饥食枣"，直径 15.8、厚 0.6、纽高 0.9 厘米。（图 3-51；彩版一〇〇，2）

M11：9，圆纽，内区座外饰方框，方框四边填短斜线纹，以横线间隔，方框外侧一周弦纹，博局间有八枚尖状乳丁和四组对鸟纹，外侧两周弦纹内为一周铭文带，上有铭文"□（尚）方作竟（镜）真大□（巧），上有山人不知老"，直径 15、厚 0.5、纽高 1 厘米。（图 3-51；彩版一〇一，1）

M22：14，四叶柿蒂纹纽座，内区座外一方框，框四角用一线隔开，博局间有八个乳丁。外饰朱雀、禽鸟、白虎、羽人、玄武、禽鸟、蟾蜍、青龙、羽人，其中四神相对。外饰一周铭文带，铭"尚方作竟真大巧，上有山人不知□（老），渴饮玉食枣"，"巧"字反书，直径 15.2、纽高 1.1、厚 0.45 厘米。（彩版一〇二，1）

M22：17，博局间有八个乳丁，外饰细直线纹、细弧线纹，外饰一周栉齿纹，外区由内向外分别为锯齿纹、弦纹、复线波折纹、弦纹，直径 11.3、纽高 0.85、厚 0.5 厘米。（图 3-51；彩版一〇二，1）

M40：1，四叶柿蒂纹纽座，内区座外一方框。外饰博局，博局间有八个乳丁，外饰朱雀、白虎、玄武、青龙四神相对，间饰鹿、蟾蜍、羽人、禽鸟，外饰一周铭文带，铭"尚方作竟（镜）真大□（巧），□□□（上有仙）人不知老，渴饮玉泉饥食枣，天下"，直径 16、纽高 0.9、厚 0.6 厘米。（图 3-51；彩版一〇二，2）

2. 铜盆

共 5 件。侈口，折沿，弧腹，平底。

M7：14，口径 28.8、圈足径 15.2、高 13.2 厘米。（图 3-52；彩版一〇三，1）

M21：37，口径 19.2、残高 8.4 厘米。（图 3-52；彩版一〇三，2）

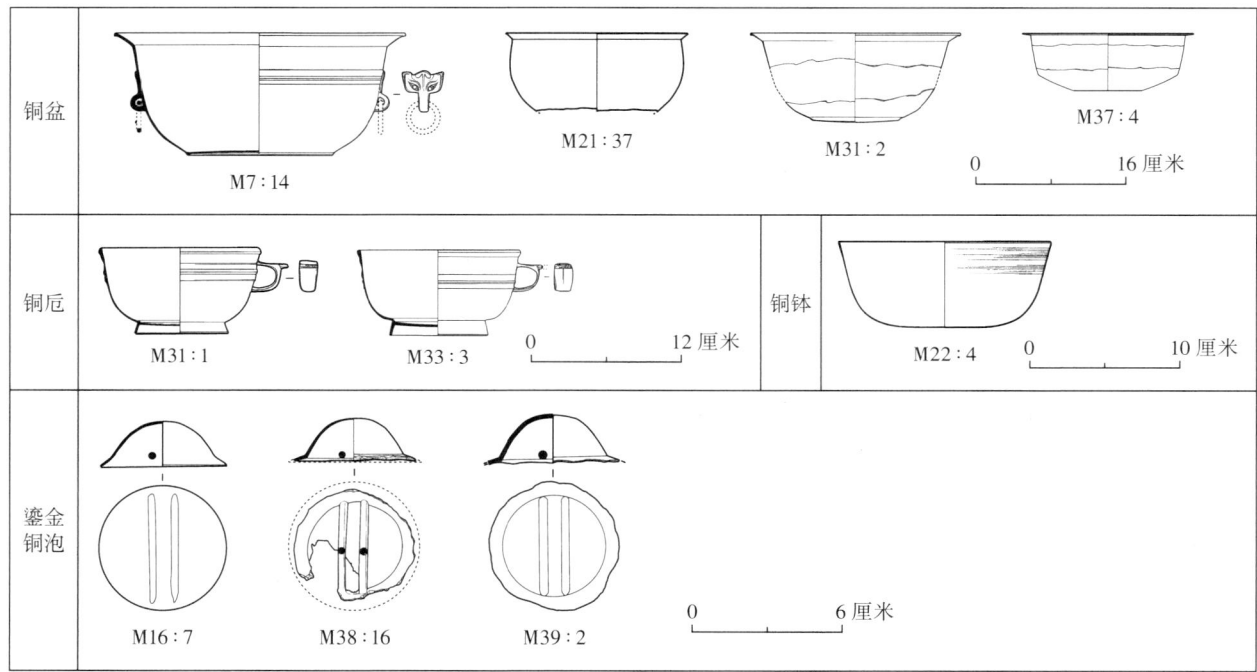

图 3-52 铜盆、铜卮、铜钵、鎏金铜泡

M31：2，口径 21.2、底径 9、高 9.6 厘米。（图 3-52；彩版一○三，3）

M21：35，口径 18.2、残高 9 厘米。（彩版一○三，4）

M37：4，口径 36.4、底径 14.4、残高 12.4 厘米。（图 3-52；彩版一○三，5）

3. 铜卮

共 2 件。碗状，腹部一侧附牛鼻形錾手，圈足。

M31：1，口径 12.5、圈足径 7.4、高 7 厘米。（图 3-52；彩版一○四，1）

M33：3，口径 12.8、圈足径 7.8、高 7 厘米。（图 3-52；彩版一○四，2）

4. 铜钵

共 1 件。M22：4，口径 14、底径 8.7、高 5.8 厘米。（图 3-52；彩版一○四，3）

5. 鎏金铜泡

共 3 件。圆形球面状，表面鎏金，边缘有折棱，背有二梁。

M16：7，长 5、高 1.8 厘米，壁厚 0.12 厘米。（图 3-52；彩版一○四，4）

M38：16，长 5.1、宽 4.5、高 1.4 厘米。（图 3-52；彩版一○四，5）

M39：2，直径 5.2、高 1.9 厘米。（图 3-52）

6. 铜带钩

共 3 件。琵琶形钩身，圆纽，素面。

M10：10，勾头及勾尾均残，残长 4.5、宽 1、高 1.2、厚 0.16 厘米。（图 3-53；彩版一○四，6）

M23：12，残长 5.9、高 1.3 厘米。（图 3-53；彩版一○四，7）

M21：30，为铜锡铅三元合金，表面呈黑灰色，纽面磨光，钩体细长，长 7.3、高 1.7 厘米。

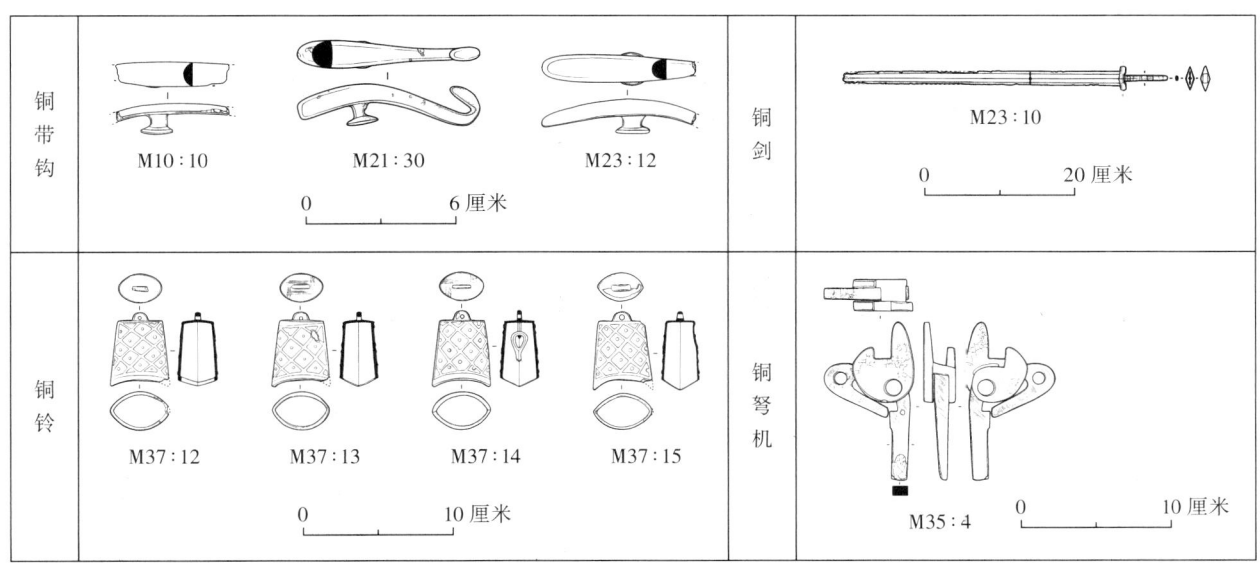

图 3-53　铜带钩、铜铃、铜剑、铜弩机

（图 3-53；彩版一〇四，8）

7. 铜铃

共 4 件。同出于 M37 内，造型一致。铃身呈合瓦形，半环形纽，平肩，扁环形铃舌，外壁两面饰菱形网格纹，内有小乳丁。

M37：12，壁厚 0.2、肩径 3、高 5 厘米。（图 3-53；彩版一〇五，1）

M37：13，壁厚 0.2、肩径 2.9、高 5 厘米。（图 3-53；彩版一〇五，1）

M37：14，壁厚 0.2、肩径 3、高 5.2 厘米。（图 3-53；彩版一〇五，1）

M37：15，壁厚 0.2、肩径 2.8、高 5.3 厘米。（图 3-53；彩版一〇五，1）

8. 铜剑

共 1 件。M23：10，残长 57.1，剑身长 48.7，刺端刃宽 1，格端刃宽 2.2、剑身厚 0.3、剑格宽 3.8、茎宽 0.4 厘米。（图 3-53；彩版一〇五，2）

9. 铜弩机

共 1 件。M35：4，机身长 10.8、宽 6.1、厚 2 厘米。（图 3-53；彩版一〇五，3）

10. 铜钱

共 12 组。以"五铢"铜钱为主，"大泉五十"仅见有一枚。

"五铢"铜钱，11 组，可分为三型。

A 型正面穿外无郭，背面穿外有郭，正面穿外左右有篆文"五铢"，"五"字交笔弯曲状，上下两横伸出，"铢"的金字头为等腰三角形或长三角形，"朱"字头圆折。

M10：6-1，钱径 2.6、穿宽 0.9、厚 0.2 厘米。（图 3-54；彩版一〇六，1）

M11：12-1，钱径 2.6、穿宽 1、厚 0.1 厘米。（彩版一〇六，2）

M16：5-2，钱径 2.4~2.5、穿宽 1、厚 0.15 厘米。（图 3-54；彩版一〇七，1）

M16：5-3，钱径 2.35、穿宽 0.9、厚 0.15 厘米。（彩版一〇七，1）

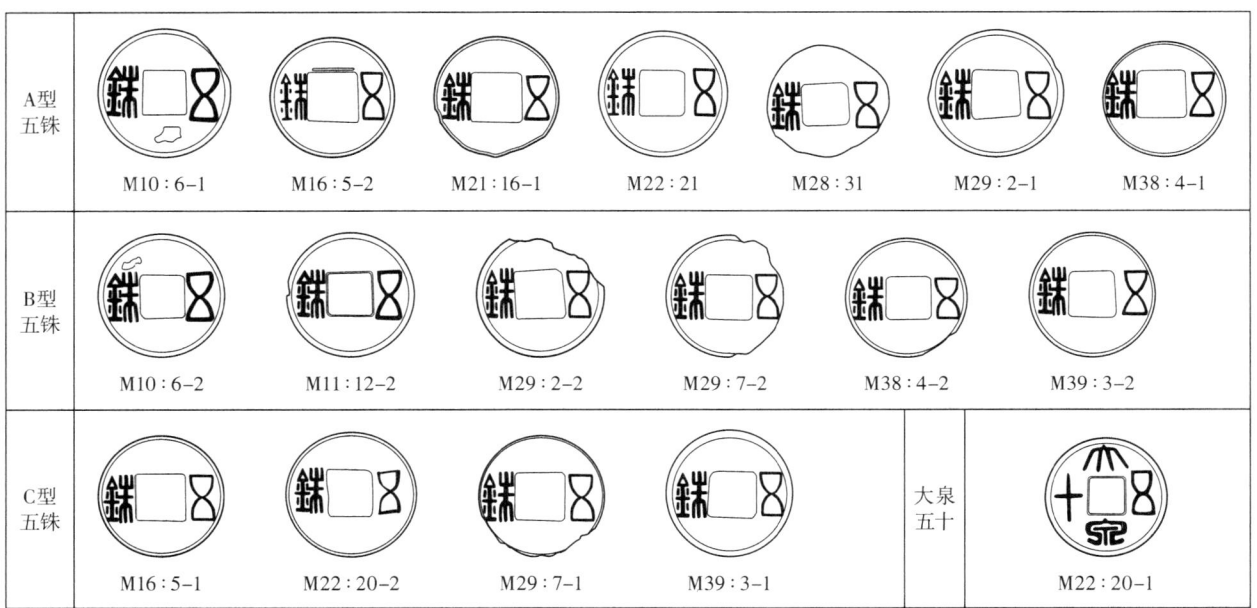

A型五铢	M10:6-1	M16:5-2	M21:16-1	M22:21	M28:31	M29:2-1	M38:4-1
B型五铢	M10:6-2	M11:12-2	M29:2-2	M29:7-2	M38:4-2	M39:3-2	
C型五铢	M16:5-1	M22:20-2	M29:7-1	M39:3-1	大泉五十	M22:20-1	

0 ——— 3厘米

图 3-54　五铢钱、大泉五十

M16:5-4，钱径 2.5、穿宽 1、厚 0.15 厘米。（彩版一〇七，1）

M21:16-1，钱径 2.5、穿径 1、厚 0.1 厘米。（图 3-54；彩版一〇七，2）

M22:21，钱径 2.5、穿宽 0.8、厚 0.2 厘米。（图 3-54；彩版一〇八，1）

M28:31，钱径 2.4、穿宽 0.9 厘米。（图 3-54；彩版一〇八，2）

M29:2-1，钱径 2.7、穿宽 1、厚 0.2 厘米。（图 3-54；彩版一〇八，3）

M29:2-3，钱径 2.5、穿宽 1、厚 0.2 厘米。（彩版一〇八，3）

M38:3，钱径 2.5、穿宽 1、厚 0.15 厘米。（彩版一〇九，1）

M38:4-1，钱径 2.4、穿宽 1、厚 0.15 厘米。（图 3-54；彩版一〇九，2）

B 型 "五" 字交笔弯曲，上下两横伸出，"朱" 字头方折，"五" 字交笔弯曲尤甚，上下两横不伸出。

M10:6-2，钱径 2.5、穿宽 0.9、厚 0.2 厘米。（图 3-54；彩版一〇六，1）

M11:12-2，钱径 2.5、穿宽 0.9、厚 0.1 厘米。（图 3-54；彩版一〇六，2）

M29:2-2，钱径 2.5、穿宽 1、厚 0.2 厘米。（图 3-54；彩版一〇九，1）

M29:7-2，钱径 2.5、穿宽 0.9、厚 0.2 厘米。（图 3-54；彩版一一〇，1）

M38:4-2，钱径 2.4、穿宽 0.9、厚 0.2 厘米。（图 3-54；彩版一一〇，1）

M39:3-2，钱径 2.5、穿孔 0.9、厚 0.15 厘米。（图 3-54；彩版一一〇，2）

C 型钱文矮胖，"五" 字交笔较直，"铢" 字金字头形如带翼之矢，朱字上面方折，下面圆折，边缘有郭，穿上有横郭一道。

M16:5-1，钱径 2.5、穿宽 0.95、厚 0.15 厘米。（图 3-54；彩版一〇七，1）

M22:20-2，钱径 2.6、穿宽 0.9、厚 0.1 厘米。（图 3-54；彩版一〇九，3）

M29：7-1，钱径 2.5、穿宽 1、厚 0.15 厘米。（图 3-54；彩版一一〇，1）

M39：3-1，钱径 2.5、穿宽 0.95、厚 0.2 厘米。（图 3-54；彩版一一〇，2）

"大泉五十"铜钱，1 件。

M22：20-1，圆形，方孔，穿外四边篆文"大泉五十"，正面及背面穿外均有郭，钱径 2.4、穿宽 0.8、厚 0.2 厘米。（图 3-54；彩版一〇九，3）

六、铁器

共出土铁器 51 件（组）。以铁兵器和生产生活工具为主，器形有环首刀、剑、戟、钩、锤、釜等。

1. 铁刀

共 12 件。多为环首刀，单面刃，刀身平直，截面呈三角形。部分刀身残存有包裹物，或为墓主生前实用器。

M14：4，长 13.8，环首宽 3.4，刀身宽 1.8 厘米。（图 3-55；彩版一一一，1）

M28：32，长 53.7，环首宽 8.7、刀身宽 4.2 厘米。（图 3-55；彩版一一一，2）

M29：5，长 55.2，环首宽 5.4、刀身宽 3.8、刀背厚 1.4 厘米。（图 3-55；彩版一一一，3）

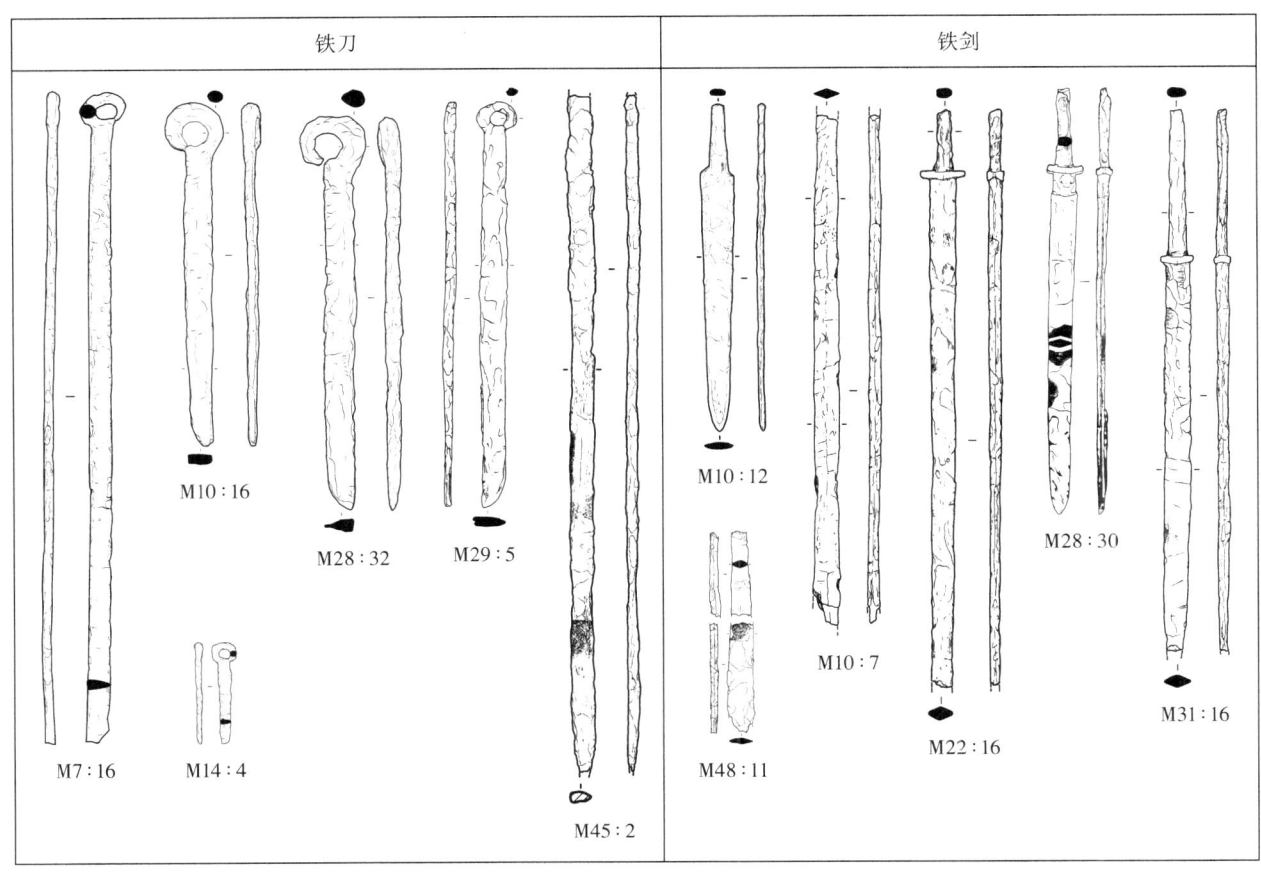

铁刀	铁剑

M10：16　M28：32　M29：5　M7：16　M14：4　M45：2

M10：12　M48：11　M10：7　M22：16　M28：30　M31：16

0　　　20 厘米

图 3-55　铁刀、铁剑

M7：16，残长 88.8、宽 3 厘米。（图 3-55；彩版一一一，5）

M10：16，残长 46.8、宽 3.8 厘米。（彩版一一一，4）

M45：2，残长 91.8 厘米、宽 3.6 厘米。（图 3-55；彩版一一一，6）

M10：17，残长 36、宽 2.5、厚 0.8 厘米。（彩版一一二，1）

M29：30-1，残长 15、宽 1.8 厘米；M29：30-2，残长 23.7、宽 3 厘米。（彩版一一二，2）

M12：2，残长 26.5、宽 2.9、厚 0.7 厘米。（彩版一一二，3）

M16：6，残长 15.9、宽 2、厚 0.6 厘米。（彩版一一二，4）

M22：15，残长 18、宽 2.2、厚 0.3 厘米。（彩版一一二，5）

M35：2，残长 10、宽 2.3、厚 1.1 厘米。（彩版一一二，6）

2. 铁剑

共 10 件。双面刃，截面呈菱形，多已锈蚀。

铜格铁剑 3 件。剑身修长。

M22：16，残长 78.6、宽 3 厘米。（图 3-55；彩版一一三，1）

M28：30，长 47.1、宽 3.45 厘米。（图 3-55；彩版一一三，2）

M31：16，通长 73.2 厘米。（图 3-55；彩版一一三，3）

无格 2 件。柳叶形剑身，剑身扁平。

M10：12，残长 45、宽 4.5 厘米。（图 3-55；彩版一一三，4）

M22：18，长 28.5、宽 4.5 厘米。（彩版一一三，5）

残断 5 件。残断成几截。

M10：7，残长 69.6 厘米。（图 3-55；彩版一一四，1）

M10：9，残长 26.4、宽 2.7 厘米。（彩版一一四，2）

M10：13，残长 6.3、宽 2.9、厚 0.9 厘米。（彩版一一四，3）

M33：10，残长 32、宽 3.2 厘米。（彩版一一四，4）

M48：11，剑身残长 27.2、宽 3.4、厚 0.9 厘米。（图 3-55；彩版一一四，5）

3. 铁戟

共 2 件。整体呈"卜"字形，枝较长，援位于枝的下端，直援，断面皆作菱形。

M23：8，残长 27.6、援长 8.5、宽 2.7 厘米。（图 3-56；彩版一一五，1）

M23：9，残长 26.2、援长 10、宽 3 厘米。（图 3-56；彩版一一五，2）

4. 铁钩

共 16 件/组。多位于墓内近棺处，多已锈蚀严重。铁质，扁平状，两端反向弯曲呈"S"形。

M7：22，残长 10.35、宽 1.4、厚 0.5 厘米。（彩版一一六，1）

M10：8，长 9.3、宽 2.3、厚 0.2 厘米。（图 3-56；彩版一一六，2）

M10：14，残长 10.65、宽 2.4 厘米。（彩版一一六，3）

M10：15，一组 2 件。M10：15-1，长 9.6、宽 2.7、厚 0.63 厘米；M10：15-2，长 9.8、宽 2.1、厚 0.6 厘米。（图 3-56；彩版一一六，4）

M11：10，长 12.2、宽 3.3 厘米。（图 3-56；彩版一一六，5）

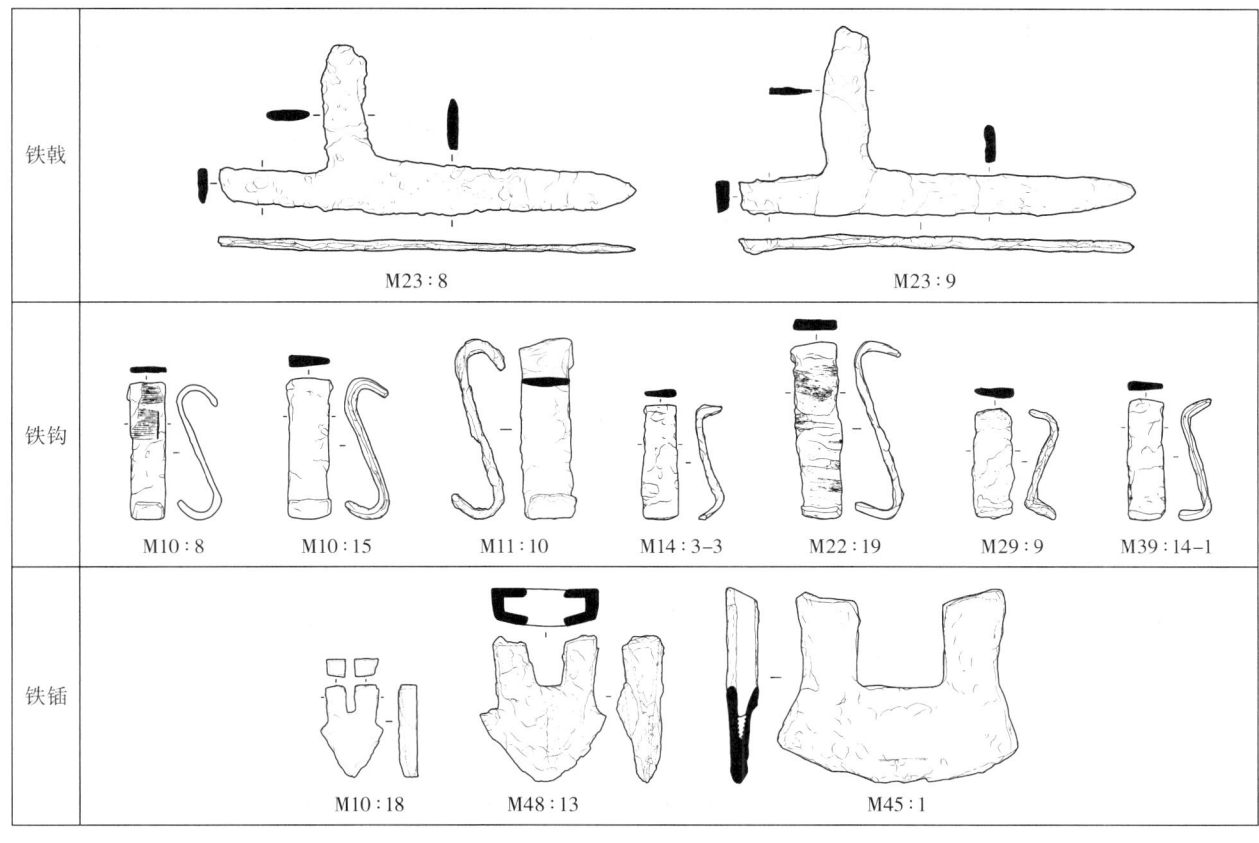

铁戟		
铁钩		
铁锸		

0　　　　　10厘米

图 3-56　铁戟、铁钩、铁锸

M11：11，一组 2 件。M11：11-1，长 12、宽 4.2、厚 0.6 厘米；M11：11-2，长 11.7、宽 3.2、厚 0.6 厘米。（彩版一一六，6）

M14：3-1，长 9、宽 2、厚 0.7 厘米；M14：3-2，长 8.9、宽 3、厚 0.4 厘米；M14：3-3，长 7.8、宽 2.4、厚 0.4 厘米。（图 3-56；彩版一一六，7）

M22：19，一组三件。M22：19-1，长 12、宽 3、厚 0.6 厘米；M22：19-2，长 15.4、宽 3.15、厚 0.9 厘米；M22：19-3，长 13.5、宽 3、厚 0.75 厘米。（图 3-56；彩版一一六，8）

M22：24，一组 5 件。M22：24-1，断成两截，断面呈椭圆形，残长 12、宽 2.2、厚 0.6 厘米；M22：24-2，残断，钩身扁平，较薄，残长 9.4、宽 2.4、厚 0.3 厘米；M22：24-3，钩身扁平细长，较薄，两侧圆钝，残长 12、宽 2.3 厘米；M22：24-4，钩身扁平细长，较薄，两侧圆钝，残长 10.2、宽 1.8、厚 0.7 厘米；M22：24-5，钩身扁平细长，较薄，两侧圆钝，残长 10.5、宽 2.4、厚 0.6 厘米。（彩版一一七，1）

M29：6，残长 7.2、宽 2.4 厘米。（彩版一一六，9）

M29：8，长 7、宽 2.2、厚 0.4 厘米。（彩版一一七，2）

M29：9，残长 7.5、宽 2.7、厚 0.5 厘米。（图 3-56；彩版一一七，3）

M31：18，残长 12.2、宽 2、厚 0.6 厘米。（彩版一一七，4）

M39：14，一组 2 件。M39：14-1，长 8.2、宽 2.4、厚 0.6 厘米；M39：14-2，长 8.1、宽 2.6、厚 0.4 厘米。（图 3-56；彩版一一七，5）

M40：12，一组 2 件。M40：12-1，残长 12.6、宽 3.1、厚 0.8 厘米，M40：12-2，残长 12.8、宽 3.1、厚 0.8 厘米。（彩版一一七，6）

M48：10，一组 2 件。M48：10-1，残长 12.4、宽 2.8、厚 0.6 厘米；M48：10-2，残长 7.2、宽 2.1、厚 0.6 厘米。

5. 铁釜

共 8 件。出土于 5 座汉墓内。其中。M29、M37 各随葬有 1 件铁釜，M22、M28 和 M48 各随葬有 2 件。根据铁釜耳部和器底的不同，可分作 3 型。

A 型　3 件。双耳釜。敞口，弧腹，圜底，矮圈足，口沿部置对称立耳。

M22：6，摆放在墓葬东侧两砖立砌的简易灶上。直径 15.2、高 9.2 厘米。（图 3-57；彩版一一八，1）

M28：25，口径 17.6、底径 7.8、高 11 厘米。（图 3-57；彩版一一八，2）

M48：7，口径 12.4、底径 5.2、高 7.6 厘米。（图 3-57；彩版一一八，3）

B 型　4 件。敛口釜。敛口，圆鼓腹，腹部中间有对接折痕，圈足。

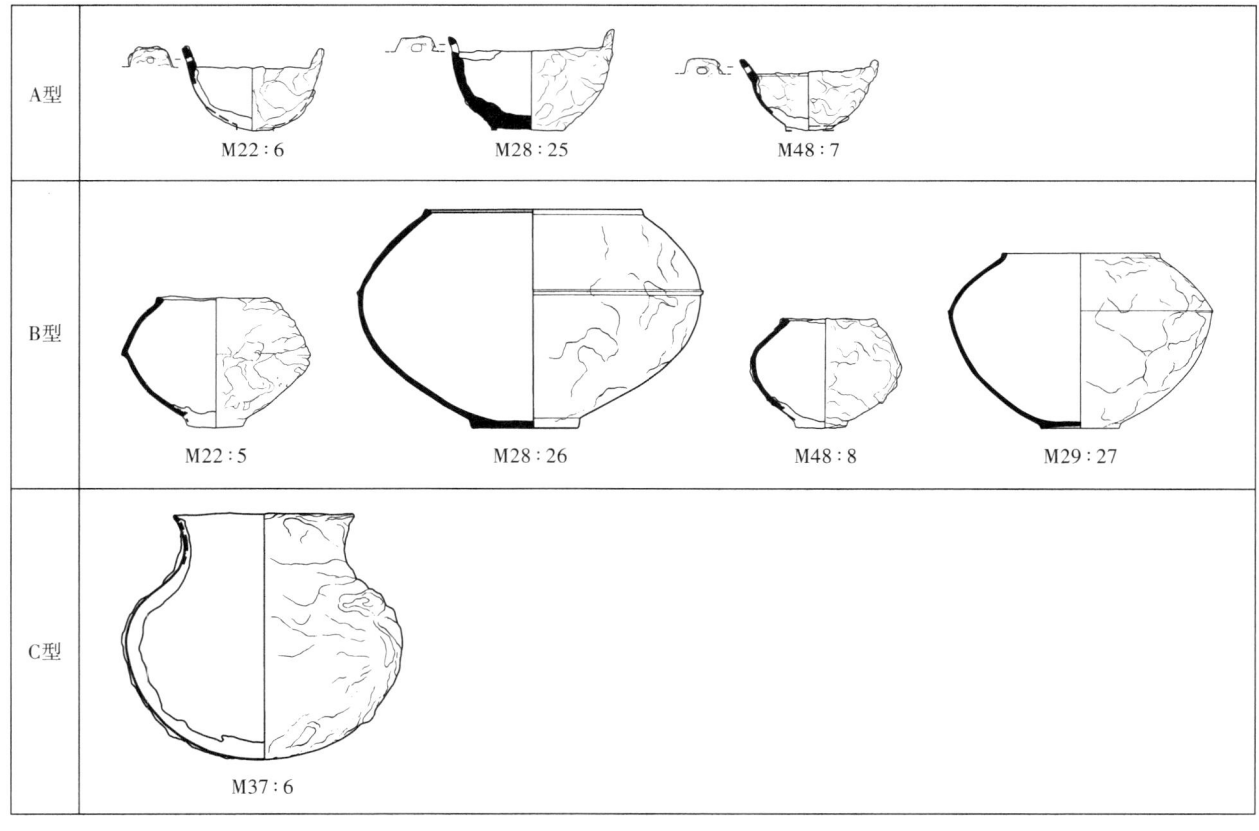

图 3-57　A 型、B 型、C 型铁釜

M22：5，口径 12、最大腹径 20、底径 6、高 14.2 厘米。（图 3-57；彩版一一九，1）

M48：8，口径 10、最大腹径 16、底径 5.4、高 11.8 厘米。（图 3-57；彩版一一九，4）

M28：26，口径 23.1、最大腹径 36.9、底径 11.4、高 24 厘米。（图 3-57；彩版一一九，2）

M29：27，口径 16.8、腹径 28.2、底径 8.4、高 19.2 厘米。（图 3-57；彩版一一九，3）

C 型　1 件。圜底釜。直口，束颈，圆鼓腹，圜底。

M37：6，口径 19.2、最大腹径 29.7、高 26.4 厘米。（图 3-57；彩版一一八，4）

6. 铁锸

共 3 件。

M10：18，器身长 6.2、刃宽 4.2 厘米，銎长 3.2、宽 1.2 厘米。（图 3-56；彩版一一七，7）

M48：13，器身长 10、刃宽 8.4 厘米，銎长 6.8、宽 2.2 厘米。（图 3-56；彩版一一七，9）

M45：1，器长 13.3、銎长 7、刃宽 15.8 厘米。（图 3-56；彩版一一七，8）

七、其他

其他类器物有琉璃璧、料珠、石黛板、石研黛器和漆盘等，共计 17 件（组）。

1. 琉璃璧

共 5 件。圆饼状，中有一孔，单面钻制，正面雕刻蒲纹，反面抛光，造型基本一致。

M35：1，直径 12.8、内孔径 2.8、厚 0.5 厘米。（图 3-58；彩版一二〇，1）

M16：4，直径 10.6、孔径 2.8 厘米。（图 3-58；彩版一二〇，2）

M38：1，直径 11.2、内孔径 2.8 厘米。（图 3-58；彩版一二〇，3）

M39：1，直径 10.9、孔径 2.9、厚 0.4 厘米。（图 3-58；彩版一二〇，4）

M28：27，酥碎成一堆小碎片，已无法拼合，断面可辨绿色琉璃质。（彩版一二〇，5）

2. 料珠

共 6 组。小型串饰、散布于墓主人头部周围。柱状，中部钻孔，表面抛光，蓝绿色琉璃，透明质。

M14：1，一串 27 颗。直径 0.4~0.7、孔径 0.13~0.15、厚 0.6~0.7 厘米。（图 3-58；彩版一二一，1）

M14：2，一组共 23 件。直径 0.35~0.7、孔径 0.1~0.2、高 0.3~0.7 厘米。（彩版一二一，2）

M38：17，一串 11 颗。直径 0.6~0.7、孔径 0.1~0.2、厚 0.6~0.7 厘米。（图 3-58；彩版一二一，4）

M39：18，一组 19 颗。直径 0.6~0.7、孔径 0.1~0.2、高 0.6~0.65 厘米。（图 3-58；彩版一二一，5）

M22：25，一串 43 颗。直径 0.4~0.5、孔径 0.1~0.15、厚 0.2~0.25 厘米。（图 3-58；彩一二一，3）

M7：21，一组共 5 颗。最大径者 0.6 厘米，最小径者 0.4 厘米。（图 3-58；彩版一二一，6）

3. 石黛板

共 3 件。页岩，长方形，薄石板，制作规整，正面磨光。

M10：4，长 13.6、宽 3.2、厚 0.5 厘米。（图 3-58；彩版一二二，1）

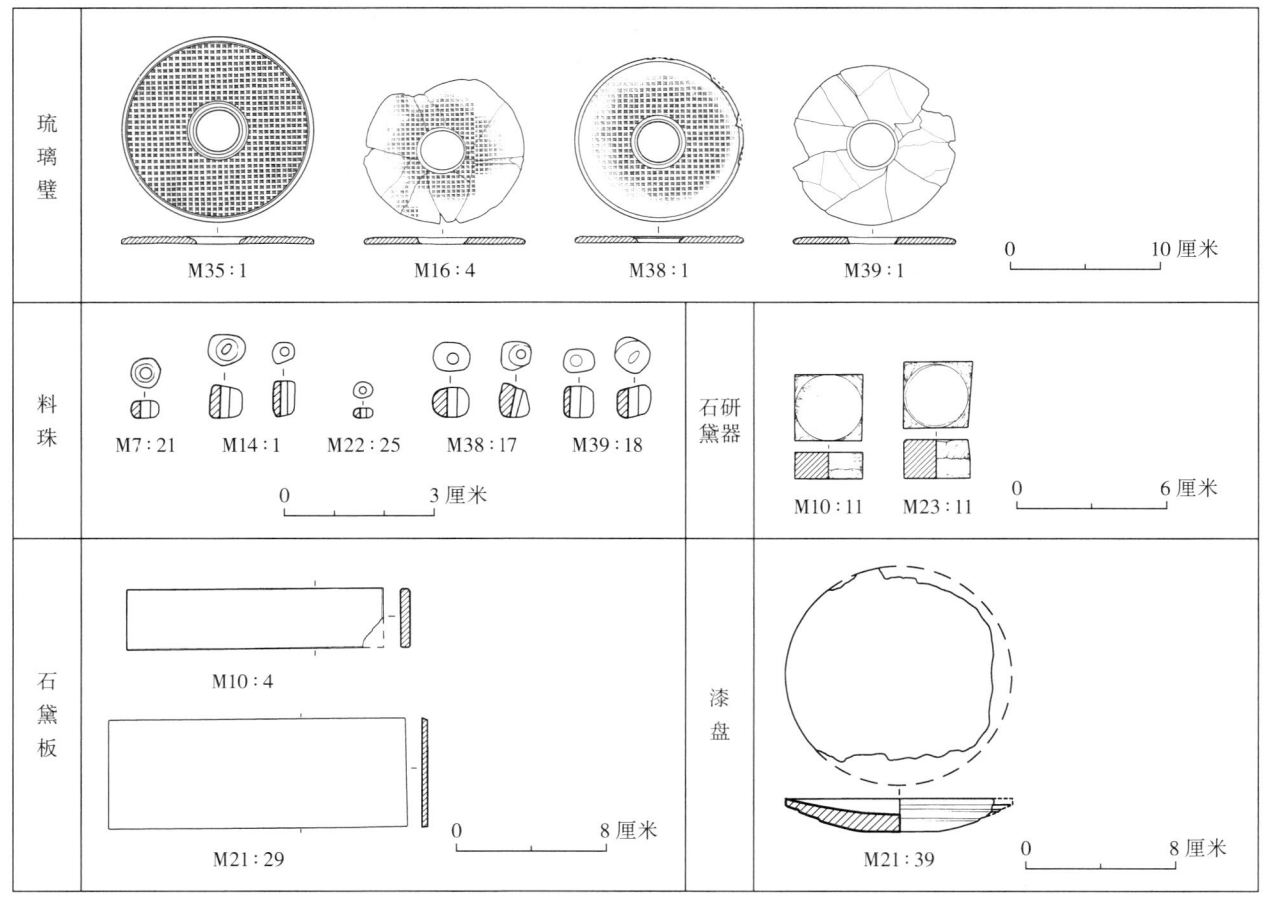

图 3-58　琉璃璧、料珠、石黛板、石研黛器、漆盘

M21：29，长 15.8、宽 5.9、厚 0.3 厘米。（图 3-58；彩版一二二，2）

M29：29，长 10.4、宽 4.3、厚 0.2 厘米。（彩版一二二，3）

4. 石研黛器

共 2 件。砂岩，柱状，圆纽，通体磨光。

M10：11，放置在铁剑旁，沾有较多铁锈斑，边长 2.7、高 1 厘米。（图 3-58；彩版一二二，4）

M23：11，置于铜剑近旁，直径 2.6、高 1.6 厘米。（图 3-58；彩版一二二，5）

5. 漆盘

青龙头墓地地处山坡，墓葬填封不够严密，且长期失水，汉墓内漆器普遍保存较差，偶有漆器印痕，难辨器形，无法提取。M21 埋藏较深，亦只是出土了一件残存底部的漆盘。

标本 M21：39，可辨为圜底，内底残存红色漆皮，木胎，底径 11.2、残高 1.8 厘米。（图 3-58；彩版一二二，6）

第四节　墓葬分期与年代

28 座汉墓皆出土有随葬器物，数量多寡不一，根据墓葬形制及随葬器物组合的变化，结合铜镜和铜钱等纪年断代资料，将这批墓葬分为四期。

第一期，西汉早期，仅 M20 一座竖穴土坑墓。

单人墓，墓内随葬器物较少，仅见 2 件陶罐，其形制与淮安王庄村汉墓群 M21、M98[1] 所出陶罐形态基本相同，具有西汉早期的特征。本期墓葬的年代为其下限为汉武帝元狩五年（公元前 118 年）。

第二期，西汉中期，包括 M2 和 M37 两座长方形竖穴土坑墓。

墓内随葬器物组合较为简单，随葬器物以陶罐组合或鼎、罐组合为主。M37 内出土器物组合与江苏东阳小云山、[2] 高淳固城 M1、M2、[3] 上海福泉山、[4] 湖州方家山、[5] 萧山溪头黄、[6] 安吉上马山西汉墓[7] 等墓葬出土同类遗物器形相似。M37 出土陶鼎（Ⅰ鼎）与嵊州市剡山汉墓 M39：12、M70：7[8] 基本一致，M37：1 草叶纹日光镜与福泉山 M8：2[9] 形制相同，在西汉中期较为流行。M2 内出土的折角纹铜镜与上海福泉山 M27：4[10]、山东巨野红土山西汉墓所出铜镜（115 号）[11] 造型一致。第二期的时代大致相当于汉武帝元狩五年之后到宣帝时期。

第三期，西汉晚期，包括 M8、M21、M28、M35 等四座墓葬，均为竖穴土坑墓。

其中，M21、M35 和 M28 相对年代较早，墓内所出鼎（Ⅱ、Ⅲ鼎）、盒（Ⅰ、Ⅱ盒）、钫、瓿（Ⅱ瓿）、壶（AⅠ、AⅡ、BⅠ壶）、罍（Ⅰ罍）、罐（AⅠ、AⅡ罐）等器物组合较为稳定，鼎、盒、钫、瓿、壶、罍、罐的形制特征与萧山溪头黄 M9、[12] 湖州方家山 M24、M28[13] 等墓葬出土的同类器物相似。M8 出土随葬器物以瓿（Ⅱ瓿）、壶（AⅡ、BⅡ壶）、罍（Ⅱ罍）、罐（AⅡ、BⅠ罐）为稳定的器物组合，鼎、盒、钫消失不见。本期所出铜钱全部为五珠，"五"字交笔弯曲状，上下两横伸出，"铢"的金字头为等腰三角形或长三角形，"朱"字头圆折。出现有星云镜和日光镜。M21：14 星云镜与福泉山 M20：25、[14] 溪头黄 M9：22 造型一致，M8：27、M28：20 日光镜与福泉山 M2：14 等形制一样，为西汉晚期所常见。第三期的时代大致相当于元、成、哀、平帝时期。

第四期，新莽至东汉早期，包括 M7、M10、M11、M12、M13、M14、M16、M17、M18、M22、M23、M29、M31、M32、M33、M34、M38、M39、M40、M45 和 M48 等二十座墓葬，竖穴土坑墓和砖室墓均见。

本期随葬器物以壶（AⅢ、AⅣ、BⅢ、BⅣ壶）、罐（AⅢ、BⅡ罐）、罍（Ⅲ罍）、瓿（Ⅲ瓿）

［1］淮安市博物馆：《江苏淮安王庄村汉墓群发掘简报》，《东南文化》2016 年第 5 期。
［2］盱眙县博物馆：《江苏东阳小云山一号汉墓》，《文物》2004 年第 5 期。
［3］南京市博物馆：《江苏高淳固城汉墓发掘简报》，《东南文化》1992 第 5 期。
［4］王正书：《上海福泉山西汉墓群发掘》，《考古》1988 年 8 期。
［5］浙江省文物考古研究所：《浙江湖州市方家山第三号墩汉墓》，《考古》2002 年第 1 期。
［6］杭州市文物考古研究所、萧山博物馆：《杭州萧山溪头黄汉墓发掘报告》，《考古学报》2018 年第 3 期。
［7］安吉县博物馆：《浙江安吉上马山西汉墓的发掘》，《考古》1996 年第 7 期。
［8］张恒：《浙江嵊州市剡山汉墓》，《东南文化》2004 年第 2 期。
［9］王正书：《上海福泉山西汉墓群发掘》，《考古》1988 年 8 期。
［10］王正书：《上海福泉山西汉墓群发掘》，《考古》1988 年 8 期。
［11］山东省菏泽地区汉墓发掘小组：《巨野红土山西汉墓》，《考古学报》1983 年 4 期。
［12］杭州市文物考古研究所、萧山博物馆：《杭州萧山溪头黄汉墓发掘报告》，《考古学报》2018 年 3 期。
［13］浙江省文物考古研究所：《浙江湖州市方家山第三号墩汉墓》，《考古》2002 年第 1 期。
［14］王正书：《上海福泉山西汉墓群发掘》，《考古》1988 年 8 期。

组合较为多见，罍、瓿逐渐减少或消失。壶、罐、罍、瓿的形态与浙江龙游东华山汉墓、[1]浙江嵊州剡山[2]等出土同类器物相似。M31 出土有一件釉陶瓿（Ⅰ瓿，M31：3），直口，两立耳较高，三扁足靠外，整体器形矮胖，具有西汉早期的时代特征，从其耳部明显的残损痕迹来看，应为使用后的遗痕，结合墓葬的形制特征及墓内的随葬器物组合来看，M31：3 应为晚期墓葬随葬的早期器物。此外，本期随葬的陶仓、甑、灶、釜、瓿等陶质明器逐渐小型化、明器化，铁兵器显著增加。博局镜和四乳镜较为常见，所出铜钱仍以"五铢"为主，仅 M22：20 为一枚"大泉五铢"铜钱，钱文篆书，正面及背面穿外均有郭，具有典型的新莽时期特征。本期的时代下限不晚于东汉安帝永初三年（109 年），相当于新莽、光武、明、章、和、殇、安帝时期。

---

［1］朱土生：《浙江龙游县东华山汉墓》，《考古》1993 年第 4 期。
［2］张恒：《浙江嵊州市剡山汉墓》，《东南文化》2004 年第 2 期。

第四章 宋代墓葬与出土遗物

共发现并清理宋代墓葬 3 座。分布较为零散，在墓地的东南部清理土坑墓 1 座，编号 M36，西北部发现 2 座砖室墓，编号为 M41、M42，皆被明代墓葬打破，墓葬保存状况较差（图 4-0）。

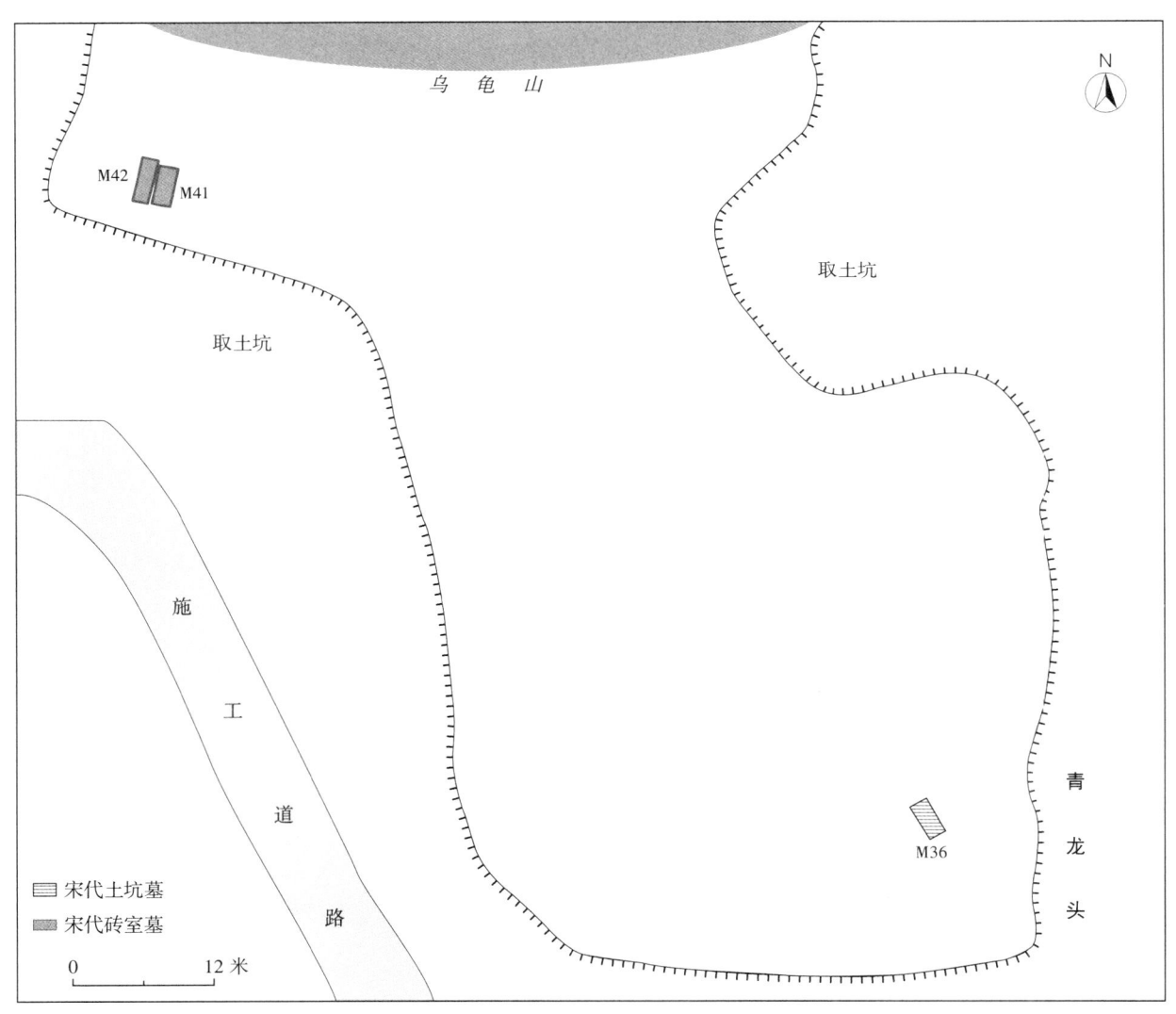

图 4-0 青龙头墓地宋墓分布图

一、土坑墓

M36

位于墓地东南部，东北侧被明墓 M30 打破，打破汉墓 M23。墓向 330°。墓坑平面呈方形，坑口长 3.5、宽 1.8–2、深 0.46 米。墓内填黄灰色花土，土质较松软，墓底发现有铁钩状构件，或为葬具遗留。随葬有 1 件韩瓶，位于墓内北侧。（图 4-1A）

韩瓶 1 件。

M36：1，釉陶，胎质坚硬，轮制。敛口，口沿外翻，束颈，长弧腹，平底内凹。肩部贴塑有四个泥条竖系，下腹部饰旋纹。口径 7、底径 7.2、高 23.8 厘米。（图 4-1B；彩版一二三，4）

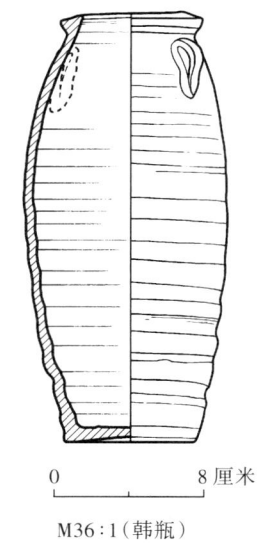

0　　　　　8 厘米

M36：1（韩瓶）

图 4-1B　M36 出土韩瓶

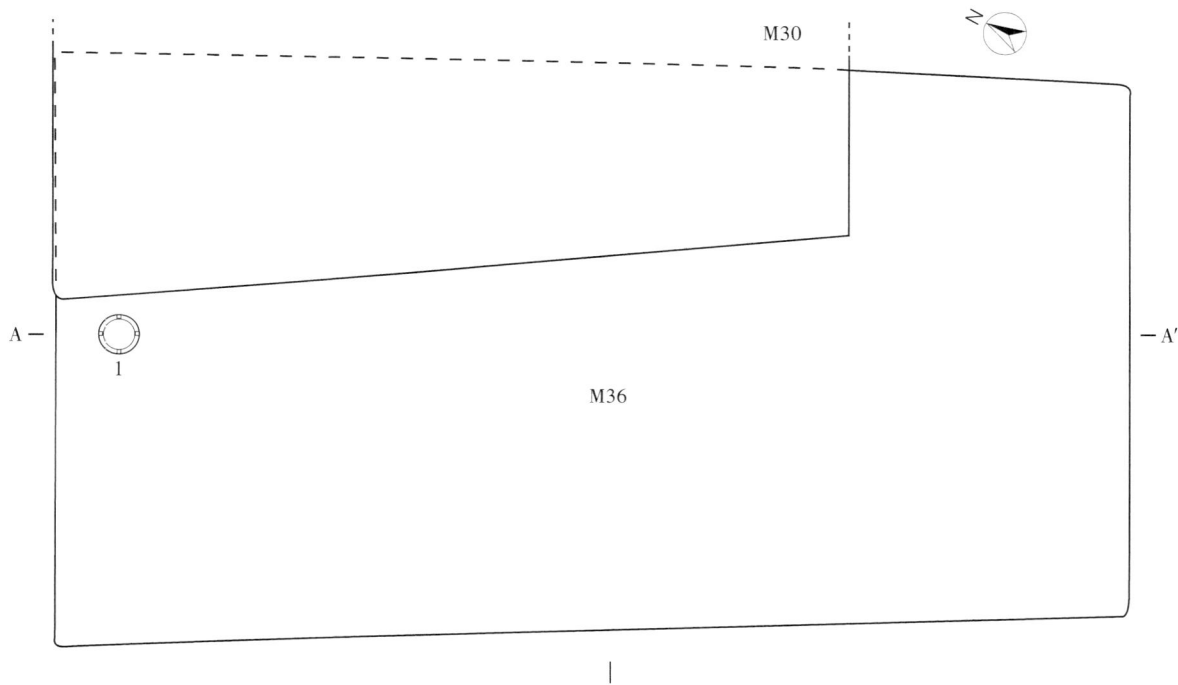

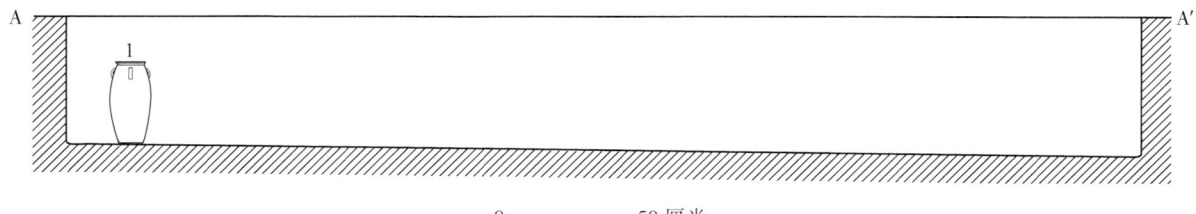

0　　　　50 厘米

图 4-1A　M36 平面、剖视图

1. 韩瓶

二、砖室墓

M41

位于墓地西北部，M42东侧。墓葬南侧被现代排水沟破坏，北侧被M47打破，与M42东西并列，墓向339°。（图4-2，彩版一二三，2）墓坑平面呈长方形，四壁陡直，底部平整，长3.72、宽1.7、深0.65米。坑内填黄褐色花土，土质较疏松，扰土中可辨有青白瓷碎片。墓坑与砖室间距约0.1-0.17米。砖室北侧被完全打破，残存底部。残长2.9、宽1.48、残高0.49米。砖壁是以素面青砖"五顺一丁"砌法铺砌，墓底地砖以"人"字形平铺。墓砖长29、宽15、厚4厘米。砖室内填深褐色花土，土质疏松。未见随葬器物。

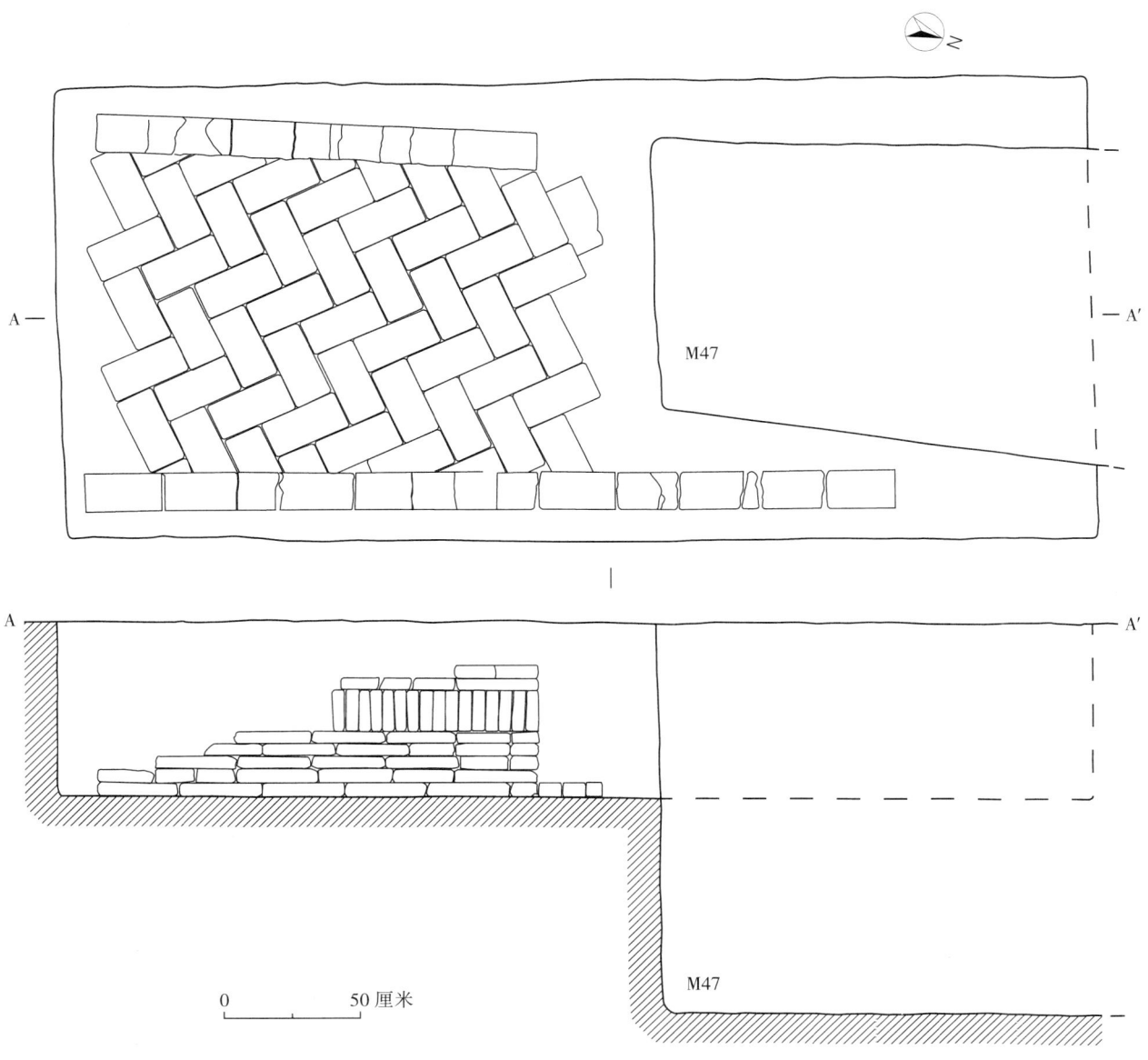

图4-2　M41平面、剖视图

M42

位于墓地西北角，M41 西侧，墓葬南侧被现代排水沟破坏，中部被 M46 打破，墓向 23°。（图 4-3，彩版一二三，3）墓坑平面呈长方形，四壁陡直，底部近平，长 3.86、宽 1.5、深 0.94 米。坑内填黄褐色花土，土质较疏松，夹杂少量碎白瓷片和石子。砖室砌于墓坑中，残存底部和部分砖壁，砖室残长 3.2、宽 1.3、残高 0.16 米。砖壁以素面青砖错缝平铺垒砌，墓底砖以"人"字形平铺。墓砖长 25、宽 15、厚 4 厘米。砖室内填深褐色花土，土质疏松。未见随葬器物。

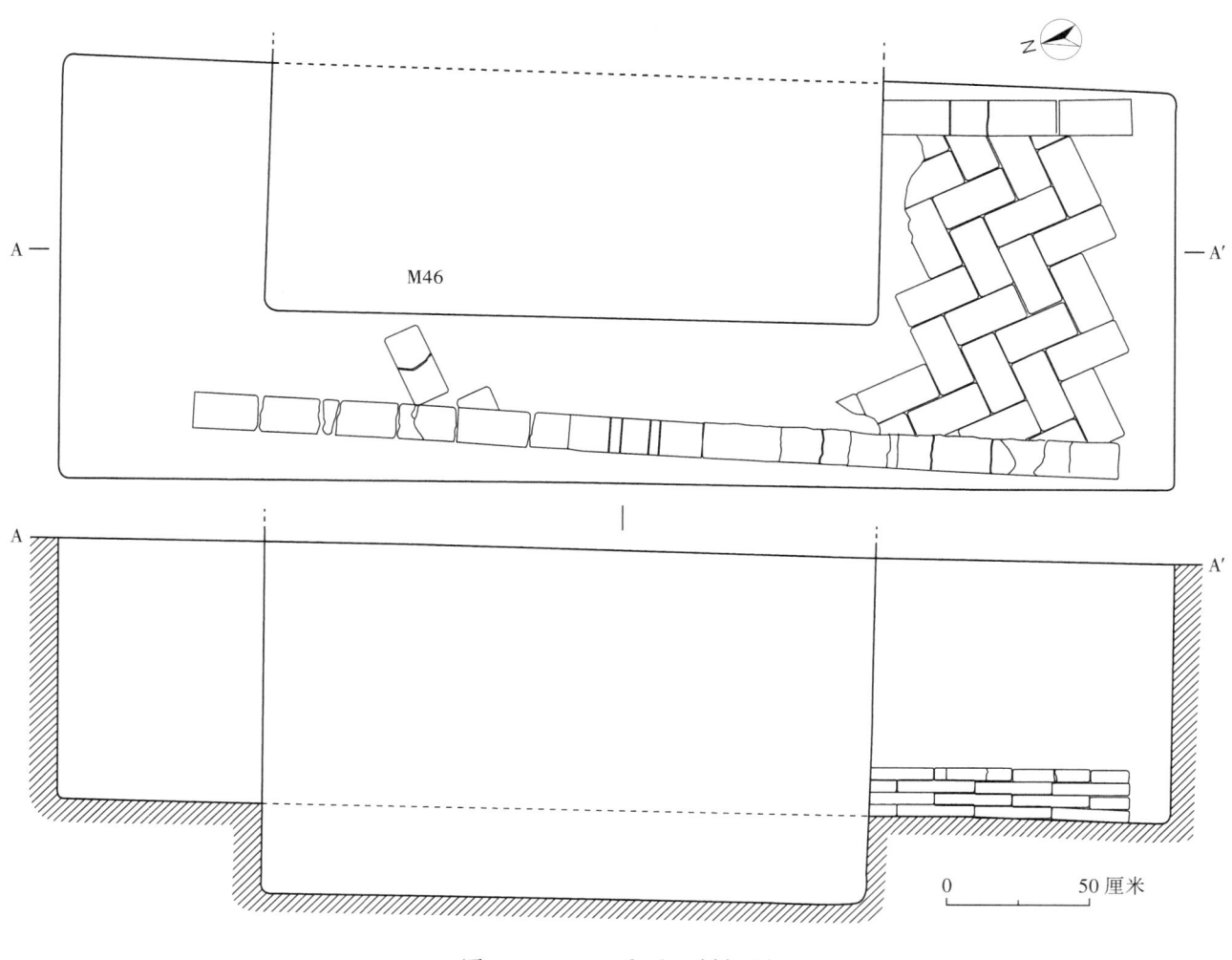

图 4-3 M42 平面、剖视图

三、墓葬时代

3 座宋墓皆被后期墓葬打破或被破坏严重，仅 M36 内出土有 1 件韩瓶；M41 和 M42 皆未发现随葬器物，两墓坑内填土中都有青白瓷碎片出土，可辨为青白瓷碗或盏的残片。结合 3 座墓葬的形制和出土器物／碎片来分析，M36 时代应为南宋时期；M41 和 M42 东西并置，墓向一致，可能是异穴合葬墓，砖室墓砌法具有本地南宋时期墓葬特征，青白瓷碎片的时代亦显示为南宋时期。

第五章　明代墓葬与出土遗物

第一节　概况

　　青龙头墓地发现的明代墓葬数量较多，分布范围较广，多以 2~3 座墓葬集中埋葬，墓向一致、排列有序。本次考古发掘发现并清理明墓 17 座，主要分布在墓地的西北部、中部和东南部，墓葬编号依次为 M1、M3、M4、M5、M6、M9、M15、M19、M24、M25、M26、M27、M30、M43、M44、M46 和 M47。（图 5-0）

　　墓葬封土不存，开口于表土层下，墓坑皆为竖穴土坑，墓底为生土或山体基岩。其中，M4 和 M43 是由青砖垒砌的砖室墓，M44 由石板围砌成双墓室的石室墓，其余墓葬皆为土坑墓。墓内葬具保存较差，偶有铁棺钉发现，墓底发现有垫棺用的素面青砖。墓内随葬器物普遍较少，近半数墓葬未见有随葬器物。M44 随葬器物较多，有 10 件，以铜钱居多，另有铜镜、发簪、戒指少许。墓内随葬器物多集中摆放于墓主头部位置，器形以瓷碗、韩瓶、铜钱及头部饰件等为主。

第二节　明墓介绍

　　根据墓葬结构特征可将明墓分为土坑墓、砖石墓和石室墓三类。其中，竖穴土坑有 14 座，编号为 M1、M3、M5、M6、M9、M15、M19、M24、M25、M26、M27、M30、M46、M47；砖石墓 2 座，编号为 M4 和 M43；石室墓 1 座，编号为 M44。

一、土坑墓

M1

　　位于墓地西北部。墓向 339°。墓葬被严重破坏。墓坑平面近长方形，直壁，底部向南侧倾斜。墓坑长 2.6、宽 1.1~1.2、深 0.33 米。墓内填白灰色花土，土质疏松，夹杂碎石，墓底发现有铁钉残件，应为葬具遗留。未见随葬器物。（图 5-1）

M3

　　位于墓地东北部，南侧墓壁与 M4 紧密相连，与 M4、M5 呈"品"字状集中分布。墓向 307°。墓坑平面呈长方形，墓壁陡直，底部较为平整。墓坑长 2.8、南壁宽 1.5、北壁宽 1.3、深 1.35

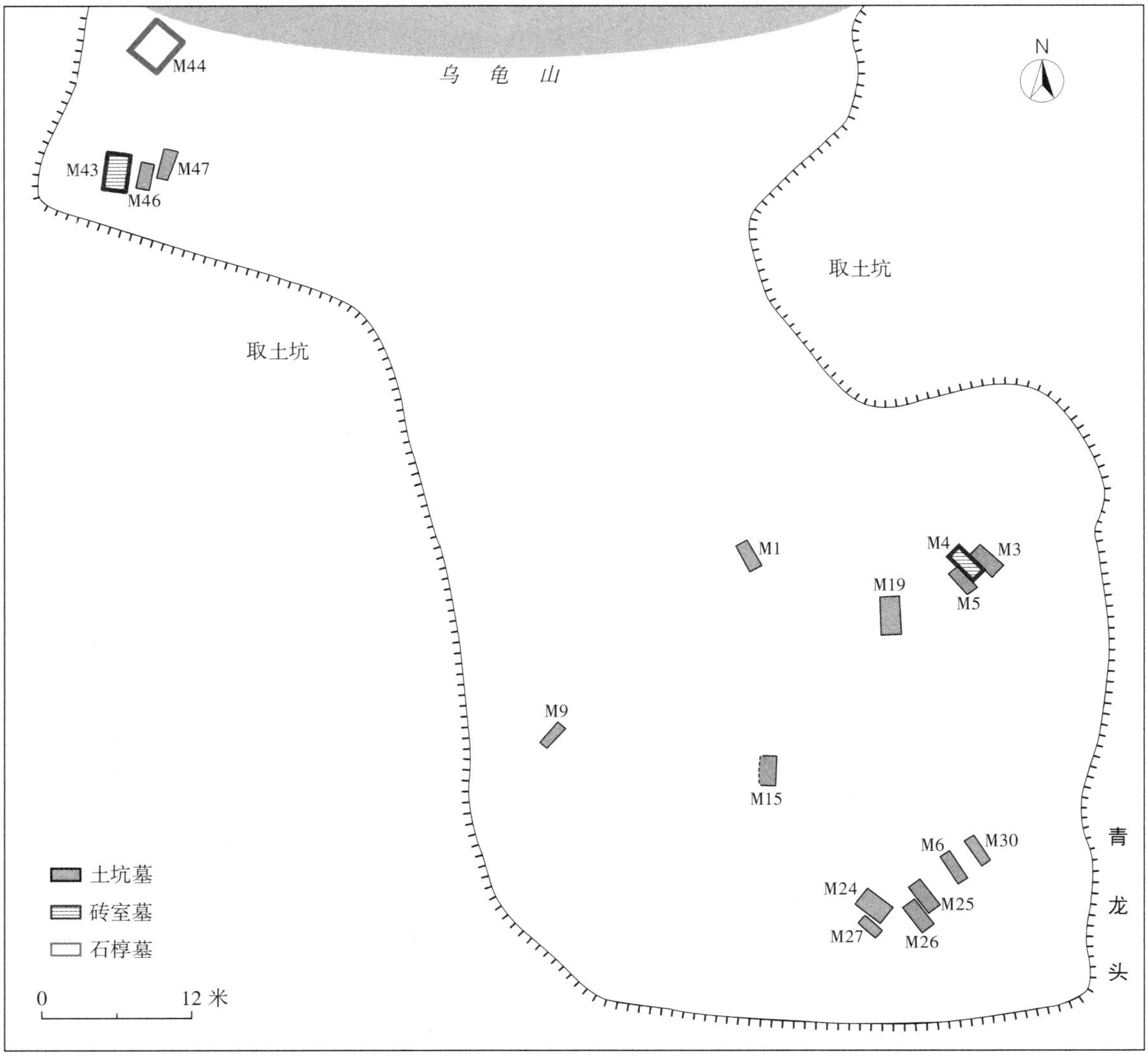

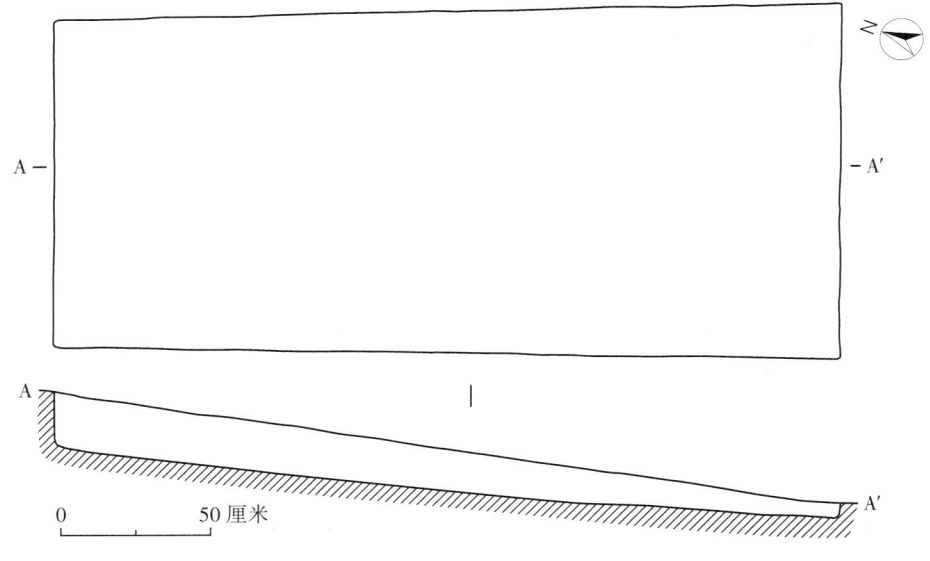

图 5-0　青龙头墓地明代墓葬分布图

图 5-1　M1 平面、剖视图

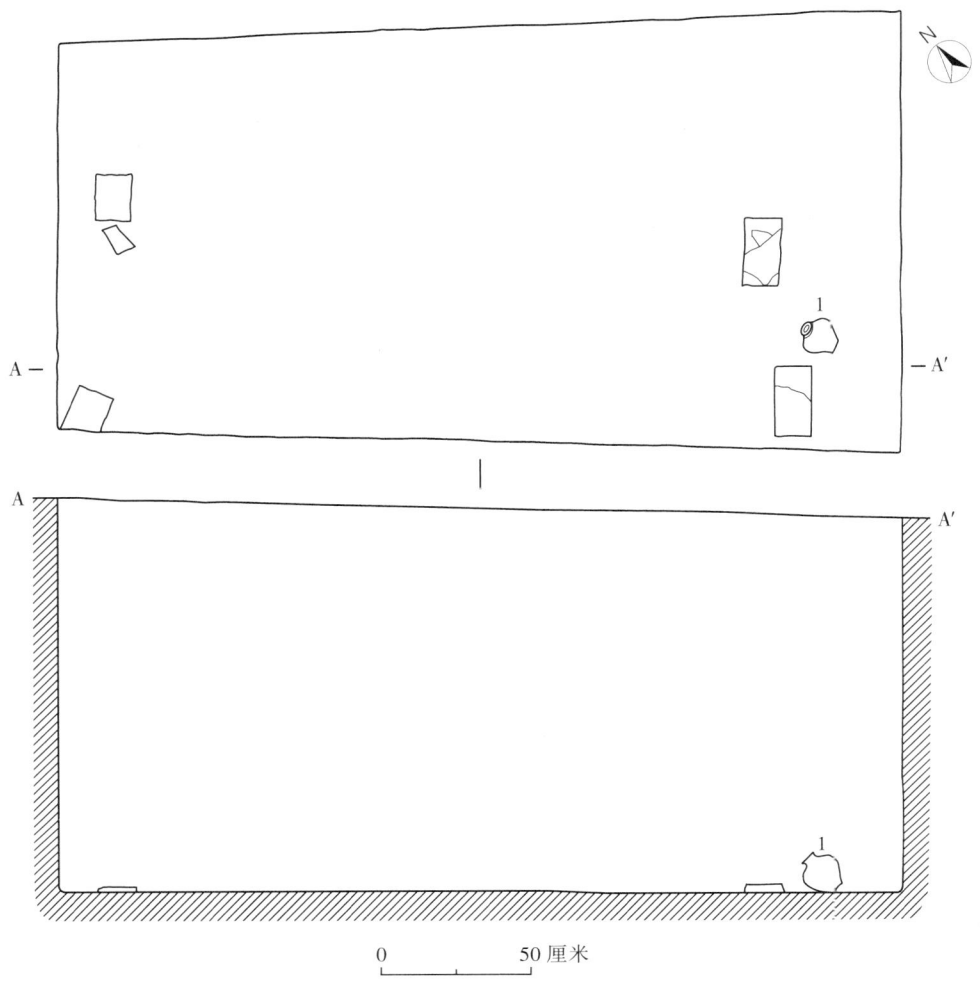

图 5-2A M3 平面、剖视图

1. 韩瓶

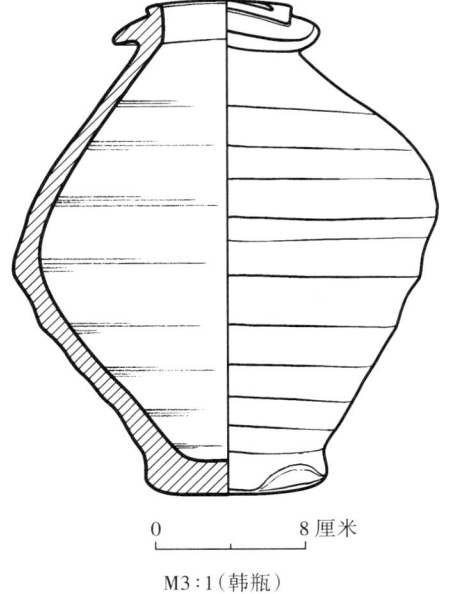

M3:1（韩瓶）

图 5-2B M3 出土韩瓶

米。墓底四角各横置有一块长方形素面青砖，应为木棺垫砖，皆残，砖长 22、宽 12、厚 2.2 厘米。墓内填黄灰色花土，土质疏松，夹杂少量碎石。葬具已朽，仅剩铁棺钉三枚，锈蚀严重。不见人骨。随葬器物有韩瓶 1 件，置于墓底南部。（图 5-2A；彩版一二四，1）

韩瓶 1 件。

M3:1，釉陶，胎质坚硬，轮制。器身变形。子母口，内直口，方唇，外折沿内卷，微束颈，溜肩，鼓腹，下腹斜收，平底。腹部饰旋纹。口径 5.2、最大腹径 11.2、底径 4.6、高 13.5 厘米。（图 5-2B；彩版一二八，1）

M5

位于墓地东北部，M4 南侧。墓向 310°。墓坑平面呈长方形，四壁斜直内收，墓坑口大底小。坑口长 2.5、宽 1~1.1 米，墓底长 2.24、宽 0.72~0.8 米，墓坑深 0.86~0.9 米。墓内填黄褐色花土，夹杂深褐色沙土，土质较疏松，包含少量陶片，近墓底处土质致密，呈灰褐色。墓底四角各置一长方形素面青砖，应为木棺垫砖，青砖长 22、宽 12、厚 2.3 厘米。墓底发现有两枚铁棺钉。未见随葬器物。（图 5-3；彩版一二四，2）

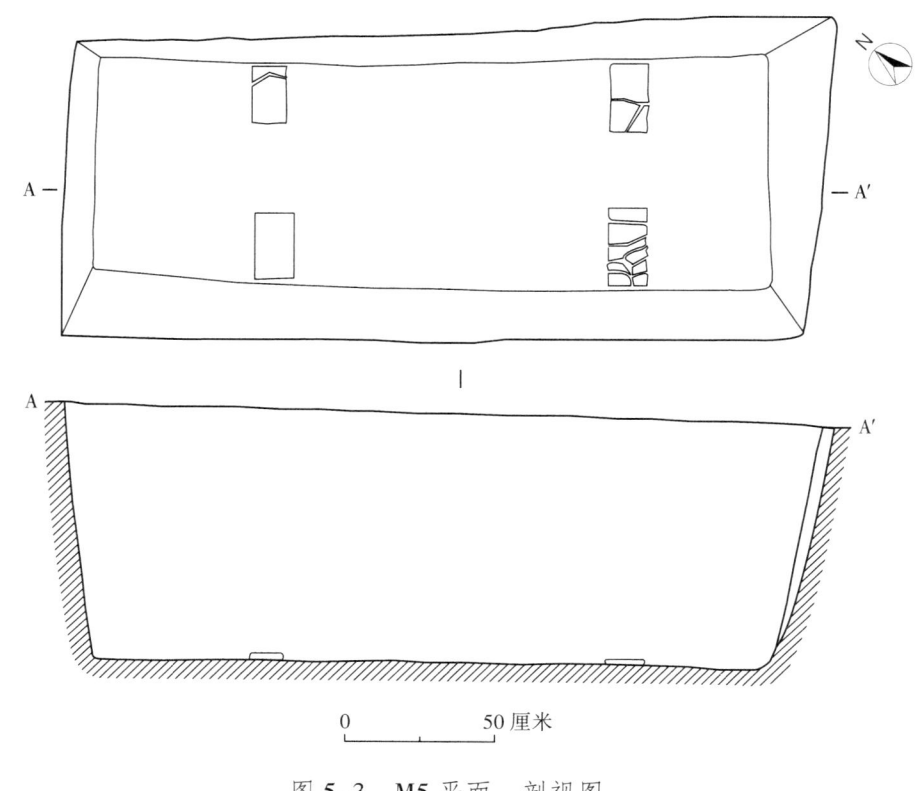

图 5-3　M5 平面、剖视图

M6

位于墓地东南部，打破 M23。墓向 160°。墓坑平面呈长方形，墓壁陡直，底部近平。墓坑长 2.6、宽 0.86、深 1~1.3 米。墓内填黄灰色花土，土质较疏松，夹杂有很多残碎砖块，应为打破 M23 回填的碎砖。木质葬具已朽，墓底发现有散落四角的铁质四枚棺钉，未见随葬器物。（图 5-4）

M9

位于墓地西侧。墓向 39°。墓坑平面呈梯形，北宽南窄，四壁陡直，墓底近平。墓坑长 2.4、北壁宽 0.9、南壁宽 0.8、深 0.34~0.57 米。墓底见三块长方形素面青砖作为棺木垫砖，青砖长 22、宽 12、厚 3 厘米。墓内填灰褐色花土，土质疏松，填土中包含有五铢钱。随葬器物共 4 件，有青瓷碗 2 件、韩瓶 1 件、铜钱 1 组，集中放置于墓底西北部。（图 5-5A；彩版一二四，3）

韩瓶　1 件。

M9：3，釉陶，胎质坚硬，轮制。子母口，内直口，外平沿，束颈，溜肩，弧鼓腹，下腹斜收，

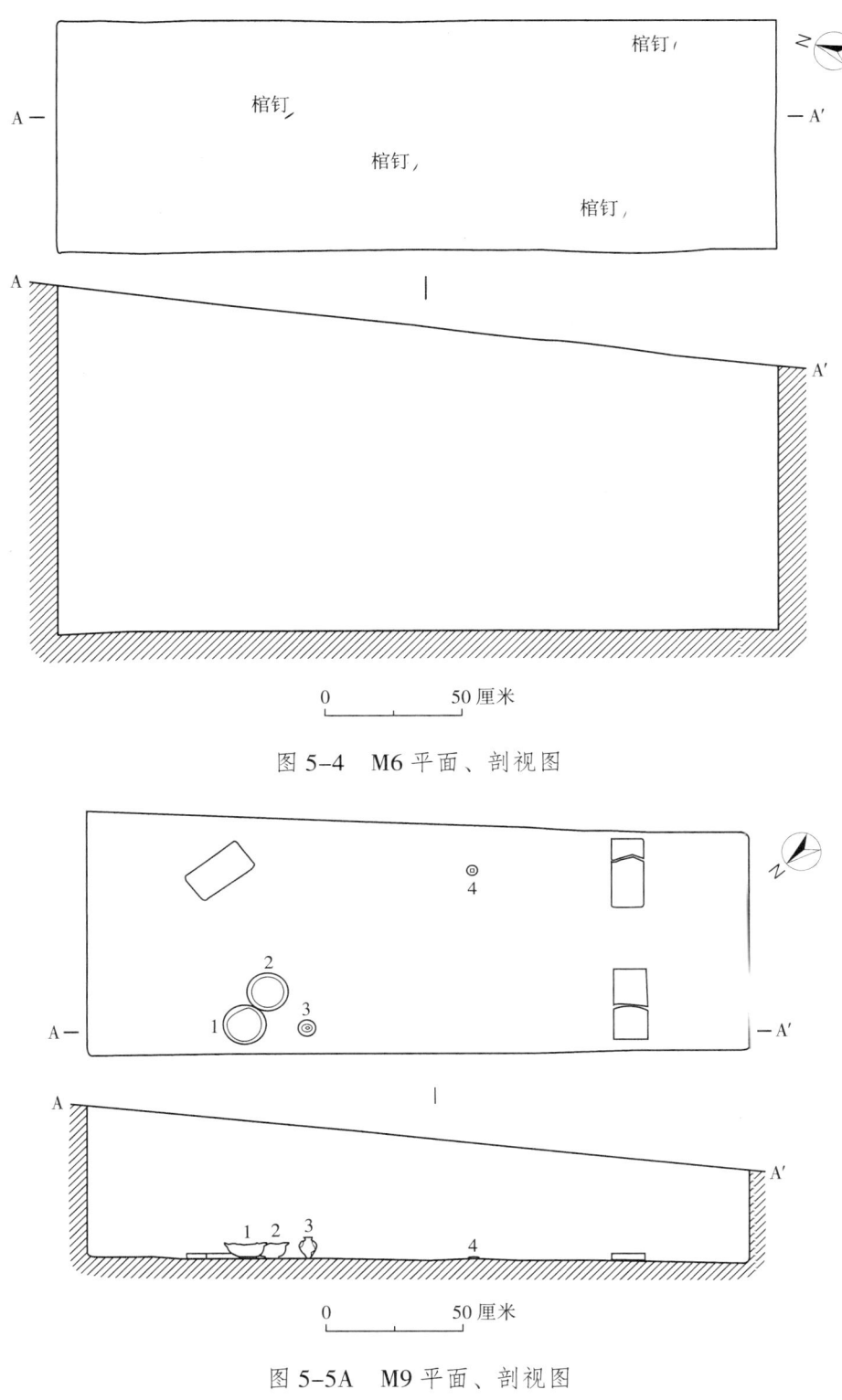

图 5-4 M6 平面、剖视图

图 5-5A M9 平面、剖视图
1、2.青瓷碗 3.韩瓶 4.铜钱

腹最大径位于中部，小平底。口径 3.6、腹径 6.5、底径 3、高 7.5 厘米。（图 5-5B；彩版一二八，3）

青瓷碗 2 件。

M9：1，敞口，厚圆唇，弧腹，圈足。灰胎，施青釉，器身满釉，内底有叠烧涩圈，露胎，

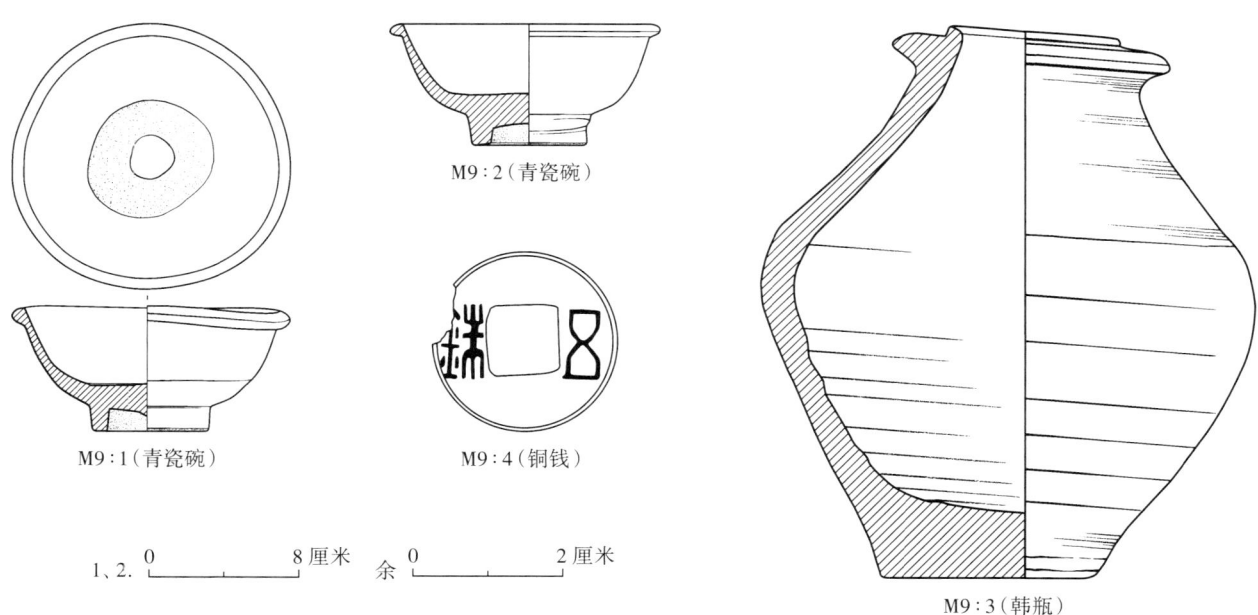

M9:2（青瓷碗）

M9:1（青瓷碗）   M9:4（铜钱）

1、2. |0———————8厘米   余 |0———————2厘米

M9:3（韩瓶）

图 5-5B M9 出土青瓷碗、韩瓶、铜钱

外底露胎。口径 14.6、底径 6、高 6.8 厘米。（图 5-5B；彩版一二七，1）

M9:2，敞口，圆唇，弧腹，圈足。灰胎，施青釉，器身满釉，有细小开片，内底有叠烧涩圈，露胎，外底露胎。口径 14.5、底径 6、高 6.5 厘米。（图 5-5B；彩版一二七，2）

铜钱 1 组。

M9:4，"五铢"铜钱，共 6 枚。发现于墓葬填土中，锈蚀严重。圆形，方孔。钱文可辨为"五铢"，"五"字上下两横出头，中间交笔弯曲，字形矮胖，"铢"字不清。其中，有外郭者 5 枚，剪轮五铢 1 枚。直径 2.3~2.5、穿宽 0.8~1、厚 0.1~0.15 厘米。（图 5-5B）

M15

位于墓地中部。墓向 2°。墓葬西侧被破坏，残存底部。墓坑平面近长方形，四壁陡直，底部平整。墓坑长 2.7、残宽 1.1~1.2、深 0.42 米。墓内填灰白色花土，包含有少量陶片、铁棺钉。未见随葬器物。（图 5-6）

M19

位于墓地北部。墓向 2°。墓坑平面呈长方形，四壁陡直，底部平整。墓坑长 3.4、宽 1.72、深 0.3~0.46 米。墓内填灰褐色花土，土质疏松。墓底见五枚铁棺钉，锈蚀严重。未见随葬器物。（图 5-7）

M24

位于墓地东南部，打破早期砖室墓 M11、M33，处在 M27 东侧，两座墓葬墓向一致、东西并列。墓向 123°。长方形竖穴土坑墓，墓壁较直，墓底平整，墓坑长 2.8、宽 1.8、深 0.6 米，墓内填黄

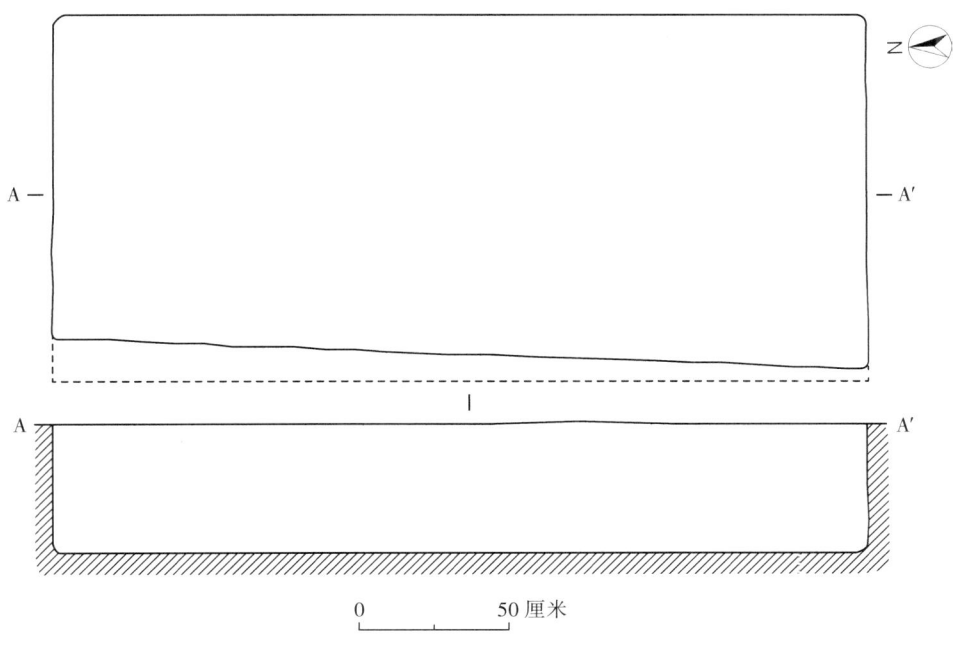

0　　　　50厘米

图 5-6　M15 平面、剖视图

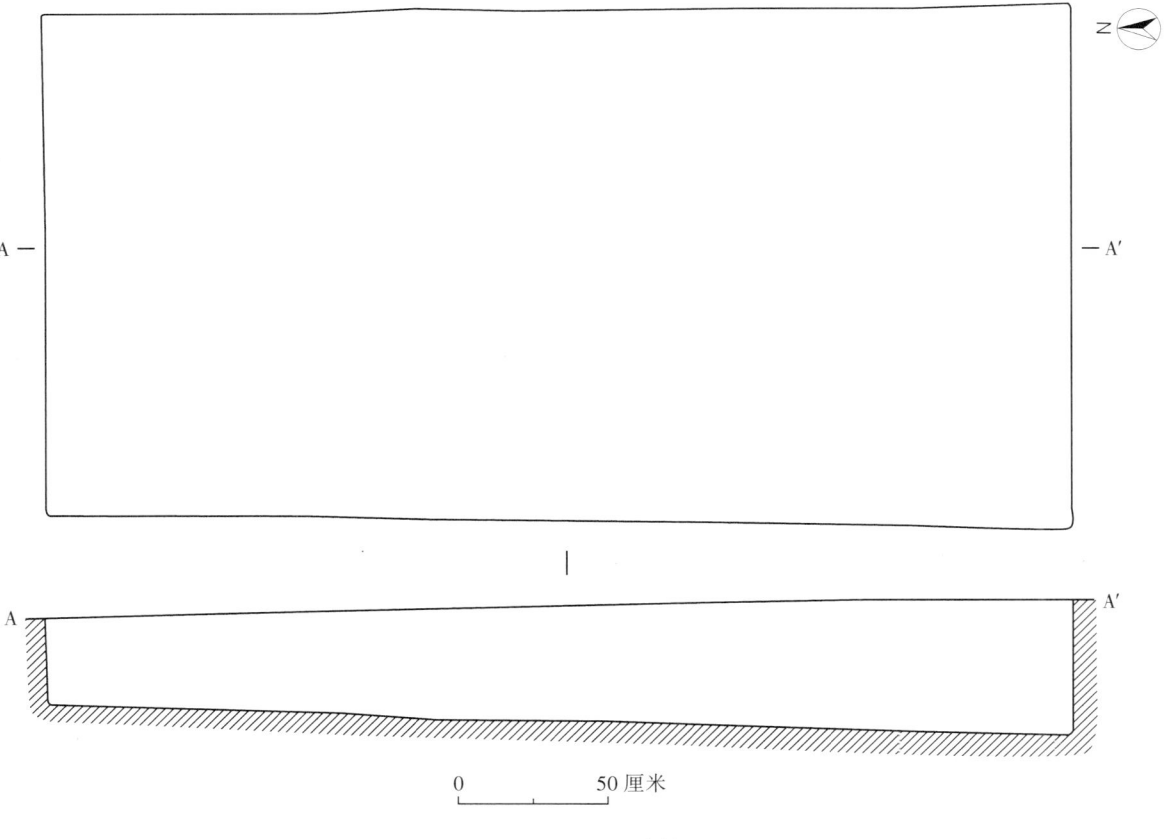

0　　　　50厘米

图 5-7　M19 平面、剖视图

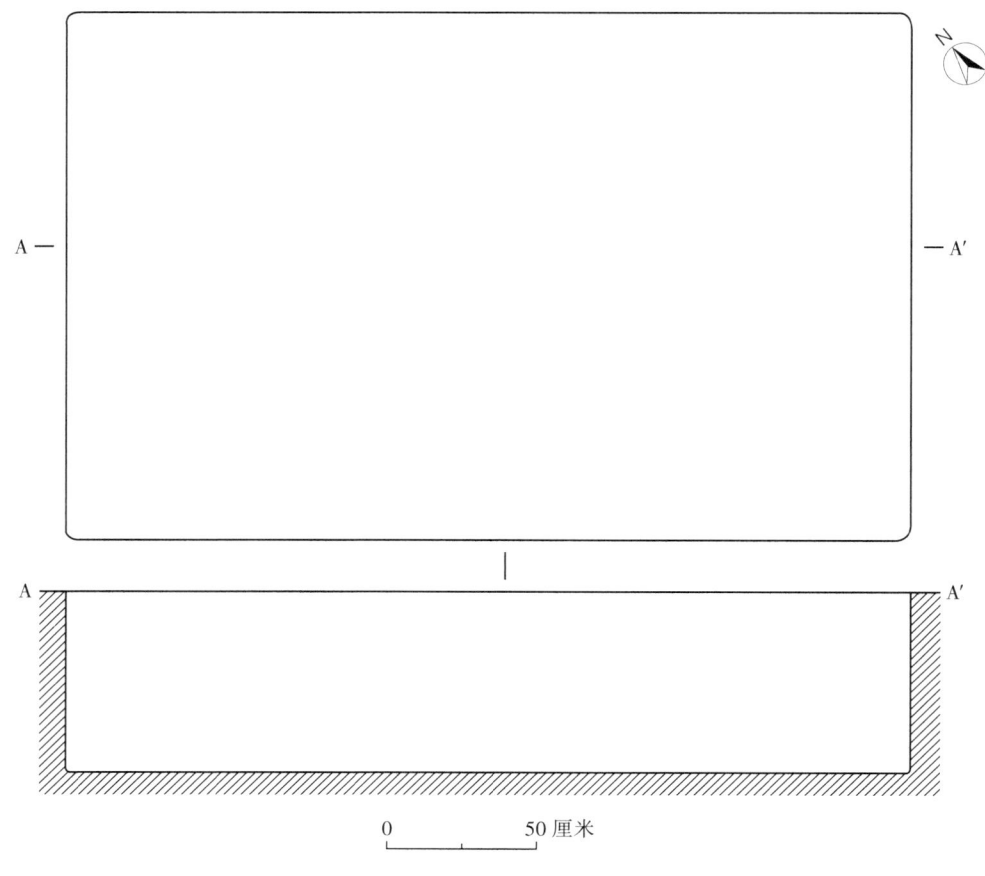

图 5-8　M24 平面、剖视图

灰色花土，夹杂较多小石块。未见随葬器物。（图 5-8）

M25

位于墓地东南部，处在 M26 东侧，两座墓葬墓向一致、东西并列。墓向 142°。墓坑平面呈长方形，直壁，底部平整。墓坑长 2.9、宽 1.25、深 0.14~0.42 米。墓内填黄灰色花土，土质疏松，夹杂少量陶片和两枚铜钱，一枚可辨为"天圣元宝"，另一枚字迹不清。木质葬具已朽，仅剩 3 枚铁质棺钉，锈蚀严重。随葬器物有韩瓶 1 件、铜钱 2 枚，置于墓底南部。（图 5-9A）

韩瓶　1 件。

M25：1，釉陶，胎质坚硬，轮制。子母口，内直口，外平沿，溜肩，弧鼓腹，下腹向内弧收，腹最大径位于中部，小平底。口径 5.5、腹径 10.8、底径 4.6、高 13.4 厘米。（图 5-9B；彩版一二八，4）

铜钱　2 枚。

M25：2，圆形，方孔。钱文可辨为篆书"天圣元宝"。钱径 2.5、孔径 0.6、厚 0.1 厘米。（图 5-9B；彩版一三〇，1）

M25：3，圆形，方孔。锈蚀严重，无法辨识钱文。钱径 2.5、孔径 0.6、厚 0.2 厘米。（图 5-9B）

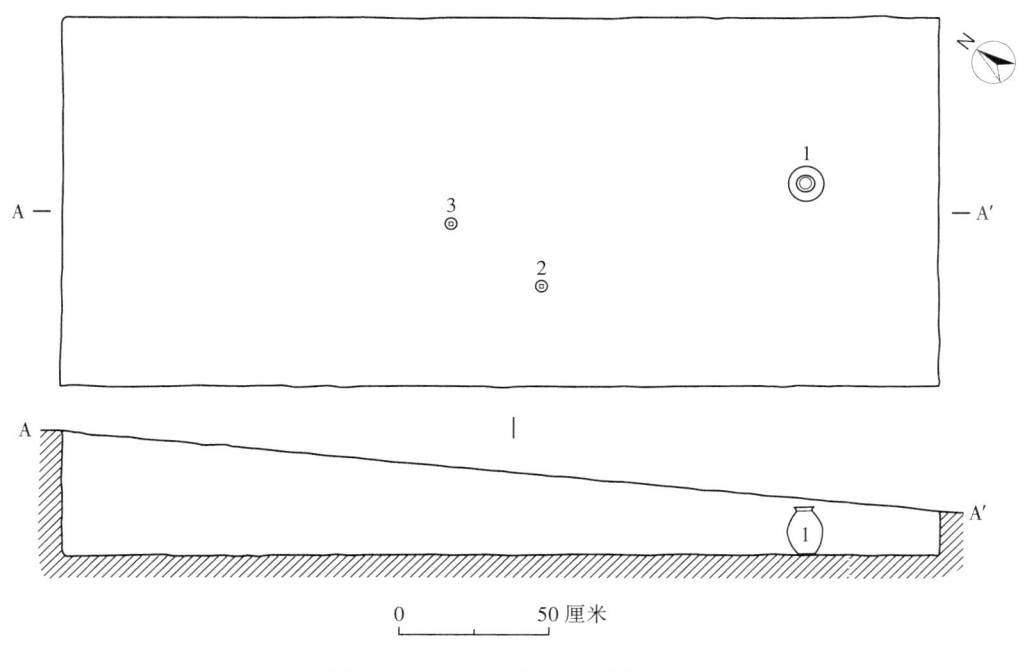

图 5-9A　M25 平面、剖视图
1. 韩瓶　2、3. 铜钱

M26

位于墓地西南部，M25 西侧，墓向
144°。墓坑平面呈长方形，长 2.8、宽 1.3、
深 0.36 米。墓内填黄灰色花土，土质较疏
松，夹杂少量陶片。随葬器物 6 件，东南
角有韩瓶 1 件（内有"宣德通宝"铜钱 1 枚）、
西南部有银簪 1 组、铜钱 1 串、竹梳 1 件，
中北部有铜钱 1 枚。铜钱可辨有"宣德通
宝""圣宋元宝""元祐通宝""元丰通
宝""天禧通宝"和"元符通宝"等。（图
5-10A）

韩瓶　1 件。

M26：1，釉陶，胎质坚硬，轮制。子
母口，内直口，外平沿，溜肩，弧鼓腹，
腹部最大径位于中部，下腹向内弧收，小

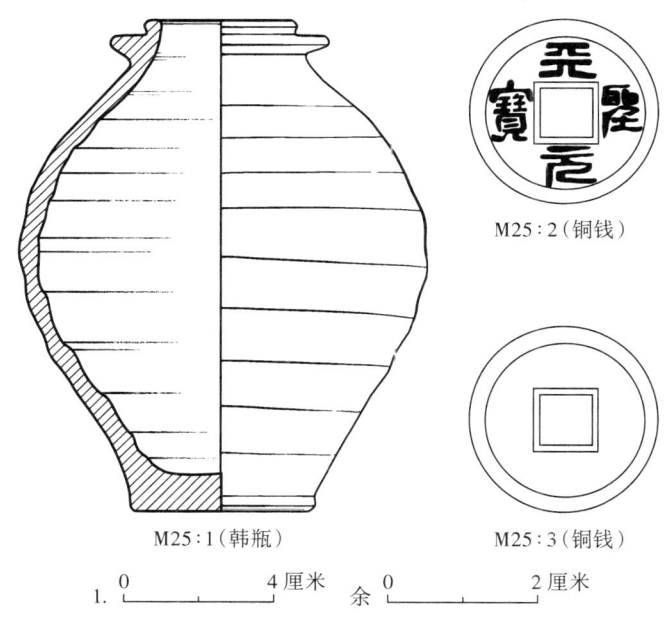

M25：2（铜钱）

M25：1（韩瓶）　　M25：3（铜钱）

图 5-9B　M25 出土韩瓶、铜钱

平底。口径 5.4、腹径 11.5、底径 4.9、高 14 厘米。（图 5-10B；彩版一二八，5）

铜钱　3 组。

M26：2，圆形，方孔。模制，素背，外郭较宽，小方孔穿，字迹清晰，可辨钱文为楷书"宣
德通宝"，直读。直径 2.4、穿宽 0.5、厚 0.1 厘米。（图 5-10B）

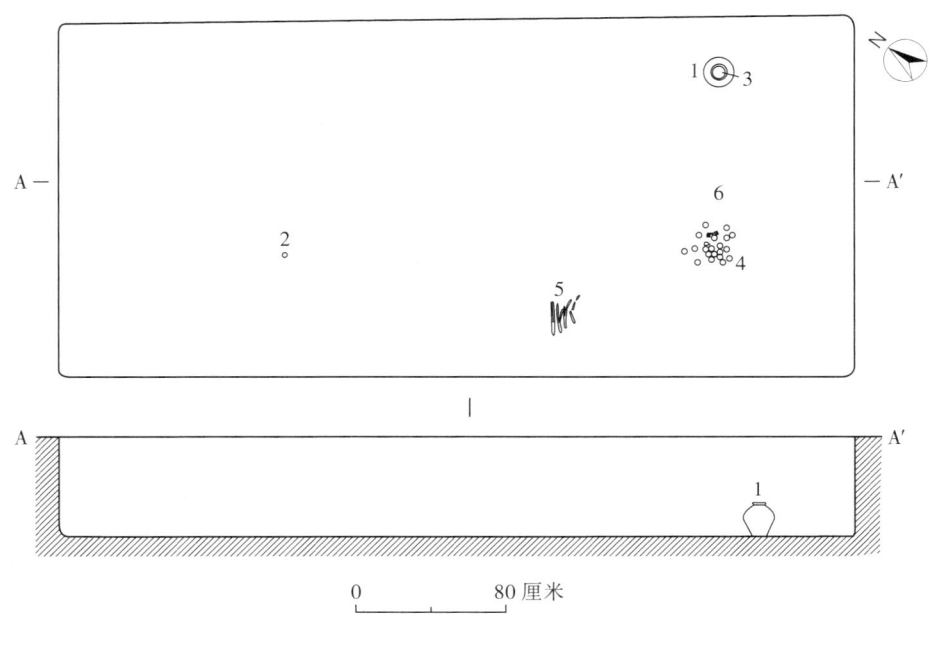

图 5-10A M26 平面、剖视图
1.韩瓶 2~4.铜钱 5.银簪 6.竹梳

　　M26：3，圆形，方孔。共3枚，有2枚较完整。其中一枚钱文均锈蚀不清，外郭较宽，直径3、穿宽0.7，厚0.15厘米。另一枚可辨钱文为篆书"元符通宝"，旋读，钱径2.5、穿宽0.6、厚0.1厘米。（图5-10B）

　　M26：4，圆形，方孔。共45枚。可辨钱文者30枚，其中"开元通宝"1枚，"至道元宝"1枚，"景德元宝"1枚，"祥符通宝"1枚，"天禧通宝"1枚，"皇宋通宝"1枚，"嘉祐元宝"1枚，"治平元宝"1枚，"熙宁元宝"5枚，"元丰通宝"7枚，"元祐通宝"4枚，"元符通宝"1枚，"圣宋元宝"4枚，"政和通宝"1枚。较为完整者7枚。标本M26：4-1，圣宋元宝，篆书，旋读，钱径2.3、穿宽0.6、厚0.1厘米标本M26：4-2，元丰通宝，行书，旋读，钱径2.4、穿宽0.7、厚0.1厘米。标本M26：4-3，元丰通宝，篆书，旋读，钱径2.3、穿宽0.7、厚0.1厘米。标本M26：4-4，天禧通宝，楷书，旋读，钱径2.4、穿宽0.6、厚0.1厘米。标本M26：4-5，元符通宝，行书，旋读，钱径2.5、穿宽0.6、厚0.1厘米。标本M26：4-6，熙宁元宝，篆书，旋读，钱径2.3、穿宽0.6、厚0.1厘米。标本M26：4-7，元祐通宝，篆书，旋读，钱径2.4、穿宽0.6、厚0.1厘米。（图5-10B；彩版一三〇，5）

　　银簪　1组。

　　M26：5，鎏金银簪，共三件，由银条对折而成，其中两件钗首部加饰细密竹节纹，另一件首部素面，尾端皆呈锥状。标本M26：5-1，断成两段，残长17.6厘米。标本M26：5-2，断成两段，残长16.5厘米。标本M26：5-1，断成三段，残长10厘米。（图5-10B；彩版一三一，1）

　　竹梳　1件。

　　M26：6，残甚，仅存梳齿部分，可辨为竹质，梳齿细密。

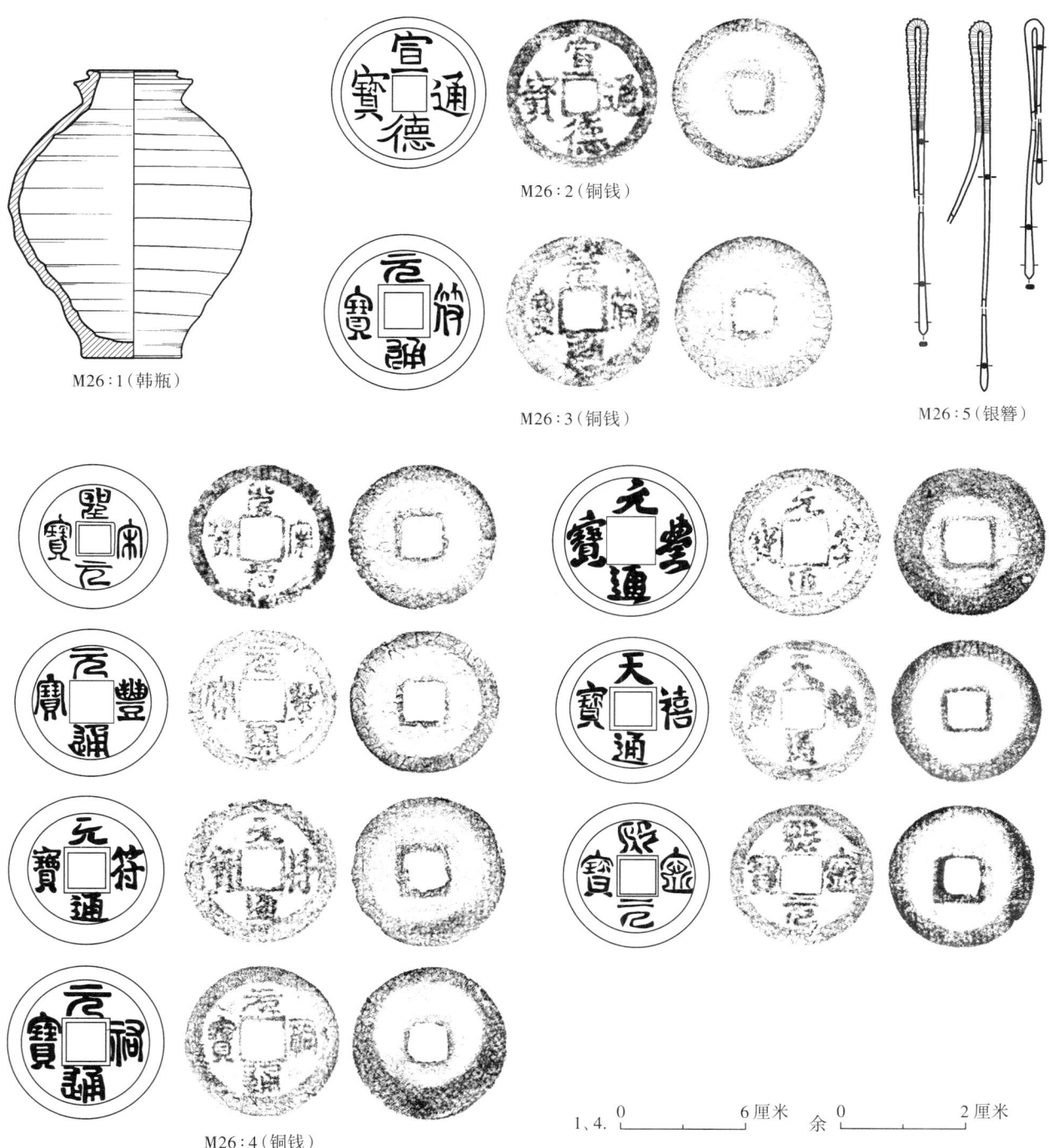

M26：1（韩瓶）　　M26：2（铜钱）　　M26：3（铜钱）　　M26：5（银簪）

M26：4（铜钱）

1、4.　0　　　　6厘米　　余　0　　2厘米

图 5-10B　M26 出土韩瓶、铜钱、银簪

M27

　　位于墓地南部，M24 西侧，打破 M11 和 M33。墓向 135°。墓坑平面呈长方形，四壁陡直，底部较平整。墓坑长 2.04、宽 0.94、深 0.93 米。墓内填黄褐色花土，土质疏松。未见随葬器物。（图 5-11）

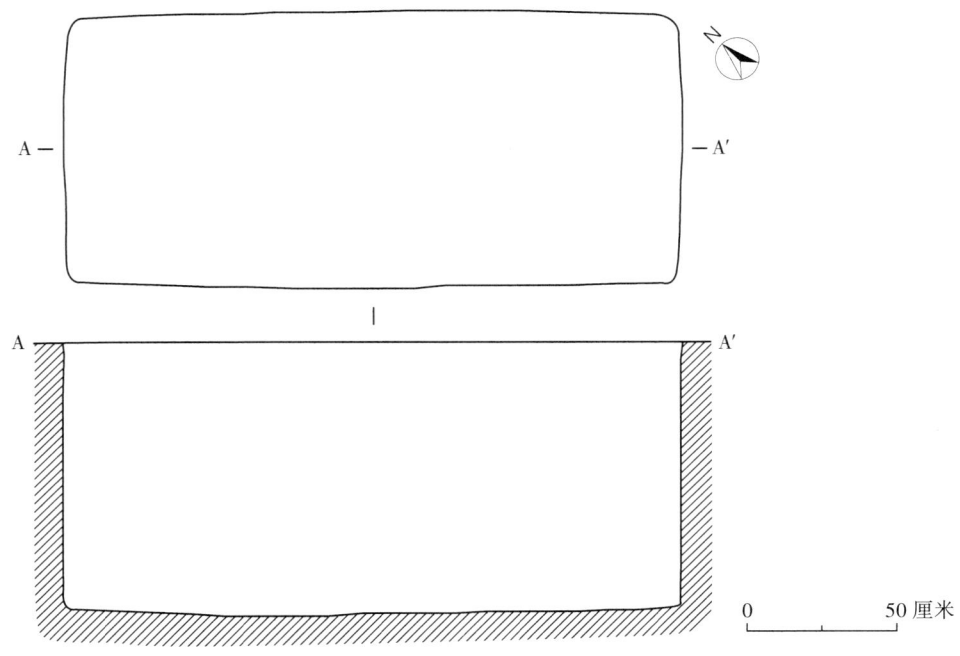

图 5-11　M27 平面、剖视图

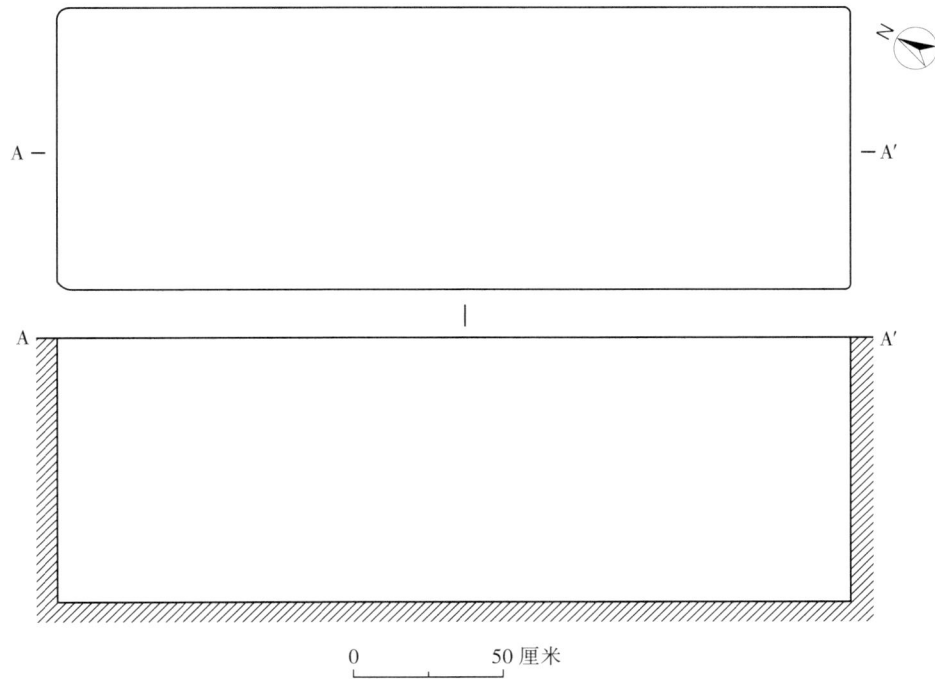

图 5-12　M30 平面、剖视图

M30

　　位于墓地东南部，M6 东侧，打破 M22 和 M36。墓向 150°。墓坑平面呈长方形，四壁较直，墓底平整。墓坑长 2.6、宽 0.96、深 0.88 米。填土为黄灰色花土，土质较松软。未见随葬器物。（图 5-12）

M46

位于墓地西北部，M47 西侧，打破砖室墓 M42。墓向 18°。墓坑平面近长方形，长 2.36、宽 1.16、深 1.05 米。坑内填黄褐色花土，包含有较多碎砖块和少量小石子。墓底四角各有 1 块素面青砖铺垫，砖长 28、宽 14、厚 4 厘米。共有随葬器物 4 件，均放在墓室北部。在墓室北部偏东有铜镜 1 件，北部中央偏西有银簪 1 套 2 件，花团向外对称放置，银簪南部放置冥钱 2 组。（图 5–13A）

铜镜　1 件。

M46：1，残。圆形，弓形纽，外区饰两道弦纹，镜缘一道凸起折棱。直径 8.4、厚 0.1 厘米，凸棱高 0.4、纽高 0.2 厘米。（图 5–13B；彩版一二九，3）

银簪　1 组。

M46：2，鎏金银簪。共 2 件。形制相同，其中一件残断。簪首为重瓣梅花状，鎏金，银质簪身。长 9.5、簪首宽 1.3 厘米。（图 5–13B；彩版一三一，2）

冥钱　2 组。

M46：3，银箔质，很薄，共 4 枚。形制相同，圆形，中有方形穿，穿外四角有花瓣状纹饰，钱郭上饰点线纹。2 枚錾刻"长命富贵"字样，2 枚錾刻"金玉满堂"字样。直径 2.6、孔径 0.55 厘米。（图 5–13B；参见彩版一三〇，3）

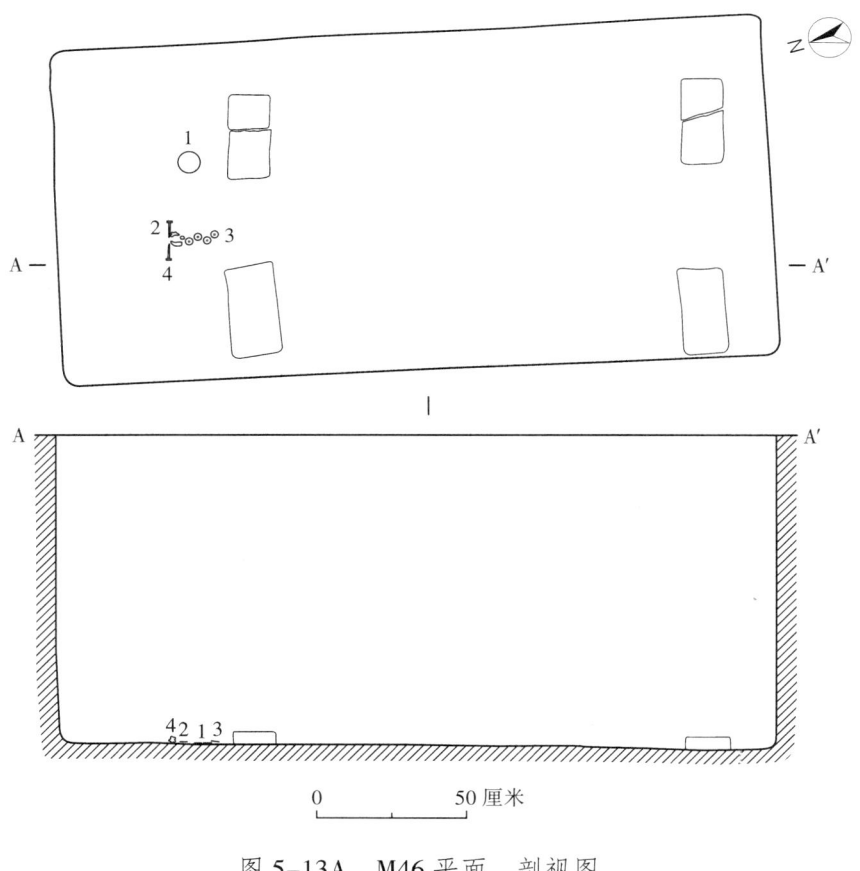

图 5–13A　M46 平面、剖视图

1.铜镜　2.银簪　3、4.冥钱

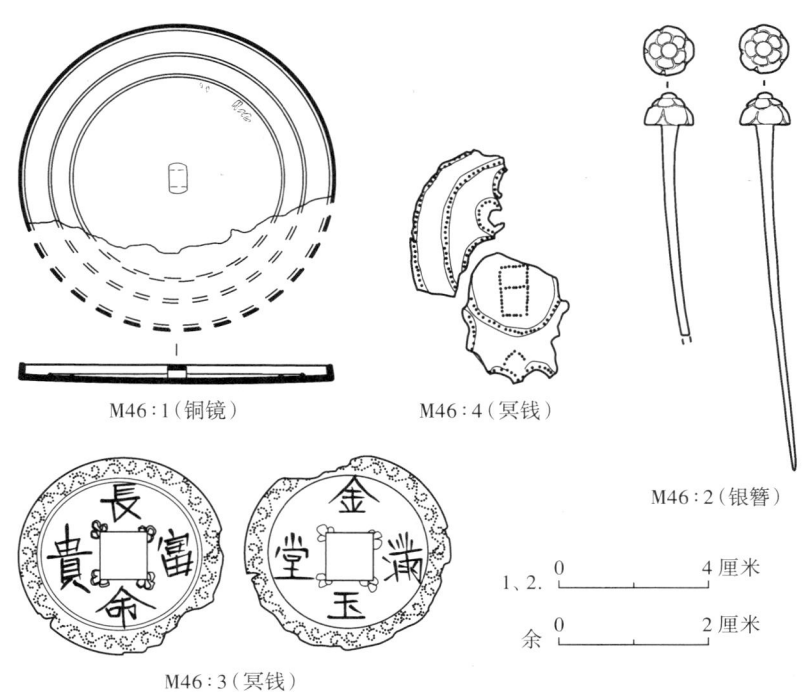

图 5-13B　M46 出土铜镜、银簪、冥钱

M46：4，银箔质，破损严重，原器形难以辨识，残存部分上呈圆形，主要纹饰均以为点线纹，中间一圆环中饰"日"字，下部饰云气纹饰。残长 4.3 厘米。（图 5-13B）

M47

位于墓地西北部，打破 M41。墓向 336°。墓坑平面呈方形，四壁陡直，底部平整。墓坑长 2.71、北宽 1.3、南宽 1.02、深 1.45 米。墓内填黄褐色花土。墓底北部有三块素面青砖铺垫，砖长 26、宽 14、厚 2.3 厘米。随葬器物 4 件，有白瓷碗 2 件，银质耳勺和冥币各 1 件。其中，瓷碗合置倒扣于墓室北部，银耳勺和银冥钱皆位于墓室中部。（图 5-14A）

白瓷碗　2 件。

M47：1，敞口，圆唇，沿外折，弧腹，平底，高圈足外侧旋削。灰白胎，通体施卵白釉，内外壁满釉，足底露胎。口径 14.4、圈足径 6.2、高 6.5 厘米。（图 5-14B；彩版一二七，3）

M47：2，敞口，圆唇，沿外折，弧腹，平底，高圈足外侧旋削。灰白胎，通体施卵白釉，内外壁满釉，足底露胎。口径 14.4，圈足径 5.9、高 6 厘米。（图 5-14B；彩版一二七，4）

银耳勺　1 件。

M47：3，断端为挖耳勺，身为六边棱形，尾部渐收为尖锥状。素面。长 9.3 厘米。（图 5-14B；彩版一三一，6）

冥钱　1 件。

M47：4，由银箔片剪凿压印而成，内为凸起方穿和四角决纹，一道凸棱外郭。直径 3.2、穿宽 0.6 厘米。（图 5-14B；彩版一三〇，4）

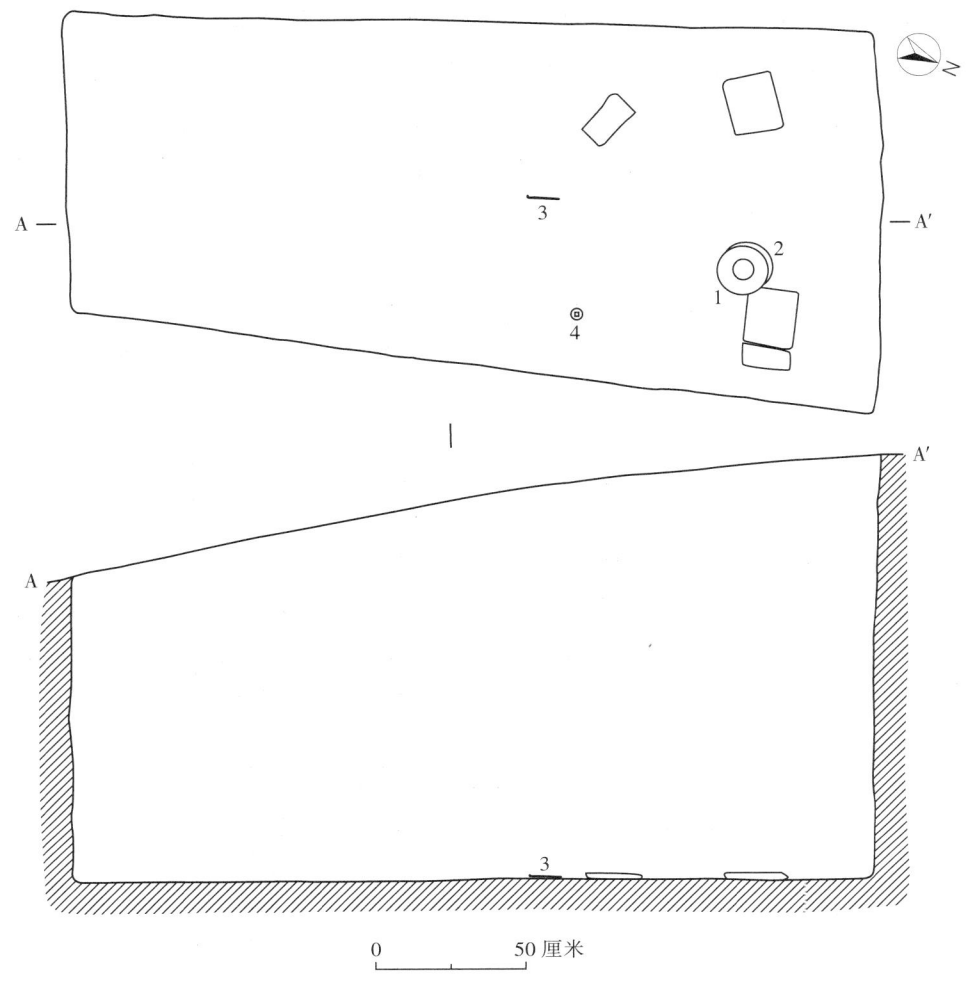

图 5-14A M47 平面、剖视图

1、2.白瓷碗 3.银耳勺 4.冥钱

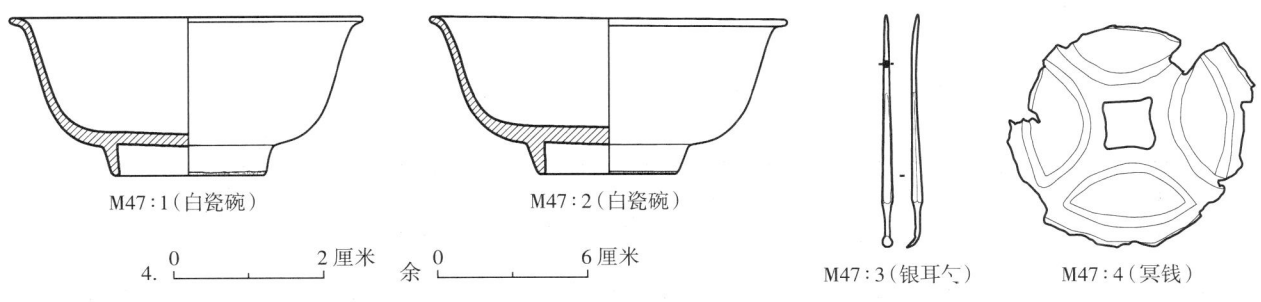

M47：1（白瓷碗）   M47：2（白瓷碗）

4.   余   M47：3（银耳勺）   M47：4（冥钱）

图 5-14B M47 出土白瓷碗、银耳勺、冥钱

二、砖石墓

M4

位于墓地东北部。墓向 310°。与 M3 紧邻，东北侧墓壁稍有影响。长方形土坑砖室墓，先挖土坑，然后在四壁砌筑砖室，最后用石板盖顶，石板间缝隙以砖块填充。墓坑平面长方形，

长 3、宽 1.3、深 1.1 米。砖室长 2.7、宽 0.9 米、高 1.1 米。墓顶加盖 4 块青石石板，石板长 1.1~1.2、宽 0.5~0.6、厚 0.3~0.5 米。四壁为单砖平铺错缝垒砌，墓底无铺砖，四角各有一块棺底垫砖，皆为素面青砖。墓砖长 25、宽 15、厚 2 厘米。砖室内淤有黄色花土，土质湿粘松软，厚 0.1 米，其下为细腻的青膏泥，厚 0.05 米。木质葬具已朽，发现铁质棺钉 2 枚。随葬有韩瓶 1 件，置放于墓室西南部。（图 5-15A；彩版一二五，1~3）

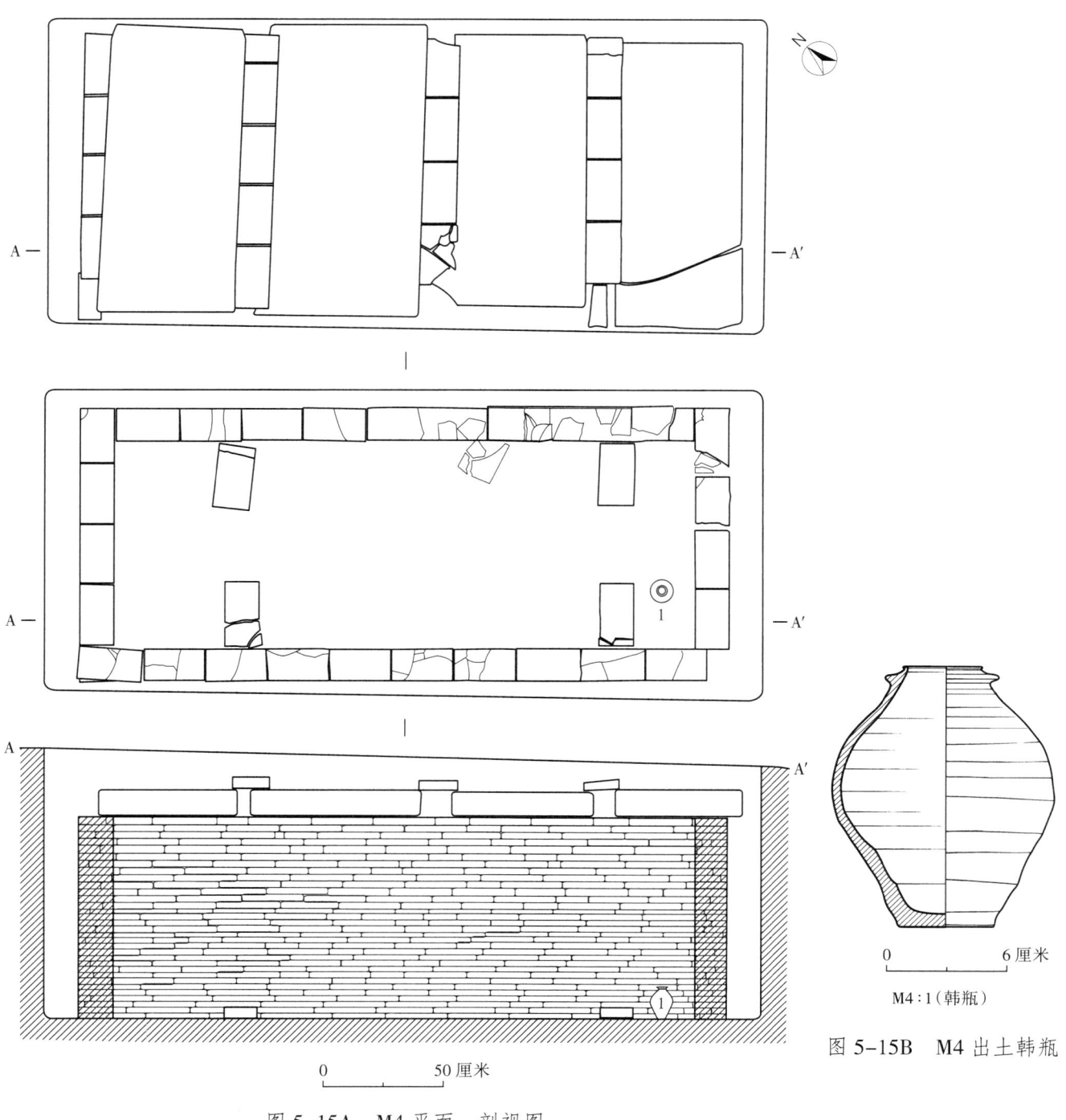

图 5-15A　M4 平面、剖视图
1. 韩瓶

图 5-15B　M4 出土韩瓶

M4:1（韩瓶）

韩瓶 1件。

M4∶1，釉陶，胎质坚硬，轮制。子母口，内直口，外平沿，微束颈、溜肩，鼓腹，下腹斜收，平底。下腹部饰旋纹。口径 5.7、最大腹径 11.1、底径 4.8、高 13.2 厘米。（图 5-15B；彩版一二八，2）

M43

位于墓地西北部，被盗扰。墓向 350°。墓坑平面呈长方形，四壁陡直，底部平整，坑内填黄褐色花土。墓坑长 3.25、宽 2、深 1.1 米。墓坑与砖室间距 0.22 米。砖室砌于墓坑内，为素面青砖铺砌而成。长 2.8、宽 1.55、高 1 米。砖椁顶部盖原有两块石板，已被揭去，四壁为双砖顺置错缝平铺垒砌，底部为平整生土，未铺砖。墓砖长 34、宽 17、厚 6 厘米。未见随葬器物。（图 5-16；彩版一二五，4）

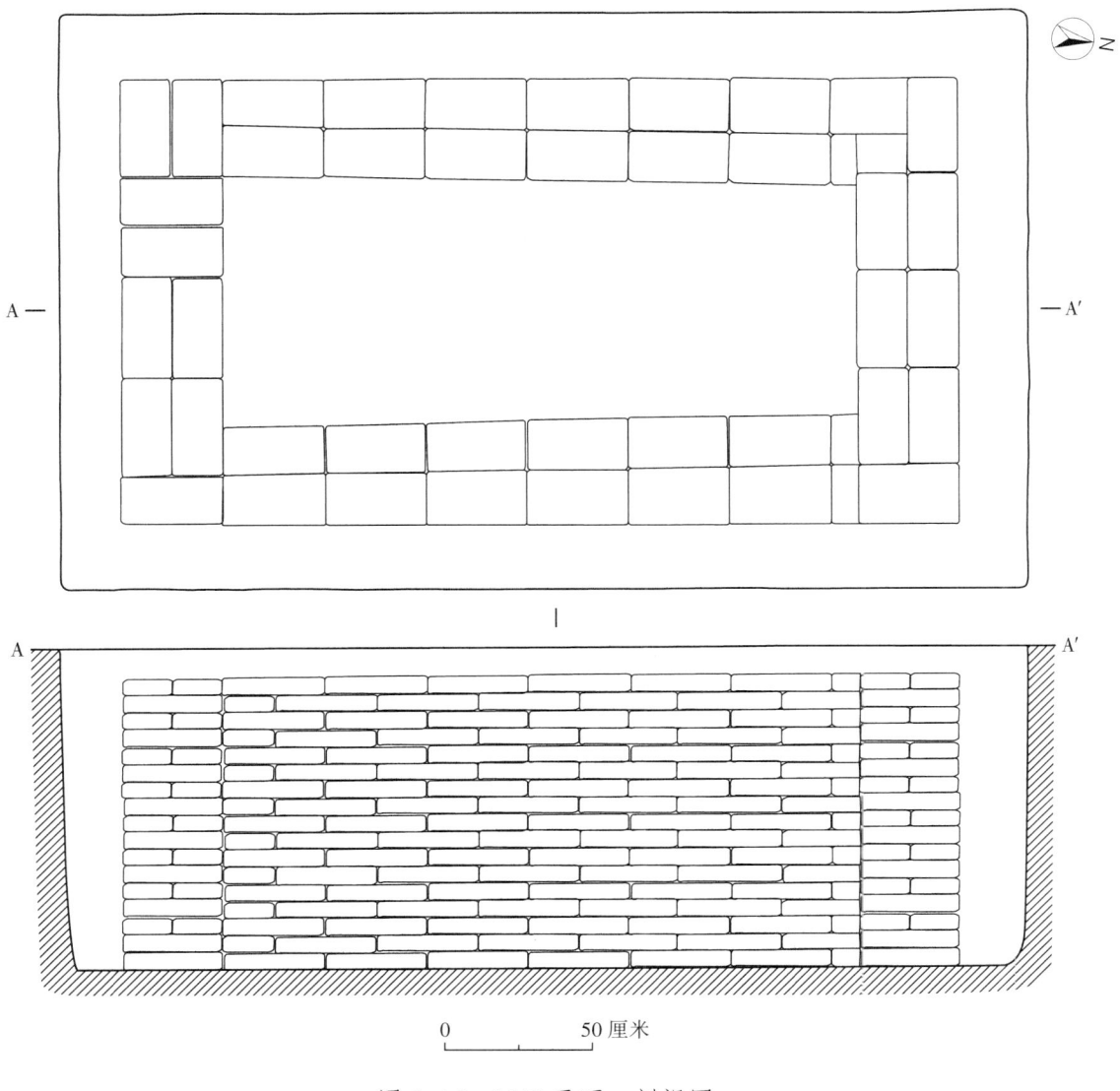

图 5-16　M43 平面、剖视图

三、石室墓

M44

位于墓地西北角。墓向221°。长方形土坑双室石室墓，先挖墓坑，平整墓底，墓坑长3.5、宽3~3.12、深1.3米，墓坑内填黄褐色花土，土质较坚硬。纵横立置四块石板拼合为石室四壁，石室长2.9、宽2.2、高1.26米。石室内填土为渗入的黄褐色沙土，土质较为细腻，其间发现很多灰白色的珊瑚状蚁窝。纵置石板上方留有榫头，纵置石板长2.56、宽1、厚0.18米。横置石板中部内侧留有接合卯口，纵向竖立石板卡合接口分隔为东、西两室，其中南侧榫卯处石板未及，填充以素面青砖双层平铺砌合卯口，横置石板长1.82、宽1、厚0.18米，分隔墓室的石板长2.22、宽1、厚0.18米。填充卯口的青砖长20、宽12、厚2.4厘米。顶部用两块长方形石板作为盖板，石盖板长2.3~2.5、宽0.88~1、厚0.24~0.26米。随葬器物共10件，在东侧石室底部发现3枚铜质棺钉，出土随葬器物7件，有铜钱3组，铜镜1件，戒指2件，发簪1件，其中铜镜与银簪皆放置于墓底南侧，铜钱分散置于墓底中部与北部，铜钱可辨有"太平通宝""万历通宝""嘉靖通宝"等。西室出土随葬器物3件，有铜镜1件、铜钱2件（组），其中铜镜置于墓室南部，铜钱可辨有"太平通宝""万历通宝"等。根据随葬器物摆放位置可推定两墓墓主头向皆向南。（图5-17A；彩版一二六，1、2）

铜镜 2件。

M44：5，镜体锈蚀，圆形，平顶圆柱纽，纽上系有一股细线绳，镜面较平，背为素面。直径10.9、厚0.5、纽高0.5厘米。（图5-17B；彩版一二九，1）

M44：10，锈蚀严重，素面，无纽，一面平，一面内凹，直径6.5、厚1.1厘米。（图5-17B；彩版一二九，2）

银簪 1件。

M44：3，锥状，簪首为银质圆珠，表面鎏金，簪身为铜质，簪首与簪身拼接而成，连接处呈束腰莲座状，簪身断面为方形，近尾部渐细，簪尾攒尖。长9.1厘米。（图5-17B；彩版一三一，3）

铜钱 5组。

M44：1，圆形，方孔。可辨识钱文为隶书"太平通宝"，直读。直径2.4、穿宽0.5、厚0.1厘米。（图5-17B）

M44：6，圆形，方孔，共4枚。其中，可辨识钱文有"万历通宝"3枚，均光背宽缘，直读，较完整者1枚，标本M44：6-1，直径2.4、穿宽0.5、厚0.1厘米。（图5-17B）

M44：7，圆形，方孔。共2枚。可辨识钱文有"太平通宝"1枚，质地轻薄。直径2.4、穿宽0.6、厚0.05厘米。（图5-17B）

M44：8，圆形，方孔。共6枚，可辨识钱文有楷书"嘉靖通宝"1枚，直读，钱文宽大，"嘉"字横笔较长。直径2.5、穿宽0.5、厚0.15厘米。（图5-17B）

M44：9，圆形，方孔。共3枚。可辨识有"万历通宝"1枚，直读、略残。直径2.4、穿宽0.5、厚0.1厘米。（图5-17B）

银戒指 2件。

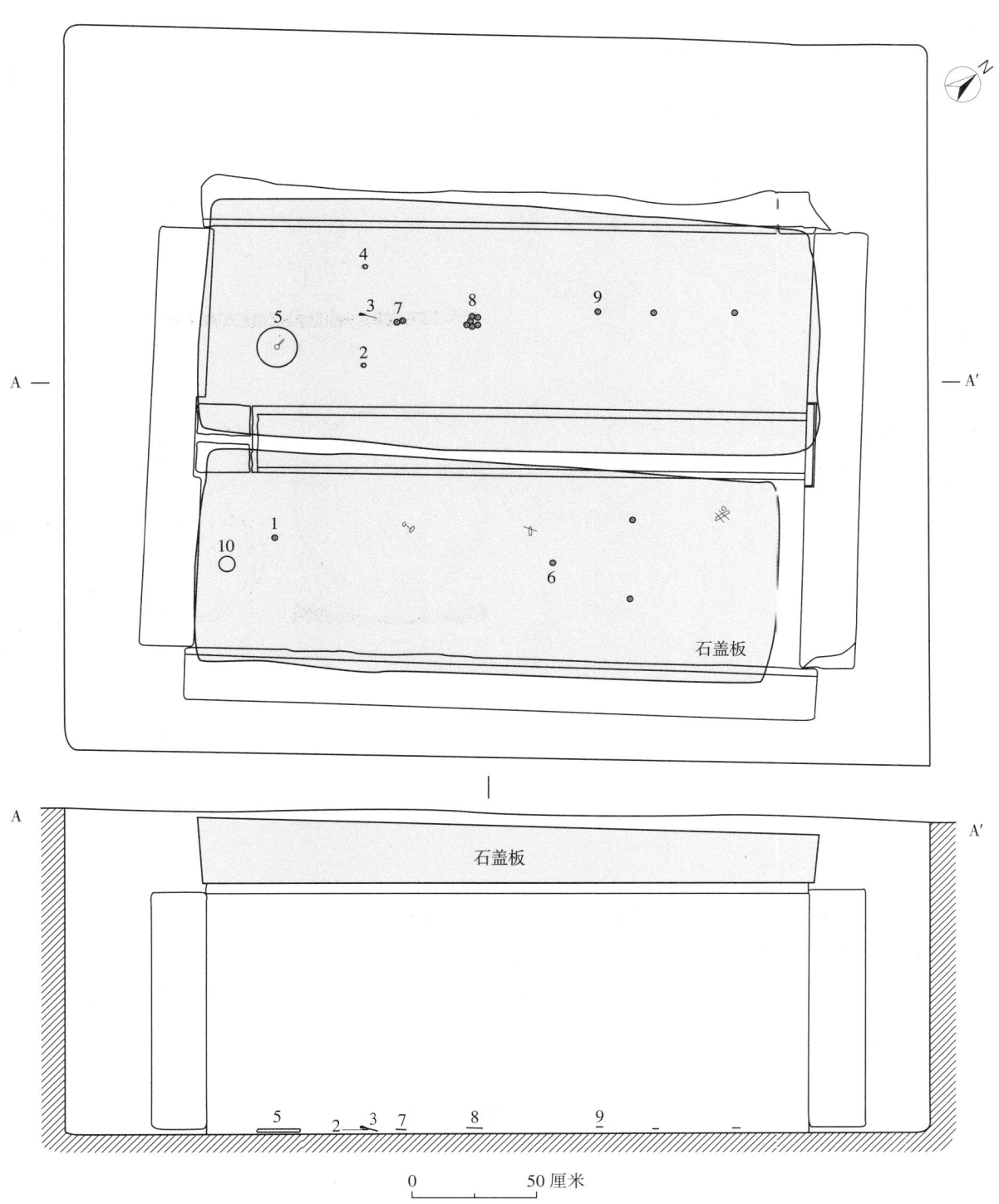

图 5-17A　M44 平面、剖视图

1、6~9.铜钱　2、4.银戒指　3.银簪　5、10.铜镜

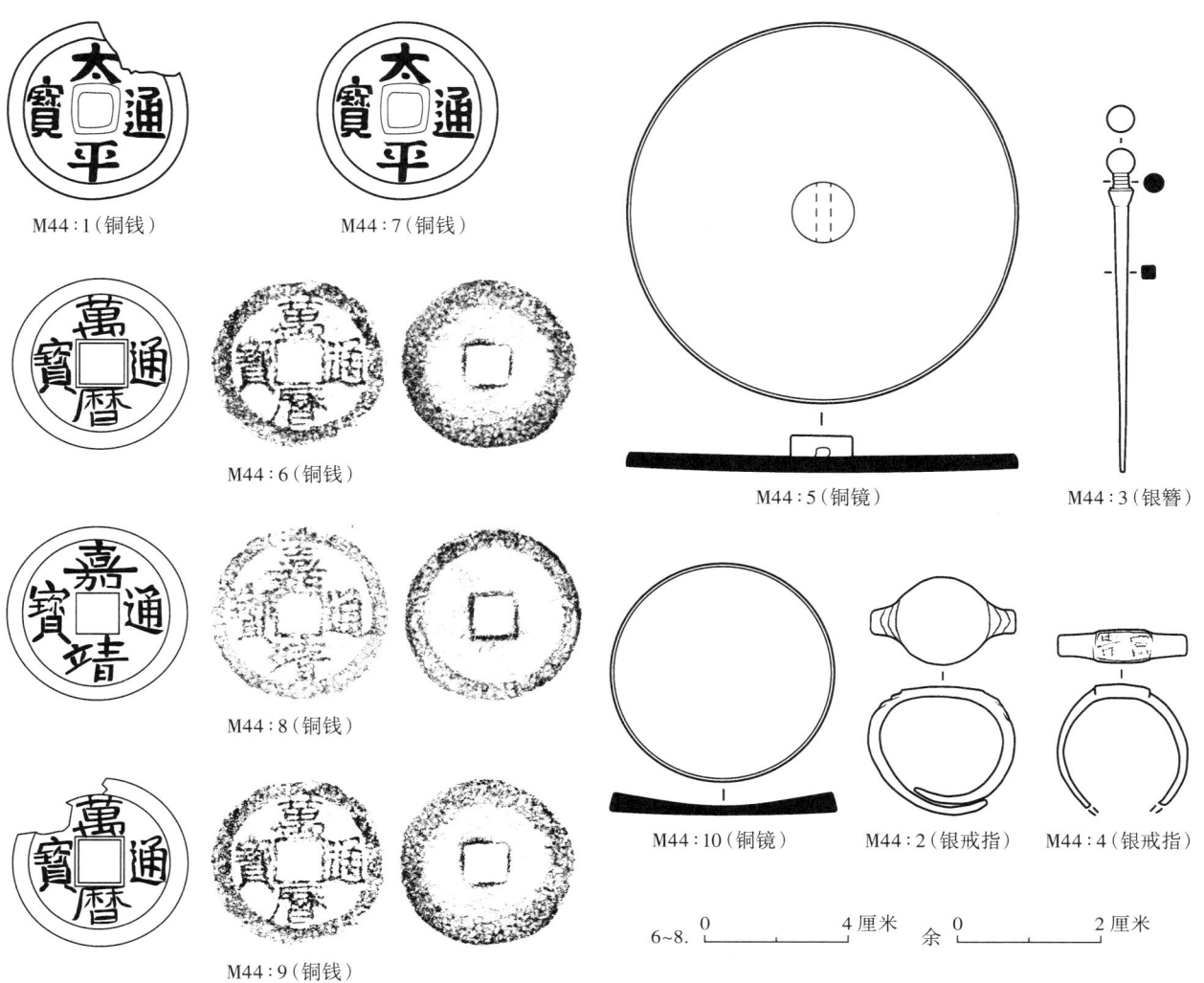

M44:1（铜钱）　　　M44:7（铜钱）

M44:6（铜钱）

M44:5（铜镜）　　　M44:3（银簪）

M44:8（铜钱）

M44:10（铜镜）　　M44:2（银戒指）　　M44:4（银戒指）

M44:9（铜钱）

6~8.　|0————4厘米|　余　|0——2厘米|

图 5-17B　M44 出土铜镜、钱及银戒指、簪

M44:2，由银条锤击手制，环状，接口处重叠，戒面椭圆形，磨制光滑。整体素面无纹。直径 1.9、戒面最大径 1.4 厘米。（图 5-17B；彩版一三一，4）

M44:4，由银条锤击手制，环状，接口处重叠，戒面椭圆形，上錾刻有"富贵"二字。直径 2.1 厘米。（图 5-17B；彩版一三一，5）

第三节　器物类型式划分

明墓共出土器物 33 件（组）。其中，瓷碗 4 件，韩瓶 5 件，铜镜 3 件，铜钱 11 组，其他有银质发簪、戒指、耳勺、冥钱、饰件等 9 件，竹梳 1 件。

一、瓷碗

共出土瓷碗 4 件，M9 和 M47 各有 2 件出土，皆置放于墓主头部位置。

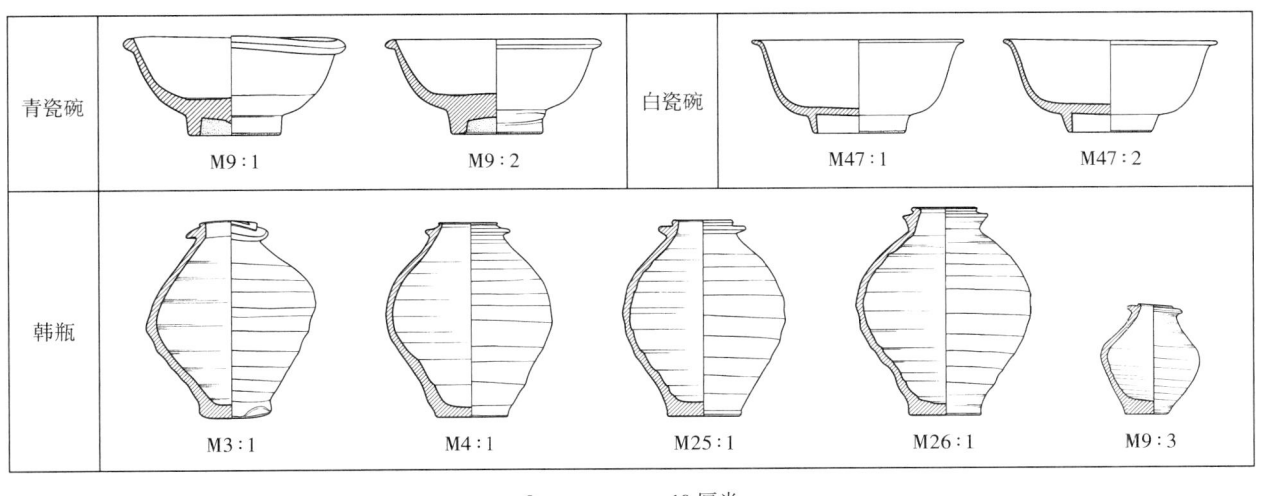

| 青瓷碗 | M9：1 | M9：2 | 白瓷碗 | M47：1 | M47：2 |

| 韩瓶 | M3：1 | M4：1 | M25：1 | M26：1 | M9：3 |

0　　　　10 厘米

图 5-18　瓷碗、韩瓶

1. 青瓷碗

2 件。唇口，厚圆唇，弧腹，圈足。灰胎，施青釉，器身满釉，内底有叠烧涩圈，露胎，外底露胎。

M9：1，口径 14.6、底径 6、高 6.8 厘米。（图 5-18；彩版一二七，1）

M9：2，口径 14.5、底径 6、高 6.5 厘米。（图 5-18；彩版一二七，2）

2. 白瓷碗

2 件。敞口，圆唇，沿外折，弧腹，平底，高圈足外侧旋削，灰白胎，通体施卵白釉，内外壁满釉，足底露胎。

M47：1，口径 14.4、圈足径 6.2、高 6.5 厘米。（图 5-18；彩版一二七，3）

M47：2，口径 14.4、圈足径 5.9、高 6 厘米。（图 5-18；彩版一二七，4）

二、韩瓶

共 5 件。轮制。子母口，内直口，微束颈，溜肩，圆鼓腹，下腹斜收，平底。

M3：1，口径 5.2、最大腹径 11.2、底径 4.6、高 13.5 厘米。（图 5-18；彩版一二八，1）

M4：1，口径 5.7、最大腹径 11.1、底径 4.8、高 13.2 厘米。（图 5-18；彩版一二八，2）

M9：3，口径 3.6、腹径 6.5、底径 3、高 7.5 厘米。（图 5-18；彩版一二八，3）

M25：1，口径 5.5、腹径 10.8、底径 4.6、高 13.4 厘米。（图 5-18；彩版一二八，4）

M26：1，口径 5.4、腹径 11.5、底径 4.9、高 14 厘米。（图 5-18；彩版一二八，5）

三、铜镜

共 3 件。圆形，素面，镜面较平。

M44：5，直径 10.9、厚 0.5、纽高 0.5 厘米。（图 5-19；彩版一二九，1）

M44：10，直径 6.5、厚 1.1 厘米。（图 5-19；彩版一二九，2）

M46：1，直径 8.4、厚 0.1 厘米，凸棱高 0.4，纽高 0.2 厘米。（图 5-19；彩版一二九，3）

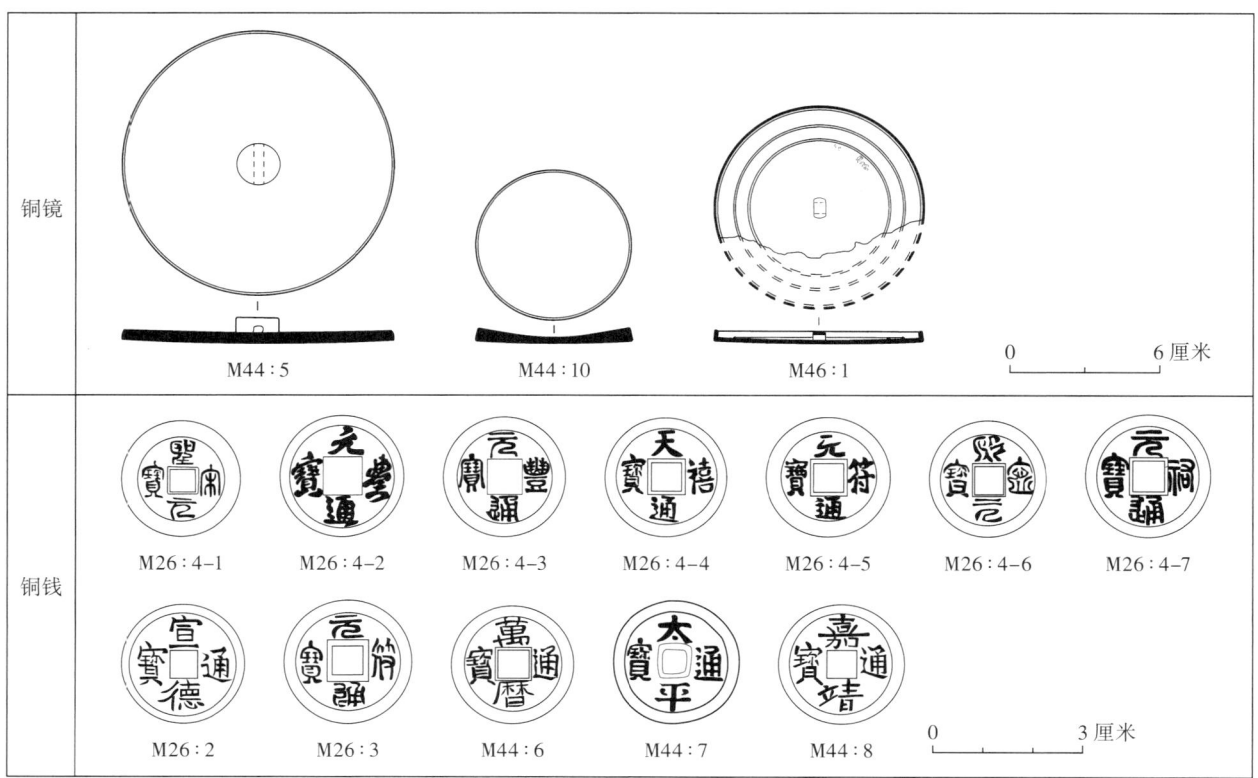

图 5-19　铜镜、铜钱

四、铜钱

共 11 组，73 枚，可识读钱文者 57 枚。M9 填土中出土的"五铢"铜钱年代最早，M44 随葬的"万历通宝"年代最晚，其他可识读钱文还有"开元通宝""太平通宝""至道元宝""景德元宝""天禧通宝""熙宁通宝""元丰通宝""元祐通宝""元符通宝""圣宋元宝""政和通宝""宣德通宝"和"嘉靖通宝"等。

M9：4，"五铢"，共 6 枚，直径 2.3~2.5、穿宽 0.8~1、厚 0.1~0.15 厘米。

M25：2，"天圣元宝"，钱径 2.5、孔径 0.6、厚 0.1 厘米。（彩版一三〇，1）

M25：3，钱文不辨，钱径 2.5、孔径 0.6、厚 0.2 厘米。

M26：2，"宣德通宝"，直径 2.4、穿宽 0.5、厚 0.1 厘米。（图 5-19；彩版一三〇，2）

M26：3，"元符通宝"，旋读，钱径 2.5、穿宽 0.6、厚 0.1 厘米。（图 5-19）

M26：4，共 45 枚，可辨钱文者 30 枚，其中"开元通宝"1 枚，"至道元宝"1 枚，"景德元宝"1 枚，"祥符通宝"1 枚，"天禧通宝"1 枚，"皇宋通宝"1 枚，"嘉祐元宝"1 枚，"治平元宝"1 枚，"熙宁元宝"5 枚，"元丰通宝"7 枚，"元祐通宝"4 枚，"元符通宝"1 枚，"圣宋元宝"4 枚，"政和通宝"1 枚，钱径 2.3~2.5、穿宽 0.6~0.7、厚 0.1 厘米。（图 5-19；彩版一三〇，5）

M44：1，"太平通宝"，直径 2.4、穿宽 0.5、厚 0.1 厘米。

M44：6，共 4 枚，其中"万历通宝"3 枚，直径 2.4、穿宽 0.5、厚 0.1 厘米。（图 5-19）

M44：7，"太平通宝"，直径 2.4、穿宽 0.6、厚 0.05 厘米。（图 5-19）

M44:8，"嘉靖通宝"，直径 2.5、穿宽 0.5，厚 0.15 厘米。（图 5-19）

M44:9，"万历通宝"，直径 2.4、穿宽 0.5，厚 0.1 厘米。

五、冥钱

3 组。

M46:3，共 4 枚。2 枚錾刻有"长命富贵"字样，2 枚錾刻"金玉满堂"字样，直径 2.6、孔径 0.55 厘米。（图 5-20；彩版一三〇，3）

M46:4，残存部分上呈圆形，残长 4.3 厘米。（图 5-20）

M47:4，由银箔片剪凿压印而成，直径 3.2、穿宽 0.6 厘米。（图 5-20；彩版一三〇，4）

六、其他

1. 银簪

3 组。

M26:5，鎏金银簪，共 3 件，由银条对折而成，标本 M26:5-1，断成两段，残长 17.6 厘米。标本 M26:5-2，断成两段，残长 16.5 厘米。标本 M26:5-1，断成三段，残长 10 厘米。（图 5-20；彩版一三一，1）

M46:2，鎏金银簪，共 2 件，长 9.5、簪首宽 1.3 厘米。（图 5-20；彩版一三一，2）

M44:3，银簪，锥状，长 9.1 厘米。（图 5-20；彩版一三一，3）

2. 银戒指

2 件。

M44:2，直径 1.9、戒面最大径 1.4 厘米。（图 5-20；彩版一三一，4）

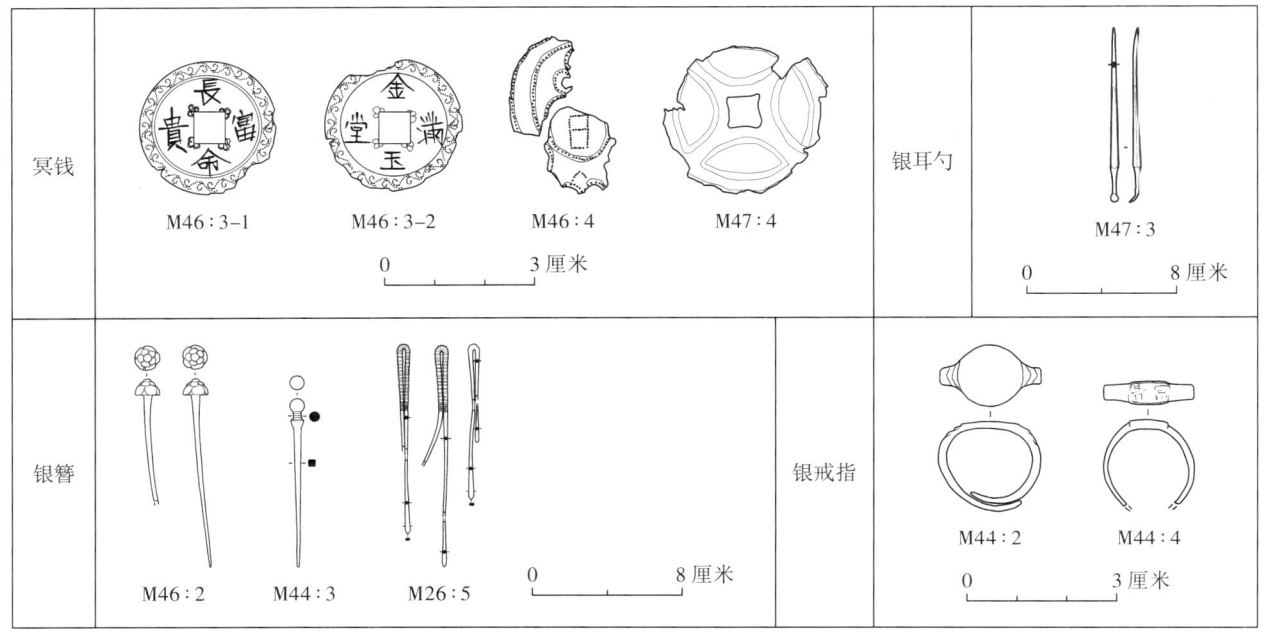

图 5-20　冥钱、银簪、银耳勺、银戒指

M44：4，戒面錾刻有"富贵"二字，直径 2.1 厘米。（图 5-20；彩版一三一，5）

3. 银耳勺

1件。M47：3，素面，长 9.3 厘米。（图 5-20；彩版一三一，6）

4. 竹梳

1件。M26：6，残甚，仅存梳齿部分，可辨为竹质，梳齿细密。

第四节　墓葬时代

此次清理出的青龙头明墓有土坑墓、砖石墓和石室墓三类，基本反映了本地区明代墓葬的一般形制特征，墓内随葬器物数量普遍较少，一定程度上体现了当时社会的丧葬文化特点。

墓内随葬的瓷碗、韩瓶、头饰件和钱币等随葬器物与同期明墓遗物类型相似，具有明代中后期的时代特征。其中，M9 出土的 2 件青瓷碗胎厚釉浓、叠唇涩圈，具有较明显的明代龙泉窑特征；M47 出土的 2 件白瓷碗胎质细腻、釉色均匀，具有景德镇白瓷的特点。明墓内出土的 5 件韩瓶皆为子母口、细颈、鼓腹，造型一致，说明 M3、M4、M9、M25、M26 等墓葬具有共时性。此外，墓内出土冥钱皆为银箔片剪压而成，形制圆形方孔，与铜钱相类。M46：3、M46：4 所出"长兴富贵"、"金玉满堂"等吉语类冥钱在明代皖国公仇成墓、[1]西宁侯宋晟墓、[2]黔国公沐斌夫妇墓、[3]承德郎刘梅雪夫妇墓、[4]成都双柏区何氏墓、[5]安徽东瓯王汤和墓[6]等处出土的冥钱造型类似，性质相同。M47：4 与江苏航海侯张赫墓[7]所出的无字冥钱形制基本一致。冥钱出土位置与随葬铜钱基本一致，或为墓主头部，或为腰身位置，其意恰如冥钱钱文所书，代表了良好的寓意和寄托，具有镇墓、辟邪、祈福或超度的作用。

从墓葬排列分布看，M3、M4、M5 呈"品"字形布局，与南京林业大学 M11~M13 类似。[8]M4 居中，相对时代较早，砖石构筑，结构与南京怀忠墓[9]相近，墓圹东侧稍被 M3 扰动，M3、M5 分置两侧，应代表了一个家庭的墓葬埋葬情况，其时代为明代中期。M9 单独一墓，位于墓地西部，填土中包含有"五铢"铜钱，应是回填的早期遗物，所出青瓷碗和韩瓶时代特征较为明显，反映出明代中期的墓葬基本随葬组合。M6、M24、M25、M26、M27、M30 东西排列，所出遗物年代相近，或为宣德年间或稍后的家族墓葬。M43、M46、M47、M44 同处墓地西北部，时代略晚，或为明万历年间的墓葬组合，M44 应为夫妻同穴合葬墓。

[1] 南京市博物馆：《江苏南京白马村明代仇成墓发掘简报》，《文物》2014 年第 9 期。

[2] 南京市文物保管委员会：《南京中华门外明墓清理简报》，《考古》1962 年第 9 期。

[3] 南京市博物馆、江宁区博物馆：《南京将军山明代沐斌夫妇合葬墓发掘简报》，《东南文化》2013 年第 2 期。

[4] 大沙铁路阳新工段考古队：《阳新枫林镇两处宋、明墓葬发掘简报》，《江汉考古》1991 年第 2 期。

[5] 成都市文物考古研究所：《成都考古发现 2013》，科学出版社，2015 年，第 617~629 页。

[6] 蚌埠市博物展览馆：《明汤和墓清理简报》，《文物》1977 年第 2 期。

[7] 南京市博物馆：《南京文物考古新发现》（第 3 辑），文物出版社，2014 年，第 187~204 页。

[8] 南京市考古研究院：《南京林业大学四座明墓的发掘》，《中国国家博物馆馆刊》2020 年第 4 期。

[9] 南京市博物馆：《江苏南京发现明代太监怀忠墓》，《考古》1993 年第 7 期。

第六章　结　语

第一节　墓地的性质与葬俗

青龙头墓地发现有汉代墓葬、宋代墓葬和明代墓葬，墓葬分布集中，同一时期墓葬排列有序。墓地出土遗物丰富，随葬器物组合较为完整，时代特征鲜明，一定程度上揭示了本地区汉代、宋代和明代的丧葬文化习俗，为深入研究本地区的社会历史文化提供了十分重要的实物资料。

一、汉墓综述

汉代墓葬形制结构多样，墓坑平面形状有长方形、"凸"字形、梯形、刀把形等。墓坑皆打破生土层，少数较深的墓葬凿至山体岩层。墓葬填土深浅不一，少数墓葬分层填埋。其中，M8、M21、M28 和 M35 墓底铺设有薄薄一层灰白色膏泥，M21 填土中存在夹杂小石子现象。M8 墓室四壁设有生土二层台，M28 在墓室南端置二层台以堆放器物。

M21 规模相对较大，处在墓地中部，带有墓道和甬道，为单棺木椁墓，墓口东西长 10.5 米，其中墓室长 4.52、宽 3 米，墓道坑长 5.98、宽 2.48 米，棺椁之下可见两根枕木；墓内随葬遗物最多，有 41 件（组），说明墓主人具有较高的身份和地位。其他墓葬规格不一，墓内随葬器物多寡基本与之对应，规格稍大的墓葬随葬器物相对丰富，反之，随葬器物相对少些。这一定程度上体现出墓地中的贫富差距及其社会地位的不同。

墓葬方向以东向和南向为主，另有一座墓葬西向和两座墓葬北向。以 M20 时代最早，墓葬东向，可到西汉早期；M2（西向）、M37（东向）次之，为西汉中期。M8、M28、M35 和 M34 等 4 座墓葬以 M21 为中心南北排布。M21 墓向朝东，年代相对较早。M8、M28 朝南，M35 墓向朝北，或反映出西汉晚期前段同一宗族关系的墓葬排位方式。值得注意的是，M8 随葬器物置于墓葬两侧边厢，东侧边厢器物多于西侧边厢，中部摆放有双棺。M28 则于墓葬南端统一摆放随葬器物，北侧置双棺（可辨两个木棺痕），东侧棺内有铁剑和琉璃璧等物发现。两墓皆为夫妻同穴合葬墓。M38、M39 位于墓地西南部，两墓南北并列，统一东侧朝向，随葬器物类型基本一致，唯有 M38 随葬铁剑、M39 随葬琉璃璧等少量差异，或体现了西汉晚期后段男女随葬器物的不同，二者应为夫妻异穴合葬墓。M16、M17、M18 被破坏严重，从墓葬分布及形制特征来看，三墓南北紧凑并置，统一朝向东侧，应为同一家族成员的聚葬分布。M11、M22、M23、M33、M48 等 5 座砖墓分布在墓地东南，东西呈"一"字排列，墓葬形制相似，墓向一致朝南，随葬器物组合相仿，代

图 6-0　青龙头墓地汉墓分布图

表了王莽至东汉初期宗族墓葬的时代特征。M7 略有打破 M14 一角，M13 位于 M14 西侧，三墓皆朝向南，随葬器物组合具有相同的时代特征。另外，墓地内发现的东汉砖室墓还有 M10、M12、M31、M40、M45，土坑墓有 M29 和 M32，墓葬分布紧凑，相互间没有打破关系。（图 6-1）

　　汉墓中的主要随葬器物从泥质陶罐组合，鼎、盒、钫、罐组合到瓿、壶、罐、罍组合，再到甑、灶、釜、罐组合的逐渐变化，反映了西汉早期至东汉初期的社会变迁带给丧葬习俗的重要影响。值得注意的是，新莽至东汉早期的墓葬中出现随葬铁兵器显著增多的现象。硬陶器（罍和盂）的造型及制法与本地土墩墓出土的同类器物一脉相承，带有地域文化特征。泥质壶形罐的制法及器身纹饰带有一定的楚文化因素影响。M22 砖椁西侧发现两排棺底垫砖，东侧随葬的铁釜与陶甑同置于青砖垒砌的简易灶台上，在 M31 砖椁南侧也发现有棺底的垫砖。M16、M28、M35、M38 和 M39 等出土琉璃璧位于墓主头部方位，摆放位置和铜镜相近，M38 琉璃璧上方还扣有一件鎏金铜泡饰。

铁钩出土数量较多，分布零散，多在靠近棺木的位置出土，基本为砖室墓内发现。其他还有墓葬出土硬陶盂和青瓷器盖，有些墓内随葬较多青铜器和铁器、料珠等等，另外的墓葬则不见出土。

从单人墓到夫妻合葬墓，从零散分布的单个墓葬到"一"字排列的多座墓葬，墓葬之间整体分布有序，未有完全打破现象，墓地似具有统一的规划，可能曾有相应的地上标识。最后形成了以主墓为中心、数代家族成员墓集中分布的聚族葬地，具有江南土墩墓"向心型布局"特点。[1]由此，青龙头汉墓或揭示出一个大宗族多个小家庭的墓地的形成与营建过程，反映了本地西汉时期至东汉早期的社会变迁。同时，汉墓内随葬器物组合与周边地区同类墓葬基本一致，充分反映了本地汉代墓葬文化的一致性特征。

二、宋墓综述

宋代墓葬发现数量较少，清理了 1 座土坑墓（M36）和 2 座砖室墓（M41、M42）。其中，2 座砖室墓东西相邻，墓向一致，或为夫妻合葬墓。3 座墓葬皆被明代墓葬打破。其中 M36 出土有 1 件韩瓶，M41、M42 填土中包含有青白瓷碎片，3 座墓葬的时代皆为南宋时期。

三、明墓综述

明代墓葬形制有土坑墓、砖室墓和石椁墓三种。其中，以土坑墓数量最多，砖石墓 2 座，石椁墓仅 1 座。墓坑平面皆呈长方形，墓底开挖至生土层或岩层，略有平整以置放木棺，在墓地四角普遍摆放垫棺砖。M44 以榫卯接口拼合石椁，底部亦是生土平面。砖石墓和石椁墓在接口处皆是以石灰封实。明墓内的随葬器物以韩瓶、瓷碗、头部饰件、冥钱和铜钱等为主，具有较为鲜明的时代特征。

第二节 青龙头墓地周边文物点

青龙头墓地背倚乌龟山、周家山、燕山，西连丁家山、屏风山，东南地势开阔，茶亭河上乘西南岗丘之水东入于江南水网。葬地背山面水，地理条件优越，显然是人们有意识的规划选择。"地势高敞，四通广大"，则"葬此地，当世为上公"。"高敞"成为秦汉时期墓地选址的普遍要求。[2]广德南塘、[3]湖州杨家埠、[4]安吉上马山、[5]上海福泉山[6]等周边区域的墓地即为山岗、土墩等高阜之地。

墓地周边文物点丰富，在墓地南侧不远处有一片凸起的岗丘，当地人称窑山。窑山南邻茶亭河，地表散布着大量的青瓷碗、匣钵、垫饼、烧结的炼渣等唐代遗物，此即为与青龙头墓地同时发现并发掘的唐代窑址——大山下窑址。发掘显示，大山下窑址是一处唐代晚期窑址，主要揭露出窑

---

［1］高伟：《江苏溧阳蒋笪里土墩墓的发掘及相关问题的思考》，《中国国家博物馆馆刊》2021 年第 9 期。

［2］王子今：《说"高敞"：西汉帝陵选址的防水因素》，《考古与文物》2005 年第 1 期。

［3］安徽省文物考古研究所：《安徽广德县南塘汉代土墩墓发掘简报》，《考古》2014 年第 1 期。

［4］李晖达、刘建安、胡继根：《湖州杨家埠汉代家族土墩墓群及其他墓葬的发掘》，《浙江考古新纪元》，科学出版社，2009 年。

［5］浙江省文物考古研究所：《浙江湖州市方家山第三号墩汉墓》，《考古》2002 年第 1 期。

［6］王正书：《上海福泉山西汉墓群发掘》，《考古》1988 年 8 期。

床 1 处和汉代墓葬 3 座。[1]窑床平面呈长条状，南北走向，依据台地的坡度自南向北向上延伸，为南方龙窑的典型特征。现存为窑床基础部分，窑壁残存较厚的红烧土痕迹，东西残长 7.9、东西宽 3.2 米。窑址内出土瓷器数量众多，器类以瓷碗、罐、钵、壶、瓶等为主，有些瓷碗依然保持叠烧的面貌。瓷碗内底有些刻有文字，有些刻划栩栩如生的动物图案和花卉纹饰。瓷器胎质细腻，紫灰色胎和灰色胎占比较多，器身多施半釉，为青色釉或青绿色釉，另外还有大量的匣钵、垫饼等窑具出土。初步统计，大山下窑址出土瓷器、瓷片及各类窑具 20 余吨，其中可复原瓷器近千件。大山下窑址与邻近的宜兴市涧众窑产品类型和工艺技法颇为相似，属于南方青瓷瓷系的重要组成部分。另外，在台地上还清理有 3 座汉代墓葬。汉墓皆为土坑墓，其中 M2 和 M3 遭严重破坏，M1 出土器物组合较为完整。墓葬东西并列，南北方向。随葬遗物以陶罐、壶、瓿、灶为主，时代特征为西汉晚期，与青龙头汉墓同期墓葬类似，或代表了另一处汉代家族的墓地。

沿茶亭河向西，青龙头墓地西南 1 千米是溧阳古县遗址的分布区，古县遗址北倚燕山，南邻茶亭河，地势高亢，水系发达，地处溧阳市南 7.5 千米。溧阳市文物管理委员会办公室在第三次全国文物普查时将古县遗址登记为一般文物点，包含有村上的青石望柱、石板路和古井等单体文物。当地居民传说古永世城有四十八口水井，新中国成立后已发现十多口，最近几年还有发现，在古县村周围，旧城石基也有不断出土。[2]古县村东侧还发现有明清时期的石板街、石井圈等遗存，村西发现有两根竖立的望柱，或为宋明时期墓葬遗存。古县遗址南侧有大片的开阔水域，现为连片鱼塘。《三吴水考》卷二载"古县涝在溧阳县南十五里，晋永世县故址，与千里涝相连。"[3]千里涝，别名菁纯湖，《景定建康志》卷十八载"在溧阳县东南十五里，至今产美莼，俗呼千里涝，与故县（古县）涝相连。"现今皇仑村千里湖与古县遗址南侧水域仍旧相连，若史载无误，古县涝当为古县遗址南侧的大片开阔水域，千里湖应为千里涝今说，志书所载水环境至今尚未有大的变化。2018 年下半年，青龙头墓地发掘期间，考古队对古县村进行了实地调查，在地表采集到丰富的青瓷器、硬陶器和砖瓦建筑构件等标本，分布范围遍及古县村及其周边区域，时代从春秋战国时期延续至明清时期，文化内涵十分丰富。2019 年，古县村拆迁，南京博物院对古县村东、西两处地块进行了全面的调查勘探，基本明确了古县遗址的分布范围和文化层堆积情况，形成了对遗址文化内涵的初步认识。2020 年以来，经国家文物局批准，南京博物院等对古县遗址进行了连续多年主动发掘，揭露出六朝时期的城墙、礼制建筑、院落建筑、道路、水井、灰坑和灰沟等诸多重要遗存，初步勾勒出六朝县城遗存的结构布局。遗址中出土了大量的陶器、瓷器、砖瓦建筑构件等生产生活遗物，时代推测为春秋至明清时期，其中尤以三国南朝时期遗存最为丰富。[4]《溧阳县志》载"古县，孙吴永平县，晋宋齐梁陈隋永世县并治之在，今治南十五里。建康志云：周三百步，遗址高一二尺，今俗称故县，内有唐隆寺旧基，乡民尤能言古狴犴之所。"[5]县志所依参照，为唐天复三年（903 年）的县治——溧城镇老城区，古县遗址正处在溧城镇东南

［1］杭涛：《溧阳市大山下唐代窑址》，中国考古学汇编：《中国考古学年鉴（2019）》，中国社会科学出版社，2021 年，第 243 页。

［2］溧阳县地方志办公室编：《溧阳县治资料（第一辑）》，溧阳县印刷厂承印，1984 年，第 121 页。

［3］《（乾隆）江南通志·卷十三舆地志》，清文渊阁四库全书版。

［4］高伟、董珊珊：《溧阳古县遗址考古揭示"永平""永世"县治——全国首度发现三国南朝时期相对完整的县城遗址》，《文化月刊》2021 年 5 月。

［5］《中国地方志集成·江苏府县志辑㉜》，江苏古籍出版社，1991 年，第 43 页。

方向约 7.5 千米处，即"今治南十五里"。古县遗址与"永平""永世"县治具有高度的契合性，综合遗址地望等因素推断，古县遗址就是"永平""永世"县治所在。遗址包含有较多春秋和汉代遗物，说明在"永平"县治设置之前，本地的社会发展已然具备相当规模，换言之，是古县较高的发展水平和区位优势奠定了"永平""永世"县治的设置基础。

此外，在青龙头墓地西侧不远处的丁家山及其南麓坡地上还发现有六朝时期砖室墓，排列颇为规律，应为家族墓葬遗存。在旁侧的屏峰山上也有明清墓葬和近现代墓葬发现。据此或可大胆推测，古县遗址在不同历史时期皆为本地区的居址所在，围绕古县遗址周边的山地岗丘或为不同历史时期的葬地选择。[1]

古县遗址南侧的茶亭河则串联了各个时期的文物点，也贯通了水运交通，现在仍发挥着蓄水排涝作用。茶亭河，又名古县河，河道上乘茶亭西南岗丘之水，自西南向东北方向流淌，西南起于施家坝村，经茶亭集镇、水西村，东南经沈家坝村、皇仑村，再向东经城南入南河。古县河联通溧戴河、丹金溧漕河，向东汇入南河，融入运河水网，可谓水运便利。1975 年 7 月，在古县河上游的古沙河河道（现沙河水库）中，发现一件带有木柄的石斧，出土时木柄完整无损，石斧周身磨制光滑，制作精美，同时还发现有石器、陶器、木器等物。[2]1980 年，古县村拆去了一座明神宗万历年间重建的永世桥，在其东侧另建拱形水泥桥，南北跨河，命名为古县桥。

第三节　初步认识

青龙头墓地揭示出较多器物组合保存完整的汉代墓葬，延续时代从西汉初期至东汉早期。南宋墓葬发现较少，且有晚期墓打破现象，随葬品较少。明代墓葬多为小范围集中埋葬，墓内随葬品一般较少。墓地发现的不同时期墓葬正是各时段历史断面的真实写照，为深入研究各个时期的丧葬文化和社会历史提供了重要资料。

古县遗址当为青龙头墓地人群的居址所在。从目前的考古工作来看，在春秋时期此地已然出现有专门烧制印纹硬陶的窑址。堆积丰厚的烧土与炼渣显示，窑址经曾多次使用，出土器物以硬陶罐、瓿、碗等为主，质地坚硬，烧成火候较高，具有较为成熟的烧制工艺。综合大山下唐代窑址的发掘成果，古县河流域或存在延续不断的烧窑陶瓷工艺。此外，古县遗址揭露出孙吴至隋唐时期的城墙，西晋时期的灰沟，东晋南朝时期的礼制建筑和院落建筑以及附属的道路、柱洞、灰坑等遗迹，另有唐代房址，宋代路基、水井以及墓葬，清代的水井、灰坑、道路，清代的墓葬群等丰富的遗迹现象，出土大量的春秋时期延续至明清时期生产生活遗物。[3]从历史的文化遗存粗略可窥古县的兴衰变迁，据此或可展开初步推断，至迟在春秋时期，古县遗址所代表的居址区已经颇具规模，青龙头汉墓揭示的汉代社会发展较好。到了孙吴时期，因古县区域社会发展水平较高，地理区位优势明显，加之政治形势所需，于是在此地置县筑城，古县迎来了"永平"县治时代。西晋及南朝时期，更名为"永世"县，本地社会生产得到进一步发展。古县城外的礼制建筑和院

[1] 南京博物院古县遗址考古队调查资料。
[2] 《溧阳县志》编纂委员会：《溧阳县志》，江苏人民出版社，1992 年，第 784 页。
[3] 高伟：《溧阳古县遗址考古揭示"永平""永世"县治》，《文化月刊》2021 年 5 月。

落建筑规模颇大，营建颇具匠心，或代表了古县城最为繁盛的发展阶段。隋唐之后，废"永世"，重置溧阳于溧城镇。古县遗址唐宋时期文化遗存减少，当与之关系密切。尤其宋代墓葬多在古县北城墙区域发现，进一步说明了宋代古县城的荒废状况。到了明代，随着社会发展和人口增长，本地区得到一定程度的恢复和发展，古县人重修了永世桥，明墓再次选择在青龙头坡地埋葬。清代的村舍和石板街道等生活遗存临河而建，居址布局与现代村落基本重合，墓葬区选择在居址西北部的高地上，整体社会面貌已与今日古县村大同小异。由此可见，古县遗址的兴衰变迁恰与青龙头墓地揭示的社会状况一致，居址遗存与墓地遗存所揭示的认识是相互契合的。

如前文所述，青龙头汉墓分布密集、聚族而葬、延续时段较长，墓地范围从西汉初期至东汉初期逐渐扩大，或是代表了由多个血缘家族组合的宗族墓地。这一方面与地方丧葬文化习俗相关。另外，西汉初期实行保护土地私有权和开放土地买卖的政策，说明聚族而葬也是社会政治、经济的激烈竞争所导致的家族聚居、团结对外的必然结果，族葬墓正是集团豪强与集团内普通成员共同埋葬于同一区块的例证。[1]按照这样的趋势，青龙头墓地后期墓葬当继续使用，如果没有大的变故，汉墓的规模或许更大。从汉墓中的文化因素来看，青龙头汉墓形制、随葬器物组合与安徽广德、浙江湖州、上海福泉山等长江下游区域同期汉墓类似，显现出汉代大一统时代墓葬文化的一致性特征。墓葬中的印纹硬陶器与本地土墩墓同类器物一脉相承，当属本地"百越"文化的印记。泥质壶形罐具有诸多楚文化因素的影响，或与春秋战国时期吴、楚、越对本地的依次管辖有关。青龙头墓地第四期汉墓随葬的兵器数量显著增加，凸显出变革的时代气息，或反映出当时社会环境的变化。

是时，我国的气候经历了由暖而寒的历史转变。[2]两汉之际的严重自然灾害导致灾荒频频、流民四起，剧烈的社会动荡致使矛盾激化、起义攻伐，以赤眉、绿林为主导的大规模农民起义最终瓦解了新莽王朝。公元25年，刘秀建立了东汉，实行缓和社会矛盾、积极发展生产的举措，一度实现了"光武中兴"的局面。然而，自东汉和帝开始，外戚和宦官专权、统治腐败，加上自然灾害的侵袭，阶级矛盾再次激化。公元184年，声势浩大的黄巾起义沉重打击了东汉王朝的腐朽统治，但随之而来的地方割据再次将社会推向了混战。昏暗的社会背景之下，水深火热、民不聊生。频繁的攻伐使得青龙头后世族群出逃深山以躲避战祸，这或许是青龙头东汉中晚期墓葬缺少的原因之一。

另一方面，避难出逃的人群逐渐与深山土著（越）融合，慢慢形成了新的部族集团，建立了聚族而居的社会组织或依附当地大族豪强，形成了"宗""宗伍"或"宗部"的组织，其首领称"宗帅""渠帅"或"大帅"，普通民众则称为"宗民"。[3]因常居于山林之地，后以"山越"称之。三国时期，山越频繁活动于历史舞台，成了孙吴政权的腹心之患。孙吴政权初定江东，所据之地"江南宗贼甚盛"，"各拥众不附"。以宗族为核心形成的山越集团广泛分布在"吴郡、会稽、新都、鄱阳、丹阳、东阳、豫章、临川、庐陵、衡阳、长沙、始安、桂阳等吴国的扬州诸

[1] 李晖达：《试论浙江汉代土墩遗存》，《东南文化》2011年第3期。
[2] 竺可桢：《中国近五千年来气候变迁的初步研究》，《考古学报》1972年第1期。王子今：《秦汉时期气候变迁的历史学考察》，《历史研究》，1995年第2期。
[3] 马军，尹建东：《试论三国时期山越的发展与演变》，《云南行政学院学报》，2010年第1期。

郡和魏国的庐江郡"[1]等地。山越族的不时反叛严重影响和牵制了东吴对魏、蜀的军事、外交战略。山越之患，堪称孙吴政权腹心之疾。"心腹未平，难以图远"，孙吴政权多次"分部诸将，镇抚山越，讨不从命"。尤其丹杨山越临近建业，对政治中心产生严重威胁。"众议咸以丹杨地势险阻，与吴郡、会稽、新都、鄱阳四郡邻接，周旋数千里，山谷万重，其幽邃民人，未尝入城邑，对长吏，皆仗兵野逸，白首于林莽。逋亡宿恶，咸共逃窜。山出铜铁，自铸甲兵。俗好武习战，高尚气力，其升山赴险，抵突丛棘。若鱼之走渊，猨狖之腾木也。时观间隙，出为寇盗，每致兵征伐，寻其窟藏。其战则蜂至，败则鸟窜，自前世以来，不能羁也。皆以为难。"[2]丹杨山越常有反叛，使得孙吴内外受困。前有袁术祖郎"使激动山越"、夹击孙策，后有曹操费栈"扇动山越，作为内应"，孙权因此在建安二十二年（217年）和黄武元年（222年）两度求和曹魏。此后，孙吴多次用兵，意在彻底制服山越，稳固后方。嘉禾三年（235年），诸葛恪出任丹杨太守，"强者为兵，羸者补户"成为镇抚山越的重要手段。运用此法，诸葛恪先后收服丹杨山越十万余众，收丹阳兵入军队，大大增强了军事实力；齐民编户，补充生产力，加强了农业生产，保障了后方供应。再者，孙吴政权常在征服的山越聚集之地设置郡县，"立郡以镇山越"，意在强化统治与威慑，起到了很好的镇服作用，客观上加速了山越和汉民族的融合。孙吴政权在古县设置永平县即是"平治山越"的一个重要举措，凌操"守永平长"，其重要目的就是"平治山越"。此后，晋、宋、齐、梁、陈沿用县治设置。目前，溧阳见诸报道的六朝墓葬有东王公社永和大队（东王村）孙吴凤凰元年墓[3]和旧县（旧县村）一带的东晋谢琰墓，[4]地理位置位于现溧阳市西部。古县遗址周边的岗地已发现有较多的六朝墓葬遗存，丁家山的六朝砖室墓和皇仑村北侧岗丘上的六朝墓已有少量暴露于地表，正在发掘的棠下遗址清理出三座"一"字排列的六朝墓葬，形制规格颇大，惜被盗扰严重，无法做出更多的推测。相信随着科学考古工作的深入推进，相关研究会得出更加科学真实的推论。

唐高祖武德三年（620年），唐廷再废永世县，并划溧水县东部之地复置溧阳县，治旧县（今南渡旧县村）。自此，古县作为县治的历史画上了句号，区位优势不再。青龙头墓地发现有3座南宋墓，墓葬形制简陋，随葬器物较少，且有后期打破现象，据此尚不足以论及其时社会发展状况。结合古县城址北城墙区域发现较多的宋代墓葬，一定程度上揭示出城址的荒废，宋时古县的凋敝与衰落显而易见。

明代的古县已然演变为一般村落，六朝县城的繁华不再，县治的迁徙改变了居址社会的人员构成。诚如明代永丰知县虞许《过古县》所述："残毁如瓯脱，堪惊过客魂。运移谭废井，土著说荒村。溲渤遗牛马，街衢走犬豚。寒烟与斜照，此地自朝昏。"[5]居址社会呈现出荒村僻壤的破败景象，人群社会鲜有富庶达人，反映在葬地的营建中自然难以出现规格较高、随葬品丰富的

---

[1] 白翠琴：《魏晋南北朝民族史》，四川民族出版社，1996年，第302页。
[2] 陈寿撰，陈乃乾校点：《三国志》，中华书局，1959年，第1431页。
[3] 南京博物院：《江苏溧阳孙吴凤凰元年墓》，《考古》1962年第8期。
[4] 南京博物院：《江苏溧阳果园东晋墓》，《考古》1973年第4期。
[5] 虞许，名国儒，字两可，溧阳人，能文，兼工书画，县中碑碣，多出其手。明万历壬子举人（1612年），任永丰知县，罢官后归里，徜徉林泉，著有《朗斋集》。考自中国人民政治协商会议溧阳委员会、文史资料研究委员会主编：《溧阳古诗选（上）》，1986年，第347~350页。

墓葬遗存。青龙头明代墓葬形制普遍较小、随葬器物较少，一定程度上印证了这一历史时期的社会面貌。

　　总之，以青龙头墓地及其周边文物点的关联为线索，进一步深化溧阳地区的历史文化研究，对更好的探索本地区域文明发展，传承优秀传统文化，具有十分重要的社会价值及现实意义。通过丧葬文化实物资料的解读和相关文物点的关联思考，我们可以初步窥探社会历史的局部断面，结合不同时期的历史背景考察，可以更加客观地认知和研究地域历史文化及其时代变迁。透物见人，正是在物质文化资料的基础上对古代社会展开的科学合理探索，言之有物、言之有据则是探索过程的必须遵循，由此，"探索历史真实之道"才是一个科学的、可以逐渐接近历史本原的过程。

附表 1　青龙头墓地汉墓登记表

序号	墓向	墓号	墓葬结构	规格（单位：米）		随葬器物类型式		分期	备注
				墓道（长×宽－深）	墓坑（长×宽－深）	分型	未分型		
1	280°	M2	长方形竖穴土坑墓		2.8×1.6－（0.4~0.5）	釉陶罐 A I 1、陶罐 C2、陶罐 D2	折角纹镜 1	第二期	
2	184°	M7	长方形砖室墓		3.6×2.25－0.4	釉陶壶 A II 3、釉陶壶 B II 6、陶罐 B1、陶釜 Ba1、陶釜 C1、陶灶 B1、陶仓 B1	壶 1、陶甑 1、陶器盖 1、博局镜 1、铜盆 1、铁刀 1、铁钩 1、料珠 1	第四期	被破坏
3	187°	M8	"凸"字形短墓道竖穴土坑木椁墓	2.2×（1.7~2）－0.5	4×3.8－2.55	釉陶瓿 II 4、釉陶壶 A I 6、釉陶壶 B II 1、釉陶罐 A II 5、釉陶罐 B I 4、硬陶罍 I 2、陶罐 A I 2、陶釜 Aa1、陶甑 A1、陶灶 B1	陶纺轮 1、昭明镜 1	第三期	
4	84°	M10	长方形砖室墓		3.9×2.7－（0.02~0.4）	釉陶壶 B II 2、釉陶壶 C1	四乳镜 1、铜带钩 1、铜钱 1（组）、铁刀 2、铁剑 4、铳钩 3、铁锸 1、石黛板 1、石研黛器 1	第四期	被破坏
5	174°	M11	长方形砖室墓	1.44×0.92－0.56	4.2×2.6－0.45	釉陶壶 B II 5、硬陶罍 II 2、陶罐 F1	陶井 1、博局镜 1、铜钱 1（组）、铁钩 2	第四期	
6	182°	M12	长方形砖室墓		3×1.57－0.2	陶罐 B1	铁刀 1	第四期	被破坏
7	176°	M13	长方形竖穴土坑墓		3×（0.35~0.98）－（0.1~0.3）	釉陶瓿 III 4、釉陶罐 B II 1		第四期	被破坏
8	174°	M14	长方形竖穴土坑墓		3.3×1.79－0.33	釉陶瓿 III 1、釉陶罐 B II 1、陶罐 B3、陶釜 Aa1	釉陶壶 1、铁刀 1、铁钩 1、料珠 2	第四期	被打破一角
9	84°	M16	长方形竖穴土坑墓		3.15×1.82－0.1	釉陶罐 B II 1	釉陶壶 1、陶罐 1、鎏金铜泡 1、铜钱 1（组）、铁刀 1、琉璃璧 1	第四期	被破坏
10	86°	M17	长方形竖穴土坑墓		3.18×1.8－0.1	釉陶瓿 III 2、釉陶壶 B II 2、釉陶罐 B II 1	陶罐 2、陶灶 1	第四期	被破坏
11	83°	M18	长方形竖穴土坑墓		3.13×1.84－0.14	陶罐 B2、陶罐 F1、陶釜 Aa1、陶釜 Ba1、陶釜 C1、陶甑 A1、陶灶 B1	陶井 1	第四期	被破坏
12	84°	M20	长方形竖穴土坑墓		3.1×（1.5~1.6）－（1.35~1.45）	陶罐 C1、陶罐 D1		第一期	
13	93°	M21	刀把形带墓道竖穴土坑木椁墓	5.9×（1.28~2.48）－2.54	4.52×（2.43~3.04）－2.8	釉陶鼎 I 1、釉陶鼎 II 1、釉陶盒 2、釉陶钫 2、釉陶瓿 II 5、釉陶壶 A I 5、釉陶壶 B II 1、釉陶罐 A I 8、硬陶罍 I 4、陶罐 A I 1、陶甑 A1	釉陶器盖 2、陶五铢 1、草叶纹镜 1、铜盆 2、带钩 1、铜钱 1（组）、石黛板 1、漆盘	第三期	
14	165°	M22	"凸"字形带墓道砖室墓	2.2×1.2－1.5	4.7×（3.5~3.9）－（1.5~1.6）	釉陶壶 A II 2、釉陶壶 B II 2、硬陶罍 II 2、陶罐 A II 2、陶罐 B1、陶甑 C1、铁釜 A1、铁釜 B1	釉陶壶 1、陶罐 1、瓷器盖 1、博局镜 2、铜钵 1、铜钱 2（组）、铁刀 1、铁剑 2、铁钩 2、料珠 1	第四期	
15	162°	M23	"凸"字形带墓道砖室墓	1.8×1.2－（0.1~0.7）	4.7×4－0.8	釉陶瓿 III 1、釉陶壶 A II 2、硬陶罍 II 2、陶罐 A II 2	铜带钩 1、铜剑 1、铁戟 2、石研黛器 1	第四期	

续附表 1

序号	墓向	墓号	墓葬结构	规格（单位：米）墓道（长×宽–深）	规格（单位：米）墓坑（长×宽–深）	随葬器物类型式 分型	随葬器物类型式 未分型	分期	备注
16	185°	M28	梯形竖穴土坑木椁墓		5.46×（1.6~2.1）–（1.3~1.8）	釉陶鼎Ⅱ2、釉陶盒1、釉陶瓿Ⅲ4、釉陶壶BⅠ2、釉陶罐AⅡ6、硬陶罍Ⅰ1、陶罐AⅠ2、陶灶A1、铁釜A1、铁釜B1	釉陶壶3、陶甑1、陶五铢1、陶麟趾金1、日光镜2、铜钱1（组）、铁刀1、铁剑1、琉璃璧1	第三期	
17	93°	M29	长方形竖穴土坑墓		3.5×（2.3~2.45）–0.63	釉陶瓿Ⅱ2、釉陶瓿Ⅲ4、釉陶壶AⅡ3、釉陶罐BⅡ5、釉陶罐C1、陶釜Ab1、陶釜C1、陶甑A1、陶灶B1、陶仓A1、铁釜B1	铜钱2（组）、铁刀2、铁钩3、琉璃璧1、石黛板1	第四期	
18	256°	M31	长方形砖室砖墓		3.4×2.5–1.12	釉陶瓿Ⅰ1、釉陶瓿Ⅲ1、釉陶壶BⅡ2、釉陶罐BⅡ1、陶罐B2、陶罐D2、陶罐E1、陶罐F1、陶釜Bb1、陶釜C1、陶甑B1、陶灶C1	陶井1、四乳镜1、铜盆1、铜厄1、铁剑1、铁钩1	第四期	
19	172°	M32	长方形竖穴土坑墓		（3.06–3.18）×1.7–（0.7~0.84）	釉陶壶BⅡ2、陶罐E2、陶釜Bb1		第四期	
20	170°	M33	长方形砖室墓	2.2×（0.86~1.01）–0.4	3.33×（2.17~2.43）–1.13	釉陶壶BⅡ2、陶罐B3、陶罐E1、陶罐F1、陶釜C1、陶釜D1	陶甑1、陶灶1、铜厄1、铁剑1	第四期	被破坏
21	89°	M34	竖穴土坑墓		2.7×（1.35~1.55）–0.25	陶罐B1、陶罐D2		第三期	被破坏
22	355°	M35	"凸"字形短墓道竖穴土坑木椁墓	1×（1.42–1.47）–0.5	3.45×（2.12~2.26）–1.9	釉陶鼎Ⅱ2、釉陶盒2、釉陶瓿Ⅲ2、釉陶壶AⅠ3、釉陶壶BⅠ1、釉陶罐AⅡ3、陶罐AⅠ2、陶釜Ab2、陶釜Ba1、陶甑B1	陶灶1、陶五铢1、弩机1、铁刀1、琉璃璧1	第三期	
23	276°	M37	长方形竖穴土坑墓		2.75×1.75–0.85	釉陶鼎Ⅰ2、釉陶罐AⅠ2、陶罐C2、陶甑A1、铁釜C1	陶罐1、陶纺轮2、硬陶盂1、草叶纹镜1、铜盆1、铜铃4	第二期	
24	97°	M38	长方形竖穴土坑墓		3.3×1.9–0.46	釉陶瓿Ⅲ2、釉陶壶AⅡ2、釉陶罐BⅡ2、陶罐B2、陶釜Ab1、陶釜Ba1、陶釜C1、陶甑B1、陶灶B1、陶仓A1	四乳镜1、鎏金铜泡1、铜钱2（组）、铁剑1、琉璃璧1、料珠1	第四期	
25	92°	M39	长方形竖穴土坑墓		3.23×（1.4~1.6）–0.475	釉陶瓿Ⅲ2、釉陶壶AⅡ2、釉陶罐BⅡ2、陶罐B2、陶釜Ab1、陶釜Bb1、陶甑B1、陶灶B1、陶仓A1	鎏金铜泡1、铜钱1（组）、铁钩1、琉璃璧1、料珠1	第四期	
26	348°	M40	长方形砖室墓		3.48×1.6–0.87	釉陶瓿Ⅲ1、釉陶壶BⅡ1、釉陶罐BⅡ1、釉陶罐C1、硬陶罍Ⅱ1、陶罐D1、陶釜Ba1、陶甑C1、陶仓B1	陶罐1、陶器盖1、博局镜1、铁钩1	第四期	
27	254°	M45	长方形砖室墓		4.04×2.76–1.14		铁刀1、铁锸1	第四期	被破坏
28	168°	M48	长方形砖室墓		（1.64~2.8）×3.05–1.01	釉陶壶BⅡ1、釉陶罐BⅡ4、硬陶罍Ⅱ1、釉陶仓B1、铁釜A1、铁釜B1	釉陶壶1、铁剑1、铁钩1、铁锸1	第四期	被晚期建筑打破

附表2 青龙头墓地汉墓出土遗物统计表

遗物\墓号	釉陶器								小计	硬陶器		小计
	鼎	盒	钫	瓿	壶	罐	器盖	仓		罍	盂	
M2						1						
M7					10							
M8				4	7	9				2		
M10					3							
M11					5					2		
M12												
M13				4		1						
M14				1	1	1						
M16					1	1						
M17				2	2	1						
M18												
M20												
M21	2	2	2	5	6	8	2			4		
M22					5					2		
M23				1	2					2		
M28	2	1		4	5	6				1		
M29				6	3	6						
M31				2	2	1						
M32					2							
M33					2							
M34												
M35	2	2		2	4	3						
M37	2					2					1	
M38				2	2	2						
M39				2	2	2						
M40				1	1	2				1		
M45												
M48					2	4		1		1		
合计	8	5	2	36	67	50	2	1	171	15	1	16
百分比	1.89%	1.18%	0.47%	8.51%	15.84%	11.82%	0.47%	0.24%	40.43%	3.55%	0.24%	3.78%

续附表2

墓号 / 遗物	瓷器 瓷器盖	泥质 / 夹砂陶器 罐	釜	甑	灶	仓	井	纺轮	器盖	陶五铢	陶饼金	小计
M2		4										
M7		1	2	1	1	1			1			
M8		2	1	1	1			1				
M10												
M11		1					1					
M12		1										
M13												
M14		3	1									
M16		1										
M17		2			1							
M18		3	3	1	1		1					
M20		2										
M21		1		1						1		
M22	1	4		1								
M23		2										
M28		2		1	1					1	1	
M29			2	1	1	1						
M31		6	2	1	1		1					
M32		2	1									
M33		5	2	1	1							
M34		3										
M35		2	3	1	1					1		
M37		3		1				2				
M38		2	3	1	1	1						
M39		2	2	1		1						
M40		2	1	1		1			1			
M45												
M48												
合计	1	56	23	14	11	5	3	3	2	3	1	121
百分比	0.24%	13.24%	5.44%	3.31%	2.60%	1.18%	0.71%	0.71%	0.47%	0.71%	0.24%	28.61%

续附表 2

遗物 墓号	铜器										小计
	镜	盆	卮	钵	鎏金泡	带钩	铃	剑	弩机	钱（组）	
M2	1										
M7	1	1									
M8	1										
M10	1					1				1	
M11	1									1	
M12											
M13											
M14											
M16					1					1	
M17											
M18											
M20											
M21	1	2				1				1	
M22	2			1						2	
M23						1	1				
M28	2									1	
M29										2	
M31	1	1	1								
M32											
M33		1									
M34											
M35									1		
M37	1	1					4				
M38	1				1					2	
M39					1					1	
M40	1										
M45											
M48											
合计	14	5	2	1	3	3	4	1	1	12	46
百分比	3.31%	1.18%	0.47%	0.24%	0.71%	0.71%	0.95%	0.24%	0.24%	2.84%	10.87%

续附表 2

遗物\墓号	铁器						小计	其他					小计	合计
	刀	剑	戟	钩	釜	锸		琉璃璧	料珠	石黛板	石研黛器	漆盘		
M2														6
M7	1			1					1					22
M8														29
M10	2	4		3		1				1	1			18
M11				2										13
M12	1													2
M13														5
M14	1			1					2					11
M16	1							1						7
M17														8
M18														9
M20														2
M21										1		1		41
M22	1	2		2	2				1					26
M23		2									1			12
M28	1	1		2				1						33
M29	2			3	1					1				29
M31		1		1										21
M32														5
M33		1												13
M34														3
M35	1							1						24
M37				1										18
M38								1	1					20
M39				1				1	1					18
M40				1										13
M45	1					1								2
M48		1		1	2	1								13
合计	12	10	2	16	8	3	51	5	6	3	2	1	17	423
百分比	2.84%	2.36%	0.47%	3.78%	1.89%	0.71%	12.06%	1.18%	1.42%	0.71%	0.47%	0.24%	4.02%	100.00%

附表 3　青龙头墓地宋墓登记表

序号	墓向	墓号	墓葬结构	墓坑（长 × 宽 – 深）	随葬器物	时代	备注
1	330°	M36	竖穴土坑墓	3.5 ×（1.8~2）–0.46	韩瓶 1	南宋	被 M30 打破
2	339°	M41	砖室墓	3.72 × 1.7–0.65	无	南宋	被破坏，被 M47 打破
3	23°	M42	砖室墓	3.86 × 1.5–0.94	无	南宋	被破坏，被 M46 打破

附表 4　青龙头墓地宋墓出土遗物统计表

序号	遗物／墓号	陶器 韩瓶	合计
1	M36	1	1
2	M41		0
3	M42		0
合计		1	1

附表 5　青龙头墓地明墓登记表

序号	墓向	墓号	墓葬结构	墓坑（长 × 宽 – 深）	随葬器物	时代	备注
1	339°	M1	竖穴土坑墓	2.6 ×（1.1~1.2）–0.33	无	明	残存棺钉，被打破
2	307°	M3	竖穴土坑墓	2.8 ×（1.3~1.5）–1.35	韩瓶 1	明	被破坏，被 M47 打破
3	310°	M4	砖石墓	3 × 1.3–1.1	韩瓶 1	明	被破坏，被 M46 打破
4	310°	M5	竖穴土坑墓	2.5 ×（1~1.11）–（0.86~0.9）	无	明	残存棺钉
5	160°	M6	竖穴土坑墓	2.6 × 0.86–（1~1.3）	无	明	残存棺钉
6	39°	M9	竖穴土坑墓	2.4 ×（0.8~0.9）–（0.34~0.57）	韩瓶 1、铜钱 1（组）、青瓷碗 2	明	
7	2°	M15	竖穴土坑墓	2.7 ×（1.1~1.2）–0.42	无	明	残存棺钉
8	2°	M19	竖穴土坑墓	3.4 × 1.72–（0.3~0.46）	无	明	残存棺钉
9	123°	M24	竖穴土坑墓	2.8 × 1.8–0.6	无	明	
10	142°	M25	竖穴土坑墓	2.9 × 1.25–（0.14~0.42）	韩瓶 1、铜钱 2（枚）	明	
11	144°	M26	竖穴土坑墓	2.8 × 1.3–0.36	韩瓶 1、铜钱 3（组）、银簪 1（组）、竹梳 1	明	
12	135°	M27	竖穴土坑墓	2.04 × 0.94–0.93	无	明	

续附表5

序号	墓向	墓号	墓葬结构	墓坑（长×宽-深）	随葬器物	时代	备注
13	150°	M30	竖穴土坑墓	2.6×0.96-0.88	无	明	
14	350°	M43	砖石墓	3.25×2-1.1	无	明	
15	221°	M44	石室墓	3.5×（3~3.12）-1.3	铜镜2、铜钱5（组）、银簪1（件）、戒指2	明	
16	18°	M46	竖穴土坑墓	2.36×1.16-1.05	铜镜1、银簪1（组）、冥钱2（组）	明	
17	336°	M47	竖穴土坑墓	2.71×（1.02~1.3）-1.45	白瓷碗2、银耳勺1、冥钱1（件）	明	

附表6　青龙头墓地明墓出土遗物统计表

序号	墓号	陶器 韩瓶	铜器 镜	铜器 钱（组/件）	瓷器 碗	银器 簪（组/件）	银器 戒指	银器 耳勺	银器 冥钱	竹器 竹梳	合计
1	M1										0
2	M3	1									1
3	M4	1									1
4	M5										0
5	M6										0
6	M9	1		1（组）	2						4
7	M15										0
8	M19										0
9	M24										0
10	M25	1		2（枚）							3
11	M26	1		3（组）		1（组）				1	6
12	M27										0
13	M30										0
14	M43										0
15	M44		2	5（组）		1（件）	2				10
16	M46		1			1（组）			2		4
17	M47				2			1	1		4
	合计	5	3	11	4	3	2	1	3	1	33

附录

青龙头墓地汉墓出土金属器物科技分析

王全玉[1]　王雅正[1]　崔剑锋[2]　高伟[3]

1 山东大学环境与社会考古国际合作联合实验室，2 北京大学考古文博学院，3 南京博物院

青龙头墓地位于江苏省溧阳市古县街道南京航空航天大学溧阳校区西北部，原天目湖镇大山下村西侧的乌龟山南坡上，墓地北倚周家山、乌龟山，西靠丁家山、屏峰山，东南小河蜿蜒、宜溧山地环绕，中心地理坐标为北纬 31°22′31.80″，东经 119°28′31.50″，最高处海拔高程 5.1 米。墓地范围东西长 70、南北宽 60 米，总面积约 4200 平方米。

2018 年 8~11 月，经国家文物局批准，南京博物院联合溧阳市文体广电和旅游局、溧阳市博物馆等单位组成考古队对墓地进行了抢救性考古发掘，共发现并清理墓葬 48 座，其中汉墓 28 座，南宋墓 3 座，明代墓葬 17 座。汉墓出土遗物丰富，包含陶、硬陶、釉陶、瓷、金、铜、铁、琉璃等各种质地文物 423 件（组），宋墓出土遗物 1 件，明墓出土遗物 33 件（组）。

青龙头汉墓共出土有各类铜器、铁器等金属器物 97 件（组）。其中铜器 46 件（组），器类有镜、盆、卮、钵、鎏金铜泡、带钩、铃、铜剑、弩机、钱等；铁器 51 件（组），器类有刀、剑、戟、钩、釜、锸等。

样品信息

在决定做金属器物分析的时候绝大部分器物已经修复完毕，这对取样造成了难度。为避免将刚刚修复完整的器物破坏，决定从断口、破损处或表面取样，确保对器物整体不造成可见的损伤。对完整器取样，则在破损处如孔洞周边或表面（图 1）用首饰钳取微小样品。这种取样的优势是确知取样部位，缺点是可能取到的是修复材料。另外，表面的结构和成分由于金属腐蚀往往同基体的不同，但从中可以获得原始金属的成分和结构

图 1　完整器物上取样：在破损处如孔洞周围（左）或表面（右）

信息。

青铜器

从 7 件器物（或残片），包括 4 个盆、1 个钵和 2 个钱币上取样进行金相分析、微量元素成分分析和铅同位素分析。从 M37：4 一堆残片中选取了厚度不一的 3 个样品：薄片、厚片和口沿残片。每个样品的分析内容示于表 1。

铁器

从 12 件铁器上（表 1）取样进行金相分析，包括 2 件刀、2 件环首刀、3 把剑、2 个钩、2 个锸和 1 件釜。

样品制备

金相样品制备、分析和扫描电子显微镜能谱分析在山东大学环境与社会考古国际合作联合实

表 1　进行金相分析、微量元素分析（ICP–AES）和铅同位素分析的青龙头墓地出土金属样品

金属种类	器物编号	器物名称	金相分析	微量元素分析	铅同位素比值分析
铜器	M7：14	盆	残片	Y	Y
	M37：4	盆	3 种厚度的残片：薄、厚、口沿	Y、Y	Y、Y
	M21：35	盆	底部和器壁孔洞旁微小样品		
	M21：37	盆	底部孔洞旁微小样品		
	M22：4	钵	口沿残片		Y
	M21：16	钱币	残片	Y	Y
	M22：21	钱币	残片		Y
铁器	M10：17	刀	断口		
	M12：2	刀	断口		
	M14：4	环首刀	断口		
	M7：16	环首刀	断口		
	M10：9	剑	断口		
	M33：10	剑	断口		
	M14：3	钩	弯曲处断口		
	M22：24	钩	弯曲处断口		
	M45：1	锸	一角表面		
	M48：13	锸	表面脱落层		
	M28：26	釜	表面脱落层		
	M10：13	剑	断口		

验室完成。金相样品采用环氧树脂冷镶制备。依次经 180、600、1200 目砂纸打磨，然后经 9、6、3、1、0.25mm 粒度的金刚砂抛光液抛光。在用显微镜初步观察了显微结构和表面锈蚀层，用扫描电子显微镜能谱仪进行了金属成分分析后，将具有金属芯的青铜样品进行了化学浸蚀，以观察其金相组织。青铜样品采用 5% 氯化铁乙醇溶液浸蚀。[1]

分析方法

金相观察采用的是 Leica DM4 P 正置偏光显微镜。扫描电子显微镜采用的是 Thermo Scientific Quattro S 并配备 Bruker Flash 6160 能谱仪（SEM-EDS）。采用 SEM-EDS 进行金属成分分析未进行喷碳，但用导电胶将样品首尾相连，在高真空条件下用背散射电子进行观察。分析参数是：激发电压 20 kV，工作距离 8.5 mm，扫描时间 150 s。检测极限因元素而不同，但一般在 0.1%~0.3% 的范围内。分析精度（可重复性）因元素含量而不同，如主元素的相对误差约在 2%，含量 5%~20% 的元素的相对误差约在 10%，以此类推，元素含量越低相对误差越大。

微量元素分析在北京大学考古文博学院科技考古实验室完成。选取 0.05 mg 左右铜器样品，打磨除去表面锈蚀，称重，之后置于聚四氟乙烯烧杯中，加入王水，加热消解。消解完全后，全部转移至 100 ml 容量瓶中进行定容，之后选取 20~30 mL 清液待测。使用电感耦合等离子体原子发射光谱仪（ICP-AES）测量溶液中的微量元素含量。

根据 ICP-AES 所测得的溶液中铅离子的含量加入去离子水将其中的铅稀释到 400~1000 ppb 左右，然后加入 5 ml 0.5 ppm 的国际 Tl 标准 SRM997 作为内标。之后在北京大学地球与空间科学学院造山带与地壳演化教育部重点实验室完成铅同位素比值分析，使用的仪器是 VG AXIOM 型高分辨多接收电感耦合等离子体质谱仪（MC-ICP-MS）。为保证仪器的稳定性和精确度，在测量样品前后会采用国际标样 NBS981 校正。NBS981 的测定值分别是：207 Pb / 206 Pb=0.914585，208 Pb / 206 Pb=2.16701，206 Pb / 204 Pb=16.9356，207 Pb / 204 Pb=15.4891。

分析结果与讨论

青铜器

金相分析和合金成分分析结果示于表 2。这些青铜样品锈蚀严重且程度不一，从完全腐蚀（无残存金属，图 2，g）、锈蚀穿透器壁（图 2，a）到锈蚀部分渗透而形成厚的锈蚀层但中间仍有残存金属基体（图 2，d 和图 2，i）。4 个盆中有 1 个（M7：14）是铸造成型的，2 个具有完整器型的盆（M21：35 和 M21：37）是锻打成型的。从 M21：35 底部提取的样品是填补空缺的修复材料而不是器物本身的一部分。从没有修复成器的标有 M37：4 的一堆残片中选取的 3 个厚度不一的样品从显微结构和合金成分判断推测厚残片和口沿样品可能属于同一件器物，而薄残片样品不属于这件器物，因为厚残片和口沿残片都具有 Cu-Sn-Pb 三元合金的铸造组织，而薄残片是具有锻打组织的二元青铜。厚残片和口沿残片样品中铅含量的差异并不能代表其来自两件不同的器

---

[1] Scott D.A.: Metallography and Microstructure of Ancient and Historic Metals. The Getty Conservation Institution and the J. Paul Getty Museum, *Endeavour* issue 3, September 1992.

表 2　青铜样品合金成分分析结果

器物类型	器物编号	合金成分（SEM-EDS分析结果，Wt.%）									锈蚀程度	合金类型	显微结构	最大厚度（mm）	制作技术
		Si	S	Fe	Cu	As	Sn	Pb	Co	Ni					
盆	M7：14残片	0.1	nd	0.5	92.2	nd	7.2	0.1	nd	nd	腐蚀严重，几乎穿透基体	Cn-Sn	α固溶体枝晶偏析明显，（α+δ）共析相锈蚀，有的形成了重结晶铜	1.9	铸造
盆	M21：35器壁	0.1	nd	0.1	88.2	nd	10.8	0.4	0.1	0.3	腐蚀严重，仅存小块未锈蚀基体	Cn-Sn	再结晶的等轴晶，存在滑移带	0.4	锻打
盆	M21：37底部	0.1	0.1	0.1	87.8	nd	11.6	nd	0.1	0.3	腐蚀严重，仅存小块未锈蚀基体	Cn-Sn	再结晶的等轴晶，存在滑移带		锻打
盆	M37：4薄残片*	0.1	nd	0.1	92.5	0.2	6.6	0.4	nd	nd	厚锈蚀层，基体残存于中间	Cn-Sn	再结晶的等轴晶，存在孪晶但滑移带不明显	0.2	锻打
盆	M37：4厚残片	0.1	nd	0.8	77.4	0.7	8.4	11.7	0.6	0.3	腐蚀严重，仅存小块未锈蚀基体	Cu-Sn-Pb	α固溶体，大小不一、分布不均的铅颗粒和孔洞	1.0	铸造
盆	M37：4口沿残片	0.2	nd	0.8	72.3	0.7	7.7	17.4	0.6	0.3	厚锈蚀层，基体残存于中间	Cu-Sn-Pb	α固溶体，大小不一、分布不均的铅颗粒和孔洞	1.9	铸造
钵	M22：4口沿残片										完全锈蚀	Cu-Sn-Pb	α固溶体和（α+δ）共析相	2.4	铸造
钱币	M22：21	0.1	1.1	3.1	69.7	0.9	3.5	21.4	0.1	nd	腐蚀严重，几乎穿透基体	Cu-Sn-Pb	α固溶体和（α+δ）共析相，大小不一的铅颗粒和硫化铜夹杂物	1.0	铸造
钱币	M21：16	nd	0.5	1.4	81.8	0.5	2.5	12.8	0.2	0.3	表面锈蚀	Cu-Sn-Pb	α固溶体和（α+δ）共析相，大小不一的铅颗粒和硫化铜夹杂物	1.2	铸造

* 此薄残片可能来自其他器物

物，因为铅偏析造成其在同一件器物中的不均匀分布是很正常的。如果厚残片和口沿残片样品属于一个盆（M37：4），这样 4 个盆有 2 个（M7：14 和 M37：4）是铸造成型，2 个（M21：35 和 M21：37）是锻打成型的。

合金成分

采用 SEM-EDS 进行合金成分分析时选取未锈蚀的金属基体部分以确保分析数据代表原始金属的成分。表 2 的合金成分可分成两类：二元青铜和三元铅青铜。所有的 3 个具有锻打结构的样品为青铜，6 个铸造结构的样品中有 5 个属于铅青铜，只有 1 个是青铜。

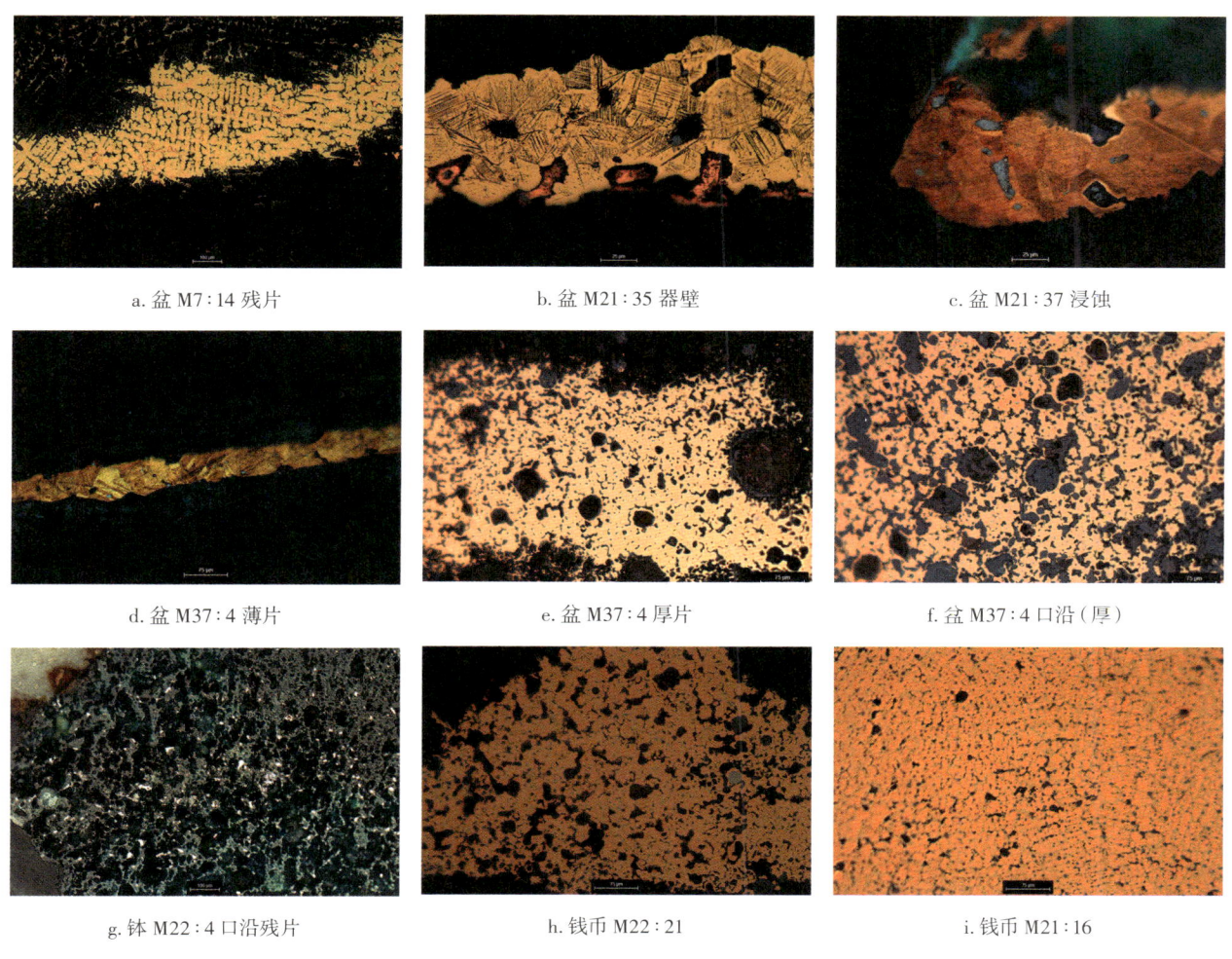

a. 盆 M7:14 残片	b. 盆 M21:35 器壁	c. 盆 M21:37 浸蚀
d. 盆 M37:4 薄片	e. 盆 M37:4 厚片	f. 盆 M37:4 口沿（厚）
g. 钵 M22:4 口沿残片	h. 钱币 M22:21	i. 钱币 M21:16

图 2　青铜样品金相照片

　　图 2 和表 2 显示所有分析的样品除两件钱币外极少含常见的硫化铜等夹杂物，[1] 说明所用铜原料纯度很高。两件钱币成分相似，均是铅青铜，但同所分析器物的成分明显不同，含有少量或微量的富银（Ag）和富铁（Fe）的杂质（图 3、4）。含银的杂质呈大小不一的近于圆形的颗粒遍布整个结构且铜和硫含量高，应该是来自于铜矿。铁以单质形式存在于 a 固溶体，应该也是来源于铜矿。这种现象笔者曾在曲村晋侯墓地出土的青铜器上看到。

微量元素和铅同位素比值分析

　　微量元素和铅同位素比值结果参见表 4。仅 4 件样品的样品量足够大并尚存金属基体，可以进行微量元素分析。微量元素分析结果表明（图 5），4 件铜器的微量元素含量不尽相同，也许表明了它们的来源各异，即使同类器物如 3 件铜盆（也可能是两个盆和一件其他器物，因为如上所述 M37:4 薄片和厚片来自不同的器物），元素差异也较为明显。

[1] Wang, Q.: Metalworking Technology and Deterioration of Jin Bronzes from the Tianma-Qucun Site, Shanxi, China, *EAR International Series 1023* 1st edition, 2002. Wang, Q., Uckelmann, M., Roberts, B. W., La Niece, S.: Technical Study of British Bronze Age Shields in the British Museum, *Metal 2016 Proceedings of the Interim Meeting of the ICOM-CC Metals Working Group* issue 1, October 2016.

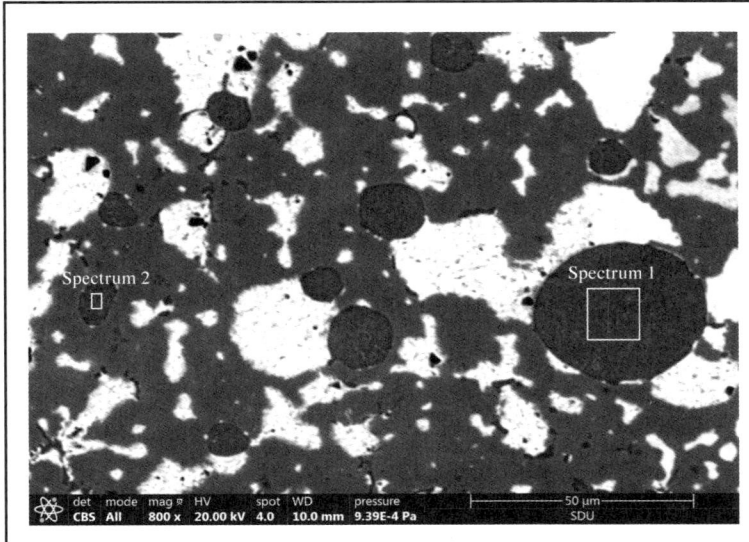

元素	化学成分（Wt.%）	
	Spectrum 1	Spectrum 2
Si	0.1	0.1
S	22.6	7.9
Fe	10.7	4.1
Co	–	–
Ni	–	0.2
Cu	58.9	82.2
As	0.4	0.6
Ag	1.6	0.6
Sn	0.3	2.6
Pb	5.4	1.7

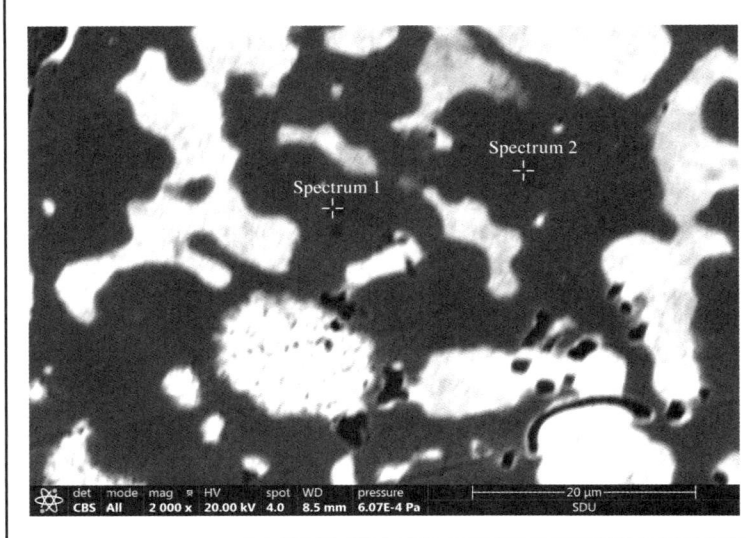

元素	化学成分（Wt.%）	
	Spectrum 1	Spectrum 2
Si	–	0.1
S	–	–
Fe	56.6	45.3
Co	3.6	2.8
Ni	0.2	0.2
Cu	37.3	50.2
As	0.6	–
Ag	–	–
Sn	1.1	1.1
Pb	0.4	0.5

图 3　钱币 M22：21 的 SEM-EDS 分析结果，表明其含富银和富铁的夹杂物

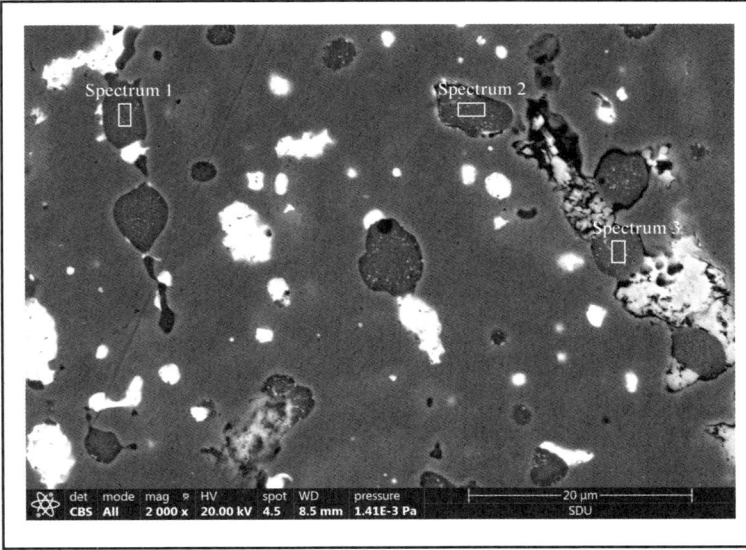

元素	化学成分（Wt.%）		
	Spectrum 1	Spectrum 2	Spectrum 3
Si	0.1	–	0.1
S	19.9	20.9	15.4
Fe	7.9	8.7	0.6
Co	–	0.1	0.1
Ni	–	–	–
Cu	61.1	61.5	77.0
As	0.7	0.8	0.9
Ag	1.5	1.2	1.9
Sn	0.8	0.3	2.1
Pb	8.0	6.6	1.9

图 4　钱币 M21：16 的 SEM-EDS 分析结果，表明其含富银的夹杂物

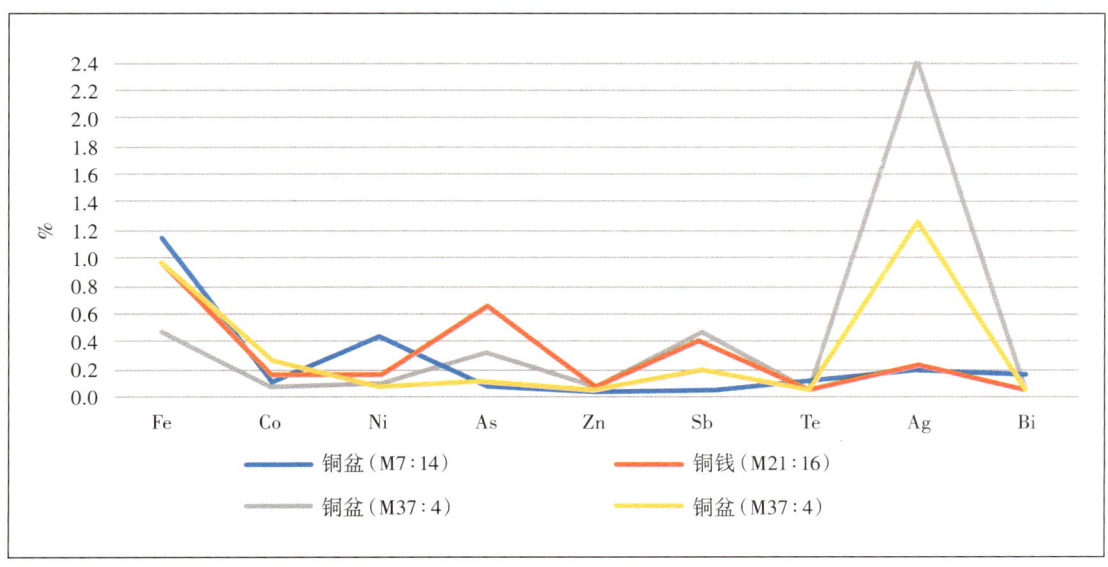

图 5　微量元素分布折线图

根据牛津体系的相关原则，[1] 用铜器基体中的常见的微量元素砷 As、锑 Sb、镍 Ni、银 Ag 将铜器分组，若以 0.1% 为标准，4 件铜器的微量元素分组情况如表 3。其中从标有铜盆（M37：4）的一堆残片中所取的 2 件样品，Ag 含量尤其的高，甚至高达 2.4%。另外一件铜盆（M7：14）具有较高的 Ni 含量，达到 0.4%，As、Sb 含量低了很多。铜钱（M21：16）的微量

表 3　按牛津体系的微量元素分组情况

器物编号	As	Sb	Ni	Ag	CG
铜盆（M7：14）			√	√	8
铜钱（M21：16）	√	√	√	√	16
铜盆（M37：4）	√	√		√	12
铜盆（M37：4）		√		√	7

表 4　铜器的铅同位素比值和微量元素含量（微量元素含量单位：ug/g）

器物编号	$^{206}Pb/^{204}Pb$	$^{207}Pb/^{204}Pb$	$^{208}Pb/^{204}Pb$	$^{207}Pb/^{206}Pb$	$^{208}Pb/^{206}Pb$	Fe	Co	Ni	As	Zn	Sb	Te	Ag	Bi
铜盆 M7：14	18.056	15.632	38.671	0.8657	2.1417	11216	1045	4216	786	268	227	986	1923	1564
铜钱 M21：16	17.648	15.593	38.364	0.8836	2.1740	9331	1407	1248	6396	212	4047	295	2037	548
铜钵 M22：4	17.960	15.648	38.666	0.8713	2.1529									
铜钵 M22：21	18.049	15.670	38.353	0.8682	2.1250									
铜盆 M37：4薄	17.854	15.611	38.577	0.8744	2.1607	4465	501	762	2940	504	4539	323	24171	652
铜盆 M37：4厚	17.943	15.592	38.995	0.8689	2.1732	9510	2468	595	962	361	1592	224	12572	414

[1] 马克·波拉德、彼得·布睿、彼得·荷马、徐幼刚、刘睿良、杰西卡·罗森：《牛津研究体系在中国古代青铜器研究中的应用》，《考古》2017 年第 1 期。

元素组成中最显著的特征就是高 As、Sb 含量。另外，这些样品中还含有牛津体系没有涉及的元素钴 Co 和铋 Bi，其含量差异亦明显，如 M37：4 厚片含 0.25% Co，M7：14 含 0.16% Bi。

值得注意的是采用 SEM-EDX 进行成分分析可选取未锈蚀的基体微区进行分析，从而得到原始合金的成分，并且可进行夹杂物的分析（图 3、4），但微量元素的检测极限和精度无法同 ICP-AES 的数据相提并论。用于示踪分析的微量元素要采用 ICP-AES 的数据。

铅同位素分析结果表明，6 件铜器均属于普通铅，且铅同位素比值分布较为分散，证实了微量元素分析的结论，即铜器的矿料来源并不单一。由于目前发表的汉代全国范围内的铜器铅同位素比值较少，而且器类主要集中于铜镜，所以我们选择与铜镜的铅同位素比值进行对比。根据日本学者的划分，日本出土的汉式铜镜可以按照时代进行划分，西汉时期输入日本的铜镜是具有华北块体特征的铅同位素比值，东汉三国则是具有华南地区铅矿特征的铅同位素比值。而根据最近中国学者的分析，西汉镜最可能的产地是长安，铅料或来自秦岭东部地区。而东汉三国镜矿料来源则有可能是长江中下游多金属成矿带。

我们将青龙头墓地的铜器绘入图中（图 6），发现有两件铜器的铅同位素比值落入了西汉镜的范围当中，包括 1 件铜盆（M37：4 薄）、1 件铜钵（M22：4），表明这 2 件铜器很可能也是长安地区生产的，甚至有可能是长安工官的产品，且其时代应该在西汉至新莽时期。但 M37：4 含微量铅（表 2），其铅同位素比值可能标示的是铜料；而 M22：4 中铅含量很高，同位素比值应该代表的是铅料。另外还有一枚铜钱（M21：16）虽然并没有完全和西汉镜的范围重叠，但是其比值较高，位于西汉镜范围的边界，也是典型的"华北铅"，因此这枚钱很有可能来自北方。

M7：14 铜盆和 M22：4 铜钵与过渡时期（新莽时期）的铜镜接近，因此这两件器物或者和

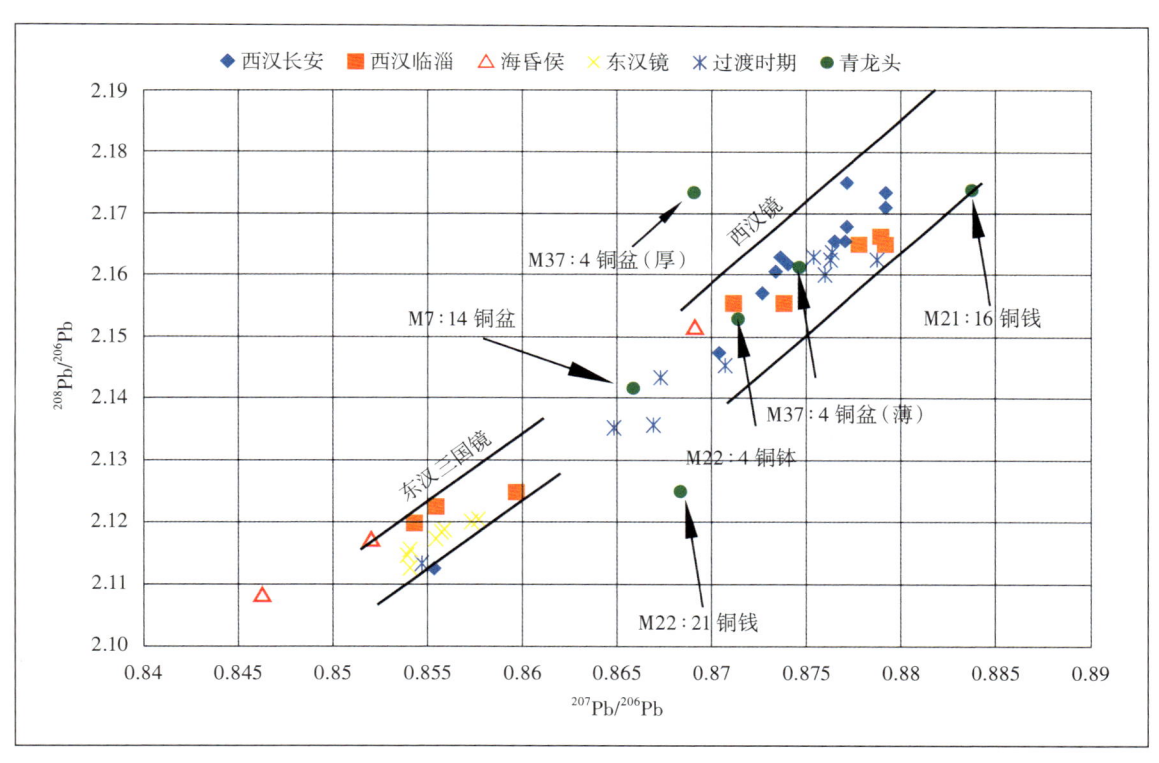

图 6　青龙头墓地铅同位素比值与汉代铜镜的对比

这些铜镜的矿料来源相似。新莽时期的铜镜产地研究目前尚缺乏，不过铅同位素比值接近，表明这两座墓葬很有可能是新莽时期的。M37：4 另一件厚铜盆的铅同位素比值较位于西汉铜镜的比值范围上方，说明和西汉镜的矿料来源有明显差异，且和薄片的产地应该也不一致。二者虽都出于 M37，但是制作工艺、合金组成、微量元素明显区别，产地也并不一致，不可能属于同一件器物。

铜器的铅同位素比值和微量元素分析结果表明，墓地所出的铜器矿料来源较为复杂，虽然地处太湖流域西北部，但是可以获得来自长安的器物。这个表明西汉时期大一统的格局下，物料流通方便，但也可能说明铜器已不再是主流器物，而是小作坊零星生产，没有统一的矿料来源和制作标准。

制作技术

由于具有铸造组织的样品均为小残片，导致其铸造技术无从探讨，所以在这里只探讨一下锻打技术。锻打技术虽不是中国青铜时代青铜器制作技术的主流，但使用时间跨度很长。至今发现最早的锻打青铜器出土于青海贵南尕马台墓地，属齐家文化。[1]据统计，先秦和两汉时期的锻打薄壁青铜器零零散散的数量不少，但经科学检测的不足 200 件。在报道的检测的锻打薄壁青铜器中 Cu-Sn-Pb 三元青铜占据近一半，锡、铅含量范围均很广，为 5%~25%Sn，2%~17%Pb。[2]由此可见先秦与两汉时期青铜器的锻打没有统一标准，技术上也显得不够成熟。

这里检测的 3 个锻打青铜器样品均为不含铅的 Cu-Sn 二元青铜，锡含量在 6.6%~11.6% 之间。因为铅不溶于铜，以颗粒形式存在于合金，锻打时易产生裂缝，导致次品。这也许能够说明制作青龙头墓地的这 3 件锻打青铜器的工匠有意识地控制了合金成分。据报道，[3]战国末到汉代的 26 件已检测的锻打薄壁青铜器中有 9 件为 Cu-Sn-Pb 三元合金，那么青龙头墓地出土的锻打薄壁青铜器的合金控制，是偶然的还是社会等级的体现，仍有待研究。商周时期贵族墓出土的青铜器中 Cu-Sn 二元合金同 Cu-Sn-Pb 三元合金的比例往往高于贫民墓出土的青铜器，[4]说明当时工匠已经意识到锡的价值高于铅。青龙头墓地属于贵族墓，Cu-Sn 二元合金用于锻打薄壁青铜器的制作，是体现了工匠对材料价值的认知，还是对其性能的了解或二者皆有，鉴于分析样品数量太小，目前无法定论。

欧洲青铜时代就有了非常高超的青铜锻打技术，如英国青铜时代晚期锻打的青铜器用的都是 Cu-Sn 二元合金，而铸造的青铜器多为 Cu-Sn-Pb 三元合金，[5]说明当时工匠已经掌握了不同合金的性质。英国青铜时代的大型青铜盾牌，有的直径达 80 cm，厚度薄于纸，其锡含量为

[1] 徐建炜、梅建军、孙淑云、许新国：《青海贵南尕马台墓地出土铜器的初步科学分析》，《中国冶金史论文集（第五辑）》，科学出版社，2012 年。
[2] 李洋：《炉捶之间——先秦两汉时期热锻薄壁青铜器研究》，上海古籍出版社，2017 年。
[3] 李洋：《炉捶之间——先秦两汉时期热锻薄壁青铜器研究》，上海古籍出版社，2017 年。
[4] Wang, Q.: Metalworking Technology and Deterioration of Jin Bronzes from the Tianma-Qucun Site, Shanxi, China, *BAR International Series 1023* 1st edition, 2002.
[5] Northover, J.P.: Construction of Atlantic Cauldrons and Buckets, in Gerloff S.: *Atlantic Cauldrons and Buckets of the Late Bronze and Early Iron Ages in Western Europe*, Franz Steiner Verlag 1st edition, December 2010.

9%~14%，是经过反复的锻打和回火制成的。[1]英国铁器时代的金属大锅由多个部件铆接制成，青铜材质的锅底和锅帮，铁质锅帮、锅沿和提梁，其中的铜部件也是用铜锡二元青铜锻打成型的，也非常薄，厚度为 0.2~0.5 mm，锡含量为 6.7%~14.4%，其中大部分样品的锡含量为 8%~12.5%，也是经过反复的锻打和回火制成的。[2]

金相组织只是呈现锻打薄壁青铜器的最后一道制作工艺，如锻打、回火、淬火，但无法提供整个工艺过程的信息，器物经历了多少轮锻打和回火就无从得知。从 M21：35 和 M21：37 中存在的滑移带判断其最后一道工艺为锻打。M37：4 薄片样品中存在变形的孪晶，但未见明显的滑移带，表明其最后一道工序也为锻打但锻打程度轻，仍保留了回火的痕迹。从标签 "M37：4 盆" 的残片中取了 3 个样品（见表 2），薄残片、厚残片和口沿残片，经分析发现薄残片同另 2 个样品不属于同一件器物。如果厚残片和口沿残片属于此盆，那么薄残片则属于另外一件器物，此处 M37：4 所代表的器物不得而知。

显微结构中硫化铜夹杂物的延展程度可被作为估算器物锻打程度的依据，[3]但这里分析的几件青铜器均几乎不含硫化铜夹杂物，所以无法用此方法判断这些锻打青铜器的减薄程度。从表 2 看，这些锻打青铜器的厚度不超过 0.5 mm，推测它们至少从铸造形态减薄了 50%，因为泥质块范法很难铸造出薄于 1 mm 的青铜器。但不能想当然认为所有薄壁青铜器都是锻打成型的。据报道，[4]天长三角圩墓地的西汉中期前段的 M19 出土的薄壁青铜釜、洗和耳杯壁厚为 0.6~0.8 mm，因器壁多处见铜垫片推测为铸造而成，但这需要科技检测来证实。在此研究的铸造器物如钱币 M22：21 和 M37：4 厚残片的厚度薄到 1 mm（表 2）。

铁 器

金相观察发现所有 12 件铁器样品已完全锈蚀，其中 5 件（M7：16 环首刀，M28：26 釜，M33：10 剑，M45：1 锸，M48：13 锸）没有任何金属基体残存，其他样品有几处星星点点的金属基体残存。对每个具有残存金属基体的样品采用 SEM-EDS 对 2~3 个斑块进行成分分析，结果示于表 5。表 5 显示所有铁质样品都含有微量的硅（Si）和磷（P），剑 M10：9 还含有微量的硫（S）。虽然样品完全锈蚀但从有些样品的锈蚀结构中可推测其原始金相组织，这些样品的显微结构示于图 7，其金相组织描述于表 5。所有可辨认的金相组织均为铸铁脱碳钢，含铁素体和珠光体。M22：24 钩和 M12：2 刀似经历了淬火处理。

块炼铁、铸铁脱碳钢和炒钢技术在西汉时期已较为普遍使用。[5]如何辨别这些技术是长期

[1] Wang, Q., Uckelmann, M., Roberts, B. W., La Niece, S.: Technical Study of British Bronze Age Shields in the British Museum, *Metal 2016 Proceedings of the Interim Meeting of the ICOM-CC Metals Working Group* issue 1, October 2016.

[2] Wang, Q.: Metal Analysis, in A. Baldwin and J. Joy: *A Celtic Feast: The Iron Age Cauldrons from Chiseldon, Wiltshire*, British Museum Research Publications 1st edition, June 2017.

[3] Northover J.P.: Metal Analysis and Metallography of Early Metal Objects from Denmark, in Vandkide H.: *From Stone to Bronze: the Metalwork of the Late Neolithic and Earlist Bronze Age in Denmark*, Jutland Archaeological Society 1st edition, 1996. Baboula, E., Northover, J.P.: Metal Technology Versus Context in Late Minoan Burials, in Young S.M.M., Pollard A.M., Budd P., Ixer R.A.: *Metals in Antiquity*, BAR Publishing 1st edition, 1999.

[4] 安徽省文物考古研究所：《天长三角圩墓地》，科学出版社，2013 年。

[5] 陈建立、韩汝玢：《徐州狮子山西汉楚王陵出土铁器的金相实验研究》，《文物》1999 年第 7 期。

表 5　铁器样品分析结果

器物类型	器物编号	残存金属铁中的杂质 Wt.%（SEM-EDS 分析结果）			金相组织
		Si	P	S	
钩	M22：24	0.2	0.3		铸铁脱碳钢—铁素体和珠光体；淬火
		0.3	0.4		
钩	M14：3	0.2	0.1		铸铁脱碳钢—铁素体和珠光体
		0.2	0.1		
		0.2	0.3		
剑	M10：9	0.5	0.3	0.1	铸铁脱碳钢—铁素体和珠光体
		0.6	0.3	0.2	
剑	M10：13	0.1	0.1		铸铁脱碳钢—铁素体和珠光体，背部和刃部几乎无区别
		0.2	0.1		
剑	M33：10				无残存金属。金相组织不清，似有淬火痕迹
刀	M12：2				铸铁脱碳钢—铁素体和珠光体；淬火
刀	M10：17				铸铁脱碳钢—铁素体和珠光体
环首刀	M14：4	0.1	0.1		铸铁脱碳钢—铁素体、珠光体和渗碳体
		0.2	0.2		
环首刀	M7：16				无残存金属。铸铁脱碳钢—铁素体和珠光体
锸	M45：1				无残存金属。金相组织不清楚
锸	M48：13				无残存金属。金相组织不清楚
釜	M28：26				无残存金属。金相组织不清楚

以来冶金考古学家讨论的话题，近年来学者[1]通过系统分析铁器样品的金相组织和夹杂物来判断其制作技术。刘亚雄等[2]的最新研究详细讨论了这三种铁的制作过程和其显微组织中夹杂物的特点，指出铸铁脱碳钢几乎不含夹杂物，而块炼铁和炒钢制品均含一定的夹杂物。文中系统分析了样品中大量的夹杂物，采用文章中提出的方法[3]——用非还原性的化合物如 MgO、Al_2O_3、SiO_2、K_2O 的比值 MgO/Al_2O_3、Al_2O_3/SiO_2、K_2O/CaO 进行分析，将夹杂物分组来探讨其来源，从而判断制铁技术。

　　在此分析的青龙头墓地出土的铁器虽然完全锈蚀，但金相观察和 SEM-EDS 成分分析都未发

［1］陈建立、韩汝玢：《徐州狮子山西汉楚王陵出土铁器的金相实验研究》，《文物》1999 年第 7 期。陈建立、韩汝玢：《汉晋中原及北方地区钢铁技术研究》，北京大学出版社，2007 年。

［2］Liu, Y., Martión-Torres, M., Chen, J., Sun, W., Chen, K.: Iron Decarburization Techniques in the Eastern Guanzhong Plain, China, during Late Warring States Period: an Investigation Based on Slag Inclusion Analyses, *Archaeological and Anthropological Sciences* issue 11, September 2019.

［3］Dillmann, P., L'Héritier, M.: Slag Inclusion Analyses for Studying Ferrous Alloys Employed in French Medieval Buildings: Supply of Materials and Diffusion of Smelting Processes, *Journal of Archaeological Science* issue 11, November 2007.

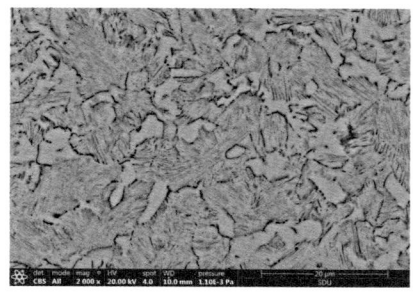 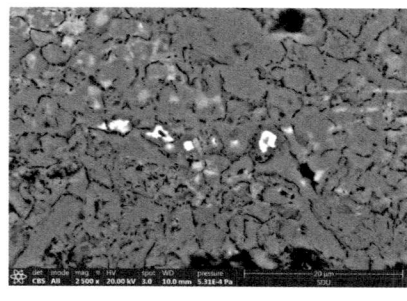 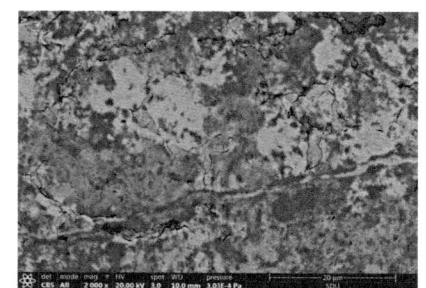

（a）珠光体含量高的区域显示淬火组织；含碳量约 0.6%

（b）珠光体含量低的区域有残存金属基体存在；含碳量约 0.2%

M22：24 钩：铸铁脱碳钢组织—铁素体和珠光体

M14：3 钩：铸铁脱碳钢组织—铁素体和珠光体；含碳量 ≤ 0.1%

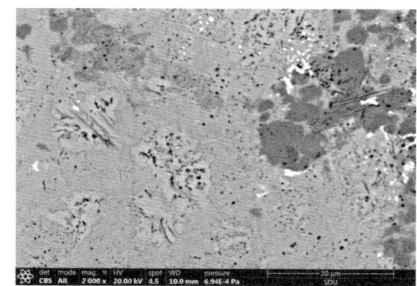 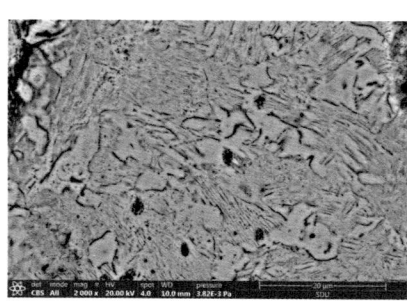 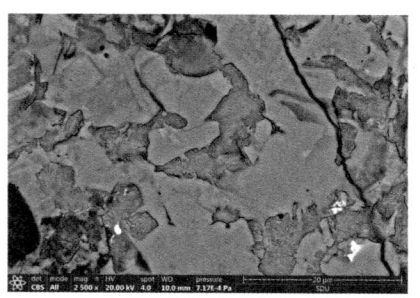

M10：9 剑：铸铁脱碳钢组织，铁素体和珠光体；含碳量 ≤ 0.2%

M12：2 刀：铸铁脱碳钢组织，铁素体和珠光体，淬火；含碳量约 0.5%

M10：17 刀：铸铁脱碳钢组织，铁素体和珠光体；含碳量 ≤ 0.3%

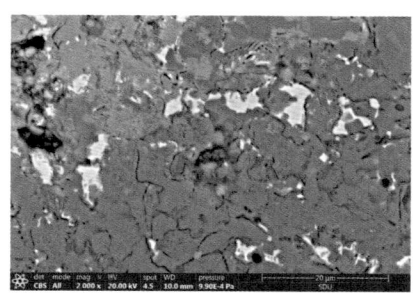 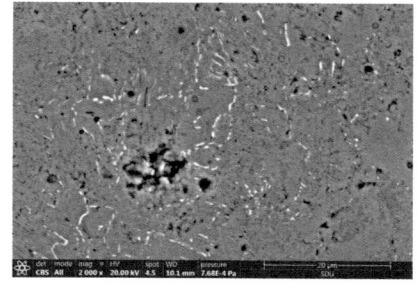 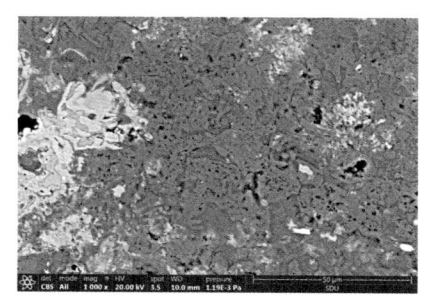

（a）残存金属基体（亮斑）

（b）局部渗碳体（白色点条状）的存在表明含碳量较高：≥ 0.3%

M14：4 环首刀：铸铁脱碳钢组织—铁素体和珠光体

M7：16 环首刀：铸铁脱碳钢组织，铁素体和珠光体；含碳量 ≤ 0.1%

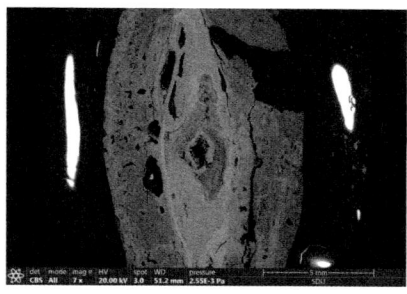 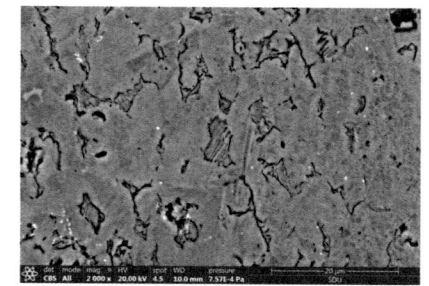

M10：13 剑：显示长菱形断面（左）和金相组织（右），铸铁脱碳钢组织，铁素体、珠光体和少许渗碳体（白色小点状）；含碳量 ≤ 0.2%

图 7 铁器样品的金相组织。所有照片为扫描电子显微镜背散射电子照片

现明显的夹杂物，是典型的铸铁脱碳钢结构。其中的磷含量（0.1%~0.4%P，见表4）也符合同时期铸铁的磷含量范围（0.1%~0.6%P）。[1]

结论

所分析的铜器样品均锈蚀严重且程度不一，从完全腐蚀、锈蚀穿透器壁到锈蚀部分渗透而形成厚的锈蚀层但中间仍有残存金属基体。合金成分可分成两类：二元青铜和三元铅青铜。所有的 3 个具有锻打结构的样品为青铜，6 个具有铸造结构的样品中有 5 个属于铅青铜，只有 1 个是青铜。锻打青铜器壁厚小于 0.5 mm，铸造青铜器壁厚为 1~2.5 mm。微量元素和铅同位素比值分析数据表明这些器物原料来源不一，金相组织表明它们的制作技术有异。

所分析的铁器样品均完全锈蚀，但有些样品有微小金属基体斑块残存。残存金属分析显示所有样品含微量硅和磷。所有 9 件可观察到的显微组织的样品都来自工具或兵器，其材质均为铸铁脱碳钢，有 2 件器物还呈现了淬火的痕迹。遗憾的是所分析的 1 件铁釜无法辨认其显微组织，铁的种类不得而知。那么汉代不同类型的铁质器物是否由不同种类的铁制成，仍值得讨论。

青铜器在合金成分和制作工艺上的多样化，体现了青铜器在汉代已不是主流器物，但还延续着青铜时代继续使用，只是零星生产，没有统一的标准。铁器已被普遍使用，技术成熟，工具和兵器可能均采用具有韧性的铸铁脱碳钢制成，有的还进行了淬火处理，提高其强度。

---

[1] 华觉明：《汉魏高强度铸铁的探讨》，《自然科学史研究》1982 年第 1 期。苗长兴、吴坤仪、李京华：《从铁器鉴定论河南古代钢铁技术的发展》，《中原文物》1993 年第 4 期。

Abstract

Liyang Qinglongtou Cemetery is located on the south slope of Wugu Mountain, about 1 km southeast of Guxian Village, Tianmu Lake Town, Liyang City, Changzhou City, Jiangsu Province. The graveyard surrounded by Yili mountains, is leaning against Zhoujia Mountain and Wugu Mountain in the north, Dingjia Mountain and Pingfeng Mountain in the west, a small river in the southeast is winding. The cemetery area is 70 m long from east to west and 60 m wide from north to south, with a total area of about 4,200 m^2.

From August to November 2018, in order to cooperate with the construction of Nanjing University of Aeronautics and Astronautics, Liyang Campus, Nanjing Museum and others have carried out rescue archaeological excavations on the Qinglongtou Cemetery. A total of 48 burials were found and cleaned in this excavation. Among them, there are 28 Han Dynasty tombs, which can be divided into two categories: soil pit tombs and brick-chambered tomb. There are 17 soil pit tombs and 11 brick-chambered tombs, spanning from the middle of the Western Han Dynasty to the early and middle of the Eastern Han Dynasty, with the overall orderly arrangement and regular layout, close to each other's position, and without any obvious breaking relationship. The tombs are very rich in burial goods, with a large number of pottery, glazed pottery, ironware, copper and glazed ware and other burial goods unearthed. There are three Song Dynasty tombs, scattered in the north and south of the cemetery, and the tombs are seriously damaged. The two brick-chambered tombs on the north side of the cemetery are suspected to be joint burials, and the barrow tomb on the south side was broken by the Ming Dynasty tomb, and only one vase has been unearthed. There are 17 Ming Dynasty tombs, mostly, two to three tombs are centrally distributed, scattered throughout the cemetery. There are three types of tombs: soil pit tombs, brick-chambered tombs and mastaba. Inside the tombs, the burial goods are mainly copper coins, vases and porcelain bowls. Occasionally, hair ornaments, rings and bronze mirrors were unearthed.

Qinglongtou Cemetery reveals the distribution pattern of burials. Their morphological and structural characteristics are in three periods: Han Dynasty, Song Dynasty and Ming Dynasty. The combination of burial artfacts in the Han Dynasty tombs is relatively complete, the continuity of the era is good, and the combination of burial artifacts has typical regional characteristics, which provides important data for the in-depth study of Liyang Han tombs. The excavation of Qinglongtou Cemetery is of great value for the further study of the funeral and cultural customs and Social history and culture of the Han Dynasty, Song

Dynasty and Ming Dynasty in this region, and also of great significance for the exploration of regional civilization .

This report carefully combed the excavation data of Qinglongtou Cemetery, sorted out the burial data in detail according to the excavation unit, and formed a preliminary understanding by combining the type analysis of artifacts, scientific and technological analysis of metal artifacts, and the collation of literature.

后　记

　　青龙头墓地的考古发掘工作得到江苏省文物局、南京博物院和溧阳市博物馆等单位领导的关怀和支持，考古发掘现场得到建设部门的配合和帮助，在此一并向他们表示感谢。同时感谢参加发掘工作的周恒明、田长有、韦超、吴登弟、范睿彬、朱思奇、朱寿荣、朱文博等同事的精诚合作，青龙头墓地考古发掘工作的顺利完成并取得较大收获与他们的努力密不可分。感谢中央电视台第十频道《探索发现》栏目组的关注，《2019考古进行时》第一季《溧阳大墓》对青龙头墓地考古发现进行了报道和宣传，感谢冯东东执导团队的辛勤拍摄。

　　青龙头墓地考古报告的整理编写工作得到南京博物院领导的支持。南京博物院余伟、李家金对青龙头汉墓出土青铜器和铁器进行了修复和保护，山东大学历史学院王全玉老师团队对青龙头汉墓青铜器和铁器进行了鉴定分析和研究。山东大学冀佳伟同学翻译了英文提要。同时，感谢国家文物局为报告出版提供的专项经费支持。

编　者

2021 年 12 月 31 日

1. 墓地位置

2. 墓地周边环境

彩版一　青龙头墓地位置与周边环境

1. 考古勘探

2. 墓地发掘

彩版二 考古勘探与发掘场景

1.《2019考古进行时》第一季《溧阳大墓》

2.《濑水汤汤——江苏溧阳考古成果展》

彩版三　青龙头墓地相关宣传与报道

彩版四　青龙头汉代墓葬分布（上为北）

1. M21（上为北）

2. M21随葬器物

3. M21随葬器物

彩版五　青龙头汉墓M21与随葬器物

1. M8（上为西）

2. M8随葬器物

彩版六　青龙头汉墓M8与随葬器物

1. M35（上为东）

2. M35随葬器物

彩版七　青龙头汉墓M35与随葬器物

1. M28（上为东）

2. M28随葬器物

3. M28随葬器物

彩版八　青龙头汉墓M28与随葬器物

1. M2发掘场景（上为北）

2. M13发掘场景（上为东）

彩版九　青龙头汉墓M2与M13发掘场景

1. M14发掘场景（上为北）

2. M16发掘场景（上为北）

3. M17发掘场景（上为北）

4. M18发掘场景（上为北）

彩版一〇　青龙头汉墓M14、M16、M17和M18发掘场景

1. M20发掘场景（上为南）

2. M29发掘场景（上为北）

彩版一一　青龙头汉墓M20和M29发掘场景

1. M32发掘场景（上为东）

2018LQM34

2. M34发掘场景（上为西）

彩版一二　青龙头汉墓M32和M34发掘场景

1. M37发掘场景（上为南）

2. M38和M39发掘场景（上为西）

彩版一三　青龙头汉墓M37、M38和M39发掘场景

1. M38发掘场景（上为南）

2. M39发掘场景（上为南）

彩版一四　青龙头汉墓M38和M39发掘场景

1. M11发掘场景（上为东）

2. M33发掘场景（上为西）

彩版一五　青龙头汉墓M11和M33发掘场景

1. M22发掘场景（上为东）

2. M22随葬器物

彩版一六　青龙头汉墓M22与随葬器物

1. M23发掘场景（上为南）

2. M23随葬器物（上为东）

彩版一七　青龙头汉墓M23与随葬器物

1. M7（上为西）

2. M7随葬器物

彩版一八　青龙头汉墓M7与随葬器物

1. M10发掘场景（上为南）

2. M31发掘场景（上为北）

彩版一九　青龙头汉墓M10和M31发掘场景

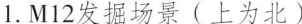

1. M12发掘场景（上为北）

2. M40发掘场景（上为南）

彩版二〇　青龙头汉墓M12和M40发掘场景

1. M45发掘场景（上为北）

2. M48发掘场景（上为东）

彩版二一　青龙头汉墓M45和M48发掘场景

1. M37：5

2. M37：18（耳部、足部）    3. M21：15（耳部）

彩版二二　青龙头汉墓出土 I 式釉陶鼎

1. M21：41（耳部）

3. M35：18（耳部）

M21：41

M35：12

M35：18

M28：21

2. M35：12（耳部）

4. M28：21（耳部）

彩版二三　青龙头汉墓出土Ⅱ式釉陶鼎

1. M21:26

2. M21:40

3. M28:14

4. M35:13

5. M35:15

彩版二四　青龙头汉墓出土釉陶盒

1. M8：1（耳部）

2. M8：2（耳部）

3. M8：3（耳部）

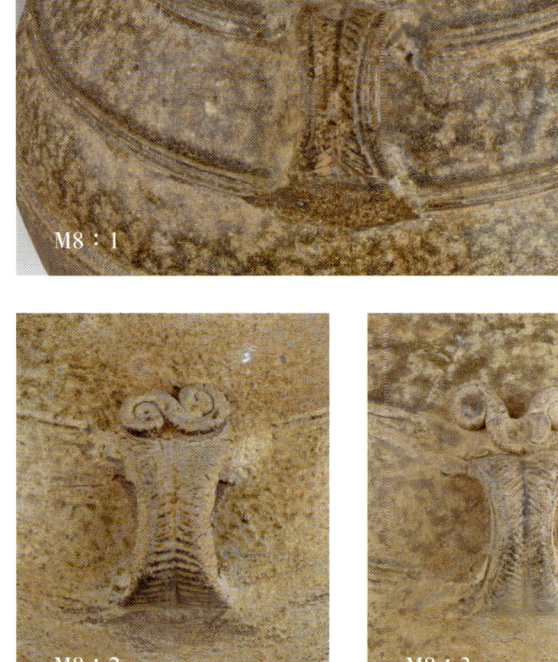

彩版二五　青龙汉墓出土A型Ⅰ式釉陶壶

1. M8：15

2. M8：16

3. M8：24（耳部）

彩版二六　青龙头汉墓出土A型 I 式釉陶壶

1. M21 : 2

2. M21 : 4

3. M21 : 12（铺首衔环、颈部）

彩版二七　青龙头汉墓出土A型Ⅰ式釉陶壶

1. M21：21

2. M21：32

3. M35：5（铺首衔环、口部）

彩版二八　青龙头汉墓出土A型Ⅰ式釉陶壶

1. M35：6（铺首衔环、口部）

2. M35：16（铺首衔环、颈部、口部）

彩版二九　青龙头汉墓出土A型Ⅰ式釉陶壶

1. M7：4

3. M7：8

2. M7：5（耳部）

彩版三〇　青龙头汉墓出土A型Ⅱ式釉陶壶

1. M22：8（耳部、口部）

2. M22：11

3. M23：1

彩版三一　青龙头汉墓出土A型Ⅱ式釉陶壶

1. M23：3

3. M29：25

2. M29：22（耳部）

彩版三二　青龙头汉墓出土A型Ⅱ式釉陶壶

1. M29：28（耳部）

2. M38：9

3. M39：4

彩版三三　青龙头汉墓出土A型Ⅱ式釉陶壶

1. M38：7（耳部）

2. M39：7（耳部）

彩版三四　青龙头汉墓出土A型Ⅱ式釉陶壶

1. M8：18

2. M21：7

3. M28：12（铺首衔环）

彩版三五　青龙头汉墓出土B型Ⅰ式釉陶壶

1. M28：17（铺首衔环）

2. M35：17（铺首衔环、口部）

彩版三六　青龙头汉墓出土B型Ⅰ式釉陶壶

1. M7：2（耳部）

2. M7：6

3. M7：9

彩版三七　青龙头汉墓出土B型Ⅱ式釉陶壶

1. M7：11

3. M7：13

4. M10：3

2. M7：12

5. M10：2

彩版三八　青龙头汉墓出土B型Ⅱ式釉陶壶

1. M11：1

2. M11：2

3. M11：4

4. M11：5

彩版三九　青龙头汉墓出土B型Ⅱ式釉陶壶

1. M11：8

2. M17：3

3. M17：4

4. M22：7

彩版四〇　青龙头汉墓出土B型Ⅱ式釉陶壶

1. M22：12

2. M31：4

3. M31：9

4. M4C：5

彩版四一　青龙头汉墓出土B型Ⅱ式釉陶壶

1. M32：5（耳部）　　　　　　　　　　　　　2. M33：1（耳部）

M32：5

M32：5

M33：1

3. M33：4　　　　　　　　　　　　　　　　4. M48：1

彩版四二　青龙头汉墓出土B型Ⅱ式釉陶壶

1. M10：1（低温釉壶，C型釉陶壶）

2. M7：7（不分型釉陶壶）

3. M14：10（不分型釉陶壶）

4. M16：1（不分型釉陶壶）

5. M22：13（不分型釉陶壶）

彩版四三　青龙头汉墓出土C型和不分型釉陶壶

1. M28：15

2. M28：18（铺首衔环、颈部）

3. M28：23

4. M48：12

彩版四四　青龙头汉墓出土不分型釉陶壶

1. M21：17（铺首）　　　　　　　　　　2. M21：18（耳部）

彩版四五　青龙头汉墓出土釉陶钫

1. M31：3（Ⅰ式釉陶瓿，铺首）

2. M8：5（Ⅱ式釉陶瓿，铺首）　　　　　　　3. M8：7（Ⅱ式釉陶瓿，铺首）

彩版四六　青龙头汉墓出土Ⅰ式和Ⅱ式釉陶瓿

1. M8：17（铺首）　　　　　　　　　　　2. M8：19（铺首）

3. M21：3（铺首）

彩版四七　青龙头汉墓出土Ⅱ式釉陶瓿

1. M21：6（辅首）

2. M21：11

3. M21：13（铺首、口部）

彩版四八　青龙头汉墓出土 II 式釉陶瓿

1. M21∶36

2. M28∶2（铺首）

3. M28∶8（铺首）

彩版四九　青龙头汉墓出土Ⅱ式釉陶瓿

1. M28：10

2. M28：11（铺首）

3. M29：18（铺首）

彩版五〇　青龙头汉墓出土Ⅱ式釉陶瓿

1. M29：19（辅首）

2. M35：7（辅首、口部）

3. M35：9（铺首衔环、口部）

彩版五一　青龙头汉墓出土Ⅱ式釉陶瓿

1. M13：1

2. M13：3

3. M13：4

4. M29：14

彩版五二　青龙头汉墓出土Ⅲ式釉陶瓿

1. M13：5（铺首）

2. M14：5（铺首）

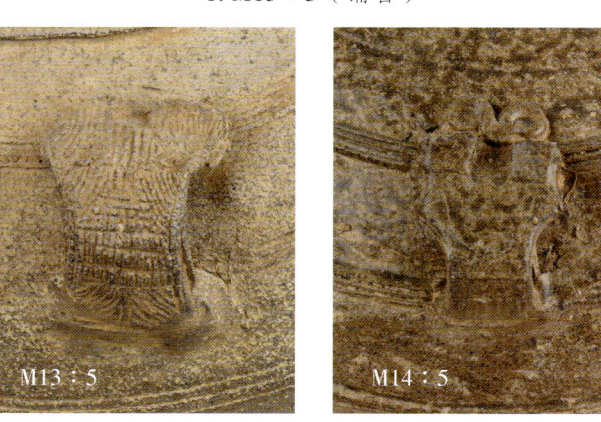

M13：5　　　　M14：5

M29：1

3. M29：1（铺首）

彩版五三　青龙头汉墓出土Ⅲ式釉陶瓿

2. M29：16（铺首）

1. M29：10（铺首、口部）

彩版五四　青龙头汉墓出土Ⅲ式釉陶瓿

1. M31：10（铺首）　　　　　　　　2. M38：10（铺首）

3. M39：5（铺首）

2. M17：6

1. M39：6（铺首、口部）

3. M17：8

彩版五六　青龙头汉墓出土Ⅲ式釉陶瓿

1. M38：12（铺首）

2. M23：5

3. M40：9

彩版五七　青龙头汉墓出土Ⅲ式釉陶瓿

1. M2：6

2. M37：2（耳部）

3. M37：3（耳部）

彩版五八　青龙头汉墓出土A型Ⅰ式釉陶罐

1. M8：12（耳部）

2. M8：21

3. M8：22

4. M8：23

5. M8：25

彩版五九　青龙头汉墓出土A型Ⅱ式釉陶罐

1. M21：1

3. M21：9

4. M21：23

2. M21：8（耳部、口部）

5. M21：31

彩版六〇　青龙头汉墓出土A型Ⅱ式釉陶罐

1. M35：8

2. M35：14

3. M21：19

4. M21：33

5. M21：34

6. M28：4

1. M28：5

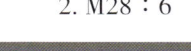

2. M28：6

3. M28：16

4. M28：19

5. M28：11

6. M35：19

彩版六二　青龙头汉墓出土A型Ⅱ式釉陶罐

1. M8:4（B Ⅰ 釉陶罐）

2. M8:6（B Ⅰ 釉陶罐）

3. M8:10（B Ⅰ 釉陶罐）

4. M8:11（B Ⅰ 釉陶罐）

5. M13:2（B Ⅱ 釉陶罐）

6. M14:9（B Ⅱ 釉陶罐）

彩版六三　青龙头汉墓出土B型 Ⅰ 式和B型 Ⅱ 式釉陶罐

1. M38：8

2. M16：3

3. M17：5

4. M29：3

5. M29：4

6. M29：15

彩版六四　青龙头汉墓出土B型Ⅱ式釉陶罐

1. M29：17

2. M29：20

3. M31：6

4. M38：6

5. M39：11

6. M39：12

彩版六五　青龙头汉墓出土B型Ⅱ式釉陶罐

1. M40：11

2. M48：2

3. M48：3

4. M48：5

5. M48：9

彩版六六　青龙头汉墓出土B型Ⅱ式釉陶罐

1. M29：26（C型釉陶罐）

2. M40：7（C型釉陶罐）

3. M21：20（釉陶器盖）

4. M21：22（釉陶器盖）

5. M48：4（釉陶仓）

彩版六七　青龙头汉墓出土C型釉陶罐、釉陶器盖和釉陶仓

1. M8：8 2. M8：14

3. M21：10 4. M21：25

彩版六八　青龙头汉墓出土 I 式硬陶罍

M21：5

彩版六九　青龙头汉墓出土 I 式硬陶罍

1. M21：28（Ⅰ式硬陶罍）

2. M28：1（Ⅰ式硬陶罍）

3. M11：3（Ⅱ式硬陶罍）

4. M11：7（Ⅱ式硬陶罍）

彩版七〇　青龙头汉墓出土Ⅰ式和Ⅱ式硬陶罍

1. M22：1

2. M22：3

彩版七一　青龙头汉墓出土 II 式硬陶罍

1. M23：2

2. M23：7

3. M40：10

4. M48：6

彩版七二　青龙头汉墓出土Ⅱ式硬陶罍

1. M37∶16（硬陶盂）

2. M22∶26（青瓷器盖）

彩版七三　青龙头汉墓出土硬陶盂和青瓷器盖

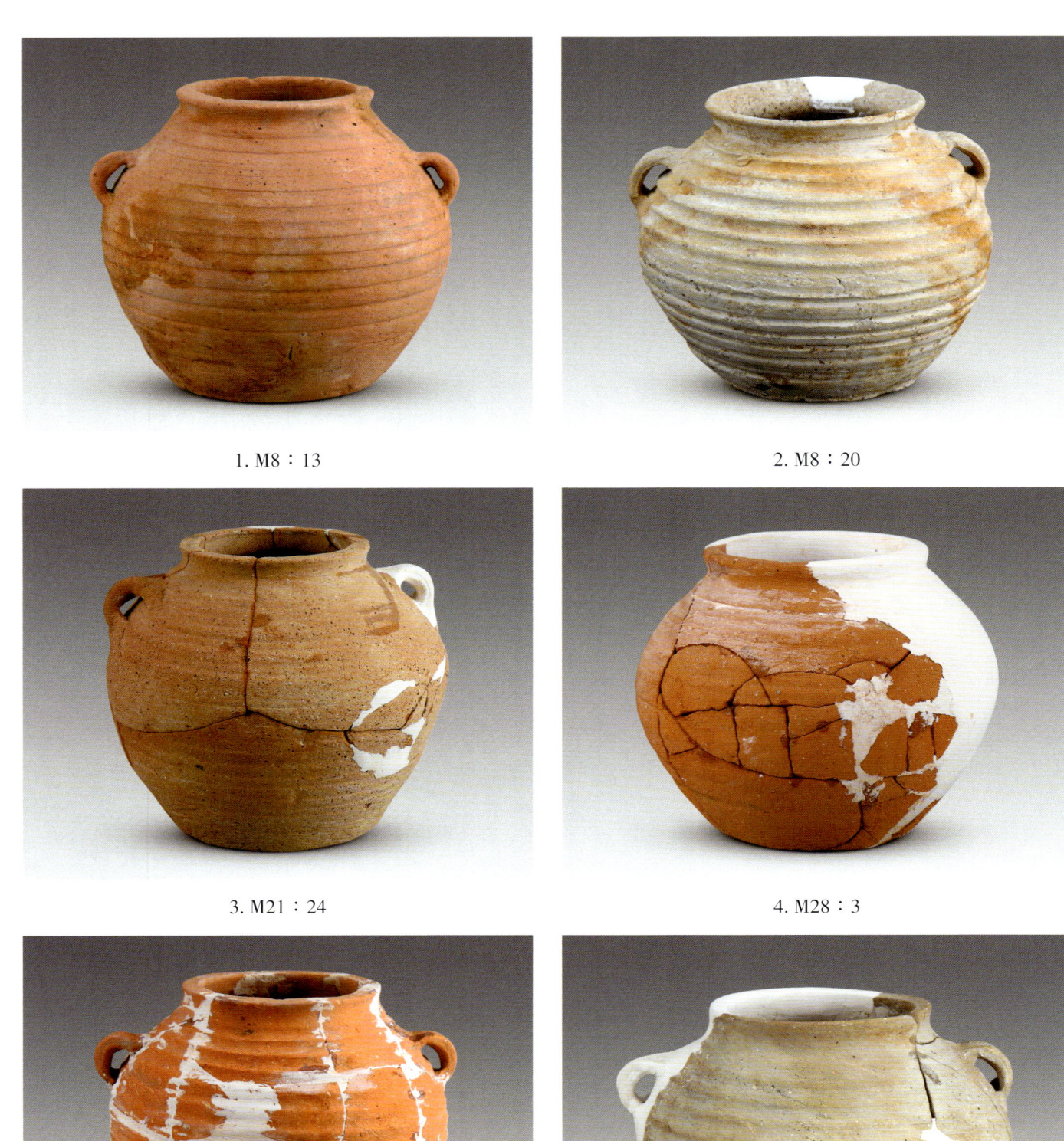

1. M8：13

2. M8：20

3. M21：24

4. M28：3

5. M28：13

6. M35：11

彩版七四　青龙头汉墓出土A型1式陶罐

1. M35:20（A I 陶罐）

2. M22:2（A II 陶罐）

3. M22:10（A II 陶罐）

4. M23:4（A II 陶罐）

5. M23:6（A II 陶罐）

彩版七五　青龙头汉墓出土A型 I 式和A型 II 式陶罐

1. M7：1

2. M12：1

3. M14：8

4. M18：1

5. M18：2

6. M22：9

彩版七六　青龙头汉墓出土B型陶罐

1. M31：12

2. M31：13

3. M33：2

4. M33：5

5. M33：8

6. M34：1

1. M38:5

2. M38:15

3. M39:9

4. M39:13

5. M14:6

6. M14:7

彩版七八　青龙头汉墓出土B型陶罐

1. M2：5

2. M20：1

3. M37：8

4. M37：9

5. M2：4

彩版七九　青龙头汉墓出土C型陶罐

1. M2：2（D型陶罐）

2. M31：7（D型陶罐）

3. M31：8（D型陶罐）

4. M34：2（D型陶罐）

5. M40：8（D型陶罐）

6. M31：19（E型陶罐）

彩版八〇　青龙头汉墓出土D型和E型陶罐

1. M2：3（D型陶罐）

2. M20：2（D型陶罐）

3. M34：3（D型陶罐）

4. M32：1（E型陶罐）

5. M32：2（E型陶罐）

6. M33：6（E型陶罐）

彩版八一　青龙头汉墓出土D型和E型陶罐

1. M11∶13

2. M18∶9

3. M31∶20

4. M33∶9

彩版八二　青龙头汉墓出土F型陶罐

1. M16∶2

4. M37∶17

2. M17∶2

5. M40∶6

3. M17∶7

6. M22∶22

彩版八三　青龙头汉墓出土不分型陶罐

1. M8：29（Aa型陶釜）　　2. M14：11（Aa型陶釜）　　3. M18：6（Aa型陶釜）

4. M29：12（Ab型陶釜）　　5. M35：23（Ab型陶釜）　　6. M35：24（Ab型陶釜）

7. M38：20（Ab型陶釜）　　8. M39：17（Ab型陶釜）　　9. M33：11（D型陶釜）

彩版八四　青龙头汉墓出土Aa型、Ab型和D型陶釜

1. M18：5

2. M35：21

3. M38：19

4. M40：3

5. M7：19

彩版八五　青龙头汉墓出土Ba型陶釜

1. M31 : 5

2. M32 : 4

3. M39 : 16

彩版八六　青龙头汉墓出土Bb型陶釜

1. M7：18

2. M18：8

3. M29：13

4. M31：11

5. M33：12

6. M38：18

彩版八七　青龙头汉墓出土C型陶釜

3. M21：27

1. M8：28

4. M29：21、24（合为一件）

2. M18：7

5. M37：7

彩版八八　青龙头汉墓出土A型陶甑

2. M38：14

1. M35：22

3. M39：15

彩版八九　青龙头汉墓出土B型陶甑

2. M22：23（C型陶甑）

1. M40：2（C型陶甑）

3. M7：20（不分型陶甑）

4. M28：33（不分型陶甑）

彩版九〇　青龙头汉墓出土C型和不分型陶甑

1. M28：24（A型陶灶）

2. M8：9（B型陶灶）

彩版九一　青龙头汉墓出土A型和B型陶灶

1. M18：4（B型陶灶）

2. M29：23（B型陶灶）

3. M38：13（B型陶灶）

4. M39：10（B型陶灶）

5. M7：17（B型陶灶）

6. M31：14（C型陶灶）

彩版九二　青龙头汉墓出土B型和C型陶灶

1. M33：7

2. M33：7（灶、釜、甑组合）

3. M35：10

4. M17：1

彩版九三　青龙头汉墓出土不分型陶灶

1. M29：11（A型陶仓）

2. M38：11（A型陶仓）

3. M39：8（A型陶仓）

4. M7：10（B型陶仓）

5. M40：4（B型陶仓）

彩版九四　青龙头汉墓出土A型和B型陶仓

1. M11：6（陶井）

2. M18：3（陶井）

4. M7：3（陶器盖）

3. M31：15（陶井）

5. M40：13（陶器盖）

6. M8：26（陶纺轮）

7. M37：10（陶纺轮）

8. M37：11（陶纺轮）

彩版九五　青龙头汉墓出土陶井、陶器盖和陶纺轮

1. M28：9（陶麟趾金）

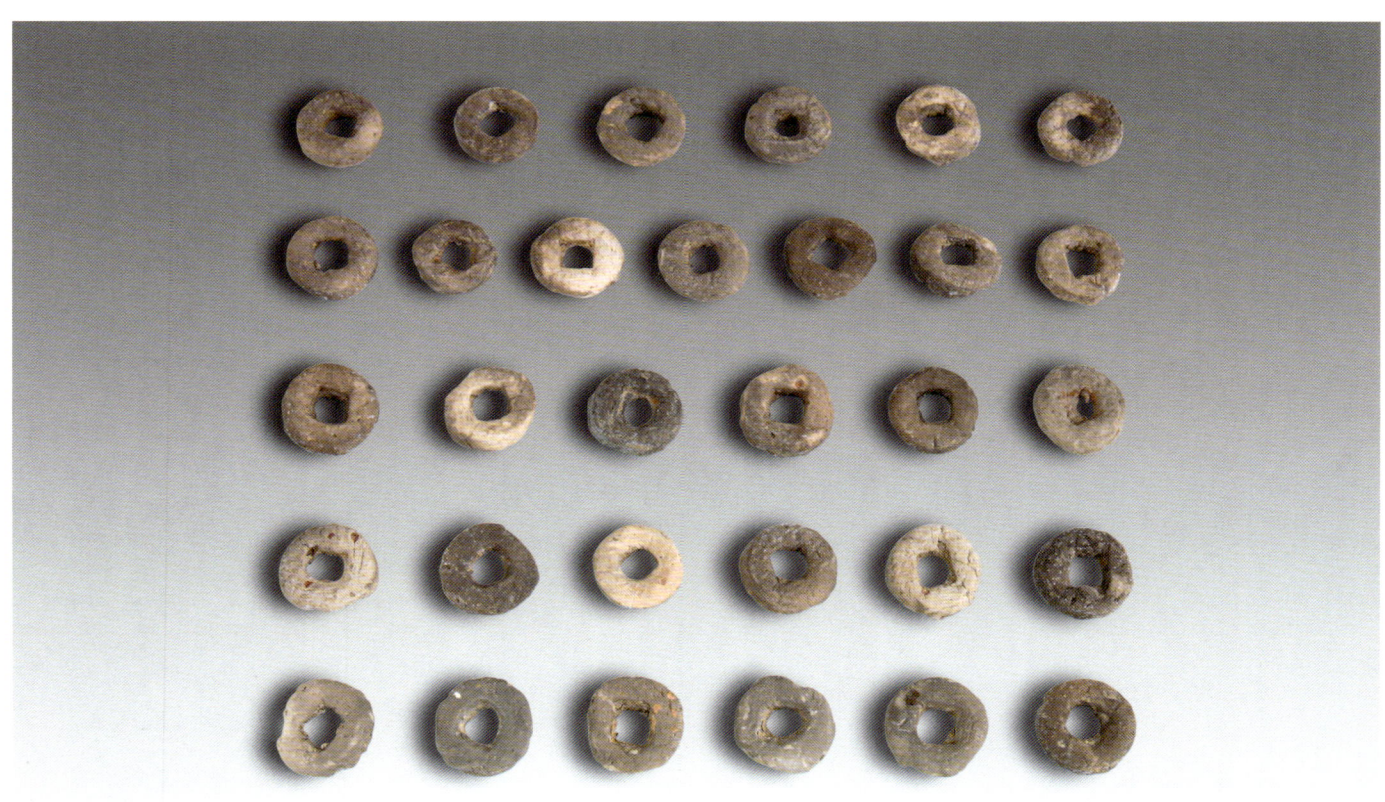

2. M21：38（陶五珠）

彩版九六　青龙头汉墓出土陶麟趾金和陶五珠

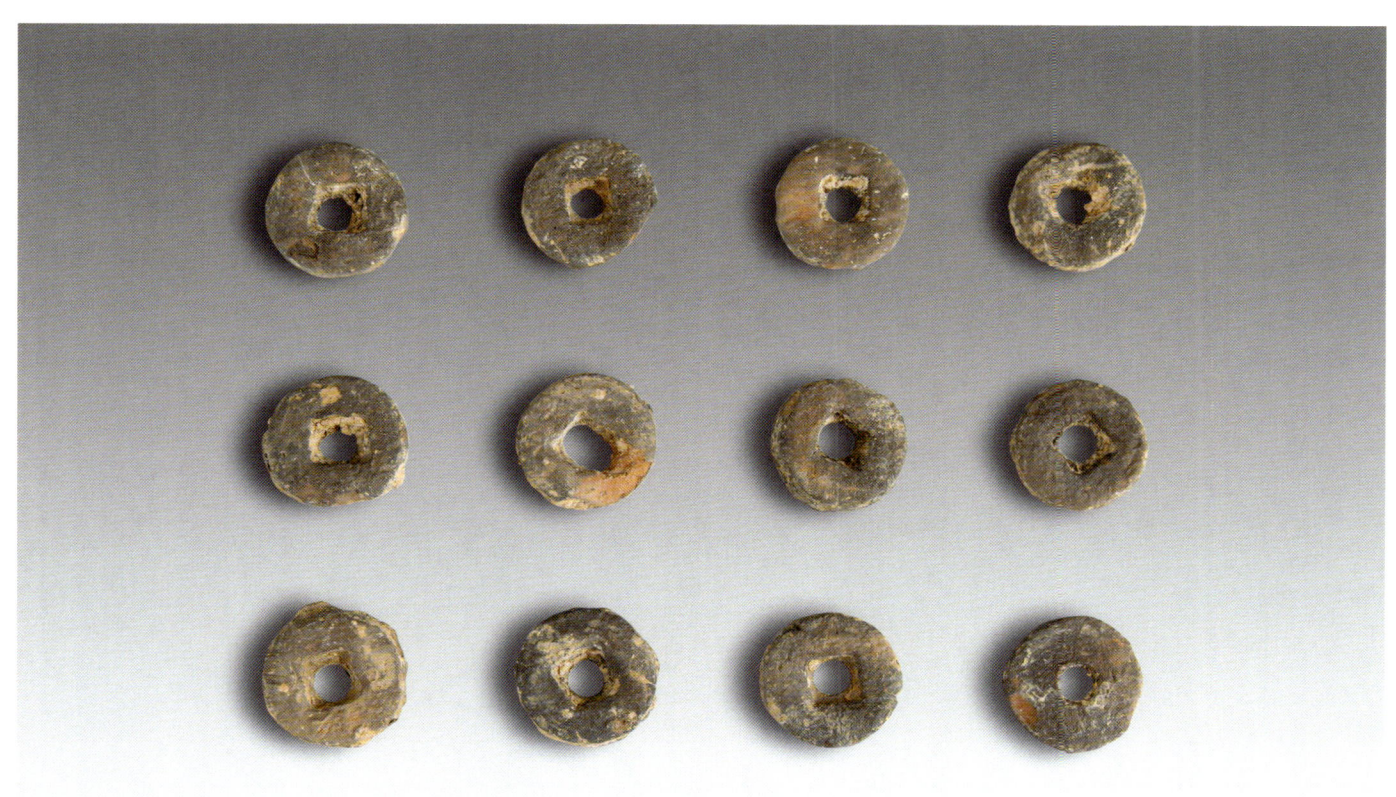

1. M28：7

2. M35：3

彩版九七　青龙头汉墓出土陶五珠

1. M2：1

2. M21：14

3. M37：1

4. M8：27

彩版九八　青龙头汉墓出土铜镜

1. M28：28　　　　　　　　　　　　　　　　　　2. M28：29

3. M10：5　　　　　　　　　　　　　　　　　　4. M31：17

彩版九九　青龙头汉墓出土铜镜

1. M38：2

2. M7：15

彩版一〇〇　青龙头汉墓出土铜镜

1. M11：9

2. M22：14

彩版一〇一　青龙头汉墓出土铜镜

1. M22：17

2. M40：1

彩版一〇二　青龙头汉墓出土铜镜

3. M31：2

1. M7：14（铺首衔环）

4. M21：35

2. M21：37

5. M37：4

彩版一〇三　青龙头汉墓出土铜盆

1. M31：1（铜卮）

2. M33：3（铜卮）

3. M22：4（铜钵）

4. M16：7（鎏金铜泡）

5. M38：16（鎏金铜泡）

6. M10：10（铜带钩）

7. M23：12（铜带钩）

8. M21：30（铜带钩）

彩版一〇四　青龙头汉墓出土铜卮、铜钵、鎏金铜泡和铜带钩

1. M37：15、14、13、12（铜铃）

3. M35：4（铜弩机）

2. M23：10（铜剑）

彩版一〇五　青龙头汉墓出土铜铃、铜剑和铜弩机

1. M10：6

2. M11：12

彩版一○六　青龙头汉墓出土铜钱

1. M16 : 5

2. M21 : 16

彩版一○七　青龙头汉墓出土铜钱

1. M22：21

2. M28：31

3. M29：2

1. M38：3

2. M38：4

3. M22：20

彩版一〇九　青龙头汉墓出土铜钱

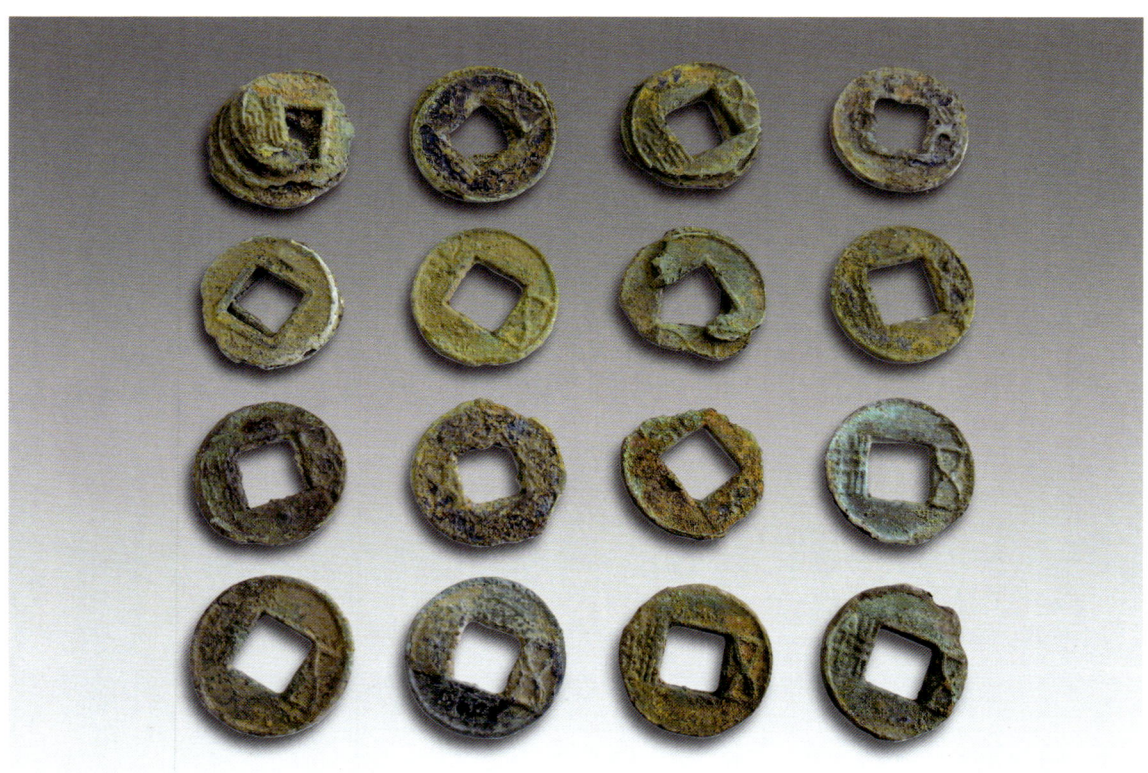

1. M29∶7

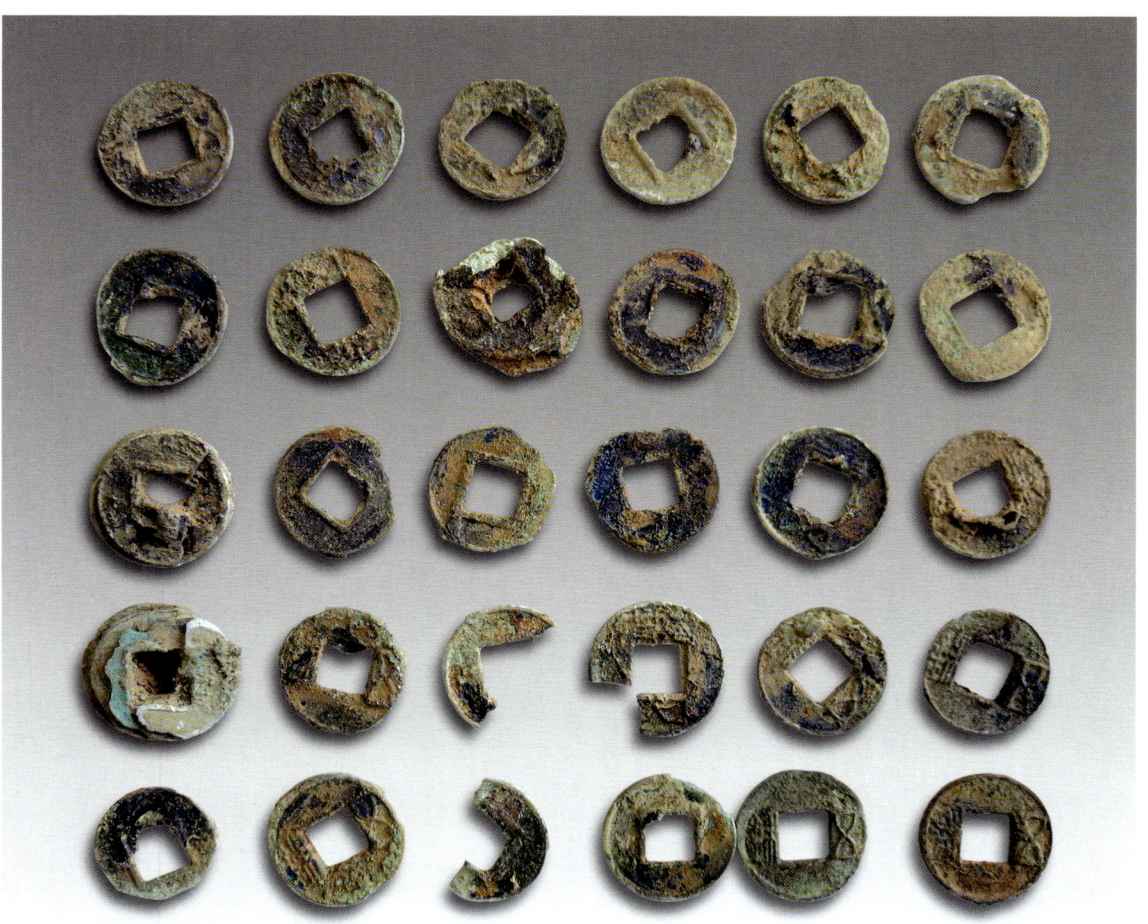

2. M39∶3

彩版一一〇　青龙头汉墓出土铜钱

1. M14：4

3. M29：5

2. M28：32

4. M10：16

5. M7：16

6. M45：2

彩版一一一　青龙头汉墓出土铁刀

1. M10：17　　　　　　　　　　　　　　　2. M29：30

3. M12：2　　　　　4. M16：6　　　　　5. M22：15　　　　　6. M35：2

彩版一一二　青龙头汉墓出土铁刀

1. M22：16   2. M28：30   3. M31：16   4. M10：12

5. M22：18

彩版一一三　青龙头汉墓出土铁剑

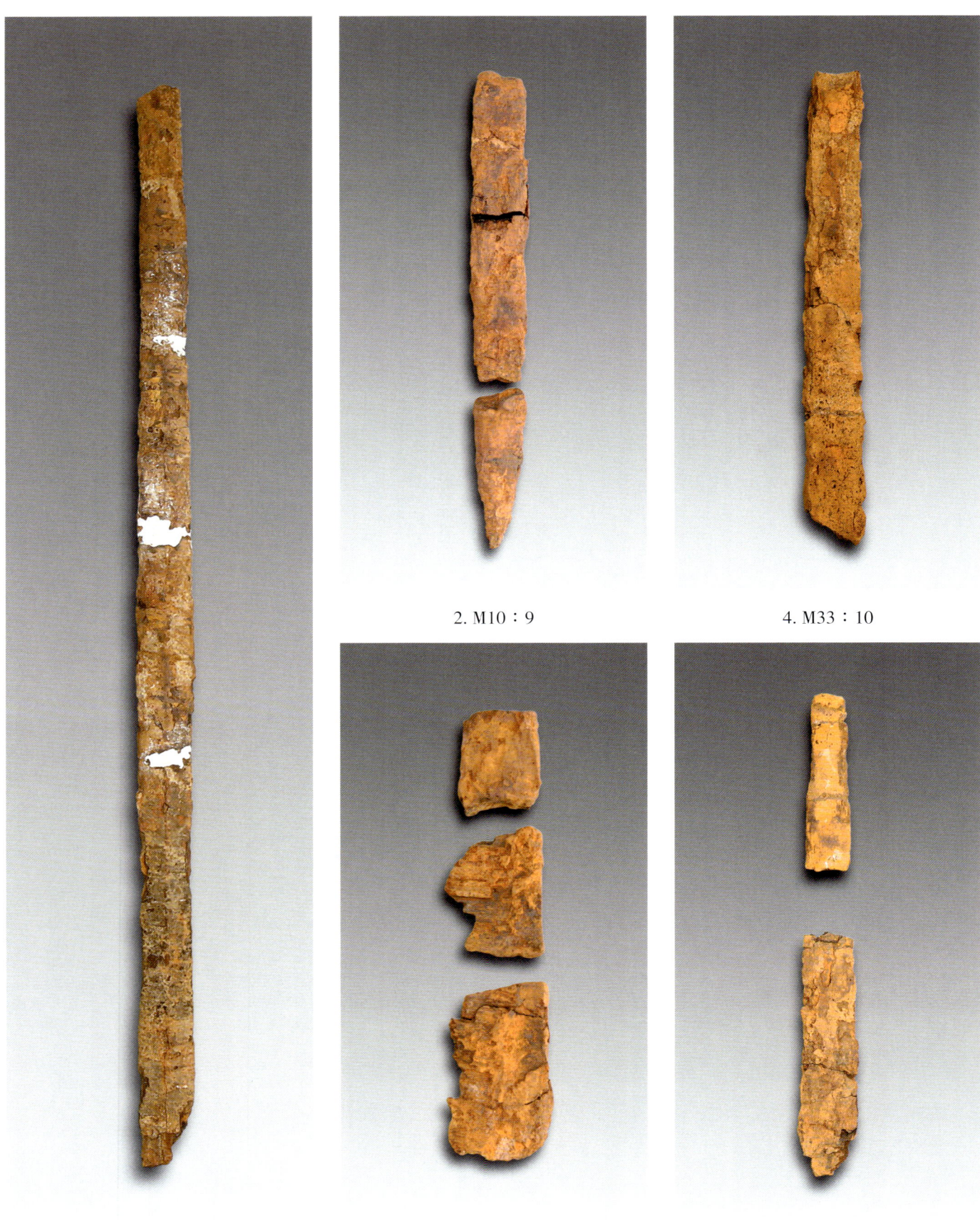

1. M10：7   2. M10：9   3. M10：13   4. M33：10   5. M48：11

彩版一一四　青龙头汉墓出土铁剑

1. M23:8   2. M23:9

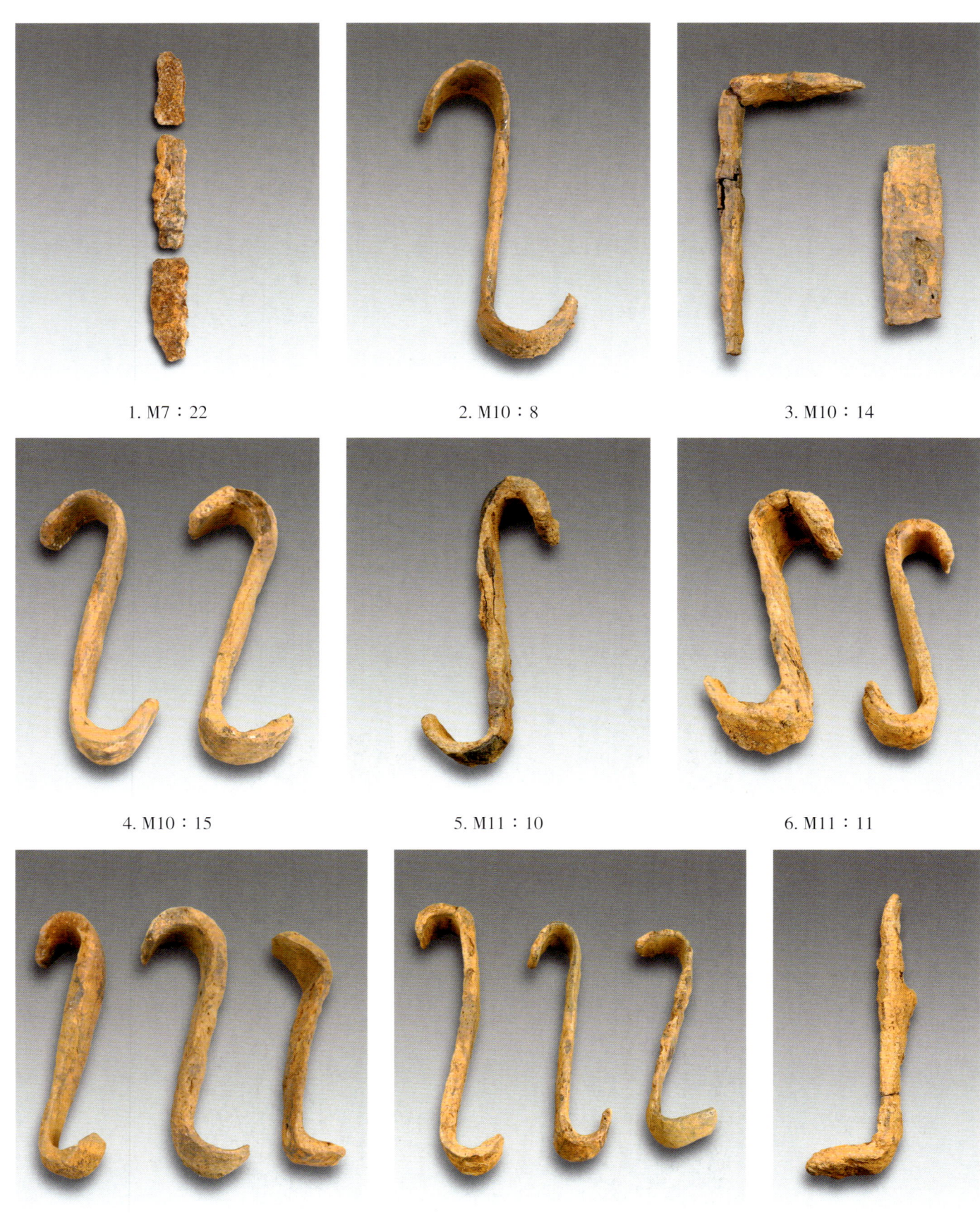

1. M7：22

2. M10：8

3. M10：14

4. M10：15

5. M11：10

6. M11：11

7. M14：3

8. M22：19

9. M29：6

彩版一一六　青龙头汉墓出土铁钩

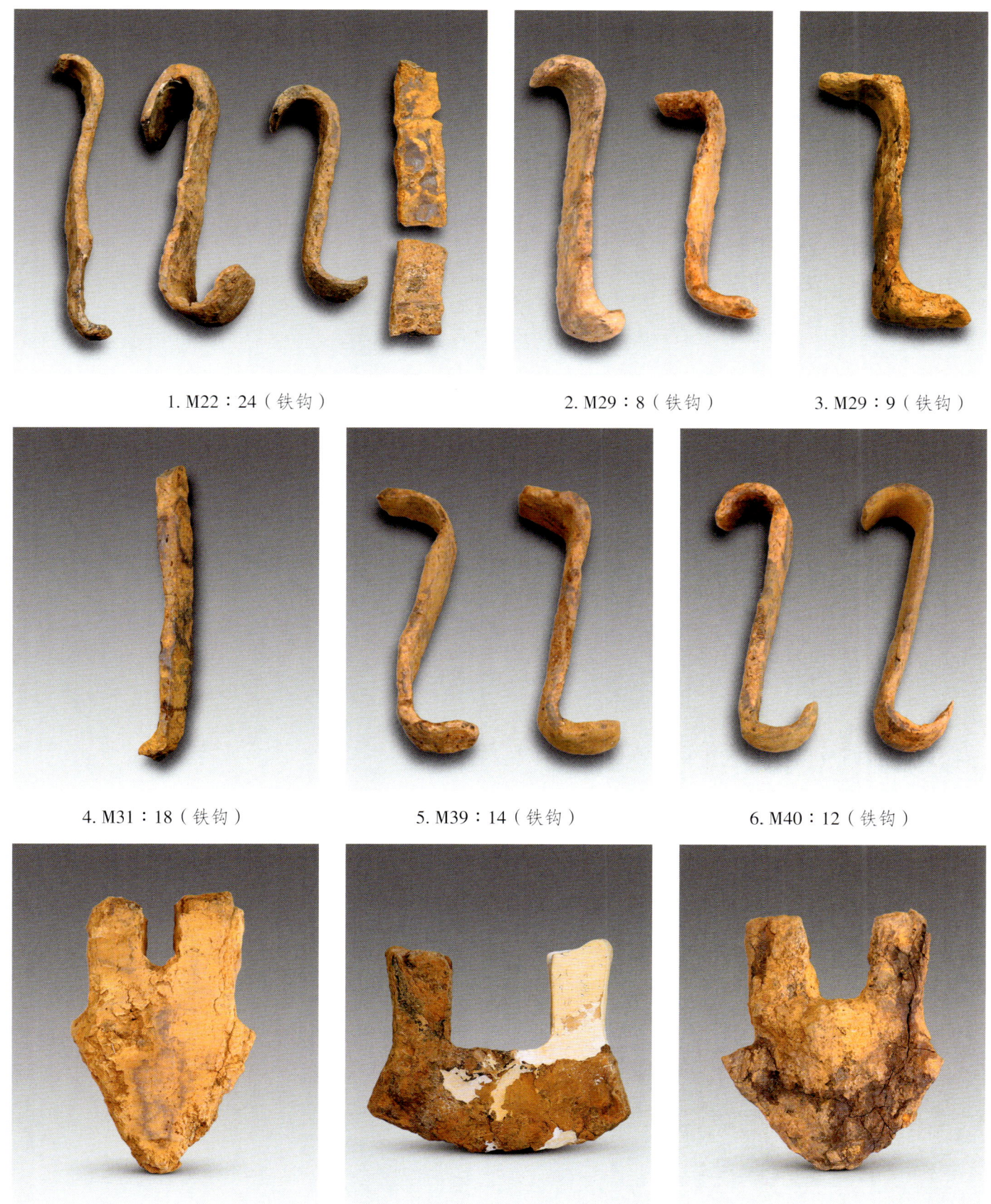

1. M22：24（铁钩）　　　　2. M29：8（铁钩）　　　　3. M29：9（铁钩）

4. M31：18（铁钩）　　　　5. M39：14（铁钩）　　　　6. M40：12（铁钩）

7. M10：18（铁锸）　　　　8. M45：1（铁锸）　　　　9. M48：13（铁锸）

彩版一一七　青龙头汉墓出土铁钩和铁锸

1. M22：6（A型）

2. M28：25（A型）

3. M48：7（A型）

4. M37：6（C型）

彩版一一八　青龙头汉墓出土A型和C型铁釜

1. M22：5

2. M28：26

3. M29：27

4. M48：8

彩版一一九　青龙头汉墓出土B型铁釜

1. M35：1

2. M16：4

3. M38：1

4. M39：1

5. M28：27

1. M14：1

2. M14：2

3. M22：25

5. M39：18

4. M38：17

6. M7：21

彩版一二一 青龙头汉墓出土料珠

1. M10：4（石黛板）

4. M10：11（石研黛器）

2. M21：2 9（石黛板）

5. M23：11（石研黛器）

3. M29：29（石黛板）

6. M21：39（漆盘）

彩版一二二　青龙头汉墓出土石黛板、石研黛器和漆盘

1. M36发掘场景（上为南）

2. M41发掘场景（上为西）

3. M42发掘场景（上为南）

4. M36：1（韩瓶）

彩版一二三　青龙头宋墓发掘场景与出土器物

1. M3发掘场景（上为北）

2. M5发掘场景（上为南）

3. M9发掘场景（上为西）

彩版一二四　青龙头明墓M3、M5和M9发掘场景

1. M4石盖板

3. M4墓壁

2. M4揭开石盖板（上为西）

4. M43发掘场景（上为西）

彩版一二五　青龙头明墓M4和M43发掘场景

1. M44（上为西）

2. M44揭于石盖板场景

彩版一二六　青龙头明墓M44揭开石盖板场景

1. M9：1（青瓷碗）

2. M9：2（青瓷碗）

3. M47：1（白瓷碗）

4. M47：2（白瓷碗）

彩版一二七　青龙头明墓出土青瓷碗和白瓷碗

1. M3：1

2. M4：1

3. M9：3

4. M25：1

5. M26：1

彩版一二八　青龙头明墓青龙头明墓出土韩瓶

1. M44：5

2. M44：10

3. M46：1

彩版一二九　青龙头明墓出土铜镜

1. M25：2（铜钱）

2. M26：2（铜钱）

3. M46：3（冥钱）

4. M47：4（冥钱）

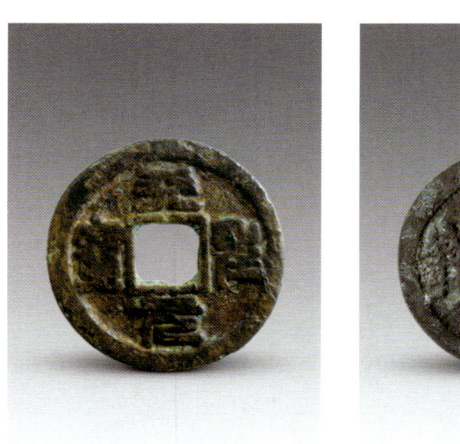

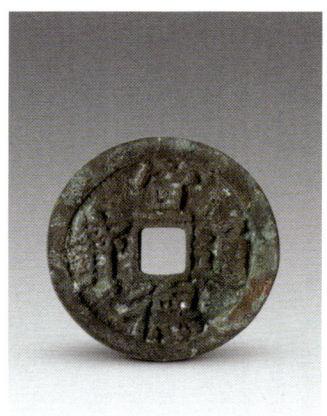

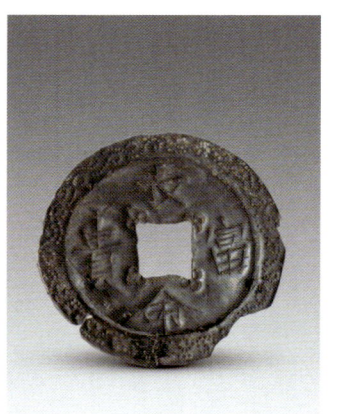

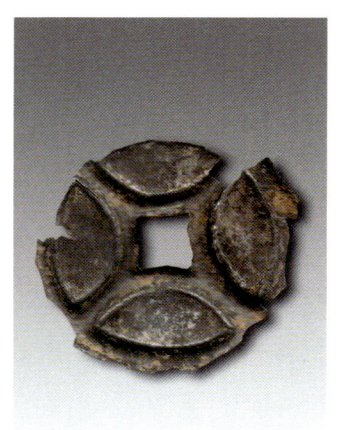

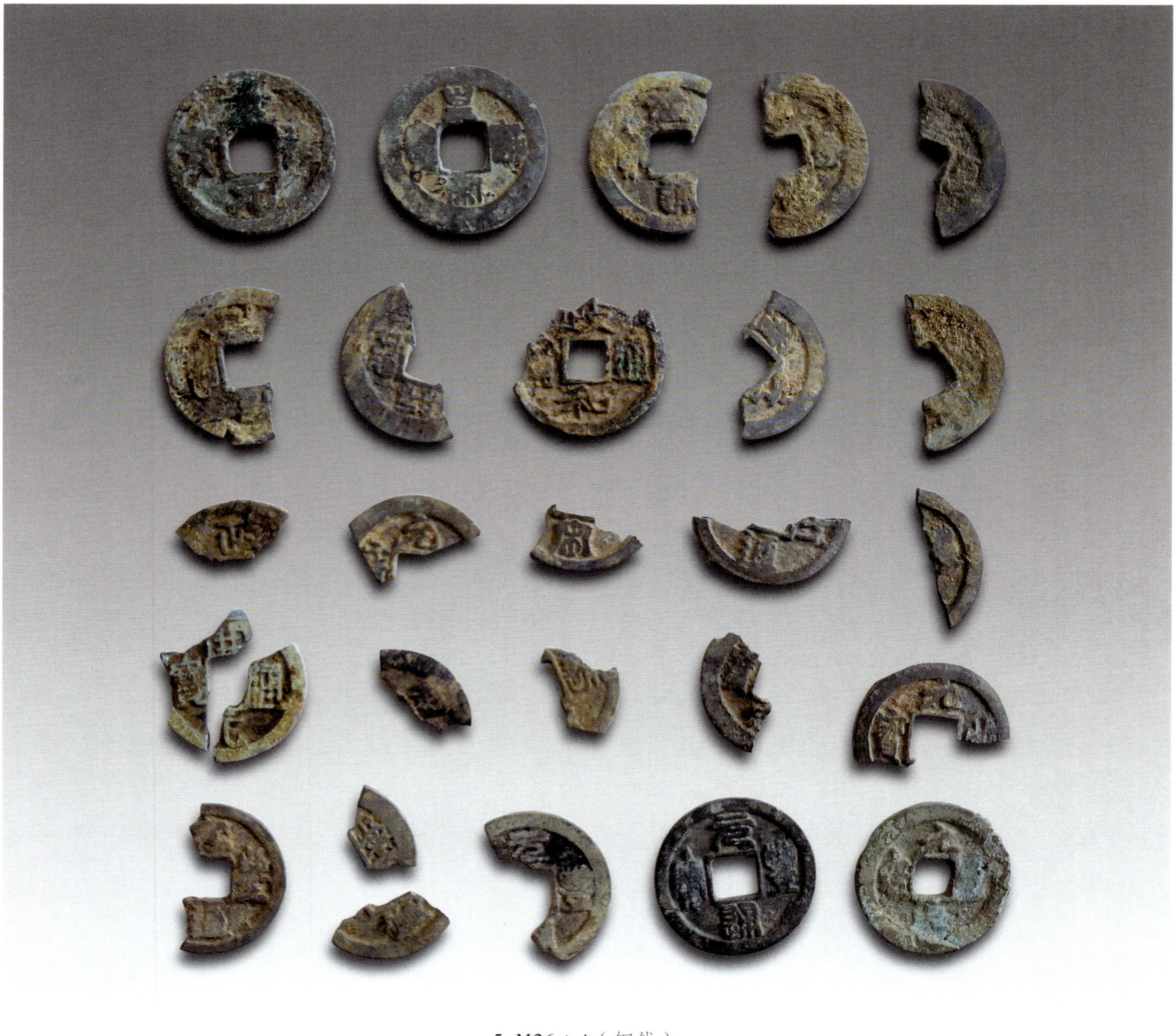

5. M26：4（铜钱）

彩版一三〇　青龙头明墓出土铜钱和冥钱

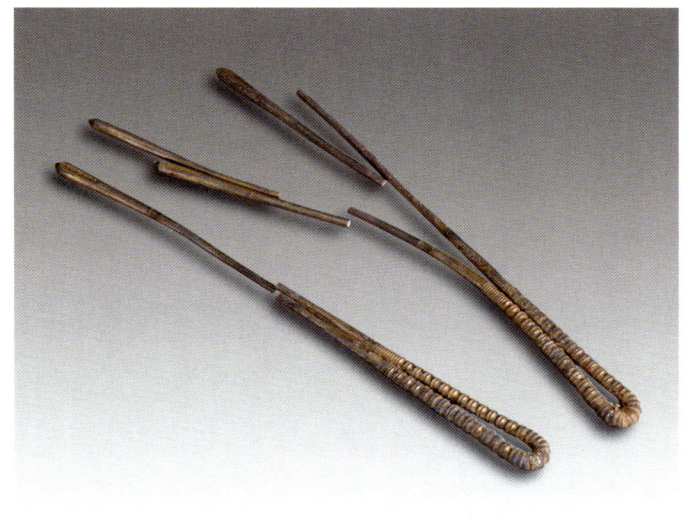

1. M26：5（银簪）

2. M46：2（银簪）

3. M44：3（银簪）

4. M44：2（银戒指）

5. M44：4（银戒指）

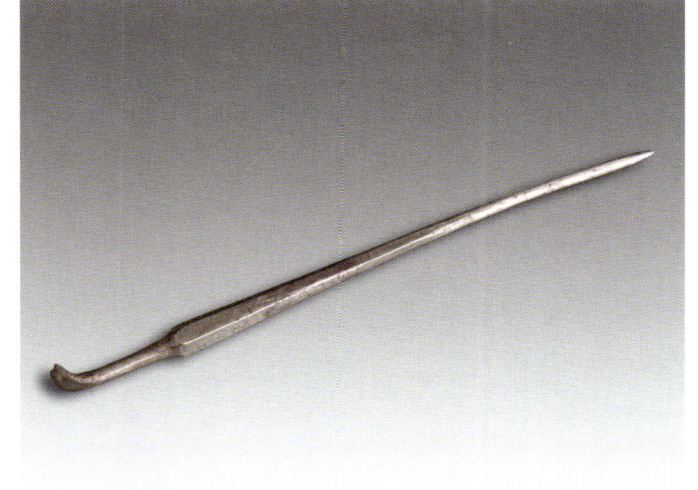

6. M47：3（银耳勺）

彩版一三一　青龙头明墓出土银簪、银戒指和银耳勺